中国文化遗产研究院·符合国情的文物保护利用之路研究成果之一
（国家社科基金特别委托项目）

他山之石

——国际文物保护利用理论与实践

文物出版社

图书在版编目（CIP）数据

他山之石：国际文物保护利用理论与实践 / 曹兵武，赵夏，何流主编．—北京：文物出版社，2019.6

ISBN 978－7－5010－6172－3

Ⅰ.①他…　Ⅱ.①曹…②赵…③何…　Ⅲ.①文物保护－研究　Ⅳ.①K85

中国版本图书馆 CIP 数据核字（2019）第 109158 号

他山之石——国际文物保护利用理论与实践

编　　者：曹兵武　赵　夏　何　流

责任编辑：李　睿
封面设计：王文娴
责任印制：张　丽

出版发行：文物出版社
社　　址：北京市东直门内北小街 2 号楼
邮　　编：100007
网　　址：http：//www.wenwu.com
邮　　箱：web@wenwu.com
经　　销：新华书店
印　　刷：北京京都六环印刷厂
开　　本：889mm×1194mm　1/16
印　　张：18.25
版　　次：2019 年 6 月第 1 版
印　　次：2019 年 6 月第 1 次印刷
书　　号：ISBN 978－7－5010－6172－3
定　　价：128.00 元

序　言

世界在巨变，我们国家的发展也步入了新时代，文物保护利用与优秀传统文化传承成为基本国策，受到中央和全社会的广泛关注与高度重视。习近平总书记要求新时代里应该让文物活起来、用起来。2016年全国文物工作会议前夕，习总书记又专门对文物工作作出重要指示，强调文物承载灿烂文明，传承历史文化，维系民族精神，是老祖宗留给我们的宝贵遗产，是加强社会主义精神文明建设的深厚滋养。保护文物功在当代、利在千秋。他指出，近年来，我国文物事业取得很大发展，文物保护、管理和利用水平不断提高，但也要清醒看到，我国是世界文物大国，又处在城镇化快速发展的历史进程中，文物保护工作依然任重道远。各级党委和政府要增强对历史文物的敬畏之心，树立保护文物也是政绩的科学理念，统筹好文物保护与经济社会发展，全面贯彻“保护为主、抢救第一、合理利用、加强管理”的工作方针，切实加大文物保护力度，推进文物合理适度利用，使文物保护成果更多惠及人民群众。各级文物部门要不辱使命，守土尽责，提高素质能力和依法管理水平，广泛动员社会力量参与，努力走出一条符合国情的文物保护利用之路，为实现“两个一百年”奋斗目标、实现中华民族伟大复兴的中国梦做出更大贡献。

走出一条符合国情的文物保护利用之路，是新时代的新要求。中国文化遗产研究院作为国家文物局直属单位和行业智库，高度重视符合国情的文物保护利用之路的探索，并按照国家文物局的部署，先后在院级课题中设立“符合国情的文物保护利用之路预研究”课题、“符合国情的文物保护利用之路”院基本科研经费课题，并积极筹划申请国家社科基金课题同题重大课题项目，于2017年成功获批国家社科基金特别委托课题（课题编号17@ZH018）。我们以执行部门文物研究所为依托，以曹兵武研究员为首席专家，集全院之力，联合兄弟单位，组建跨行业、跨部门多学科专家队伍，并广泛吸纳全国同行的智慧，开展为期三年的深入系统研究。课题在不同进展阶段还分别召开“他山之石——国际文物保护利用理论与实践”“中国观察——中国文物保护利用理论与实践”“析情探路——中国文物保护利用与改革发展”三个学术研讨会，课题组与全国同行聚集一堂，进行交流研讨。

本书即他山之石会后课题组和与会人员有关成果汇编，内容涉及国际文物保护利用理论与实践的诸多方面，可谓对国际同行在相关领域进展情况的一次集中汇集与会诊，可为课题组和国内外同行进一步开展研究探索提供参考借鉴。

是为序。

柴晓明

2019.3.15

目　录

序言（柴晓明）

国际发展·理论研讨·管理实践·遗产与社会
——“他山之石：国际文物保护利用理论与实践”会议综述 …………………… 赵　夏　何　流 / 1

文化遗产领域的若干关键问题
——“他山之石：国际文物保护利用理论与实践学术研讨会”参会笔记 ……………… 曹兵武 / 11

谁的世界？何以遗产？
——第42届世界遗产委员会会议观察 ……………………… 燕海鸣　王　珏　罗　颖　解　立 / 20

国际遗产学界新趋势
——从“以物为本”到“以人为本” ………………………………………………… 马庆凯 / 33

从资源到遗产：过程论路径及其反思 ………………………………………………… 尹　凯 / 45

文化遗产的价值判断与国际前沿保护理念 ………………………………………… 周孟圆 / 52

人类学介入的批判性遗产研究
——以麦夏兰的相关论述为中心 ……………………………………………………… 张俊龙 / 58

建筑遗产“修复”理论的演变及本土化研究 ………………………………………… 陈　曦 / 66

国际文物影响评估体系的国内启示 …………………………………………………… 滕　磊 / 76

国外文物登录制度的探析与思考 ……………………………………………………… 何　流 / 83

海上丝绸之路港口活态文化遗产保护 ………………………………………………… 赵哲昊 / 94

中德文化遗产管理体制的比较与互鉴 ………………………………………………… 郑建华 / 106

美国的文化资源管理与公共考古学 …………………………………………………… 陈　淳 / 115

法国建成遗产的保护体系及对我国的启迪 ………………………………………… 邵　甬 / 127

意大利建筑遗产保护体系研究 ……………………………………………… 薛林平　石　玉 / 140

文化遗产保护的亚洲实践与展望 ……………………………… 杜晓帆　徐婉君　王一飞 / 157

中亚地区文化遗产保护的历史、现状及特质 ……………………………………… 袁　剑 / 171

以遗址保护为核心的地域文化构建
——浅析日本“风土记之丘”项目及其对中国大遗址保护的借鉴 ……………… 王冬冬 / 178

全球化浪潮下实践文化自信的国际经验和启示
——以日本“100 名城”保护实践为例 …… 彭雪 许凡 / 196
英格兰考古管理政策初探 …… 范佳翎 张凌 / 201
文化遗产法人治理的机制与路径
——以英国伯明翰博物馆联盟为例 …… 钱珊 肖波 / 212
文化遗产机构运用慕课（MOOC）向全球观众讲故事
——以英国历史皇家宫殿（HRP）为例 …… 张莉 / 223
由加拿大遗产步道建设引发的思考
——以奥克维尔为例 …… 谢友宁 / 229
韩国国家名胜遗产的概念及管理方式 …… 柳济宪 崔珊珊 / 238
基于国际文化遗产保护理念的日本文化遗产保护利用及其启示 …… 李艳梅 / 248
重塑工业时代的身份与记忆
——国际工业遗产保护更新理念与实践探索 …… 王晶 / 257
外国文物进出境管理特色及对我国的启示 …… 彭蕾 / 264
传统方法与现代技术在秦俑修复中的应用 …… 王东峰 申茂盛 / 278

附录：会议报告人和报告题目 …… 285

国际发展·理论研讨·管理实践·遗产与社会

——“他山之石：国际文物保护利用理论与实践”会议综述

赵 夏 何 流

（中国文化遗产研究院）

摘　要：本文基于“他山之石：国际文物保护利用理论与实践学术研讨会”29篇学术报告，从国际发展、理论研讨、管理实践、遗产与社会四大方面对主要的内容和观点进行了总结归纳，并可以看出以下大致趋势：其一，管理层面更强调综合治理体系，从行业和专家主导逐渐转向跨部门合作、利益相关者广泛参与的社会共同治理体系；保护理念方面，从侧重本体保护，转向以人为本，更关注遗产保护过程中的“人”以及对可持续发展的贡献；研究层面，从保护技术及其体系的探索向更为广泛的遗产议题转化，强调多学科的综合研究。其二，从理论研讨来看，国际领域的遗产反思研究引起了广泛关注，越来越多的人认可关于遗产和价值认知经历了不断“建构”的过程，并对既有的一些认知和实践进行反思；“修复”作为保护实践的重要策略，在实际过程中经历了工具层面的合理性与保护思想中价值理性的对抗。其三，关于文化资源管理的报告最为丰富，涉及国家多，内容广，包含了遗产保护体系、建筑遗产、考古遗产、经费筹资、展示阐释、教育推广及其影响评估、登录制度、工业遗产保护、外国文物进出境管理等不同主题。其四，“以人为本”“可持续发展”等理念在一定程度上影响到了保用实践，报告还涉及到博物馆面向公众的内容设计和展示阐释、信息传播、增加文化共识、地域文化构建等方面的内容。会议报告和内容对探索中国的保护利用之路非常富有启发性。

关键词：他山之石；文物保护利用；理论与实践

引　言

2018年7月23－24日，“他山之石：国际文物保护利用理论与实践学术研讨会”在中国文化遗产研究院圆满召开。本次会议依托国家社会科学基金特别委托项目“符合国情的文物保护利用之路研究”（批准号为：17@ZH018）组织，有助于了解国际文物保护领域的发展动态以及学人的观察和研究，并有所借鉴。

来自清华大学、复旦大学、同济大学、浙江大学、武汉大学、西北大学等高等院校，以及国务院发展研究中心、国家文物局水下文化遗产保护中心、故宫博物院、中国文化遗产研究院等科研文博机构的专家学者50余人共聚一堂，聆听了27位学者的专题发言。同时，还有几位学者提交了会议论文。本次会议的报告主题和内容涉及面广，信息量大，充分地体现了多视角、多学科的特点。综合来看，包含了近年来相关重要国际组织、文物保护强国大国以及与我国文物资源相似国家在遗产认知、价值理解、保护理念、管理实践、展示利用、研究传播等方面的发展趋势和特色优势，总体可以归纳为国际发展、理论研讨、管理实践、遗产与社会四大方面。整整两天的报告，紧凑有序，丰富多彩，交流热烈，收获甚多。以下按照这四个方面对相关报告人的主要观点和相关讨论进行综述。

一、国际发展：理念、战略、趋势

从报告涉及的相关内容来看，国际文物保护领域的发展趋势，正处在不断地拓展转向过程中，突出地表现在以下方面：

其一，管理层面更强调综合治理体系和模式，从行业和专家主导逐渐转向跨部门合作、利益相关者广泛参与的社会共同治理体系与制衡模式。

清华大学国家遗产保护研究中心主任吕舟教授介绍世界遗产系统包括遗产的国际治理和遗产保护专业指导两个主要的子系统，世界遗产中心作为常设机构负责日常事务管理，专业咨询机构提供专业咨询意见和专业技术服务，加上世界遗产委员会、会员国以及教科文组织等，实际上构成了一个政治体系，有明确的权力构架。专业咨询机构通过各种主题研究以及上游程序对遗产保护项目提供支撑，并通过遗产申报和保护状况的评估表达自己的观点，影响保护的发展。不过，咨询机构在20世纪80－90年代少数权威专家对评估过程有强大决定权的情况已经发生改变，世界遗产委员会作为一个国际性政府间委员会，代表着各国和所代表地区的利益，体现出明显和清晰的政治色彩（“对世界遗产体系的认识和思考”）。

复旦大学文物与博物馆学系陈淳教授介绍了自20世纪70年代以来，美国的文化资源管理（CRM）成为考古与文化遗产保护的主要国策。他从CRM的立法、执行程序、管理体制、管理系统、保存理念、价值评估、合同考古学、职业道德与专业伦理以及高校人才培养等方面，系统全面介绍了CRM的相关重要环节。考古资源管理引入美国文化资源管理，对学术模式、学术体制和管理体制产生了多方面的影响，高校考古专业课程设置发生根本改变，向遗产管理转向，增设管理和相关法律法规课程；合同考古学的发展，使得85%以上的专业人士从事遗产管理。除了考古公司，政府负责土地和资源管理的部门如国家公园署、国家森林署、土地管理局、鱼类和野生资源署、农垦署、印第安事务局、农业部、能源部、国防部等都雇佣专职考古学家，对所管辖的区域进行遗产调查、评估并制定保护规划，一旦发现有望提名进入国家登记名录的遗产潜质，就进行保护和管理。甚至一些主要从事基建的私营企业也雇佣文物考古人员从事工程中必须周全考虑的文物保护工作。联邦政府和州政府成立由各界人士组成的咨询委员会对各种基建项目进行评估和审核，考古专业学会制定从业者资质的最低要求和管理与研究的质量标准。同时，1966年，美国国会通过的《历史保护法》，建立历史地点的国家登记名录，为文化遗产保护提供了一个广泛的登录和参与机制。该法案还建立了“历史保护咨询委员会”，由数位内阁部长、行政机构负责人、国家信托公司主管及10位普通公民组成，各州由州长组织任命“历史保护办公室”的成员，对基建、发掘和保护工作提供咨询、评估、审核与监督。同时，1970年生效的《国家环境政策法》，也强调文物保护优先的重要性，要求社会各方面“运用各种可行的方法来保护国家重要的历史、文化和民族遗产”（“美国的文化资源管理与公共考古学”）。

复旦大学国土与文化资源研究中心主任杜晓帆教授介绍了日本文化遗产行政体系中除文化厅外，国土交通省、农林水产省、外务省也承担文化遗产保护利用相关行政职能，而且在实践中能够很好地协同运作。同时，他还介绍了新加坡、马来西亚、泰国、印尼、缅甸、老挝等东南亚国家虽然受政治、宗教和种族等因素影响甚大，除了新加坡将文化遗产保护提升为国策外，很多国家的法规并不完善，保护工作开始得相对较晚，但大多政府鼓励民众参与，概因政府缺乏资金与人力，急需民间的参与，促成相关民间组织的活络，而且大多受过国际组织的专业指导，亦在探索符合本身文化遗产保护的办法。受世界遗产制度的影响，亚洲地区的遗产保护正从传统的文物保护向更为广泛的文化遗产保护领域跨越（“文化遗产保护的亚洲实践及展望”）。

其二，保护理念方面，从侧重本体保护，转向以人为本，更强调遗产保护过程中的社会服务和对可持续发展的贡献。

无论是传统的遗产保护界还是相关更为广泛的社会讨论，逐渐认识到遗产物质载体的保存是手段而非终极目标，人们越来越关注文化遗产保护与人的关系以及对人的生活和精神层面的影响，关注文物保护和经济社会可持续发展之间的互动关系。

吕舟教授介绍世界遗产系统的核心目标已经从单纯的遗产保护发展成为对可持续发展的支撑，这是一个具有重大意义的改变，对原有的管理体系带来新的机遇和挑战（“对世界遗产体系的认识和思考”）。

中国文化遗产研究院副研究员燕海鸣介绍国际古迹遗址理事会议题的变化转向身份认同、城市发展、精神、非物质等以人为本的趋势，ICOMOS 历届会议主题来看很好地体现了这一发展演变，从纯粹的古迹遗址保护专业探讨，到强调时代变迁进程中的问题应对，再到重新发现人、精神等要素对遗产价值的重要性，可谓从“物”到“人”，从“专业议题”到更为广泛的社会议题的研讨，从探讨的重心和热点的不断变化，甚至可以一窥整个国际社会五十多年来所经历的大时代变迁（“从ICOMOS 谈国际遗产理念的演变”）。

陈淳教授介绍美国文化资源管理（CRM），就是“运用管理手段通过政治途径来为美国人民的福祉达到保存重要文化遗产的目的”；美国公共考古学重视公众参与文化资源管理作为纳税人的权利，以及在文化遗产保护中无法替代的重要作用（“美国的文化资源管理与公共考古学”）。

南方科技大学文化遗产实验室主任唐际根教授介绍英国公共考古学的发展缩短了与公众的距离，重视遗址博物馆建设，也极为重视挖掘文化遗产的社会效益与经济效益（“英美韩三国文化遗产保护实践之观察与点评”）。

其三，研究层面，从保护技术及其体系的探索向更为广泛的遗产议题转化，强调多学科的综合研究。

浙江大学外国语言文化与国际交流学院马庆凯博士基于国际遗产学界的研究，尤其是对国际范围内遗产反思潮流（Critical Heritage Studies）的总结，认为遗产研究出现了从“以物为本”到“以人为本”的转向，遗产研究不再局限于围绕遗产的物质载体“如何保护”的技术化探讨，遗产更是与民众密切相关的文化现象。遗产的物质载体的保存是手段而非终极目标，为谁保护、为何保护以及如何更好地利用成为更受关注的话题；“以物为本”的遗产话语受到了反思，遗产相关问题的再理论化以及再思考，包括对遗产本质、遗产价值重新思考，展开了对世界文化遗产项目、对遗产保护运动中忽视民众的偏颇、对静态保护等问题的反思，同时以人为本，重视民众记忆、地方情感与利用遗产的权利等成为重要议题。甚至“遗产现象”本身也引起了很多学者的关注，正如大卫·哈维（David C. Harvey）深刻地认识到，“遗产现象是一个动态的利用过去、影响当下的文化过程”（从“以物为本”到“以人为本”的回归：国际遗产学界新趋势）。

陈淳教授介绍美国20世纪70年代兴起的公共考古学，将考古学从专业象牙塔里解放出来，成为一项由政府主导、考古文博学界配合、全社会公众参与的遗产保护运动。文化资源管理与公共考古学的紧密配合为美国文化遗产保护在立法、执行、学术研究、人才培养与公众教育等方面奠定了坚实的基础。同时，《国家环境政策法》也责成各级联邦政府部门要采用“系统的、多学科的方法以保证结合自然科学和社会科学来制定那些可能影响到人类环境的计划和决策”，包括对文化资源的管理（“美国的文化资源管理与公共考古学”）。

燕海鸣介绍了国际古迹遗址理事会科学委员会的设置趋向于多学科，包括经济、管理、旅游、风险防范、能源与可持续等，也反映了国际领域多学科发展的趋势和对复杂内容的应对（“从ICOMOS谈国际遗产理念的演变”）。

二、理论研讨：认知、价值、修复

何为“遗产”，人们关于遗产的认知和表述发生过怎样的变化，如何理解遗产与人的关系、遗产价值和遗产的归属性，对这些带有根本性问题的思考和基本认知在很大程度上会影响到或者决定保护管理所采取的措施。

其一，关于遗产的认知和表述，经历了一个“遗产化”和不断“建构”的过程。

马庆凯博士认为，长期以来，受实证科学和传统的二元论哲学的影响，遗产领域也推崇实证、量化的知识，追求客观性，尽量避免主观性；很多遗产反思学者却提出，“遗产并非预先存在、等待着我们去发现的物体，而是建构的产物，是我们的认识、观念的产物，许多学科的知识在这个过程中发挥了重要作用”（Kuutma，K.），“遗产本质上是一种文化实践”（Laurajane Smith）（“从‘以物为本’到‘以人为本’的回归：国际遗产学界新趋势”）。

山东大学文化遗产研究院助教尹凯认为相关遗产的表述大抵经历了三个阶段，即自决阶段、名录阶段、镜像阶段，认为从“资源”到“遗产”的认知过程不仅在实践层面规范了遗产制造与管理的步骤，而且在理论层面构成遗产学术研究的基础与底色，有助于评估、分析、理解遗产的本质。受国际学者研究的启发。他提出，“遗产的过程路径并非仅限于从资源到遗产的制造过程，而是由两个部分组成：一是“成为遗产”的过程；二是“成为遗产之后”的过程，两者共同构成了循环而完整的过程路径”。可以从遗产相关的参与主体、资源记录、信息挑选、意义制造、沟通阐释等诸多要素和相关议题及角度关注遗产的生成过程，进而揭示遗产制造的复杂机制。这在一定程度上也有助于对当代中国遗产运动的操作、理解与分析（“成为‘遗产’及其之后：遗产的过程路径及其相关议题”）。

其二，关于“遗产价值”评估要考虑更为综合的元素；“固有价值”论遭到越来越多的质疑，意义和价值同样也是不断建构而成的，而且因人而异。

苏州大学艺术学院讲师，复旦大学文物与博物馆学系周孟圆博士以及马庆凯、尹凯共同对国际反思性遗产研究及其关于“遗产价值”的认知做了综述，他们广泛征引了一些代表性学者的重要观点，表明“固有内在价值（intrinsic）”受到越来越多学者的质疑，普遍认为遗产的价值并不是内在地蕴藏在遗产的物质形态里，而是人为赋予的，是不断被建构（attributed）起来的；在保护修复利用文物的过程中，其意义和价值也被不断地创造和再创造；而且遗产的价值认知是因人而异的，对同一遗产不同群体往往有多样化的理解，甚至不同时期也会有不同的理解。周孟圆总结了20世纪60年代以来国际理念中关于文化遗产的价值认知的三大变化趋势：①由文物所固有的价值转向被人类赋予的价值；②由固定不变的价值转向动态变化的价值；③由理想主义的、统一的价值转向经验主义的、多元化的价值。这种思想的变化趋势，根植于西方价值哲学的现代理论探索，学者们更注重价值判断过程中作为主体的人的地位，也倾向于将文化遗产置于具体时间空间和社会语境下做出价值辨析。她还结合具体的实践案例，提出“文物的价值在行动中产生”，包括考古、研究、修复保护等行动过程中文物的价值在不断地诞生和丰富（“文化遗产的价值判断与国际保护理念”）。

周孟圆还提出，国际遗产反思研究还影响到了修复保护和文物之间的关系认识。进入了新的纪元，逐渐告别了文物保护的理想主义时代，进入直面现实的经验主义阶段，代表性人物是罗温索，代表性言论为“文化遗产根本不能做到单纯的修复或保护；它们是切切实实地被改变了，在每一代修复者手中，被修复的对象得到提升的同时也产生了损耗（2000）。”

其三，关于遗产归属性的认知，可总结为普世性和特定民族、地方属性两类，不过在涉及文物归属问题时，因为“法理方面的纠纷和道义层面上的模糊”，所以是一个非常复杂的问题。

复旦大学历史学系金寿福教授通过国际公约和一些学者表述对此作了总结，他提出国际公约中关于遗产普世性和特定属性以及追索返还的规定，是顾及不同的世界局势和应对不一样的保护文物目的颁布的，任何国家教条地以其中一个文件为强化自身对特定文物的所有权显然忽略了两份文件的特殊历史意义，也不利于全球化背景下国与国之间的交流和和谐。他以埃及奈菲尔提提头像归属权的争端为线索，来说明文物的归属问题是一个复杂的问题，“法理方面的纠纷和道义层面上的模糊”使得双方很难甚至无法达成和解，需要法律、文物、外交等领域相关人员共同探讨并付出坚持不懈的努力（“文物的特定属性与其普世价值——以埃及与德国关于奈菲尔提提头像归属权的争端为例”）。

其四，关于修复，作为保护实践的重要策略被认为对于建筑遗产保护思想的演变产生了重要的影响，在修复实践发展演变中经历了工具层面的合理性与保护思想中价值理性的对抗，不同语境中的转译与发展，需要批判性地纳入理论体系和实践策略中。

苏州大学陈曦副教授系统地研究了“修复”一词在西方的来源和演变，对建筑遗产“修复”理论进行了溯源，对修复的演变进行了系统梳理和研究，认为国际上保护与修复实践可分为以下几个大的分期，包括破坏与随意修复时期（18世纪中期到19世纪40年代），风格性修复时期（1840s－1890s）、反修复时期（1890s－1940s），战后保护与修复时期（1945－1990s），广义保护时期（1990s－）。相互影响，对“修复”的认知也大致经历三个阶段：第一阶段，19世纪被贬义化的过程；

第二阶段，20 世纪之后在意大利基于独特的历史、美学哲学而产生的不同趋向的演变；第三阶段，当代国际语境中“修复”的开放性与多元化发展。此外，还探讨了“修复”在中国语境中的变化，认为在中国传统修缮理念中有“修旧如旧”与“因旧为新”两种，“重式轻物”“追求完形”“对复建的态度灵活”是“中国式”修复的一些特点，19 世纪 80 年代以来受到《威尼斯宪章》等国际宪章的影响，实践中采取“重点修缮”与“局部复原”的策略。“修复”在中国语境中的转译与发展，揭示出“修复”是塑造保护思想理性的重要手段，需要批判性地纳入理论体系和实践策略中（“建筑遗产‘修复’理论的演变及本土化研究与实践”）。

三、管理实践：体系、案例、路径

在本次会议报告和论文中，关于管理制度和实践的内容最为丰富。有的综合性地介绍一国的遗产管理体系，比如陈淳关于美国文化资源管理（CRM）的系统介绍，邵甬对于法国遗产建成遗产保护体系生成和实践的介绍；有的则侧重于建筑遗产、考古遗产、同类资源的整合、活态保护、活化利用、经费筹资、展示阐释、教育培训、用地协调、地方传统与国际合作等不同方面。另外，有的集中于国际领域的某一主题，诸如影响评估、登录制度、工业遗产保护、外国文物进出境管理等；有的以一国案例为主，或兼顾多国情况。此外，有的研究者，还能够自觉地结合我国国情和相关保护利用现状，有针对性地总结提炼富有启发性的方面。

陈淳教授详细介绍了美国的文化资源管理（CRM）体系，如前所述，详细介绍了相关重要构成环节，以及公共考古学在美国的发展。他认为公共考古学的发展与文化资源管理形影相随，紧密配合为美国文化遗产保护在立法、执行、学术研究、人才培养与公众教育等方面奠定了坚实的基础。文章借鉴其经验，对改善我国遗产保护提出了九点具体建议（“美国的文化资源管理与公共考古学”）。

同济大学建筑与城市规划学院邵甬教授系统介绍了法国建成遗产保护体系的生成和演变，总结法国建成遗产保护体系包括文物建筑（Monument Historique）、景观地（Sites）、文物建筑周边环境、保护区等不同层面，重点分析每个历史时期建成遗产保护理念的转变与法律、政策、管理、教育等方面的紧密关系，以及如何与重塑民族自信、发展地方社会经济等结合的经验。认为经过一百多年建设，法国的遗产保护管理体系堪称“完善”，一方面表现在管理机构和权属的覆盖率非常高，几乎遍布所有需保护的区域，从而保证保护对象都置于严格的管理控制之下；另一方面管理队伍专业化程度非常高，包括遗产建筑师、文物建筑主任建筑师、国家建筑师。如此，从文物保护到城市保护，从本体留存到价值重现，从专业保护到社会参与，形成了非常有特色也非常有效的保护体系，很好地处理了遗产保护与地方发展的关系，使遗产资源成为发展的资源。我国也应该进一步完善遗产保护的法律体系、管理体系和教育体系（“法国建成遗产的保护体系及对我国的启迪”）。

北京交通大学薛林平副教授和石玉介绍了意大利建筑遗产保护体系，包括分类体系、机构设置、运作体系、保障体系，以及遗产保护的理论、实践发展历程。认为其特点主要表现为：在理念层面，将“遗产”视为“财产”，最大效率地发挥其文化价值供公众享用，使遗产保护不再停留在保护层面；在管理层面，重视法律精细化管控、政府引导与公众参与、防灾预案制定、编目检索、数字化平台共享等；在保障层面，鼓励和支持外部资金参与和强化文化遗产保护工作，设置文化遗产宪兵队，建立“遗产风险地图”数据库，制定维护和修复计划；技术层面，重视高新技术在前期研究的专业应用；设计层面，重视科学干预，恰当处理新旧遗产之间的关系等（“意大利建筑遗产保护体系研究”）。

国务院发展研究中心苏杨研究员介绍了美国地役权的内涵与外延，操作形式和典型案例，认为与征收、租赁等土地管理方式相比，地役权制度充分考虑了保护对象的保护需求，可以调动社会力量参与生态和文化环境保护的积极主动性，减轻财政负担，防止资源闲置，一个重要特点是在不改变土地所有权性质的前提下实现土地资源的统一管理，可以在我国的自然和文化遗产保护中尝试（“美国地役权相关制度及其在中国文物工作中的应用方式”）。

首都师范大学范佳翎讲师系统介绍了英格兰考古工作管理工作。梳理了英格兰有关考古法律法规的历史发展，从考古遗产的所有权、管理机构、经费筹措和使用、考古人员资质、考古档案和资料管理等角度，梳理英格兰考古工作管理的制度框架，分析了各层级政府、相关机构、专业人员、建设开发部门等不同利益相关者在考古遗产的发掘和保护流程中的利益诉求和职责义务（“英格兰考古工作管理研究”）。

国家文物局水下文化遗产保护中心赵哲昊认为吉达历史城区是“活态遗产”保护的典型范例。他认为这与沙特文化遗产当局管理理念和体系的进步密不可分。吉达不太重视文物的审美，更重视文物的实用性，一直延续着在本土社区中的动态使用和传承。每年对历史建筑进行评估，区分轻重缓急，循序渐进，不大兴土木，力争不影响居民的正常生活，做到文物保护和居民生活和谐共处，从而使得1300多年的历史风貌在吉达历史城区近乎完整地得以延续（“海上丝绸之路港口城市文化遗产保护——以吉达为例”）。

武汉大学国家文化发展研究院肖波副教授和钱珊介绍和分析了伯明翰博物馆基金会的构成和运行机制。作为英国目前规模最大的慈善信托基金，在基金会管理下，9家文化遗产机构不仅通过理事会制度吸纳了更多社会力量的参与，丰富了资金来源，支持了自身发展，还通过基金会的运营吸引了更多不同层次、背景的观众，加强了伯明翰市博物馆、文物单位的社会影响力，使文化遗产更加深入社会生活，从而认为在文化事业单位推行信托基金制度，建立理事会，是实现法人化管理、增强文化遗产保护单位自我造血能力的有效途径（“文化遗产法人治理的机制与路径——以英国伯明翰博物馆联盟为例”）。

北京故宫博物院李艳梅研究馆员从宏观角度对国际文化遗产保护理念下的当代日本的文化遗产保护利用进行考察，介绍了日本文化遗产保护法律的历史发展及分类体系，基于对一些重要遗产保护利用实践的分析，认为除了旅游、媒体宣传等传统模式外，近几年产业化、信息化的趋势更加明显，“数字+”“科技+”下有质感的高仿与文创产品的生产，对日本文化遗产“活用”起到了推动作用。作为东方文化体系的国家，日本百余年的发展过程中，有不少值得我国学习的地方（“基于国际文化遗产保护理念下的日本文物保护利用及其启示”）。

秦始皇陵兵马俑博物馆研究员申茂盛分1979年以前、1979—1990年、1990—2009年及2009年至今四个阶段介绍了秦俑修复的工作历程，以及传统方法与现代技术在秦俑修复中的比较研究成果，经验和技术路线，并阐述了国际合作对秦俑修复的影响（“传统方法与现代技术在秦俑修复中的比较研究”)。

中国文物信息咨询中心腾磊研究馆员基于《世界文化遗产影响评估导则》《会安草案》和相关国家文物影响评估法律法规文件，结合我国近年来文物影响评估实践，从评估范围、评估要点、评估方法和手段等方面，对文物影响评估的理论与方法进行了探讨。他总结提出，评估涉及文物（文化遗产），包括文物本体及周边环境（保护范围或核心区、建设控制地带或缓冲区）的各种发展计划、建设活动、土地利用或其他开发活动，都要进行影响评估；主要内容包括，对文物价值（遗产突出普遍价值）的认识和理解是评估关键点，诠释真实性、与文物价值的内在联系是评估重要环节，评估所有直接和间接的潜在影响是核心内容，对负面影响进行减缓设计是重要组成部分；方法和手段，主要有资料收集、现场调查、室内研究、专业判断和咨询等（“文物影响评估（CHIA）的理论与方法”）。

中国文化遗产研究院何流副研究员梳理了一些国家关于文物登录的制度和举措，包括对文物申请、认定、批准、登录、退出等环节的法律规定，以及对登录后的文物进行修缮、修复、移动、转让、出境的要求。认为文物登录制度有助于掌握全国文物资源信息，更好地实现全面、有效的动态管理和整合利用，有助于协调各文物相关方的责权利。不同国家文物登录的制度也与其历史发展、政治制度、民族特性、文化渊源有着不可分割的关系，或多或少地会带有各自国家特色的烙印（“国外文物登录制度的探析与思考”）。

中国文化遗产研究院王晶高工比较系统地介绍了国际工业遗产保护的组织（TICCIH－国际工业遗产保护委员会）、文件（下塔吉尔宪章）、阵地（三年会议、TICCIH 公告）、实践（世界遗产名录中的工业遗产）四大方面。讲述了国际上工业遗产保护的崛起、相关行动、重点内容、具体实践和学术研讨等重要内容，对我国工业遗产的保护利用提供了行动指南（“重塑工业时代的身份与记忆——国际工业遗产保护更新理念与实践探索”）。

中国文化遗产研究院彭蕾副研究员从我国目前文物进出境的现状出发，介绍了相关管理制度和法规体系，以及在机制、机构、人才等方面存在的一些问题，同时调研了英国、日本、韩国和德国等其他国家在文物进出境方面管理制度、特色优势以及异同，建议可以借鉴这些国家文物进出境许可集中管理模式，探索实施垂直管理的体制改革，并提出了基本设想（“他国文物进出境管理和文物追索案例研究”）。

四、遗产与社会：展示阐释、信息传播、文化构建

近些年来在国内外遗产保护领域越来越重视关于遗产与人、遗产与社会问题的探讨，“以人为本”“服务社会”“可持续发展”等理念在一定程度上影响到了具体的保护利用措施和行动。会议报告重点涉及博物馆内容设计和展示阐释、文化信息传播、文化共识和地域文化构建等方面的内容。

其一，如何做好博物馆的内容设计和展示阐释，利用互联网、数字化的、面向公众的参与性和体验性强的设计越来越受欢迎。

伦敦大学应用考古学中心研究员/项目经理刘甲从英国文化遗产及博物馆教育理论出发，分析当下在英国最受群众欢迎的文化遗产案例以及方式方法。近 10 年来，随着互联网与个人终端技术的发展与

应用，英国许多遗址和博物馆开始逐步对展示和公众教育进行提升，改变不仅仅是显而易见的硬件升级，更多的从基础理念产生的变化，越来越多地将文化遗产体现在生活环境的方方面面。英国把文化遗产看作国家和民族的武器，文化遗产机构充分考虑公众的需求，设计公众乐于接受的诠释和传播方式，通过有效的展示和利用，把文化遗产和公众连接起来，最终目的是达成公众对国家和民族文化的认同（“英国文化遗产数字化诠释的内容设计及其对我国的启示”）。

其二，关于如何在信息时代更好地传播文物信息和故事，利用便捷的互联网互动交流平台更显重要。

重庆中国三峡博物馆张莉副研究员介绍了慕课（MOOCs）是一种新型的强调交互教学理念的学习模式，近年来被美英文化遗产部门和博物馆界引入到教育学习活动当中。她以英国历史皇室宫殿与慕课平台合作推出在线课程“皇家美食盛宴的历史”为例，总结了慕课具有开放性、大规模的特点，能够在国际上广泛吸引新观众参与，推动不同国籍的学习者学习既有的在线内容，鼓励并驱动在线学习者转变为未来文化遗产参观的现场观众，还可收集大量参与者的反馈意见，从而提供一个更好的了解观众需求和兴趣的渠道和多元交互的平台（“文化遗产机构运用慕课（MOOCs）向全球观众讲故事——以英国历史皇室宫殿（HRP）为例”）。

其三，关于如何通过文物资源促进文化共识、文化构建以及文旅发展，可以通过利用好博物馆、遗址地以及地域遗产资源的整体策划，讲好故事，做好管理。

美国艺术与科学院院士，美利坚大学人类学教授 Chapurukha M. Kusimba 分享了博物馆中如何展现非洲的问题，丰富的非洲文化展品扮演着桥梁角色，通过博物馆讲好非洲故事，有助于提醒人们记住非洲、认识非洲遗产以及非洲人和整个人类可持续发展的关系（“博物馆中展现的非洲”）。

北京科技大学科技史与文化遗产研究院的王冬冬博士介绍了日本开展于 20 世纪 60 至 90 年代的风土记之丘项目，其重点在于保护大规模遗址及其周边环境，强调遗址保护、环境治理与人的和谐共生，在项目设计中融入了多类元素，并注重各类主题的全面发展，同时还强调遗址保护的持续性发展和地域化问题，从而在项目实施中不断进行升级改造，并积极与地域发展相结合，至少打造了 13 处地域文化中心，可以为我国类似的遗址保护项目供借鉴经验（“以遗址保护为核心的地域文化构建——浅析日本‘风土记之丘’项目及其对中国大遗址保护的借鉴”）。

中国文化遗产研究院彭雪介绍了日本城郭协会通过整合资源、整体策划，推动了“100 名城”的宣传以及管理，对地方文化旅游业和文化共识的形成给予了有力的支持，认为在全球化时代背景下，这一行动对践行文化自信战略是有益的尝试，一些做法对我国的历史文化名城保护具有很强的借鉴意义（“全球化浪潮下实践文化自信的国际经验和启示——以日本‘100 名城’保护实践为例”）。

结　语

在全球化、工业化、城市化、信息化的背景下，国际社会普遍加强了对文化遗产资源的管理。以世界遗产委员会与专业咨询机构为代表的国际组织对国际文化遗产保护理论与实践产生了广泛的影响，国际领域的理论研讨和实践演进，也推动了国际上文化遗产资源认知和保管方式的变化。不同国家在不同文化传统背景和社会经济发展条件之下，往往有不同的制度选择，资源保存和管理状况也呈现出多样性和复杂性，人员经费等资源的配置、机构的设置、法律法规的制定和内容多元化。不过，在长时段的保护历程和千变万化的保护实践中，也可以总结归纳出具有普适性的共同哲理与保管原则，一些具有共通性的保护思路和技术可以互相借鉴，或可以根据国情、省情、地情做出适应性地改变和应用。

“不忘本来、吸收外来、面向未来”是我国当前探索“中国特色国家治理之路”的重要思想。正如习近平总书记在文艺工作座谈会和在哲学社会科学工作座谈会上发表的讲话指出的：

> 传承中华文化，绝不是简单复古，也不是盲目排外，而是古为今用、洋为中用，辩证取舍、推陈出新，摒弃消极因素，继承积极思想，“以古人之规矩，开自己之生面”，实现中华文化的创造性转化和创新性发展。（2014 年 10 月 15 日）
>
> 我们要坚持不忘本来、吸收外来、面向未来，既向内看、深入研究关系国计民生的重大课题，又向外看、积极探索关系人类前途命运的重大问题；既向前看、准确判断中国特色社会主义发展趋势，又向后看、善于继承和弘扬中华优秀传统文化精华。（2016 年 5 月 17 日）

本次研讨会就是在“立足国情”“吸收外来”“面向未来”思想的指导下举办的，通过组织跨部门和行业的学术交流平台，把相关行业、组织、文化的专业力量汇聚在一起，进行比较集中、系统和深入地交流国际社会相关领域理论与实践方面的发展趋势和最新动态，深化我们对“他山之石”的理解和把握，有助于更好地反观我国的文物保护利用情况，并在对比分析中感受异同，学习互鉴，提升我国的相关研究和实践水平。

最后，“符合国情的文物保护利用之路”课题首席专家、中国文化遗产研究院研究员曹兵武做了会议总结。他说，十八大以来，以习近平总书记为核心的党中央高度重视传统文化的传承创新，提出了探索中国特色国家治理之路，符合国情的文物保护利用之路无疑也是重要组成部分。中国作为文明古国和文物大国，整理、保存、继承、创新历史遗产和优秀传统文化，走出一条符合国情的保护与利用之路，与学习借鉴以西方为代表的当代先进文化、探索可持续的科学发展文化发展一样，是实现中华民族伟大复兴的重要文化支撑，也是中国特色社会主义道路的重要组成部分。他表示，本次会议的召开，深化了我们对国际发展趋势和一些国家管理实践的认知，课题组还将在“他山之石”会议基础上，专门召开“中国观察——聚焦中国文物保护利用理论与实践学术研讨会”，希望继续得到大家的关注、参与和支持。

致谢：感谢各位报告人。本文的撰写得到了课题首席专家曹兵武的指导，课题组于冰、刘爱河、余建立等老师也有贡献！此文已在《中国文化遗产》2018 年第 6 期刊出，略有修改。

文化遗产领域的若干关键问题

——“他山之石：国际文物保护利用理论与实践学术研讨会”参会笔记

曹兵武

（中国文化遗产研究院）

内容提要：“他山之石——国际文物保护利用理论与实践学术研讨会”集中交流和研讨了国内对国际文物保护利用的理论实践、经验教训的了解与认知。会议探讨的内容相当广泛，既有具体的项目案例，也有抽象的理论观念。涉及的遗产实践主体既有国际性组织，也有国家等政治实体，还有非政府组织、文博机构、专家、当地社区和居民等。涉及的遗产类型更是从世界遗产地、文化景观、历史城镇、街区、古迹遗址到具体的博物馆或者藏品。涉及的遗产事项包括调查、发现、发掘、登录、保护、研究、收藏、信息化、展示、传播、文物出入境管理、流失文物的追索返还等。与会学者对全球遗产状况的了解和研究相当全面和深入，所论及的议题广度、深度与温度皆具，而本文归纳的若干问题则包含着从中国角度对中国文化遗产保护和利用深切的现实关怀与期望。

关键词：文化遗产；价值认知；文物登录；国情之路

在全球化经历了经济一体化阶段而进入文化与价值观的深入交流与融合发展阶段时，深入了解域外关于文化遗产的理论和实践进展是十分重要的。中国近现代的文物保护理念、方法基本上都是首先从域外借鉴而来的，在探索符合国情的发展之路时，当然也应该时时关注国际上的最新动向。从世界各国的情况看，当下的遗产认知与实践已经普遍跨越了初期的珍宝阶段与遗产科学研究和复原的目的，而开始和旅游以及民族国家认同、文化软实力建设、社区综合可持续发展等议题紧密结合，和人类命运共同体密切相关。可以说，一种建立于历史及其遗产支撑的普遍的文化自觉业已形成，也说明社会发展与进步的拓展与深化。我国当下也已经走到了一个遗产与人关系的新阶段，正如十九大报告所说，我国社会的主要矛盾已经转化为人民日益增长的美好生活需要和不平衡不充分发展之间的矛盾。这其中就包括文化方面的需求。就各国文化和遗产保护与利用的经验与教训来说，只有处理好各方利益，处理好保护与利用的关系，才能激发遗产作为文化与社会可持续发展的深层动力源泉。

“立足国情”“吸收外来”，了解域外情况，借鉴国际经验，剖析自身问题，不仅是中国遗产事业发展之所需，也是遗产的公共性、文化交流的紧迫性的本质要求，而该方面的任何进展都可对我国文化遗产保护与利用提供镜鉴。因此，中国文化遗产研究院专门策划召开了“他山之石——国际文物保护利用理论与实践学术研讨会”，结合与会学者的发言和笔者参会感受，并对照我国文化遗产保护与利用方面的实际情况，兹对会议涉及的有关问题做一些不成熟的评论与探讨，以就正于方家。

一、文化遗产价值认知：立场与角度

文化遗产与人的关系其实是互为表里的。文物与遗产作为客观的存在，对今人来说是从不知到知的过程。人将物纳入自己的认知与生产生活，其中一些成为宝贵的文化遗产，应该说是人认识并定义了遗产，但是反过来，遗产也映照着人，定义了人——把什么当做遗产，如何认知并处理这些遗产，某种程度上也表明了我们的价值观念与发展阶段。

国际古迹遗址理事会（ICMOS）是文化遗产保护领域的专业性国际组织，近年来其关注点不断向现实性社会问题倾斜（燕海鸣："从 ICOMOS 谈国际遗产理念的演变"），如同国际博物馆协会（ICOM）一样，在从"以物为本"向"以人为本"价值定位与实践方向转变，并不断深化物与人（本文所用物人关系之物，即是指文物与遗产）的相互关系。笔者曾经将其概括为古玩—文物—遗产的认知三阶段说，意在说明不同于皇室贵胄与文人雅士玩赏的古玩，以及专家学者探索研究的文物，当今天中国社会进入到文化遗产时代时，大众已经逐步与遗产建立了一种具有普遍意义的相互关系。随着人们对遗产认知的范围与深度不断扩展，其内涵与价值也必然发生相应的变化。上述的三个阶段，从不太自觉的个别权贵的珍宝阶段，到专家们上求下索的学术资料的科学阶段，再到大众化的群体认同与融入社会发展、自觉的文化建设阶段，后者正相当于当下国际遗产界热烈讨论的遗产相关利益冲突、价值对话阶段（曹兵武"他山之石——国际文物保护利用理论与实践学术研讨会开幕式致词"；尹凯"成为遗产之后：遗产的过程路径及其相关议题"）。

有意思的是 Kusimba 先生分享了博物馆中展现非洲的问题（Chapurukha M. Kusimba"博物馆中展现的非洲"）。非洲在人类的起源与演进中发挥了不可替代的作用，但是今天的非洲在一般公众眼中却是落后的象征。非洲丰富的文化与可持续发展资源宝库在世界各地的博物馆中被展示，各种展品扮演着架桥和对话的角色，提醒人们不能遗忘非洲这个重要甚至是根源性的区域，并从中源源不断地汲取发展的动能和资源。认识非洲遗产、非洲人和整个人类可持续发展的关系，全球博物馆界应该讲好非洲故事。回到中国，我们也应该相应地要讲好中国人起源、中华文明和非洲、全球化的关系。这就要求我们必须将相关议题放在人类命运共同体这一更宏阔和适当的视野以及相应的历史进程中予以观察和处理。

遗产的价值是不断被人们发现和建构的。这一建构过程包括遗产的过去、现在与未来（周孟圆"文化遗产的价值判断与国际保护理念"）。同样的文化遗产，面对不同时空的人和多个维度的社会文化语境，其价值和意义常变常新，构成了一个被发现和建构的动态过程，甚至成为不同样态下的多个表达体系，而非简单约化的一二三四几大价值。我们全国国有可移动文物藏品经第一次全国性普查后登录备案的大约 3000 万件/套，而美国斯密森尼机构一家藏品即达 1.365 亿件，虽然其间有文物与藏品的区别，但恰恰说明中美两国对文物与遗产乃至博物馆地位与作用认识和实践存在巨大差异（曹兵武"他山之石——国际文物保护利用理论与实践学术研讨会开幕式致词"）。

回到当下，文化遗产所面临的各种挑战，提醒人们应该抓住关键环节，采取关键措施，不断提升对于遗产价值的认知，并不可忽略人对遗产的价值认知与利益诉求，且应将其具体化为鼓励探索遗产功能的转换升级与创新开发。

二、对于文物修复保护的认识：本体与信息

欧洲是公认的现代文物保护理念与实践发源地。欧洲的文化遗产保护，尤其是古迹修复也是在争论探索中不断前行的。欧洲古迹修复的发展历程经历了随意修复—风格修复—反修复（提倡维护，1890－1940）—重建性修复—以历史信息为中心的全面修复几个大的发展阶段（陈曦“建筑遗产‘修复’理论的演变及本土化研究与实践”）。这里边，我们可以看出欧洲古迹修复的发展轨迹，是从主观性向资料、信息的客观性的不断倾斜，可以看出历史文献学对遗产学的启示——保护既是为了文物本体之存在，更是为了获得并延续全面准确的历史科学与美学信息。

客观性与主观性，历史维度与美学维度的探索，一直是建成遗产保护性修复中的二元。古迹保护的过程中，既要求保存相关的科学信息，也要让人包括一般公众能够观赏，它们既可能对立，也可能统一，因此要同时处理好岁月叠加的历时性信息和美学观察的共时性特征，处理好遗产的科学化与社会化价值。面对这样一个辩证的矛盾的过程，现代的科学保护在竭力追求一种内在的统一性，以至于2005年业界还有人在发出《什么是修复?》这样的哲学之问。Renato Bonell 明确提出修复是一种批判性实践。修复领域的系列经典文献《威尼斯宪章》—《奈良宪章》—《巴拉宪章》—《克拉科夫宪章》，基本上就是体现了这样一个认知过程。

中国因为土木建筑等遗产本体及其材料的特点，以及对旧、原状等真实性概念以及文物生命历程的不同理解，有专家批评我国的文物保护一直存在着重式轻物、追求外形、对复建态度骑墙、对修复中的物与艺及其相关的信息真实性重视不够，等等问题。这其实不仅是欧洲早期保护中内容和形式的矛盾的中国式体现，其中更包含着对遗产价值的不同理解。历史地看，中国更重视建筑遗产的有机更新，并持续存在着从“修旧如旧”到“因旧为新”的争论。不过，现代文物保护理念引进之后，真实性原则在中国遗产与文化语境中正不断受到重视和讨论。

其实，诚如一些学者所言，修复的最高境界是考古性修复——既为了保存，也为了认知；既为了本体之存续，也为了更详尽更真实的相关信息的获得与传承；既为了现在，也为了过去和未来。总之，修复是为了考古、存古与传承，这就是所谓“揭示性修复＋批判性修复＋复原性修复”的综合模式。它们既是遗产事业流程上的不同环节，也是并存的同胞兄弟。遗产的历史、科学与美学信息，既依赖于文物本体，也依赖于修复、保存等人文过程，最终它们应该是在传承基础上创新发展的链条与基石。

三、地下埋藏考古资源管理：行业基础与责任权利

考古学发现并揭示文物古迹的价值。除了复原与认识人类的历史与文化，考古学也形成了基于考古资源公共性的公共考古学分支，研究与考古资源保护利用管理相关的法律法规等社会性议题，还包括进行学术研究基础上的遗产价值阐释与传播的考古传播学、考古伦理学、教育考古学，等等。

美国考古和遗产界的 Cultural Resource Management（CRM）实践直接翻译过来就是“文化资源管理”，现已成为美国的重要国策，具体表述为“运用管理手段，通过政治途径，来为美国人民的福祉达到保存重要文化遗产的目的”（陈淳“美国的文化资源管理与公共考古学”）。以考古资源管理为中心的合同考古学（contact archaeology），乃是各方利益博弈之后围绕考古资源及其相关权限界定、转移、分散、监督与实施，以实现有约束的多元化目标考古，禁止没有合理充足目的的考古发掘。在这里，相对于考古资源保护，学术目标和兴趣也已退居其次了。美国大约85%以上考古人员从事与 CRM 相关的考古活动，导致高校的考古学课程设置和考古学科建设在20世纪60年代之后发生了重大转向（陈淳“美国的文化资源管理与公共考古学”），也直接导致了公共考古学的产生。公共考古既指由政府管理的从公众利益出发的考古实践，也指考古教育、传播和社会服务。

英国的情况与美国非常相似。相对悠久的历史，以及高度的私有化导致的土地所有权和出土文物所有权的多重交叉，使其情况甚至更为复杂，但合同考古等法律中对考古发掘中土地、出土物、人、行为、资料、钱等权利和责任的详尽界定，使绝大多数文物古迹都受到了比较妥善的处理。对极其重要的古迹遗址则可以采取国民信托——这个专门并非常著名的组织也是非政府的、基金会性质的。它作为一个专业机构，是英国文化管理部门专业管理与专业经营分离的结果，其业务完全属于一种特许经营。英国的考古也采取以合同考古为中心的特许考古制度，并专门成立了一个地方政府考古官员协会，以方便他们之间交流情况。因为有法律的支持，这种合同考古和特许制度实现了在规划部门和公司层面的强制性考古前置甚至专业人员就业。英国的考古从业人员大约有5000人，其中一半以上都在这个特许领域中工作。相应地，地方档案馆中历史环境记录和考古发掘记录是强制性收存的对象，以保证考古发掘资料的公共化规范化管理与使用（范佳翎、张凌“英格兰考古工作管理研究”）。英国的伦敦大学甚至设立有应用考古学中心（刘甲“英国文化遗产数字化诠释的内容设计及其对我国的启示”）。

韩国与文化遗产相关的专门大法叫《文化财保护法》。该法令于1962年出台，1973年修订时规定公司负担建设开发中的考古经费，1995年再修订时已设立专门的面向个人和小规模开发商等考古调查与发掘基金，2016年修订时规定必要时政府可出资购回遗址所在地的土地以用于古迹的保护利用（唐际根“英美韩三国文化遗产保护实践之观察与点评”）。

无论是地下还是地上古迹，美国1981年出台的《统一保护地役权法案》很好地化解了相关方面的利益矛盾，其中的地役权制度，开列了避开土地权属的具体权益清单，并对土地及其上的遗产等公共性要素专门列出正负面清单，规定可以在不买卖土地、变更土地权属的前提下，通过对产权、利益与使用权、收益权等的细分，建立交易或者补偿机制，化解公私之间的矛盾。此外，美国的遗产税和公益性捐赠的杠杆作用，大大密切了相关人、物、事、钱的相互关系，提升了与遗产和环境有关的公益事业的效用（苏扬“美国地役权相关制度及其在中国文物工作中的应用方式”）。

在我国，尽管有土地和文物国有的法律规定与前提性保障，但在公共性遗产的责任和权利细分的问题上则大而化之，相关利益方容易被忽视，或者容易被部门和专家垄断，导致法律出现空洞化和道德化而难以落地。我们所谓的国家文物、遗产、国家宝藏，其实至多只是到专家资料和个人爱好这些粗浅的舆论层次，它们和社会尤其是老百姓有什么关系，尚缺乏深入研究和构建。考古中的正面、负面利益顾头不顾尾，文物的具体归属和档案资料的合理利用规范化程度极低，造成了大量的资源浪费和无法弥补的损失。韩国和日本已逐步将文物古迹国宝等概念渐渐统一为“文化财”，而我国的遗产资源化，以及其所有权、使用权和收益权能否分离的讨论，则一直停留在争论阶段。其实，对于复杂如遗产这样的资源的保护与利用，承认相关人的权力和分权是大众参与的前提性条件之一。因此，国内文化遗产保护和利用急需通过改革，实现权利、责任的匹配和保护利用能力的提升。

四、登录、出境许可及其他：基础性工作急需加强

构建遗产与人的合理关系，需要一些细密周到的科学设计、制度安排和可行性方案，还有必要的基础性工作。会上发言涉及的一些案例做法也有许多可以借鉴。

比如我们常说文物家底不清，非常重视普查、公布可移动与不可移动文物等基础工作，但因为缺乏相关方面的对接口，花大力气取得的珍贵数据往往沦为账面劳动。普查之后，如何做到信息与资源共享，如何利用，业内并未探索出很好的路径，面向社会的开发和利用更是难以获得基本的支撑。现有的藏品与文物保护单位档案制度也和登录制度相距甚远。通过集中人财资源进行文物普查，可以让管理者在一段时间内掌握我国的文物家底，但是因为缺乏动态跟踪管理，相关数据和情况很快就会失准。文物登录制度被讨论了很多年，至今仍是一项未能得到有效推进的基础工作。实际上，文物从普查到登录只有一步之遥，但因为认识不清、争论较多，短时间内仍难以看到实际性进步。不过，文物要成为社会性资源，发挥更大价值，登录与基础性信息资源的规范共享一关就非过过不可。登录不仅需要标准和规范，更要开放和公开，不仅需要明确文物本体的具体情况与有关要求，也要确定相关各方的责任清单与权利约定，是实现文物资源从机构和部门掌握到社会共享、共保、共用的制度性基础（何流“国外文物登陆制度的探析与思考”）。

在文物出境许可管理方面，韩国在文化财厅设立鉴定官室，直接向各地派驻出境许可官。一个“官”字，充分体现其严肃性（彭蕾“外国文物进出境管理特色及对我国的启示”）。对于走私文物追索，日本枉顾国际公约75年的追索时限规定，自行设立了10年的追索期限，并规定要对善意购买者提供补偿，这完全是站在文物进口国立场上的片面规定。

文物的保护与利用，无论公私，开展规范的认定和登录、实现基本信息的规范与公开是起码的要求和前提性条件，之后才是包括权属认定、责任和利益划分、信息乃至实物流转、分享乃至交易等相关事项的规范。这早已不完全是学术问题而是法制问题。

顺便一提，如同普查工作一样，文物登录制度对于可移动和不可移动文物均同样适用。今天的中国，快速发展的信息化已经为我们尽快补齐短板实现赶超完善科学化管理提供了便捷的可能手段。

五、博物馆与遗产：窗口与桥梁

会议涉及博物馆的论题不多，但其实这是一个很关键的问题。博物馆不仅是遗产保护、研究、诠释的主力军，也是建立遗产与公众关系的关键环节之一。博物馆长期以来积累的公共性和公益性具有

极大的号召力和影响力。

上文提到的博物馆中的非洲文化展示其实是个很好的话题，它是当下博物馆介入敏感而重大的社会问题的一个标杆，博物馆在这一方面大有可为。刘甲“英国文化遗产数字化诠释的内容设计及其对我国的启示”介绍了博物馆的3E——Education（教育）、Entertainment（娱乐）、Erich（提升）理论，这不仅是博物馆传统职能的新拓展，也更接近于博物馆保护与利用藏品等遗产资源的目标本质。据介绍，博物馆首席数字官已经在不少重要博物馆中出现了，说明在信息化时代博物馆资源的极端重要性及其在建立物人联系中的中介性地位。博物馆常常用展览来讲故事，因为故事与人的高粘度性，使其成为文化传承的关键结构与模板之一。博物馆拥有相对优势的文化语素，英国历史皇室宫殿博物馆的慕课，尝试讲述国王餐厅的故事并将公众引入相应的历史文化语境中，取得了出人意外的成功（张莉“文化遗产机构利用慕课向全球观众讲故事——以英国历史皇室宫殿为例”）。

英国伯明翰博物馆的信托与基金理事会运作，将9处博物馆和遗产集中管理并盘活（肖波“信托基金制如何让文化遗产‘活起来’”），对我国正在探索的博物馆资源共享、理事会制度和基金会制度，包括总分馆制度，都具有一定的启示作用。

博物馆不仅是文物的集藏地，也是遗产通过展出和公众直接沟通的地方。观众抱着好奇、兴趣和学习的目的而来，带着知识、文化等各方面收获而去。博物馆将非遗纳入工作领域，博物馆不断扩展的边界和业务范围，使博物馆正逐渐成为一个文化与文明的多样性特别空间，成为一个交互的界面或者对话的平台。博物馆是一个遗产保护、传承与利用的重要场域。博物馆的不断的发展，也不禁使人诘问博物馆是什么？什么是21世纪的博物馆哲学？

无论如何，在遗产与公众之间，在保护与利用过程中，博物馆绝对是不可或缺的一环。在中国，尽管近些年博物馆比较热并取得了较快的发展，但是博物馆不应是如某些论者所推崇的从以物为本向以人为本的转变，而是应正确处理物人之间的关系，充分发挥自己的建构性，推动物人关系的良性发展。此外，中国的博物馆多与考古具有极其密切的关系，大多数有影响力的博物馆是考古发现文物支撑起来的，博物馆的展示与诠释体系依靠历史与考古学的研究成果，但是，不能说博物馆和考古已经建立起科学合理的关系。此外，展示中的保护利用是未来遗产业发展的重要趋势之一，而遗产地与遗产事业的博物馆化某种程度上也是不可避免的发展趋势。我们必须正视博物馆在文物保护与利用中的核心性中坚作用，在坚持正确价值观的前提下，进一步激发博物馆的活力，用好博物馆这个文化发展的工具。

六、全球化趋势：人、自然与文化

人本同一起源，现在通讯与交通手段又让寰球如村落，让四散各地、暌隔已久的人类再次获得四海一家的感觉。但是，应该承认，早期人并无这种认识上的自觉，加上农业定居文明与地方化的长久发展，文化上的陌生、需求上的矛盾乃至观念上的分歧，使族群内外的冲突屡见不鲜。联合国成立后，安理会与教科文组织成为其“文治武功”的治理抓手，一个意在维护和平，一个旨在消除不同族群和国家在观念上的对立和冲突，并且以武装冲突情况下保护共同的人类文化遗产作为重要的突破口。

1954年，《武装冲突情况下保护文化财产公约》（简称《海牙公约》）开启了一个新时代。对见证人类历史的文化遗产，《海牙公约》强调，文化遗产是人类共同的财富，即便在武装冲突情况下也要切实保护，从而在根本上将文化及其遗产纳入了工商业文明所开启的全球化潮流。

二战之后，环境恶化与环保意识觉醒，提升了环境保护的紧迫性，也提高了文化遗产保护的紧迫性。这方面，法英美等是先锋，也是埃及阿斯旺大坝建设中努比亚文物抢救的积极推动者。1965年，美国提出了世界遗产信托的建议。1972年，在世界环境与发展大会后教科文组织出台了《世界遗产公约》，兼顾文化与自然，在理念普及和实践操作性方面取得重大突破。可以说，基于不朽的共同的文化遗产概念主导了全球化时代重新认识人类及其历史、思考其未来的文化交流与融合（吕舟“文化语境下的文物保护概念”）。

今天，环境影响评估和文物影响评估已经成为国际工程管理普遍的前置性要求，并有相通的标准做法和必要的程序，2009年出台的《世界遗产影响评估导则》是其进一步的延伸（藤磊“文物影响评估的理论与方法”）。世界遗产作为联合国教科文组织的核心项目，已经发展出以教科文组织—世界遗产委员会—世界遗产中心—缔约国—专业咨询组织为序列的组织架构、协调机制与治理体系。尽管因为面对的是五花八门的主权国家，加上专业性与政治化的博弈，它只能表现为一种弱治理，但却具有强大的示范与引领效应，各个不同方面的角色与作用，责任、权利与义务，也渐趋合情合理。

《世界遗产公约》在出台时充分考虑了文化与自然遗产的双重性与关联性，并在20世纪90年代对文化景观给予了专门的注意。新西兰汤加里罗国家公园1990年被列入自然遗产时曾被提示应注意其文化方面的价值，并于三年后以文化遗产的身份被再次列入名录。1994年，关于东方特色遗产真实性的《奈良真实性文件》出台和文化景观列入名录范畴，为不发达国家和东亚国家辨识自己遗产的重要价值提供了有力的理论支撑，传统的圣地、圣山、种植业景观及特定的文化环境都有了申报世界遗产的可能性。

2003年的《保护非物质文化遗产公约》和2005年的《保护和促进文化表现形式多样性公约》，更大地扩展了遗产保护与传承的维度，促进了人与遗产更紧密的结合。人类从强调遗产物质遗存的真实性到强调信息来源的真实性和文化的真实性，以及关于传统和活态遗产甚至是无形遗产的关联性和重要性，遗产的保护与传承越来越深入到文化建设和社会实践的领域中去。

可以说，《世界遗产公约》相关概念、组织与实践是一个基于公约并巧妙地融汇了政治、学术、价值认知和社会实践的保护与对话平台和传承体系。ICMOS作为教科文组织在文化遗产领域内最重要的专业咨询机构，从其三年一届的年会主题变化来看，1965—1978年主要关注“古遗址”，1978—1990年主要关注“发展”，1990—2002年主要关注“全球化”，2002年以来主要关注“人”。从中可以看出，ICMOS围绕遗产事物，从专业到人，科学降低了身段，公众提高了站位（燕海鸣“从ICOMOS谈国际遗产理念的演变”）。

保护文化遗产的目的是为了消弭人类头脑中的对立和潜在的战争威胁，或者说提请世人注意发展的文化维度与价值，为此教科文组织在1988年还推出文化十年项目，在世纪之交时发布《新千年宣言》，强调文化复兴与可持续发展的内在联系。2012年在纪念《世界遗产公约》40周年时，业界聚焦遗产保护的实践，菲律宾的维甘古城被授予最佳实践案例。纪念活动中，教科文组织出台了世界遗产的《京都愿景》，明确强调以人为核心的保护，以及保护与可持续发展的关系。

《世界遗产公约》及其引发的世界遗产运动在中国引起强烈反响。中国虽然较晚加入公约，但是努力与成绩有目共睹，现已成为全球入选世界文化遗产数量最多的国家之一。可以说，世界遗产的申报助推中国的文物保护快速进入了遗产保护时代。作为文物和文化遗产大国，中国结合自身国情探索和实践文化遗产保护和利用所取得的成果，理应为人类的可持续发展贡献“中国智慧”和“中国方案”。

结语：我们需要一场遗产与人关系的重新建构

可持续发展离不开人类对历史遗产的保护利用与传承创新。从上述学者们分享的国际经验来看，我们发现遗产的内涵并非凝固，价值也并非固有，何为遗产？遗产价值何在？都是相对于具体的人和事而言的，有着具体的发现与认识过程。中国遗产事业的进步离不开借鉴域外经验。诚如金石学没能进化成考古学，皇家与士大夫的收藏鉴赏不会主动发展为现代博物馆，中国文物和文化遗产事业一直是在国际影响下形成、演进的。不过，国际遗产领域的理论方法和实际经验虽然可以被我们参考和借鉴，但它们却并非是现成的蓝图。这些“他山玉石”也只能算是璞玉，需要结合中国的实际进行打磨，符合国情的保护与利用之路只能靠自己来探索。

从与会发言的内容看，无论在考古资源的调查和发掘处理，遗产和城市街区发展，世界遗产、景观与当地旅游发展，博物馆展示传播与人的素质提升等方面，国际社会都已有很好的探索和经验。但是为什么一涉及国内文物保护利用问题，就往往意见难以统一，甚至有些混乱？也许，正如尹凯在“成为遗产之后：遗产的过程路径及其相关议题”报告中所言，我们才刚刚唤醒了遗产意识，步入遗产对话阶段，对国际情况缺乏系统深入的研究，也没有对文化遗产保护与中国国情进行透彻的分析。

粗略而言，中外对于文物保护利用的愿望与理想是相通的，应该采纳的科技手段与理论方法也是相近的，但是，因为具体的遗产有所不同，人及其历史和社会文化环境也不相同，处于不同发展阶段的不同的人的认知当然会有不同，甚至对相同的物也会有不一样的价值认知。因此，合理的保护与利用之路有赖于建构异中有同的和谐合理合规的物、人关系。这其中包含几个关键的方面，一是对文物本体及其价值有科学的认知；二是对保护的科技手段有正确的把握，三是对物、人关系有合理的建构，四是在法治化轨道下开展相关实践活动，五是业界应做好必要的基础工作，为社会和公众参与提成基本的支撑条件。

这里的物、人关系应该既注意到行业内与社会，也要注意到政府与专家及公众，更要注意到行业内部考古、保护与博物馆等不同部门，尽管都是围绕文物问题，却是完全不同的方面和层次，各有不同的认知和价值判断以及利益诉求。此外，特别应该强调加强遗产作为价值观与遗产科学的理论研究。遗产价值是人发现并建构出来的，遗产研究要通过对遗产本体与人的深入探索，揭示二者之间不断演进的深层互动关系，并努力在具体的社会文化背景下建构一种理想关系的社会路径。这其实是文化自觉的构成部分，也是物、人关系进入后工业后殖民社会的生态文明阶段的深层生态系统的文化保障。经历了采集—狩猎经济、农业文明、工业文明之后，人与自然的关系已经发生了深刻的变化，生态文明首先应该是一种纳入了文化自觉并涵盖人类生存之生态、业态和心态的深层生态系统。人之为人，成为什么样的人，除了面对现实和未来的适应性选择之外，人类的过去曾经被所遗留的遗产所记录和表达，人类的现在也同样被我们与遗产的关系所界定和塑造。为了自身的生存与进化，人类曾经消灭了很多物种，包括遗产，也创造了很多，保留了很多。虽然未来不好预测，但是人的发展与进化之路会和遗产及其处理紧密地纠缠在一起则是毫无疑问的。

作为一个文明古国和遗产大国，我们探索立足现实的文物保用之路，其实也是在探索复兴之路和未来的科学发展之路。实现民族伟大复兴的口号就是习近平主席在国家博物馆“复兴之路”的展厅中提出的。继承和弘扬优秀传统文化是与继承弘扬革命改革文化、借鉴国际先进文化、探索科学发展文化相并列的文化建设的重要支路之一。必须先有接续优秀文化传统的中国式文艺复兴，才可能有中国式的可持续发展的再出发。对于传统和西方先进文化，我们曾经先后经历几种截然不同的态度：首先是认为我天朝上邦遇到了又一批外夷，他们应该为我中华马首是瞻；两次鸦片战争之后，觉得这批外夷不同以往，他们船坚炮利，但文化野蛮落后，可以师夷长技以制夷，因此有识之士推动开展洋务运动，坚持中学为体西学为用；甲午之战被后起的东邻日本战败之后，才觉醒到外夷文化与制度方面的优越性，因此光绪皇帝联合有识之士进行戊戌变法，图画新政；这时候，学习、改良已经跟不上时势变化了，五四新文化运动以砸烂孔家店，进行文化与民族再造为目的，后来甚至发展到“文化大革命”这样的社会动乱。改革开放，其实是重新接续中国与世界、历史与现实的合理互动。如今，经济虽然发展了，但社会发展仍然有很多问题，文化上有各种思潮，包括优秀传统文化，都需要进行系统梳理，取其精华去其糟粕并创新发展，以实现科学发展，全面发展，提升综合国力。这里，必须处理好历史与现实、中国与世界、传承与创新等不同方面文化的关系。

我们与传统的关系，还远未建设好，提出走出符合国情的文物保护利用之路就是因为还没有形成这样一条路。对于中国文物中国人民要通过开展保护利用等理论与实践探索，在中国这块土壤上培育出传承创新的种子并发扬光大，助推中华民族复兴与可持续发展。这种在全球化中坚持合理的地方化，在面向未来时兼容历史的做法，既是自身追求稳定连续全面科学发展的不二之路，也是对人类文化多样性和生态文明可持续发展的重要探索与贡献。

预测未来的最佳之路就是创造未来。对于遗产及其价值的认知是一种建构，科学的实践与发展之路其实也是一种建构。为了走出符合国情的文物保护利用之路，我们应该在文化遗产领域探索物人关系的合理科学的细致建构。

（说明：文中引用会议报告人及其报告内容可参见本文集新收文章，报告人及其报告题目以括弧形式在文中标出。本文曾刊于《文博学刊》2018 年 4 期，收入本文集时有个别修改。）

谁的世界？何以遗产？

——第42届世界遗产委员会会议观察

燕海鸣　王　珏　罗　颖　解　立

（中国文化遗产研究院）

摘　要：通过对2018年世界遗产大会的深度参与和观察，本文分析了本次大会上与遗产列入和除名有关的三个项目的背景和讨论过程，也分析了大会期间召开的边会所关注的议题，提出世界遗产正呈现出危机与希望共存的现状。围绕提名项目进行的讨论中，分歧和争议日趋明显，世界遗产委员会和咨询机构之间的鸿沟在不断加大；而在有关世界遗产未来发展方向的讨论中，又体现出与时俱进和自我反思的特点，使这项事业得以延续的基础依旧坚实。通过回顾大会各方面的进程，本文进一步提出，世界遗产应重新回归"公约"签订时的初心，重新审视遗产数量与国家形象的关系，同时应以更加开放的心态迎接世界遗产体系的变革。

关键词：世界遗产大会；政治化；边会；议题

［会议简述］ 第42届世界遗产委员会会议于2018年6月24日至7月4日在巴林王国召开。来自近120个国家的代表出席了会议。大会主席由巴林王国的Hayabint Rashed AL Khalifa女士担任；报告员由匈牙利的Anna E. Zeichner担任，五个副主席分别来自阿塞拜疆、巴西、中国、西班牙和津巴布韦。

21个委员国构成如下：安哥拉、澳大利亚、阿塞拜疆、巴林、波斯尼亚和黑塞哥维那、巴西、布基纳法索、中国、古巴、危地马拉、匈牙利、印度尼西亚、科威特、吉尔吉斯斯坦、挪威、圣基茨和尼维斯、西班牙、突尼斯、乌干达、坦桑尼亚联合共和国、津巴布韦。

大会经审议最终产生了19项新增世界遗产，其中文化遗产13项、自然遗产3项、混合遗产3项；另外，还通过了1处自然遗产扩展项目。至此，全球世界遗产总数达到1092项，分布在167个缔约国中；其中文化遗产845项、自然遗产209项、混合遗产38项。此外，委员会对41项世界遗产的保护状况进行了重点审议（上会讨论），包括濒危遗产24项。最终共有1处遗产移除《濒危世界遗产名录》（以下简称《濒危名录》），1处列入濒危，濒危遗产总数不变，依然是54处。

中国的世界自然遗产提名项目贵州省的"梵净山"成功列入《世界遗产目录》；世界文化遗产提名项目"古泉州（刺桐）史迹"在咨询机构评估建议不予列入（N）的情况下，经过多数委员国的提议，最终被发还待议（R）。至此，我国世界遗产总数达到53项，仍居世界第二；其中文化遗产36项，自然遗产13项，混合遗产4项。随着梵净山的成功列入，我国世界自然遗产总数已超过澳大利亚和美国，位列世界第一。

大会审议遗产保护状况环节涉及我国6项文化遗产：武当山古建筑群，布达拉宫历史建筑群，曲阜孔庙、孔林、孔府，左江花山岩画文化景观，丝绸之路：长安和天山廊道路网，大运河。其中布达拉宫历史建筑群保护状况开放讨论，最终决议获顺利通过；其余5处决议经审议直接通过。值得祝贺的是，我国大运河作为2018年世界遗产保护管理状况三个优秀案例之一，获得了大会高度赞赏。其余两处优秀案例分别是德国卡洛林时期教堂西面建筑及科尔维城堡和俄罗斯雅罗斯拉夫尔历史中心。

［**会议观察**］一年一度的世界遗产委员会会议（被习惯称作“世界遗产大会”），会议长度一般为12天左右。在近两周的时间里，21个委员国、3大咨询机构，以及作为观察国的其他《保护世界文化和自然遗产公约》（以下简称《公约》）缔约国、国际遗产领域的专业人士、非政府组织代表等，针对包括世界遗产保护状况、申报项目、重大议题和策略、大会议程和机制等诸多事务进行讨论。在庞杂的各类讨论中，我们可以按两条主要脉络来对大会进行观察：第一是围绕《世界遗产名录》（包括《濒危名录》）提名项目展开的讨论，这项讨论集中在主会场进行；第二是关于世界遗产未来发展的原则、概念、理念和策略等进行的探讨，这类探讨既在主会场展开，又同时以“边会”的模式进行。

如果按照这两个脉络对大会进行解读，我们会发现世界遗产正在呈现出一种危机与希望共存的现状。危机指的是在围绕提名项目进行的讨论中，分歧和争议日趋明显，世界遗产委员会和咨询机构之间的鸿沟在不断加大，大部分与当事国意愿不符的咨询机构评估结论都被委员会推翻，《世界遗产名录》的专业性和公信力受到业内人士的普遍质疑。而希望则体现在有关世界遗产未来发展原则和理念的讨论表现出与时俱进和自我反思的特点，使世界遗产事业得以延续的基础仍旧坚实。

中国古迹遗址保护协会多年来参与、观察世界遗产大会，对于世界遗产近年来面临的诸多挑战，能够客观、思辨地去理解其背后的原因，及其所表现出的意义。本文将对此次大会以案例的方式进行解读，分两个部分，第一部分探讨“遗产政治”，以今年三个提名项目——沙特阿拉伯艾尔阿萨（Al－Ahsa）绿洲、乌兹别克斯坦沙赫利苏伯兹历史中心、尼泊尔加德满都谷地为例，对其审议环节中委员国和咨询机构的意见分歧进行呈现和解读，探讨应该如何理解建议和决议结果的差异，分析委员会和咨询机构各自的立场和策略，并反思其背后的制度成因。

第二部分探讨“理念”，我们将以本次大会上涉及的三个主要概念——自然－文化融合、可持续、记忆遗址为切入点，探讨支撑世界遗产生命力的、不断涌现的概念、议题、理论的话语焦点对于这项事业的意义。我们提出，世界遗产的话语权不仅体现在针对名录更新事务上的政治主导力，更体现在概念和议题上的影响力，这是一个国家在世界遗产舞台上发挥持续和正面影响的关键。

在文本最后，我们在反思的同时，也要考虑世界遗产作为UNESCO的旗舰项目，在以往巨大成功的基础上应走向何方？应该以何种态度去思考和面对它的未来？

一、谁的世界？围绕“名录”的专业与政治较量

世界遗产委员会的三大咨询机构——ICOMOS、IUCN、ICCROM做出的专业评估结论，近年来屡屡

被由部分缔约国所构成的委员会推翻。总体趋势上来看，不仅是世界遗产提名项目，针对现有世界遗产的保护状况做出的评估建议，尤其是那些会导致遗产列入“濒危名录”乃至从“世界遗产名录”中除名的建议，也每每被委员会以各种理由摒弃。

最为明显的分歧存在于提名项目审议环节。关于咨询机构的建议和最终决议之间的差异，用数据的形式可以得到最直观的呈现。在20世纪，这种分歧只是小规模的，但此后，尤其是2010年后，分歧逐步扩大。我们回顾了自1978年以来，历次大会上最终得以列入的文化遗产项目中，最初评估意见不是第一档（列入）的项目的数量，以及这些项目数量占最终列入文化遗产项目的比例。我们将每年最终列入的文化遗产数量变量为a，其中原始评估意见不是第一档的数量为b，那么b/a，即比例c。下表列出了四个时代的b以及c的发展趋势：

年代	b	c
1978－1989	1.17	8.3%
1990－1999	1.4	5.7%
2000－2009	3.64	17.8%
2010－2018	7.13	40.1%

b：非“列入”变为“列入”项目平均数

c：非“列入”变为“列入”占总“列入”的比例

上表显示出一个非常显著的趋势：20世纪，绝大多数的列入项目都是来自于最初ICOMOS给出的评估结论。在21世纪初，这个比例有所下降，但也超过五分之四。但近十年来，这个数字骤降，仅有六成左右。与之相对应的，是有四成的最终列入项目是由其他档次的评估结论抬升而来。这个数字中还没有显示出的一点是，2010年代以来，包括本届在内，已经有5个项目从评估结论最末一档“不予列入”直接抬升为“列入”。

在此列举的三个案例，分别代表了世界遗产所面临的三个状况——列入遗产名录、列入濒危遗产名录、从遗产名录中除名。我们看到，将一项遗产列入遗产名录，并使其保留在名录当中，避免进入濒危名录甚至从遗产名录中除名，已经成为缔约国普遍坚守的政治诉求。

（一）列入——沙特阿拉伯艾尔阿萨（Al－Ahsa）绿洲

在本次大会所有提名项目的审议结果中，最具历史性的“突破”是沙特阿拉伯的艾尔阿萨绿洲——不断进化的文化景观。该项目成为了第一项评估“不予列入”，经审议以非濒危的形式直接“列入”的世界遗产。

艾尔阿萨绿洲位于阿拉伯东部半岛，申报类型为文化景观。其申报要素包括花园、运河、泉水、水井、排水湖，以及历史建筑、城市设施考古遗址。在价值阐述中，缔约国认为这些遗址代表了海湾地区从新石器时代到现在持续人类定居的痕迹，是人类与环境相互作用的典范。

但是，ICOMOS强调，根据《操作指南》，与该项目能够对应的一类文化景观指的是evolved类型，既历史中发展演变而形成的景观；并不是evolving类型——仍在变化的景观。艾尔阿萨绿洲在历史的不断变化演进中，虽然具有自公元3－4世纪就有人类居住的证据，但传统的水资源管理办法已经被现代灌溉设施所替换，传统的社区治理模式已经被市场经济所取代，承载遗产价值的传统文明、方法和面貌，并没有在今天的绿洲中得以体现，而且城市扩张对于人和自然互动的关系已经带来了破坏。ICOMOS 还指出，类似的绿洲在阿拉伯地区有很多，这一项目的突出普遍价值难以得到有效证明。综上所述，ICOMOS 建议不予列入。

在今年之前的世界遗产历史上，曾经有过三次在咨询机构给出“不予列入”的建议后直接变更为“列入”的遗产，但这三次都有其特殊的背景。2012 年，巴勒斯坦“耶稣诞生地：伯利恒主诞堂和朝圣线路”被 ICOMOS 建议“不列入”，在大会上临时提出要求以濒危之名强行列入，经过秘密投票，按紧急列入方式直接列入濒危名单。2014 年和 2017 年，巴勒斯坦故技重施，其“南耶路撒冷 Battir 橄榄与葡萄园文化景观”和“希伯伦老城”两个项目都在审议当年才递交文件，要求按紧急列入流程进行操作，于当年即上会讨论。虽然 ICOMOS 的评估意见都是不予列入，但在大会上经过秘密投票，直接列入《濒危名录》。

对比此前三项巴勒斯坦的项目，艾尔阿萨绿洲显然并不具备以濒危的名义强行列入的可能。但作为历史上首例以“不予列入”的建议上会讨论谋求“列入”的申遗项目，沙特方面有备而来，准备了各种反驳 ICOMOS 的口径，借由一众委员国之口相继抛出。

首先是从概念层面对文化景观予以重新界定。科威特代表认为，对于这类非典型的文化景观，不能仅在既有的文化景观范畴里去理解，还要看到绿洲为这里的人们提供持续发展的必须的水资源，使得他们在恶劣的气候下生存了两千多年，并发展出丰富的文化。因此，尽管这个文化景观并不典型，但不能否认其突出普遍价值。科威特的意见实际上是在现有的《操作指南》框架下进行了突破。随后，布基纳法索、巴林、中国等代表强调了这处文化景观在人类历史演进过程中的独特意义——在沙漠、山脉和海洋的交汇之处发展出独特的文化，展现出人类不断适应自然的能力。

其次是从其类型的特殊性中去打“情感牌”，古巴和巴西的代表指出，这一类绿洲文化景观，属于世界遗产名录中“稀有”的类型，本着让名录更加平衡的目标，应该列入。最后，由于超过三分之二的委员国表态支持列入，该项目得以直接列入世界遗产名录。

借助外交手段，形成多国利益同盟，推翻咨询机构的意见而强行列入遗产名录，是近年来世界遗产领域最令人忧虑的变化趋势。此举严重背离了世界遗产的初衷。当我们回顾世界遗产事业形成的历史，会发现最初动议和实践《公约》并建立《世界遗产名录》的政坛和学术界人士，所基于的理念是全世界共同建立一种牢固机制，去保护那些对于全人类的过去和未来具有特殊意义的遗产。当本国由于种种原因无力维护而使遗产面临危机时，该机制能够及时发挥作用，有效化解危机，保全遗产。例如埃及的阿布辛贝神庙，由于阿斯旺水坝建设即将被淹没，国际社会通力合作，对其实施抬升处理，保全了这处杰出的建筑遗产。评判世界遗产最核心的概念是其所应具备的“突出普遍价值”，即对整个人类社会具有广泛而特殊重要意义的遗产价值，这类遗产如果遭到损害，将是无法挽回的全人类的损失，因此应该举全球之力去守护它们。

但实际上，没有任何遗产是纯粹属于全人类的，它们必然是首先属于某个群体、某个族群、某个国家。因此，在实践过程中，这些群体、族群和国家必然会力推符合自己利益的遗产申遗，以让自己的遗产成为“全人类”的遗产，让自己的文化获得普世的价值，从而确立自己在人类文明历史中的独特地位，进而在未来发挥更大的文化影响力。如此一来，“突出普遍价值”不仅作为评判遗产的标准，同时也成为遗产的一个光环，拥有“突出普遍价值”的遗产，获得了相比其他遗产的更高地位和更优先获得关注和保护的资格。在这样的进程中，“最重要的”逐步演变为了“最荣耀的”，世界遗产大会也成为一年一度的角斗场，挑动各国的敏感神经，各国不仅要靠遗产价值说话，还会暗地进行政治、经济乃至宗教角力。

造成这样的结果似乎是不可避免的。毕竟世界遗产项目的地理基础是缔约国，在这样的基础上，必然会造成国与国之间互相攀比的现象。1994 年，面对欧美遗产占主流的情况，世界遗产确定了“全球战略”，向非欧美地区倾斜；并在 21 世纪初开始不断修正《操作指南》，将每个缔约国申报项目数量严格控制，在今天每个国家每年最多申报一个项目。不过，严格来说，这种试图“平衡”各国、各大洲遗产数量的行动本质上也是对世界遗产初衷的某种背离。因为人类文明各版块的发展快慢有所差异，某一地区遗产数量更多，是历史发展的客观产物，通过搞平衡的手段去人为控制，也是对从“最重要”转变为“最荣耀”的评判标准异化结果的一种默认。

令人遗憾的是，即使如此，“全球战略”也没有实现其初衷。在今年的大会上，世界遗产中心自我反思到，20 多年的全球战略并没有扭转欧美遗产占主流的大势。在我们看来，非但没有实现这个目标，反倒加剧了遗产大国之间的非理性竞争，助长了不择手段申遗的行为。因为每年名额有限，确保入围项目的成功率，保证本国名录遗产数量的稳步增长，已成为缔约国参加大会的首要任务。

（二）濒危——尼泊尔加德满都谷地

本次大会共上会审议了 16 项世界遗产保存状况，其中包括 11 项文化遗产、4 项自然遗产和 1 项混合遗产。最终，肯尼亚图尔卡纳湖国家公园（自然遗产）项目按照 IUCN 评估建议列入《濒危名录》，尼泊尔的加德满都谷地、巴基斯坦的拉合尔古堡和沙拉马尔花园列入《濒危名录》的决议草案并没有被委员国所采纳。

关于《濒危名录》，在《公约》中有明确界定：“列入《濒危世界遗产名录》的遗产首先要具备世界遗产的资格，同时面临被毁坏的危险……有濒危遗产的国家、世界遗产委员会成员或世界遗产委员会世界遗产中心可以提出对濒危遗产的援助申请。”设立《濒危名录》的目的是让国际社会更多关注，并给予必要的支持。那么，尼泊尔加德满都谷地这种急需国际援助的遗产地，反倒采取了拒绝列入《濒危名录》的态度，这应该如何去理解？

其中一个主要原因是，《濒危名录》在今天已经被许多国家认为是一种惩罚措施，令当事国“蒙羞”。2015 年 4 月遭受地震后，加德满都谷地已经连续四届大会被建议列入濒危，但每一次都以不同理由被委员会驳回，背后彰显的是作为缔约国尼泊尔自身的意愿。该遗产地 21 世纪以来曾经历过 5 次反应性监测，时间分别是 2003 年、2007 年、2011 年、2015 年、2017 年。2015 年之后的两次反应性监测主要针对的是震后恢复问题。今年的评估意见中，ICOMOS 认为该遗产地震重建过程中，由于不正确的工艺和材料的使用，使得遗产的突出普遍价值遭受了二次破坏，缔约国在控制和协调恢复工作中缺乏足够的管理能力，需要获得更多来自国际社会的支持；为引入更多保护和援助资源，建议将其纳入《濒危名录》。

站在尼泊尔立场的一些委员国，则通过两条理由来反驳ICOMOS的建议。第一条理由是应激励而不是惩罚。委员国认为，应该以积极、鼓励的方式去引导缔约国更好做好遗产的恢复工作，而不是简单地以列入濒危的方式对其进行惩罚。这种视濒危为“惩罚”的意识在近几届大会上非常明显。回顾加德满都谷地第一次被讨论列入濒危的2015年，当时不列入的理由便是：缔约国遭受的是天灾而非人祸，应该以激励态度为主。而在本次大会上，在一些保护状况出现问题的遗产地的最终决议上，原本按照既往惯例撰写的——如果遗产得不到有效保护，不排除未来列入《濒危名录》——之类的表述，被委员会认定为一种“恐吓”。

虽然此前的大会对于濒危遗产的列入已经非常谨慎，但本次会议上大规模删除上述惯例表述的作法，将对《濒危名录》曲解和误读进一步推向极端。另外，也出现了将决议草案中关于采用国际合作援助当事国的有关表述删除的提议，尽管这是遵从尼泊尔自身意愿的声援，但对于一个明显需要各方支持帮助恢复的重要遗产，而且在中国等国家也已经开始对尼泊尔加德满都谷地开展了一系列国际援助的情况下，把“国际合作援助”等最体现《公约》核心精神的表述删除，令人感到困惑和无奈。

委员国采用的第二条理由是质疑《濒危名录》本身的效果。他们指出，即使列入了《濒危名录》也并不意味着能够获得更多的援助。一些非洲国家纷纷拿自己的大洲举例，说明非洲有不少遗产已经列入了濒危名录十年以上，但状况并没有实质改观。既然《濒危名录》的意义是让更多人关注和援助遗产的保护，那么目前的状况反而揭示出这项设计并没有实现其目的。况且，有的委员国指出，列入《濒危名录》反而会令缔约国蒙羞，更对旅游业造成负面影响，收入的降低会进一步导致遗产保护经费受到限制，列入濒危反倒令遗产地得不偿失。在2017年关于加德满都谷地的决议时，将列入濒危的提议驳回的主要理由之一便是——列入濒危遗产名录也不能解决实际问题。

上述关于《濒危名录》实施效果的批评，揭示了目前世界遗产体系的一个困境——世界遗产中心和咨询机构是否具备足够能力支持濒危的遗产地？无论是从经费上还是人力、物力方面，随着世界遗产地数量的增多，现有的国际援助力量显得越发有限。曾经成功的集中力量开展柬埔寨吴哥古迹保护修复的行动模式，很难在所有濒危遗产地推广。这就导致了“濒危”越来越表现为一种遗产地的身份符号，并不能从中获得实际益处。

（三）除名——乌兹别克斯坦沙赫利苏伯兹历史中心

乌兹别克斯坦沙赫利苏伯兹历史中心2000年成为世界遗产。顾名思义，作为“历史中心”，其突出普遍价值不仅在于历史建筑单体、建筑群，也同样包括历史街区肌理。因此，建筑和街区肌理共同构成了这项世界遗产的灵魂，缺一不可。咨询机构也是根据这一原则，在进行了反应性监测之后，发现古城内约70公顷，30%区域的历史格局已经遭到了不可逆转的破坏。而这一区域恰恰是支撑其突出普遍价值的最核心环节。

鉴于缔约国的大规模建设行为已对遗产造成破坏，从第39届开始连续三届大会的决议都对该项目提出了严肃警告，2016年该遗产列入《濒危名录》。但已经遭到破坏的遗产无法挽回。另外，即使暂时停止了已经大规模进行的建设活动，但缔约国仍然没有制定详细的方案确保遗产在未来能够得到有效保护。根据《操作指南》，当世界遗产“严重受损，丧失了其作为世界遗产的决定性特征”时，应从《世界遗产名录》中除名。ICOMOS认为，沙赫利苏伯兹历史中心的遗产价值已经严重受损，其世界遗产的决定性特征已经无法挽回，建议除名。

除名的建议遭到了多数委员国的反对。委员国采取的策略是否定咨询机构的专业性，具体方式是在专业概念上做文章，逻辑重点聚焦在遭到破坏的遗产的百分比。当事国乌兹别克斯坦对于遭到破坏的遗产所占百分比提出质疑，他们强调只有10%的建筑被拆除，其余90%的仍然保存。委员会不少国家便以此数据作为基础，阿塞拜疆引领其他委员国表示：10%仅是一个很小的数量，不足以认定其突出普遍价值遭到了破坏。这种以所谓专业逻辑来驳斥专业的做法，也充斥着其后的会议进程。

如果仔细分析，委员会对于ICOMOS建议的驳斥存在两个逻辑漏洞。第一，ICOMOS提出的30%并非建筑的破坏，而是包括建筑和街道肌理在内的区域。作为一个以“历史中心”而非“历史建筑群”命名的遗产，其价值基础应是区域，而不仅仅是建筑本身。第二，百分比是否可以作为判定价值丧失的标准？众所周知，世界遗产价值是由遗产要素所构成，一旦某个遗产要素遭到不可挽回的破坏，意味着其真实性和完整性都已消失，与这个要素占据这项遗产的百分之几无关。如果按照乌兹别克这个案例的逻辑，依照遭到破坏的要素占据整个遗产面积的百分比来判断，那么2009年被除名的德国德累斯顿易北河谷文化景观，导致其除名的原因——座跨河大桥，又能占据整个沿途18公里的遗产范围的百分之多少呢？恐怕纯按面积计算，0.1%都不到。

但是，根据制度安排，委员会的逻辑就是最终的逻辑。名义上委员会和咨询机构的对话，实则基本无对话可言，因为对话的一方便是决策者。最终，多数委员国认为，ICOMOS给出的理由不足以认定该遗产的突出普遍价值不可挽回，决定给乌兹别克斯坦更长时间来采取措施，探索价值载体恢复的所有可能性措施，论证突出普遍价值是否可以通过重大边界调整得以恢复。我们认为，这种对存在过失的缔约国丧失原则的维护势必进一步助长其今后在世界遗产保护区划内为所欲为的胆气，给其他国家起到负面示范作用。

（四）小结：关于政治与专业分歧的探讨

从上面的案例我们可以看出，运行到今天，世界遗产事业已经逐渐偏离最初设定的轨道，从强调属于全人类的遗产应该由全球来共同保护，转变为了国家和地区之间在文化领域话语权的争夺；从强调客观、专业、公正，转变为与专业无关的政治考量；从以列入濒危来获取更多关注和援助，转变为了将其视作惩罚和羞辱。

我们可以理解这背后的政治考量。毕竟遭到世界遗产名录除名对众多国家而言都是一件有失体面的事情，必然要通过一些途径避免这类事件的发生。同时，当今的世界遗产体系中，地缘政治也是其中一个重要变量。从地缘政治角度而言，阿拉伯、非洲、东南亚等地区的国家的集体意识更强，尤其是这些国家又往往会因“反抗欧美‘文化霸权’”的缘由共同团结在一起。对其而言，ICOMOS等国际咨询机构背后或多或少象征着某种欧美霸权主义的延伸，也就导致了近年来这些地区的国家集体抱团支持某一项目，反对咨询机构的情况时有发生。

这种充满政治色彩的结果，却也恰恰源自于世界遗产自身与生俱来的制度设计。由专业性机构组成的咨询方，和由政治性的委员国构成的决策方，本身诉求的焦点就大不相同，分歧一旦出现，便是不可调和的矛盾。世界遗产体系至今已经延续了46年，各类制度设计无不在努力趋向科学、完善，力求在委员国和咨询机构之间保持一定程度的合理的平衡。由于委员会构成保持不断的滚动更新，而咨询机构也随着内部新老面孔的交替在不同时期表现出不同的风格和导向，因此，二者间的磨合会永远持续下去。咨询机构尤其要保持警醒，时常对自身的专业性进行监督和反思，避免其在文化遗产领域的相对垄断特征而丧失公正和客观性。

必须看到，尽管始终坚持评估过程中的中立与非政治色彩，咨询机构在评估遗产项目时相对不透明的机制，以及由于各种原因导致的缺乏与缔约国沟通的模式，使其专业性受到了质疑。另外，因为近年来对于世界遗产的核心概念不断扩展，诸如文化景观、文化线路、工业遗产等新型遗产，无论是在理论基础还是操作方法上都相比传统的如建筑、建筑群、遗址等学科基础相对完整的类型有所差距，也导致了审议这类项目时，咨询机构本身的专业素养和标准都难免有所欠缺，发生了不能一视同仁的现象。尤其是在评估意见中出现的对项目的误读和内在逻辑错误，比如今年ICOMOS在评估泉州项目时，竟然出现了把申遗文件中论述的价值标准张冠李戴的低级失误，更令咨询机构的专业能力遭人质疑。此外，近年来过于强调新型遗产（甚至是某一特定主题的传统类型遗产）主题研究的作用，将其成果前置为新型遗产列入遗产名录的必要条件，显然过于霸道，因此引发的诟病也算是咎由自取了。

当然，咨询机构在世界遗产体系中的角色，却也远不是评估遗产项目那么简单。作为最权威的遗产领域专业力量，咨询机构所主导的关于世界遗产理论和方法的议题探讨，是其多年来得以保持自身重要性的另一个关键。这些议题的讨论，显示着世界遗产在发展演进过程中不断调整自我的韧性。这方面内容，本文的“下篇”将就贯穿本次大会上的议题进行分析。

二、何以遗产？从“议题”看世界遗产的生命力

每次世界遗产大会，似乎是两个维度共存的会议。主会场里，是委员国在各自的政治和文化考量下，与世界遗产中心、咨询机构进行的三方互动；主会场之外，则主要是世界遗产中心和咨询机构在遗产专业领域的一次学术盛会。两个维度的活动并行不悖，在主会场感到“挫败”的咨询机构，在场外的“边会”和各种活动中又能重新焕发活力，面对国际遗产事业的各种议题和趋势挥斥方遒。通过举办各种类型的边会（side event），各个组织介绍自己在世界遗产各领域的新近发展和理念探讨。边会不仅是正式议程的补充，更是能够体现出世界遗产作为一项事业的发展脉络和趋势，一些新的理念、方法、研究成果，往往首先借助边会讨论，最终完善并成为世界遗产事业的重要组成。

本次大会上，有两个在议题上的显著关键点，一是超越，超越遗产本身的概念局限，将遗产与其他概念和社会事务相融合，其中比较典型的是文化和自然概念的融合，以及对遗产促进可持续发展理念的强调。二是反思，以“记忆遗址”作为切入，全面开启关于负面遗产如何阐释的探讨。上述这些关键词不仅体现出世界遗产的发展趋势，也意味着中国学者应该在未来密切跟进，力争在话语构建中

占据一席之地。

(一) 概念的超越——遗产内涵的扩展

1. 文化—自然融合

文化遗产和自然遗产的二元区分，一向是众多学者诟病世界遗产之处。为了弥合文化与自然之间的区隔，IUCN 和 ICOMOS 两大咨询机构于 2013 年开始联手，推出了“联合实践”计划（Connecting Practice）。在本次大会上，专门召开了关于联合实践项目的边会，会上介绍了自 2013 年 IUCN 和 ICOMOS 合作以来开展的实践活动。该项目截止到目前共分为三个阶段：I 期（2013 - 2015 年）共选取了俄罗斯的阿尔泰金山、蒙古的阿尔泰山脉岩画群、埃塞俄比亚的孔索文化景观和墨西哥的圣卡安生态保护区四处遗产地进行实践；II 期（2015 - 2017 年）在匈牙利的霍尔托巴吉国家公园和南非的马罗提 - 德拉肯斯堡公园开展。在总结前两期实践的基础上，2018 - 2020 年期间进行的第 III 期实践中，IUCN 和 ICOMOS 将与联合国粮农组织（FAO）的全球重要农业遗产项目（GIHAS）合作，选择全球 4 处重要的农业文化景观作为对象。在中国古迹遗址保护协会的推动下，我国的红河哈尼梯田文化景观已经被推荐为第 III 期实践的遗产地。

自然与文化的联合，可谓众望所归，并非仅仅机构或议题上的融合，更是能够有效应对遗产在近年来所面临的新的挑战——比如气候变化。本次大会期间，ICOMOS 发起筹备的“气候变化与遗产”工作组第一次会议在巴林国家博物馆举行。参加会议的有来自 15 个国家的 20 多位专家，分属于 IUCN、ICOMOS 和 ICCROM 等国际组织和相关国家 ICOMOS，中国 ICOMOS 会员、敦煌研究院的苏伯民研究员作为工作组成员参加了会议。工作组旨在关注气候变化对遗产价值的影响，帮助缔约国实施恰当的管理和保护措施，以应对全球气候变化对遗产的冲击。工作组的目标是起草一份操作指南，帮助各缔约国注重气候变化和应对这种变化对遗产的冲击。在为期两天的会议中，来自各国的专家分别做了气候变化对本地遗产所造成的影响，列举了气候变化对遗产所造成的风险和危害。

2. 可持续

可持续是一个颇具张力的话题。人们越发认识到，遗产保护的最终目标是促进社会的可持续发展。本次大会上这个议题也贯穿始终。ICCROM 专门为一本可持续发展的新著——《世界遗产与可持续发展——世界遗产管理的新方向》召开边会发布推介。该书由 Peter Bille Larsen 和 William Logan 两位教授主笔，收集了 18 篇相关文章，以四个章节呈现了自 2015 年大会以来，国际社会全面接受“可持续发展”这一概念过程的思考和案例分析。ICCROM 的 Joseph King 作为边会主持，再次强调了可持续发展不能简单化约为“经济的可持续”，而是应该包含环境的、社会的、人的可持续。

另一个关于可持续的边会是由世界遗产中心主办的——世界遗产与可持续旅游。边会指出，拥有可持续旅游规划和管理，可以使遗产管理者有效掌控遗产旅游的路径，避免失序。但遗产的管理需要所有利益相关者的参与，需要集体共同应对变化，需要探索有效的统筹和管理模式，需要发展共同的价值和责任……因此，为了更好地指导世界遗产地的管理者，使其能积极主动、有预见性地管理世界遗产地的旅游，使越来越多的世界遗产地良性发展，世界遗产中心于 2014 年发布了《世界遗产可持续旅游工作手册》。为了更好地让人了解该“工作手册”的使用效果，边会还介绍了中国、南非、芬兰等国可持续旅游的经验。

（二）历史的反思——记忆遗址

在世界遗产的政治意义高度提升的今天，战争相关的遗产是否、如何成为世界遗产，已经成为一个不可回避的议题。由于这类遗产往往具有较大争议性，如何在议题设置和解读方面占据话语权，无疑也成为缔约国谋求国际政治地位的一个重要手段。

今年早些时候，ICOMOS 发布了《关于评估近代战争记忆遗址申报世界遗产提名的讨论报告》，讨论与战争有关的遗产的申报标准与阐释方法。"报告"坦诚承认处理这类遗产时的困惑："如果承认历史从来不是中立的，那么战争同样不是——有胜有败，对于与负面记忆有关的记述也会有所偏颇。难道要让《世界遗产公约》成为给近代战争中胜利者歌功颂德以及展示胜利者视角的工具？""报告"列举了目前在世界遗产名录和预备名录中的记忆遗址。截至目前，有三处近代战争记忆遗址入选世界遗产——1979 年入选的波兰奥斯维辛集中营、1996 年入选的日本广岛和平纪念公园，以及 2010 年入选的比基尼环礁核试验地。本次大会专门有一项边会的主题便是记忆遗址，介绍了近年来咨询机构在这个话题上开展的研究和阶段性成果。

主会场内，这个议题也成为委员国议论的焦点之一。比利时和法共同申报的"第一次世界大战墓葬和纪念地（西线）"被建议推迟审议。申报的缔约国认为，这项遗产能够对在战斗中死亡的人进行共同记忆，而第一次世界大战的埋葬和纪念场所，作为集体记忆的承载，象征着和平与和解。但是，决议草案明确要求，在此类遗产申遗前，必须"全面反思是否以及如何处理与最近的冲突或其他负面的、造成不合或分裂的记忆相关的、可能与《世界遗产公约》的目标和范围相关的遗产问题"。决议结果为"推迟审议"，直到这个议题大家形成共识。

在讨论时，澳大利亚对于"推迟审议"提出异议，他们用了 unhappy limbo（令人不悦的待定状态）这个词，形容推迟的决议给当事国——法国、比利时带来的心理层面影响。澳大利亚提出，应该将这个案例"退推迟申报"，即第三档，既能回应全面梳理这类遗产如何呈现历史的要求，又不必对这个项目造成一种不上不下的难堪状态。澳方的理由是，至少"推迟申报"也算是让这个议题进入到了世界遗产的视野，否则就是有摒弃不顾之感。不过，以挪威为代表的欧洲三国——挪威、匈牙利、西班牙，则力挺推迟审议的决定。最终，澳大利亚孤军奋战，最终放弃。

如果把视野放宽，会发现这一轮欧洲三国和澳大利亚的争论颇为值得玩味。作为一战战胜国，法国和比利时属于一战的同一阵营，且最终战胜，澳大利亚作为另一个战胜国英国的附属国，同法国、比利时应属同一阵营。战胜国力求将阵亡将士墓地列入遗产，而战败国如何在这项遗产的阐释中体现？这是一个敏感的问题。另一方，匈牙利在一战中属于奥匈帝国，是战败的一方，当然认为这项遗产的列入推迟是上策；挪威、西班牙是中立国，也认为在策略厘清之前，不宜过早对一项战争遗产的记忆下定论。这也就有了上面的分歧。

（三）小结：中国应充分介入议题设置与研究

一战是没有所谓正义或邪恶阵营的，双方皆是为了争夺殖民地而开火，因此，对于这种遗产的纪念和记忆的解读，谨慎不失为一种上策。在尊重欧洲三国决定的同时，更要看到，战争的记忆已经成为世界遗产这个政治战场争夺的对象，中国不应在这个战场上失语。如果单就这个项目而言，理想的态度是支持澳大利亚的建议，赞赏法国、比利时为这一巨大的系列跨国申报项目所做的协调和努力，并对这一项目表现出关注。毕竟，一战中也有中国劳工在欧洲战场牺牲。涉及战争记忆的遗产非常值得我们去思考它的社会意义，应该加强相关研究。

如果跳出这个项目，中国更应该在记忆遗址这个议题上发挥作用。比如七三一遗址，作为一项战争遗迹，其价值如何能够展示、传播给后世，世界遗产的平台至关重要。对于战争历史尤其是二战历史的解读，在世界遗产领域已经在日本广岛和平纪念公园的片面阐释下，产生了一定的扭曲。这个时候，更应该积极参与到ICOMOS等机构正在进行的主题研究中，发出中国声音。

除了记忆遗址之外，中国也应该在上面提到的文化-自然结合、可持续等议题上深度介入。在世界遗产平台上，获取地位的途径有两种，一种是通过政治操作，以委员国的角色和权利，团结更多委员国，在大会上博取支持和话语权。但这种政治操作可持续性不可预估，可能随着卸任委员国或是其他委员国的变动而变化。另一种是认真夯实专业基础，在重要的概念、议题、理念上始终把握时代发展趋势，成为世界遗产理论和话语领域的领袖。比如日本在“非物质遗产”这一概念上的推动和独特贡献，使其成为在遗产领域掌握重要话语权的国家之一，在业务层面受到广泛的认可和支持。我们相信，掌握概念，引领理念的国家，永远不会在世界遗产的舞台上缺席。中国理应介入重要的专业议题，以更专业的姿态和实力，去竞争世界遗产的话语平台。

三、世界遗产的未来

在前文中，我们回顾了本次遗产大会上呈现出的总体面貌：在巨大的成功光环笼罩下，世界遗产体系面临着巨大的挑战。那么，这些挑战是否动摇了世界遗产的根基？应对这些挑战，世界遗产委员会、缔约国、咨询机构和所有从业者，又应采取什么样的态度和策略？世界遗产的未来在哪里？我们提出几个关键词：初心、形象、变革。

（一）重新认识世界遗产的“初心”

如果每个国家都能够保护利用好自己的遗产，世界遗产最初可能根本不会出现。这项事业之所以能够为人所认可和尊崇，最大的魅力便是其跨越了国界和文明，将全球的力量和资源结合在一起。在这个“初心”的精神指引下，世界遗产不应成为国家竞争甚至冲突的对象，更不应成为某些国家拒绝国际援助和介入的理由。

缔约国的初心：申报列入世界遗产名录，是一个国家向国际社会做出的庄严承诺，意味着未来对遗产的保护不仅要对本国负责，更要对全人类负责。更多的遗产，带来的是更大的责任。从这个角度而言，控制每年增加的遗产数量，将更多关注力聚焦在保护本身，是世界遗产中心这些年做出的一个正确决策，也是未来多年内应该遵循的原则。

咨询机构的初心：尊重专业，是世界遗产得以立身的根本。这项事业最初是由专业人士提议、践行并且促成的。我们不反对缔约国根据自己的政治诉求在大会上根据制度设计行使自身的权利，但这项权利如果失去了对专业的基本敬畏，那么这个体系沦为政治工具的命运便不可避免。因此，如何在政治和专业之间寻找一个平衡点，是未来世界遗产急需解决的问题。

（二）重新审视世界遗产与国家形象的关系

世界遗产关乎国家形象是不争的事实。不过，两者的关系并不是简单的数量越多形象越好。近几届世界遗产大会有一个现象：广受赞誉的项目，不是通过做委员国工作得以列入的项目，而是承认自身在遗产研究和保护管理方面的不足，自觉回撤申报，甚至是在获咨询机构认可后自己主动要求暂缓列入的项目。可见，从客观上讲，各国对于公约精神的理解是到位的，因为这本身并无难度，但在事关本国项目和利益时，采取何种行径则又另当别论了。

本届大会上，捷克的项目扎泰茨—啤酒花镇在获得 ICOMOS 推迟列入的评价后，在大会上表态，将尊重咨询机构的意见，认真吸取建议，完善申报材料，以期待今后以更高的水平列入。捷克的表态获得了全场雷鸣般的掌声。而本次大会的东道主巴林的——采珠：岛屿经济的见证，在 2011 年的大会上也曾做此表率，当时在埃及等国建议列入的情况下，巴林主动表示该项目尚未达到列入标准，需要提交补充材料，赢得了会场内经久不息的掌声。上述做法都大大提升了缔约国的国家形象。2016 年的大会上也有类似的案例，加拿大的混合遗产 Pimachiowin Aki，在被 IUCN 和 ICOMOS 共同推荐列入的情况下，加拿大认为该项目还没有获得当地原住民社区的全面支持，要求推迟列入。两年来，通过不断沟通，当地的原著族群作为共同管理这项遗产的相关者，对于遗产的价值和保护达成了共识，遗产的管理也由政府和当地人共同参与。在解决了上述事项之后，今年大会上该项目成功列入世界遗产，并由原住民代表上台致辞，博得国际遗产领域的一致赞赏，令现场传递出难得的强烈正能量。

不过，主动退出带来的并非全部是正面的形象。这次大会的项目罗马尼亚的罗西亚蒙大拿矿业景观项目可以追溯至古罗马时代。作为欧洲储量最大的金矿，也是重要的遗产地，ICOMOS 评估该项目正面临遭到大规模开采而被破坏的危险，强烈建议以列入世界遗产的方式加以保护。但是，因为已经有矿业公司和当地政府签订协议，对该矿进行开采，如果列入遗产，则会因需要保护的原因导致该开采项目不得不终止，矿业公司将政府告上了国际法庭，政府则为了避免高额赔偿，要求将原本推荐为列入的罗西亚蒙大拿改为补报材料（referral）。委员会再一次“尊重”了缔约国的意愿。

诚然，更多遗产的列入，能够表现出国家的实力。而有时候，主动退一步，反而更加彰显文化自信。真正决定国家形象的，应该是这个国家在世界遗产事务上，对议题的领导力，对保护技术方法的持续力，以及在国际援助上的渗透力。在世界遗产的舞台上，老牌欧美国家（法国、意大利、澳大利亚）对于新的议题和理念的探讨保证了其行业引领的地位；北欧诸国（挪威、瑞士等）素来以坚持专业、客观的刚正形象立足；日本在非遗概念传播上的领导力，以及在国际援助上的全面影响，更是成为东方国家在这一领域的代表。与之相比，中国的世界遗产国际形象是什么？申遗成功率固然是一方面，但还远远不够。

（三）以开放的心态迎接变革

世界遗产体系最大的挑战是公信力的下降。更多的遗产、更大的分歧、更复杂的环境，使得曾经风光无限的世界遗产遭受了重大的挑战。正如上文所言，这种挑战其实源于世界遗产自身制度的设计——在专业和政治间寻求平衡。那么，面对挑战，我们是否应该重新塑造这个体系，让专业咨询机构的评价过程与缔约国的诉求更有效的结合？让两者之间更顺畅的沟通？是否应该引入更多的咨询机构？我们是否能够接受变革？

第一，应该接受世界遗产“政治化”的现实。世界遗产最大的基础，是其隶属于联合国教科文组织这一跨国政府间组织的角色。这是不可更改的现实。而只要其存在于这一组织旗下一天，它必然摆脱不了国际政治的影响。因此，与其哀叹世界遗产成为政治工具，不如正视这一现状。

但是，政治化不等于必须搞平衡，应重新审视“全球战略”的得失和必要性。1994 年“全球战略”实施以来，并没有从根本上改变世界遗产分布格局。限制申报数量的做法，也没有限制住遗产大国申报更多的遗产项目。况且，世界遗产名录的公信力，随着为了搞平衡而放水一些并不符合标准的遗产的增多，会遭到更多质疑。

第二，引入更多咨询机构并不现实。此次大会上“诟病”咨询机构评估不专业的声音，往往忽略了一个背景：ICOMOS 作为一个中立的国际非政府组织，为了恪守专业性和中立非政治的形象，从不从缔约国获得经费，其评估世界遗产项目的经费来源是世界遗产中心。设想如果引入更多咨询机构进行竞争，经费渠道必然依旧是世界遗产中心，这会令本来就捉襟见肘的联合国教科文组织财政出现更多负担。而如果新的咨询机构获得缔约国的经费，那整个评估系统多年来建立的公正性则会迅速崩塌。

同时，泛泛而谈的“加强沟通”也只是一种修辞手法，缔约国如果追求的只是于其有利的结果，在角色和根本利益完全不同的背景下，专业机构与前者再多的所谓沟通也毫无意义。因此，相比加强沟通，专业咨询机构更应该做的，反倒是更加坚守其专业性和客观性的精神，不为缔约国所影响。

第三，要变革。要对咨询机构的评估流程进行变革。考虑到委员国对专业机构评估机制的不信任，或可改进评估流程，使其更公开。比如公布每一个遗产项目审议环节的关键信息，或在讨论后采用匿名投票并公布投票结果等。更要对委员会进行改革。或可以对咨询机构建议的修正施行更严格规范，甚至一票否决制；或给予观察国或世界遗产中心更多权力，以制衡委员会。

我们不应抗拒变革。当我们回顾世界遗产的进程，会发现除了这个制度及最核心的突出普遍价值的概念之外，今天我们所常用的一些主要概念：真实性、完整性、缓冲区、遗产监测都是不断演化发展而来的；而诸如文化景观、文化线路等遗产类型，也是随着认识的扩展而提出的概念。因此，世界遗产体系自始至今一直是一个与时俱进的体系。它总是在需要调整的时候，找到应对的方向，并因此不断进步。也正因为如此，世界遗产才具有如此强大的生命力。

国际遗产学界新趋势

——从“以物为本”到“以人为本”

马庆凯[①]

（浙江大学外国语言文化与国际交流学院）

摘　要： 让文化遗产活起来，是我国文化遗产事业面临的机遇与挑战。文化遗产为何不活，如何才能活起来？国际遗产学界在这方面进行了大量探讨，出现了一股新的遗产反思潮流（Critical Heritage Studies）。其总体特点是以人为本，对遗产的物质性与文化性进行整合思考，重新理解遗产，更加重视遗产在当代社会的利用。其研究主题包括遗产的再理论化、遗产价值、对遗产保护运动中忽视民众的偏颇进行反思、对世界文化遗产再思考等。本研究对这一研究潮流进行评介，探讨这一研究潮流给国内遗产保护与利用带来的启示。

关键词： 以物为本；遗产反思研究；遗产再理论化；遗产价值；以人为本

让文化遗产活起来，是新时代对于文化遗产事业的总要求。习近平总书记指出：“要系统梳理传统文化资源，让收藏在禁宫里的文物、广阔大地上的遗产、书写在古籍里的文字活起来。”[②] 那么，文化遗产难以活起来的困境在哪里？文化遗产如何才能活起来？文化遗产的本质是什么？近年来，有学者认识到遗产事业长期围绕遗产的物质形态谈遗产的保护，客观上回避了从人本、文化等本质的层次上探讨遗产的文化价值[③]，遗产在当代社会的作用也被严重限制了。在国际遗产学界，更全面认识遗产的努力从20世纪90年代开始出现，遗产研究出现了从“以物为本”到“以人为本”的转向，汇聚成了遗产反思研究（Critical Heritage Studies）。Critical一词的意义接近中文里的“慎思明辨”，因此这一研究潮流是对传统的科学保护观的反思，是遗产研究的新发展。遗产研究不再局限于“如何保护”的技术化探讨，为谁保护、为何保护、遗产的利用成为更受关注的课题。“以物为本”的遗产话语受到了反思，以人为本、重视民众的记忆、地方情感与利用遗产的权利，让文化遗产活起来，加强对遗产的利用成为遗产研究的重要主题。本研究评介这一研究潮流，探讨它给国内文化遗产事业带来的启示。

---

① 马庆凯（1985－），男，浙江大学外国语言文化与国际交流学院与澳大利亚国立大学人文与艺术研究院联合培养博士生，主要研究方向：遗产研究、话语研究。

基金项目　杭州市发展规划和体制改革研究院委托课题“杭州市建设国际组织聚集地研究”（编号：S－20180074）阶段性成果。

② 习近平．建设社会主义文化强国，着力提高国家文化软实力，新华网［EB/OL］［2013－12－31］http：//www.xinhuanet.com/politics/2013－12/31/c_118788013.htm.

③ 段清波．论考古学学科目标和文化遗产的核心价值．中原文化研究，2016（3）。

一、以物为本：以两个遗产文本为例

现代遗产保护运动源于欧洲，伴随着欧洲现代性的出现而兴起①，其基本逻辑可以归纳为“以物为本”，表现为对历史建筑、遗址、文化景观等物质性遗存的保存。其哲学基础是笛卡尔（1596－1650）的二元论②。这一观念认为，物质与精神是绝对不同的两种对象，对于物质需要准确、客观地研究，以抓住事物的真相。其影响是，追求客观性的科学观念完全主导了现代遗产保护③。比尼亚斯（Salvador Muñoz Viñas）指出，自20世纪中叶以来，科学保护观从建筑领域扩展到其他领域，如绘画、考古对象等。对遗产真实性的需求和对科学知识的依赖是科学保护观的两个基础④，前者指的是遗产保护“本质上是基于它的物质属性和组成成分”⑤，追求真实性，即保护的目的是“发现并保存物质对象的真实特性或真实状况”⑥，这是“物质至上主义”的观念⑦。后者意味着遗产保护仅与要保护的物质对象本身有关，需要通过科学原则和科学方法进行，“避免主观印象、品味或喜好的影响，基于客观事实和硬数据作出判断”⑧。遗产学学者劳拉简·史密斯深入分析了这一“以物为本”的逻辑⑨。她指出，19世纪末以来源于西欧的遗产话语逐步被推广到全世界，它认为历史建筑、遗址等物质性遗存具有内在的价值，遗产的价值蕴藏在遗产的物质形态中，遗产是脆弱的，应当由掌握技术的专家保护它们，这是一套逻辑自洽的话语，主导了现代遗产保护。这种对遗产的认识与实践方式保存了一大批文化遗产，这是毋庸置疑的。然而一个不容忽视的负面影响是，其他群体对遗产的认识、理解以及利用的权利被边缘化了。因此，劳拉简·史密斯将这种对遗产的表述称为“权威化遗产话语”（Authorized Heritage Discourse）。在以物为本的遗产思维下，主观性以及代表主观性的民众及其与遗产的情感联系被边缘化。这种科学化的思维方式“把一个我们生活、相爱并且消亡在其中的质的可感世界，替换成了一个量的、几何实体化了的世界，在这个世界里，任何一样事物都有自己的位置，唯独人失去了位置”⑩。下面以《威尼斯宪章》《世界遗产公约》两个文件为例，分析这种以物为本的逻辑。

1964年颁布的《威尼斯宪章》（The Venice Charter）规定了保护文物建筑及历史地段的国际原则，它的序言中如此记载：

世世代代人民的历史古迹，饱含着过去岁月的信息留存至今，成为人们古老的历史的活的见

① Holtorf, C. and Fairclough, G. The New Heritage and re-shapings of the past. A González-Ruibal (ed.) *Reclaiming Archaeology: Beyond the Tropes of Modernity*. London: Routledge, 2013.

② Byrne, D. *Counterheritage: Critical Perspectives on Heritage Conservation in Asia*. New York: Routledge, 2014, p. 50; p. 52.

③ Byrne, D. *Counterheritage: Critical Perspectives on Heritage Conservation in Asia*. New York: Routledge, 2014, p. 50; p. 52.

④ ［西］萨尔瓦多·穆尼奥斯·比尼亚斯著．张鹏、张怡欣等译．当代保护理论，同济大学出版社，2012年，第72页。

⑤ 同④，第72页。

⑥ 同④，第81页。

⑦ 同④，第76页。

⑧ 同④，第80页。

⑨ Smith, L. *Uses of Heritage*. London: Routledge, 2006.

⑩ 陈嘉映．哲学 科学 常识，东方出版社，2006年，第106页。

证。人们越来越意识到人类价值的统一性，并把古代遗迹看作共同的遗产，认识到为后代保护这些古迹的共同责任。传递其原真性的全部信息是我们的职责①。

历史古迹被认为是人们古老传统的见证，人们是为了子孙后代保护古迹，并且古迹具有价值的统一性。把遗产地看作历史的见证，是一种语言建构，运用了拟人的修辞手法，制造了一种历史记忆蕴藏在遗产的物质载体中的幻觉，遗产物质载体具有内在的价值这种预设由此被自然化了②。这种表述存在一种预设：人们必须承担这种责任，这一宣示代表了所有人的态度。显然，该文本的撰写者并没有去了解遗产保护者之外的其他群体，而是将遗产保护群体对遗产物质性的偏爱叙述为所有人共同持有的见解③。威尼斯宪章的序言中明确体现了权威化遗产话语的四个倾向——物质性、永久性、继承、真实性（tangibility，permanence，inheritance，authenticity）。

1972 年，联合国教科文组织颁布了《保护世界文化和自然遗产公约》（Convention concerning the Protection of the World Cultural and Natural Heritage），简称《世界遗产公约》。该公约规定的世界文化遗产包括：文物、建筑群、遗址。其中“以物为本”的特点非常突出，并且延续至今。该公约第 27 条规定：

1. 本公约缔约国应通过一切适当手段，特别是教育和宣传计划，努力增强本国人民对本公约第一和第二条中确定的文化和自然遗产的赞赏和尊重。2. 缔约国应使公众广泛了解对这类遗产造成威胁的危险和根据本公约进行的活动④。

从中可以看出，公众的角色是被动的，需要被教育的，需要学会赞赏和尊重遗产。民众需要经过教育才能欣赏遗产的美学价值，被认为会给遗产带来潜在的危险。《世界遗产公约》营造了一种文化和语言上的氛围，对物质性的保护占据了主导地位，很少提及社会参与，民众与社区即便被提及，篇幅也很小⑤。这种文化和语言的氛围至今仍然影响着各国申遗文本的撰写。以中国大运河为例，被列为世界文化遗产的包括了 27 段河道与 58 个遗产点，共计 85 个遗产要素⑥。然而与运河密切相关的历史上的人们与当代的民众在这种遗产思维框架中却几乎没有位置。根据一项对当代运河船民的研究，这一历代与运河息息相关，以运河为生的社会群体在申遗中是被忽略的，以至于高达七成的船民也认为运河遗产与自己没有关系⑦。其原因不是因为船民受教育程度不够，而是因为船民与运河的情感联系这种遗产的价值在世界文化遗产的评估框架中几乎没有位置。

这种以物为本的遗产思维与民族国家的兴起相伴而生，二者也相互支持。在 19 世纪欧洲民族国家

① 张松．城市文化遗产保护国际宪章与国内法规选编，同济大学出版社，2007 年，第 42 页。

② Smith，L. *Uses of Heritage*. London：Routledge，2006，第 91 页。

③ Waterton，E，Smith，L. and Campbell，G. The Utility of Discourse Analysis to Heritage Studies：The Burra Charter and Social Inclusion，*International Journal of Heritage Studies*，2006，12（4），p. 345.

④ 同①，第 53 页。

⑤ Lixinski，L. International Cultural Heritage Regimes，International Law，and the Politics of Expertise，*International Journal of Cultural Property*，2013，20（4），p. 414.

⑥ 国家文物局．中国大运河申报世界遗产文本，2013 年，第 48 页。

⑦ 刘朝晖．遗产再生产与国家象征：运河船民的遗产认知与文化亲密性，聊城大学运河学研究院编．第五届运河学论坛文化视野下的大运河研究论文集，聊城大学运河学研究院 2018 年，第 358 页。

兴起的背景下，文化遗产的概念得以产生，它为各国提供了特定的起源与进化观，支撑了它们的国家认同①。丹尼斯·班敦士（Denis Byrne）对于遗产物质载体和民族国家的关系给出了简洁的解释②：

> 过去的“真实的”物质载体被考古学家和艺术史专家认为有价值，其原因是它们为这几个学科的研究提供了证据；它们被民族国家认为有价值，其原因是它们是民族国家的象征物。

二、从“以物为本”向“以人为本”的回归：遗产反思研究的兴起

在21世纪之前，以物为本的遗产观念一直是现代遗产保护运动中的主流声音。然而进入21世纪后，国际遗产学界与遗产保护界对于遗产的认识发生了革命性的变化。我们将其归纳为一种从“以物为本”向“以人为本”的回归。这里所说的“以人为本”，是指与遗产密切相关的民众在遗产事业中的地位在上升，越来越多的遗产保护者和遗产研究者认识到，传统科学保护观忽略的民众实际上是文化遗产现象中重要的组成部分，他们对遗产的认识、理解、实践方式与利用遗产的权利应当得到理解与尊重。

首先在遗产保护界，许多遗产工作者认识到，保护的服务对象是主体，即与遗产有关的民众，遗产的物质载体的保存是手段而非终极目标。因此，与遗产相关的民众的重要性逐渐上升。当代保护理论首要关注保护主体，而非遗产的物质载体③。社会对遗产物质载体的保护不是因为对象本身，而是因为其具有的无形象征性对人们有影响④。国际古迹遗址理事会前任主席古斯塔夫·阿罗兹（Gustabo Araoz）指出，一个新的遗产保护范式正在兴起，传统的遗产知识的解释力在下降。赋予遗产地的价值并非固定不变的，对于同一处遗产不同社会群体可能会赋予不同的价值，遗产的价值不仅仅在物质载体上⑤。由此可见，古斯塔夫·阿罗兹在维持遗产的物质载体具有内在价值这种传统认识的前提下，力图扩充对遗产价值的理解，接纳其他群体对同一物质载体可能赋予的不同的价值。

其次，在国际遗产学界，对于现代遗产保护运动的反思凝聚成一股新的研究思潮，罗德尼·哈里森在2010年将其命名为遗产反思研究（Critical Heritage Studies）⑥。其总体特征可以归纳为“以人为本”，将遗产和与遗产相关的民众进行整合思考，力图纠正传统的科学保护观的偏颇。不少学者意识到，一方面，在对遗产进行“科学保护”的过程中，许多遗产得到了保存，同时遗产领域也出现了几个不容忽视的趋势：

（1）遗产保护越来越脱离民众，成为一个仅仅与部分专家有关系的狭窄领域⑦⑧；

---

① Holtorf, C. The Changing Contribution of Cultural Heritage to Society, *Museum International*, 2011, 63 (1-2).

② Byrne, D. The past of others: Archaeological heritage management in Australia and Southeast Asia. Unpublished PhD Thesis, Australian National University, 1994, p. 14.

③ [西] 萨尔瓦多·穆尼奥斯·比尼亚斯著．张鹏、张怡欣等译．当代保护理论，同济大学出版社，2012年，第129页。

④ [西] 萨尔瓦多·穆尼奥斯·比尼亚斯著．张鹏、张怡欣等译．当代保护理论，同济大学出版社，2012年，第141页。

⑤ Araoz, G. F. Preserving heritage places under a new paradigm, *Journal of Cultural Heritage Management and Sustainable Development*, 2011, 1 (1), p. 59.

⑥ Harrison, R. (ed.) *Understanding the Politics of Heritage*. Manchester: Manchester University Press, 2010, p. 1.

⑦ Smith, L. *Archaeological Theory and the Politics of Cultural Heritage*. London: Routledge, 2004, p. 86.

⑧ Winter, T. *Post-Conflict Heritage, Postcolonial Tourism: Culture, politics and development at Angkor*. London: Routeldge, 2007, p. 13.

(2) 遗产的叙事日益窄化，成为民族国家建构国家认同的工具。遗产有助于建构国家认同，本来也无可厚非，但是各国遗产保护中都出现了仅仅强调遗产是国家象征这一个意义维度，遗产对于民众、社区、地方的意义被边缘化。本来具有多层次意义的遗产变得叙事单一化①；

(3) 遗产事业中僵硬地坚持静态的博物馆式的保护，导致遗产事业与当代民众的生活对立，与社会的可持续发展对立。例如，德国德累斯顿易北河谷2004年被列入世界文化遗产名录，因为修建一座当地民众迫切需要的桥梁而于2009年被联合国教科文组织世界文化遗产中心除名②。

过去二十年来，许多学者对这种现状进行了反思，对遗产的本质和遗产带来的影响进行了更加深入的探索。以下选择几个主要的主题进行介绍与评述：

(一) 对遗产再理论化，探索遗产的本质

长期以来，受实证科学的影响，遗产领域推崇实证、量化的知识，追求客观性，尽量避免主观性。学者们发现，这是现代遗产保护运动许多问题的根源。20世纪下半叶以来，人们认识到传统的二元论哲学存在问题，它将人的心灵与外部世界对立起来，割裂了二者之间的内在联系。外界的物体与人们的心灵并非截然分开，二元对立的，而是内在联系着。“遗产并非预先存在，等待着我们去发现的物体，而是建构的产物，是我们的认识、观念的产物，许多学科的知识在这个过程中发挥了重要作用。”③ 正如中国大运河一直存在，但只有从2014年起，人们才开始以“世界文化遗产”这个命名来认识它。因此，否认遗产现象中的主观性，排除不同社群与遗产的情感联系，是一种有失偏颇的认识，由此导致传统的科学保护观不重视与遗产有关的其他群体。

学者们对于遗产的本质进行深入研究，对遗产进行了再理论化、再思考，揭示出遗产并不仅仅是围绕遗产的物质载体进行技术化的保护，更是与民众密切相关的文化现象。大卫·哈维（David C. Harvey）指出，遗产现象是一个动态的利用过去、影响当下的文化过程，应当被理解为一个动词④。贝拉·迪克斯（Bella Dicks）通过对英国郎达地区的遗产化的研究发现，在遗产地与博物馆，意义被不断产生，传递给观众，观众参观结束后，带走了部分意义。因此，遗产现象可以被理解为一种有关沟通的现象，遗产是如何构建的、有关遗产的文本是如何产生的、观众是如何消费这些文本的等问题都是探索较少的问题⑤。劳拉简·史密斯（Laurajane Smith）提出，遗产本质上是一种文化实践，民众在遗产地进行记忆传承、地方认同与国家认同的建构、塑造自我身份等实践，遗产的物质载体、场所、空间发挥了辅助作用。以澳大利亚昆士兰地区的原住民为例，她发现，遗产地被原住民珍视，原因是它们是传承、接受文化意义、文化知识、文化记忆的场所，对遗产的使用使其成为遗产。社会各个群

① Byrne, D. Love & loss in the 1960s, *International Journal of Heritage Studies*, 2013, 19 (6).

② Schoch, D. Whose World Heritage? Dresden's WaldschloBchen Bridge and UNESCO's Delisting of the Dresden Elbe Valley, *International Journal of Cultural Property*, 2014, (21).

③ Kuutma, K. Cultural Heritage: an Introduction to Entanglements of Knowledge, Politics and Property, *Journal of Ethnology and Folkloristics*, 2009, 3, (2), p.6.

④ Harvey, D. C. Heritage Pasts and Heritage Presents: temporality, meaning and the scope of Heritage studies, *International Journal of Heritage Studies*, 2001, 7 (4).

⑤ Dicks, B. *Heritage, Place and Community*. Cardiff: University of Wales Press, 2000.

体与遗产都有密切的联系，遗产应当在社会生活中发挥更大作用①。当我们认识到这一点就会发现，在中国的孔庙、孟庙等遗产地，重要的是利用这些场所进行祭祀孔孟先哲、传承儒家文化的实践过程，场所在其中起到的作用是提供了一个必要的空间②。

（二）对遗产价值重新思考

对遗产价值的认识是遗产保护与利用的基础。越来越多的学者意识到，遗产的价值并不是内在地蕴藏在遗产的物质形态里，而是人赋予的③④⑤。海德格尔指出，事物存在于一个特定的空间、时间中，围绕该事物有各种关系。一件事物对我们有意义是因为它存在于这一关系网络中⑥。朱迪·乔伊通过叙述其家族三代人珍视一枚奖牌的故事指出，奖牌对于其家族三代人都非常重要，原因在于它与作者的祖父参与第二次世界大战的经历紧密相关，而非奖牌本身具有内在价值⑦。遗产的价值是因人而异的，对同一遗产不同群体往往有多样化的理解⑧。认识到这一点，我们当然需要了解各个利益攸关方对于遗产的理解与诉求，方能做好遗产保护与利用工作。

（三）对世界文化遗产项目的反思

在遗产反思研究中，世界文化遗产这一联合国教科文组织的旗舰项目存在的问题也引发了大量探讨。丹尼斯·班敦士（Denis Byrne）指出当今世界的遗产管理知识与框架存在着西方文化霸权，本质上是欧美国家把源于欧美的对物质性的热衷推广至全世界。中国等亚洲国家原本拥有不同的文化传统，在这种西方文化霸权的全球化过程中逐渐受到压制。以孔庙为例，孔庙历代经过许多次重修，一直是一个动态的过程，处于变化中⑨。世界文化遗产的概念存在问题，它“推崇源于西方的对遗产物质性的热衷，要求全世界不同文化都采取同样的对物质性的态度，是西方文化观念的全球化推广”⑩。世界文化遗产评估遗产的方式也相应地热衷于对遗产物质性的评判，遗产地的民众与遗产的感情往往在这种框架里是被边缘化的⑪。围绕世界文化遗产，联合国教科文组织世界文化遗产中心等组织成为跨国的“遗产王国”⑫。世界文化遗产评选成为了按照统一的游戏规则开展的游戏，中国只能服从这一游戏规则。例如在西湖文化景观申遗过程中，按照东方审美观念，龙井茶园与西湖尽管不直接毗邻，二者

① Smith，L. *Uses of Heritage*. London：Routledge，2006，第91页。

② 马庆凯．从李光耀故居争议看遗产的利用，中国文物报，2017年7月21日第6版。

③ Tainter，J. A. and Lucas，G. J. Epistemology of the significance concept，*American Antiquity*，1983，48（4）.

④ Smith，L. Deference and Humility：The Social Values of the Country House. Gibson，L. and Pendlebury，J.（eds.）*Valuing Historic Environments*. Farnham：Ashgate，2009.

⑤ De la Torre，M. Values and heritage conservation，*Heritage & Society*，2013，6（2）.

⑥ Heidegger，M. The thing. Heidegger，M. *Poetry*，*Language*，*Thought*，New York：Harper and Row，1971.

⑦ Joy，J. Biography of a medal：people and the things they value. Schofield，J.，Johnson，W. G. and Beck，C. M.（eds）*Material Culture：The archaeology of twentieth century conflict*. London：Routledge，2002.

⑧ 同⑤。

⑨ Byrne，D. Western hegemony in archaeological heritage management，*History and Anthropology*，1991，5（2）.

⑩ Meskell，L. Negative Heritage and Past Mastering in Archaeology，*Anthropological Quarterly*，2002，75（3），p. 569.

⑪ Rao，K. A new paradigm for the identification，nomination and inscription of properties on the World Heritage List，*International Journal of Heritage Studies*，2010，16（3）.

⑫ Willems，W. J. H. The Future of World Heritage and the Emergence of Transnational Heritage Regimes，*Heritage & Society*，2014，7（2）.

之间有山隔开，但二者是有内在联系的一个山水景观，龙井村民众也认为龙井茶园与西湖密不可分。然而来自欧洲的评估专家并不理解二者的内在联系，中国只好将龙井茶园从拟申报的遗产区中删除了①。

（四）对遗产保护运动中忽视民众的偏颇进行反思

学者们意识到遗产保护日益成为一个由部分专家围绕遗产的物质遗存开展保护的狭窄领域，遗产常常被封存起来，秘不示人，与民众和社会生活脱离。遗产对于民众的意义和价值被边缘化，人们面对的是被剥离了情感的遗产②，这是“对表象的热衷”③。其他社会群体对遗产的理解、认识较少有表达的机会。遗产机构、专家形成了“思维共同体”④。

“谁的遗产”被作为一个核心问题提了出来。沃特彤（Waterton）以英国一处文化景观 Hareshaw Linn 为例，揭示了遗产管理过程中漠视当地民众和社区对于这处文化景观的情感，原因是遗产管理方式采用的是技术化、科学化的方式⑤。修奇（Schoch）详细分析了德国易北河谷被联合国教科文组织世界文化遗产中心除名的案例，指出世界文化遗产的评估执着于易北河谷的美学价值，漠视当地民众对于修建桥梁的期待，造成了易北河谷被除名这一看似给这一遗产地造成了损失，实际上也暴露了联合国教科文组织世界文化遗产中心的偏执⑥。

遗产与权利成为另一个令人瞩目的研究主题。迈斯凯尔（Lynn Meskell）指出，世界文化遗产通常采用“普遍权利”“普遍价值”的话语表述，这掩盖了遗产地居民对于遗产是什么的认识与理解，压制了民众原有的对于何为合适的保护策略的认识，其背后是欧美强势文化以“普遍价值”的话语维持其文化霸权地位。其后果是本来有不同文化观念的发展中国家纷纷放弃了自己文化对遗产的认识。以阿富汗为例，欧美国家表现出要拯救阿富汗遗产的姿态，却很少考虑阿富汗民众的命运。埃及的 Qurna 地区拥有了世界文化遗产后，在当地生活了数百年的民众被迫离开自己的家园。她由此指出，包括考古学家在内的遗产界学者需要重新思考遗产的知识基础与遗产带来的政治经济问题，不能对因为遗产而受到波及的民众熟视无睹⑦。威廉·罗根（William Logan）近年来倡导一种新的遗产保护与利用路径，即遗产保护与利用需要以民众权利为基础⑧。霍德（Hodder）指出，学者们开始关注遗产对于社区的经济与社会福祉能带来哪些帮助，传统的基于普遍价值、专家判断的遗产价值评估方式开始被取代。文化遗产权利应当以民众是否能够在遗产地的保护与利用中参与为基础。然而由于传统的遗产知

---

① Zhang, R. World Heritage Listing and changes of political values: a case study in West Lake Cultural Lanscape in Hangzhou, China, *International Journal of Heritage Studies*, 2017, 23 (3).

② Byrne, D. A Critique of unfeeling heritage. Smith, L., and Akagawa, N. (eds.) *Intangible Heritage*. London: Routledge, 2009, p. 231.

③ Byrne, D. *Counterheritage: Critical Perspectives on Heritage Conservation in Asia*. New York: Routledge, 2014, p. 52.

④ Holtorf, C. and Hogberg, A. Contemporary Heritage and the Future. Waterton, E. and Watson, S. (eds.) *The Palgrave Handbook of Contemporary Heritage Research*. Basingstoke: Palgrave Macmillan, 2015, p. 511.

⑤ Waterton, E. Whose Sense of Place? Reconciling Archaeological Perspectives with Community Values: Cultural Landscapes in England, *International Journal of Heritage Studies*, 2005, 11 (4).

⑥ Schoch, D. Whose World Heritage? Dresden's WaldschloBchen Bridge and UNESCO's Delisting of the Dresden Elbe Valley, *International Journal of Cultural Property*, 2014, (21).

⑦ Meskell, L. Conflict heritage and expert failure. Labadi, S and Long, C. (eds) *Heritage and Globalization*. London: Routledge, 2010.

⑧ Logan, W. Heritage Rights - Avoidance and Reinforcement, *Heritage & Society*, 2014, 7 (2).

识框架的局限性，考古学家及其他遗产管理者多数并没有接受过训练，不擅长发挥遗产的短期、长期经济、社会效益，不容易摆脱自身的学术框架、身份、审美趣味的限制①。

（五）对静态保护的反思

过去十多年来，传统的静态遗产保护不断被反思。被列入遗产名录，尤其是世界遗产名录后，很大程度上意味着原本与遗产密切互动的民众使用遗产的权利开始受到限制，遗产带给民众的影响需要正视②。例如，吴哥窟成为世界文化遗产后为了维持“原真性”，当地的柬埔寨人被要求搬迁，原有的社会组织结构被打乱了，其生存权、发展权没有得到应有的保障③。

在诸多类型的遗产中，有相当一部分依然是活态遗产。其特点是不少民众与这类遗产紧密联系着，他们用传统知识、管理方式与维修技术保护、利用这类遗产，其原有功能依然在沿用。当文化遗产保护者将“以物为本”的科学保护观应用到这些遗产后，可能导致社区民众的边缘化以及原有社区文化的停滞。国际文物保护与修复研究中心（International Centre for the Study of the Preservation and Restoration of Cultural Property，简称为ICCROM）从20世纪末以来，开展了一系列运用“活态遗产法”（living heritage approach）保护和利用此类遗产的项目。约安尼斯·鲍里斯（Ioannis Poulios）基于参与这些项目的经历，归纳总结了“活态遗产法”的创新之处。他认为以遗产物质性为基础的方法以及以保护遗产价值为基础的方法都不适用于活态遗产，因为前者以物质载体的保存为目标，后者力图以保护价值为目标，但往往以遗产物质性的价值为中心，弱化遗产的社会价值与文化价值，难以避免民众的边缘化。与此不同，“活态遗产法”将与遗产有紧密联系的核心社群（core community）视为遗产保护与利用的主体，赋予核心社群以主要权力，遗产保护专家发挥必要的辅助作用，双方以该社群的遗产与文化的延续为目标；把物质文化遗产与非物质文化遗产视为不可分割的整体，将遗产的物质载体看作是可再生的，致力于在保护物质载体与发挥遗产的功能两者之间取得平衡，必要时优先考虑遗产功能的延续④。通过这几个层面的创新，遗产保护与利用真正变成了民众拥有、民众参与、民众共享遗产保护与利用成果的事业。国内历史街区、传统村落、名镇名村、宗教建筑等活态遗产的保护与利用中，往往沿用“以物为本”的保护观，与民众改善居住环境的愿望发生矛盾。这种“活态遗产法”对于这些遗产的保护与利用显然具有借鉴意义。

三、国际遗产组织对遗产认识的变迁

上文指出，随着遗产反思研究的兴起，国际遗产学界对遗产的思考出现了“以物为本”向“以人

---

① Hodder, I. Cultural Heritage Rights: From Ownership and Descent to Justice and Well - being, *Anthropological Quarterly*, 2010, 83 (4).

② Gillespie, J. World Heritage Protection and the Human Right to Development: Reconciling Competing or Complimentary Narratives Using a Human Rights - Based Approach (HRBA)?, *Sustainability*, 2013 (5).

③ Gillespie, J. Heritage and Human Rights: Reframing the Conservation Ethic. Durbach, A., and Lixinski, L. (eds.) *Heritage, culture and rights: challenging legal discourses*. Oxford: Hart Publishing, 2017.

④ Poulios, I. Discussing strategy in heritage conservation: living heritage approach as an example of strategic innovation, *Journal of Cultural Heritage Management and Sustainable Development*, 2014, 4 (1).

为本”转变的趋势。在其影响下，国际遗产组织在维持“以物为本”的话语的同时，也逐渐地对这股潮流做出回应。过去，遗产保护专家完全专注于遗产的物质载体辨认遗产的价值，如今越来越多的遗产界学者认识到，与遗产密切相关的人才是遗产事业的中心。因此，我们可以发现，在遗产领域指导性文件的表述中民众的权重在逐渐增加。1994 年，国际古迹遗址理事会颁布了奈良原真性文件（the Nara Document on Authenticity），其中提到：

> 在不同文化、甚至在同一文化中，对文化遗产的价值特性及其相关信息可信性的评判标准可能会不一致。因而，将文化遗产的价值和原真性置于固定的评价标准之中来评判是不可能的。相反，对所有文化的尊重，要求充分考虑文化遗产的文脉关系①。

《威尼斯宪章》的重心在于对遗产物质性的管理，而奈良原真性文件把重心转向了文化价值的多样性，把民众和社区引入到全球遗产管理中，探讨遗产对民众和社区意味着什么②。2005 年，奈良原真性文件的精神被写入了《世界文化遗产操作指南》，从此检验遗产“真实性”的标准不再局限于对遗产物质载体的考察，而是包括了遗产的“外形与设计、材料与实体、用途与功能、传统技术与管理体制、位置与环境、语言及其他非物质遗产因素、精神与感觉等”③。

2003 年，联合国教科文组织于 2003 年通过了《保护非物质文化遗产公约》（Convention for the Safeguarding of the Intangible Cultural Heritage），其中涉及到人的表述如下：

> “非物质文化遗产”指被各群体、团体、有时为个人视为其文化遗产的各种实践、表演、表现形式、知识和技能及其有关的工具、实物、工艺品和文化场所。各个群体和团体随着其所处环境、与自然界的相互关系和历史条件的变化不断使这种代代相传的非物质文化遗产得到创新，同时使他们自己具有一种认同感和历史感，从而促进了文化多样性和人类的创造力。
>
> 第 15 条　群体、团体和个人的参与
>
> 缔约国在开展保护非物质文化遗产活动时，应努力确保创造、维护和传承这种遗产的群体、团体、个人的最大限度的参与，并吸收他们积极地参与有关的管理④。

公约中第 15 条显示，群体的参与、民众在非物质文化遗产中的作用被提到了较高的水平。当然对于“最大限度的参与”“有关的”的标准仍然十分模糊。什么样的参与才是最大限度的参与，哪些管理与民众有关，民众能够参与，这些由谁来决定，该公约的表述依然有些模糊，由此导致非遗公约的执行过程中社区参与也无法落实到位。

2011 年联合国教科文组织通过了《关于历史性城市景观的建议书》，该建议书提出了对于遗产的新的理解，包括社区参与、对多种遗产价值的承认、对城市变迁的接受⑤。2017 年国际古迹遗址理事

---

① 张松．城市文化遗产保护国际宪章与国内法规选编，同济大学出版社，2007 年，第 93 页。

② Holtorf, C and Kno, T. Forum on Nara + 20: An Introduction, *Heritage & Society*, 2015, 8 (2), p. 139.

③ UNESCO: *Operational Guidelines for the Implementation of the World Heritage Convention*, Paris, 2005, p. 21.

④ 张松．城市文化遗产保护国际宪章与国内法规选编，同济大学出版社，2007 年，第 141 页。

⑤ Araoz, G. Conservation Philosophy and its Development: Changing Understandings of Authenticity and Significance, *Heritage & Society*, 2013, 6 (2), p. 153.

会（ICOMOS）在印度德里的会议上发布了《德里宣言》，文中提出，遗产和民主是以人为本的可持续发展模式的关键要素①。

纵观上述变化，可以明显地看到遗产组织正在从“以物为本”逐渐转向“以人为本”。目前这一转向还没有完全实现，但是以人为本，统合遗产与民众的关系，在新的框架下推进遗产的保护与利用已经成为时代发展的趋势。在国内，也有学者注意到了这一趋势。宋新潮指出“作为文化遗产的管理者，不仅要具备扎实的专业能力，更需要一种“以人为本”的价值理念…不仅是传承文化遗产的物质形态，更重要的是关注文化遗产保护，坚持“以人为本”的核心理念……促进文物保护更好地融入当代社会发展，服务社区民众，积极探索走出一条符合国情的文物保护之路”②。

四、对国内文化遗产保护与利用的启示

（一）文物保护法的修改

现代遗产保护运动中，各国纷纷出台法律法规，对于历史建筑、历史名城、考古遗址等都有相应的保护条款，以控制对遗产可能造成的影响。然而，迄今为止，对于文物的社会价值、文化价值，即文物对于社会大众的价值，却并没有相应的条款予以保障③。这种情况在我国也存在，《文物保护法》自从1982年制定以来，已经经历了五次修改。对于与遗产密切相关的民众，如何保障他们对于遗产事业的参与权利，《文物保护法》仍然着墨甚少，基本上还是将民众定位为被动的受教育者。

（二）文物保护单位保护规划中应注重保护与利用的结合

文物保护单位编制保护规划已经成为我国文物保护管理的共识。但是目前保护规划的编制过程中，绝大部分篇幅用于保护方式的确定，包括“两划”范围内高度、密度、风貌、业态、施工规范、开发强调等一系列控制方式，对于未来的利用却着墨不多。尽管2017年编制完成的《全国重点文物保护单位保护规划编制要求》进一步强调了要“正确处理好文物保护与经济建设的关系，文物保护与合理利用的关系，促进文物事业的可持续发展”，但在价值认定时，依然局限于“对文物的历史、艺术、科学价值及其类型特征进行辨认”④。这使得在文物的保护与利用中，社会参与匮乏，与民众互动不足。实际操作中，保护风貌、材质、工艺等往往比较到位，理直气壮，一旦涉及如何利用的问题，由于与文物的价值“比较远”，往往陷入不同理解方式的争论中，最后难以落实。今后在保护规划的文本中，对于国保单位的价值要借鉴国内外遗产学界的研究成果，在历史、艺术、科学价值的基础上，更加注重文物的文化价值，以及不同社会群体与文物的情感联系，从而为探讨文物的利用这一问题时留下更

① 国际古迹遗址理事会中国国家委员会．德里宣言－遗产与民主，国际古迹遗址理事会中国国家委员会网站［EB/OL］［2018－01－18］http：//www. icomoschina. org. cn/news. php? class＝451。

② 宋新潮．文化遗产永续传承，人民日报，2018年4月15日第7版。

③ Araoz，G. Conservation Philosophy and its Development：Changing Understandings of Authenticity and Significance，*Heritage & Society*，2013，6（2），p. 153.

④ 国家文物局．全国重点文物保护单位保护规划编制要求（修订稿草案），国家文物局网站［EB/OL］［2018－01－15］http：//www. sohu. com/a/216853828_170361.

多空间。

（三）加强跨学科合作，改进对文化遗产的价值评估方式

受考古学、建筑学、艺术史等以物质载体为研究对象的学科知识的影响，传统的科学保护观长期影响了文化遗产事业，遗产认定时依靠“历史、艺术、科学”三大价值类型去评估遗产。在《巴拉宪章》的启发下，21世纪初国家文物局制定的《中国文物古迹保护准则》增加了社会价值、文化价值两种价值类型。事实上，社会价值、文化价值与原有的历史、艺术、科学价值并不是并列关系，后者是有关遗产的物质性的价值判断，前者则是本质层次上的遗产的文化价值，是我国文化遗产事业中研究得非常不充分的价值类型①。因此，未来需要创新学科定位，改进考古学等学科的人才培养方式；加强与历史学、人类学等传统上关注民众与文化价值的学科的跨学科合作，改进遗产价值评估方式，增进对遗产的社会、文化价值的认识。对于中国这样一个具有悠久的、独特的文明传统的国家，如果要走出一条符合国情的文物保护利用之路，尤其需要多个学科加强跨学科合作，大力加强对遗产本质层次上的文化价值的研究。

（四）文博单位要加大开放、利用的力度，重建与民众的联系

在传统的科学保护观念中，文物往往被认为面临着风险，民众往往被视为这种风险的一部分。实际上，这是一种观念的约束，在这种观念影响下，人们趋向于将文物置于仓库中。“遗产面临风险”的说法是一个非常有伸缩性的、非常依赖主观性判断的说法，以此为理由将遗产秘不示人，限制对遗产的利用并不恰当②。文物也只有在与民众密切接触时，在其价值得到传播、鉴赏时，才会发挥其作用。因此，各级文博单位应当破除传统观念的束缚，加大文物展陈、利用的力度，让文物从仓库中、柜子中出来，与民众见面。此外，要广泛运用各种媒介手段，加大对文博单位及其文物的传播。各级文博单位在考核时，应当对文物的保护与文物的利用并重。

五、结语

本研究通过评介国际遗产学界的研究，指出了“以物为本”到“以人为本”的转换是国际遗产学界的新趋势。在传统的二元论哲学思维主导下，传统的科学保护范式往往将文化遗产仅仅视为科学保护的对象，客观上回避了遗产本质上是一种人与物互动，主观与客观互动的文化现象。遗产不仅仅与遗产保护工作者有关，也与多个社会群体密切相关。因此，传统的科学保护范式已不能满足新时代人民群众对于文化遗产事业的需求，国内遗产保护与利用需要树立“以人为本”的理念，更加尊重与遗产密切相关的民众，加强对遗产的多学科研究与多渠道利用。文化遗产事业不等于对遗产物质性的保护，遗产物质性与相关社会群体加起来，才接近文化遗产现象的全部。只有确立“以人为本”的理

---

① 段清波．论文化遗产的核心价值，中原文化研究，2018（1）。

② Rico，T. Heritage at Risk：The Authority and Autonomy of a Dominant Preservation Framework. Samuels，K. L.，and Rico，T.（eds.）. *Heritage Keywords：Rhetoric and Redescription in Cultural Heritage.* Boulder：University Press of Colorado，2015.

念、综合考虑遗产与其他社会群体的联系，让文化遗产活起来，才能“增强工作的主动性、创造性，努力走出一条符合国情的文物保护利用之路”①。

New Developments in International Heritage Studies: shifting from a material – centric approach to a people – oriented approach

MA Qing – kai

(Zhejiang University, Hangzhou, Zhejiang, 310058)

Abstract: To enliven cultural heritage is an important opportunity as well as a challenge for the cultural heritage sector in China. How does cultural heritage lose its vitality? How can cultural heritage regain its vitality? Such questions have been thoroughly explored in the emerging critical heritage studies. This intellectual movement is characterized by a people – oriented approach to cultural heritage, which integrates the materiality of cultural heritage and the cultural dimension of heritage together in a new understanding of heritage. Uses of heritage and contributions that heritage can make to the contemporary generation are prioritized in this movement. Its research themes include re – theorizations of heritage, debates on heritage values, reflections on the marginalization of communities, reflections on World Heritage program, etc. This study reviews this emerging movement and discusses its implications for the conservation and utilization of cultural heritage in China.

Key words: material – centric approach; Critical Heritage Studies; re – theorizations of heritage; heritage values; people – oriented approach

（说明：此文已在《东南文化》2019 年 2 期刊出。）

① 国家文物局．关于促进文物合理利用的若干意见，国家文物局网站［EB/OL］［2016 – 10 – 18］http://www.gov.cn/xinwen/2016 – 10/18/content_5121126.htm.

从资源到遗产：过程论路径及其反思

尹　凯[①]

（山东大学文化遗产研究院）

摘　要：遗产并非是一个静态的现象，而是一个变动不居的过程。自1980年代以降，批判遗产研究的关注点之一即是质疑遗产的本质主义论调，进而将矛头指向遗产背后的权威话语体系。在这一批判脉络下，整体把握与遗产相关的动员与介入、调查与记录、研究与挑选、沟通与阐释等诸多要素，分析从文化资源到遗产产品的生成过程，进而揭示遗产制造的复杂机制显得尤为重要。从资源到遗产的过程论路径不仅在实践层面上勾勒了遗产的运作程式，而且在理论层面上绘制了遗产的反思底色，这在一定程度上有助于当代中国遗产运动的操作、理解与分析。

关键词：文化资源；遗产产品；过程论；遗产议题

一、问题的提出

以“遗产”为名的一系列活动在近40年来酝酿成了一个备受瞩目的“社会运动”，甚至可以说，介入其中的人员、群体、组织构成了一个全新的族群，即“遗产族群”（heritage ethnic group）。只需稍微梳理即可发现当代遗产图景在类型、层级和模式等方面所呈现出来的复杂性：在国际层面，自1972年以降，《世界遗产公约》和《世界遗产公约行动指南》等国际文件先后将文化遗产、自然遗产、文化和自然双重遗产、文化景观、历史城镇及城镇中心、运河遗产和线路遗产、无形文化遗产认定为世界遗产类型[②]。在国家层面，每个国家都根据各自的历史与资源，制定与国际遗产标准彼此呼应但又各具特色的遗产体系，比如美国的国家公园（national park）模式、日本的文化财（cultural property）模式[③]。在地方层面，原住民、土著群体、少数族群、底边人群、离散群体等认同主体日益呼吁对遗产的所有权和阐释权的积极介入，力图借此实现历史、记忆和社会权利等方面的诉求。

作为一种社会现象，这种略显杂乱与无序的遗产图景必然会引发学术界的关注，由此，遗产实践与遗产阐释合力构成了当代遗产的“表征景观”。在众多的遗产阐释中，罗德尼·哈里森（Rodney

---

① 尹凯（1988－），山东大学文化遗产研究院，助理研究员，研究方向：人类学理论与方法，博物馆学，遗产研究。曾在《东南文化》《民俗研究》《青海民族研究》《中国博物馆》《博物院》发表学术论文30余篇。

② 彭兆荣主编．文化遗产学十讲，云南教育出版社，2012：181－190。

③ 彭兆荣主编．文化遗产学十讲，云南教育出版社，2012：20－22。

Harrison）和劳拉简·史密斯（Laurajane Smith）的研究尤其值得关注。前者将遗产现象分为两种类型：一是国家主导的自上而下的官方遗产，即通过国际公约、国家政策推行的遗产价值；一是自下而上的非官方遗产，即在地方层面上，以人、物、空间和记忆之间的关系为根基形塑而成。[①] 这样的一种分类尝试在以官方和非官方表述厘清遗产图景复杂性的同时，也暗含着非官方遗产对官方遗产的反叛、修正与补充。后者则断言："事实上，并不存在所谓的遗产（There is，really，no such thing as heritage）。"[②] 在史密斯看来，遗产最终是一种文化实践，涉及到一系列价值和认知的建构与管理。"[③] 从遗产研究的脉络来看，史密斯挑战与解构的是以权威遗产话语（Authorized Heritage Discourse）为代表的遗产阐释，即将遗产价值作为固定不变的本质主义。

如上述及，以哈里森和史密斯为代表的遗产阐释奠定了批判遗产研究（critical heritage studies）的基本格局，遗产的建构性、社会性、政治性等基本主张在不同程度上成为其后一系列批判性研究的共识。与此同时，这些颇具启发性的研究不约而同地存在一个困境，那就是这些思考都将遗产的国际标准和权威表述作为理论思考的出发点，进而陷入到遗产政治的镜像陷阱中。在笔者看来，无论对权威和官方遗产话语进行多么严厉的批判与声讨，其结果无非是在说服他人（有时说服以失败而收场）的同时，坐实了权威和官方遗产话语的先验存在。

因此，遗产研究或批判研究遗产的出路应该从"靶子导向"的研究路径转向"据点导向"的研究路径。换句话说，我们应该转移遗产研究的思考路径，以地方社会为参考系，以具体的、微观的遗产实践为理论思考的出发点，详细考察某个物件、地方和实践是如何从一种日常生活的文化资源（cultural resources）转变成为一种具有保护、研究与展示需求的遗产产品（heritage output）的。这种基于地方视角的遗产过程论路径不仅在实践层面上勾勒了遗产的运作程式，而且在理论层面上绘制了遗产的反思底色。

二、从资源到遗产：遗产的过程论路径

从现有的遗产研究文献来看，作为一种理解遗产本质的路径，过程论的分析框架已经被很多学者所采纳。彼得·霍华德（Peter Howard）认为，遗产过程的链条要素包括：形成物、编目清单、认定、保护、革新、商业化、破坏等环节。[④] 贝拉·迪克斯（Bella Dicks）认为，遗产可以被理解为一种文化意义的沟通实践。[⑤] 大卫·哈维（David Harvey）将遗产定义为一个与人类行为和能动性有关的动词形式，并进一步指出遗产是一个与国家和其他文化或社会认同的权力合法化密切相关的过程。[⑥] 史密斯认为，遗产是一个与记忆行为建立密切关系的文化过程，以此构建理解现在和参与现在的机会，因此，物件、地方与实践并非是遗产本身，而是促进遗产生成过程的文化工具。[⑦] 这些研究视角略有差异的

---

① Rodney Harrison，*Understanding the Politics of Heritage*，Manchester：Manchester University Press，2010，p.8.

② Laurajane Smith，*Use of Heritage*，Abingdon and New York：Routledge，2006，p.11.

③ Laurajane Smith，*Use of Heritage*，Abingdon and New York：Routledge，2006，p.11.

④ Peter Howard，*Heritage：Management，Interpretation，Identity*，London and New York：Continuum，2003，pp.186－210.

⑤ Bella Dicks，Encoding and Decoding the People'，*European Journal of Communication*，2000（1），PP.61－78.

⑥ David Harvey，Heritage Pasts and Heritage Presents：Temporality，Meaning and the Scope of Heritage Studies，*International Journal of Heritage Studies*，2001（4），p.327.

⑦ Laurajane Smith，*Use of Heritage*，Abingdon and New York：Routledge，2006，p.44.

观点在某种程度上折射出遗产的过程路径的共同旨趣：一方面强调参与主体和行动者的角色与地位，关注其在遗产过程中的参与性与能动性；另一方面则将社会情境引入到遗产的文化维度，关注不同文化体系在特定社会情境下的商榷、互动与对话过程。

与上述有关过程路径的认识论共识不同，杰拉德·科赛（Gerard Corsane）从操作论的视角提供了一种替代性的过程论框架。在《遗产、博物馆与美术馆的相关议题》一文中，科赛绘制了从文化资源到遗产产品的意义生成过程。[①] 在笔者看来，从资源到遗产的过程论述不仅在实践层面规范了遗产制造与管理的步骤，而且在理论层面构成遗产学术研究的基础与底色。为此，笔者将在科赛建构的遗产运作的总体过程模式的基础上，结合自身经验，讨论从文化资源到遗产产品的过程是如何发生的。

要谈及遗产的操作过程，遗产制造动机是率先考虑的要素，究竟是教育、学习，是经济、消费，亦或是赋权、民主呢？作为“回到过去”的表征[②]，遗产犹如历史，是一个任人打扮的小姑娘。这不得不让我们求助于遗产制造动机背后的主体及其历史语境。根据简·尼德文·皮特尔斯（Jan Nederveen Pieterse）对文化表征的认同主体的历史性梳理来看，21 世纪的全球化思潮带来了认同主体的多元化，即从传统意义上的国家、帝国和现代扩展到地方、区域、大陆、跨国、混杂与全球。[③] 需要指出的是，上述历史维度的变迁不是更迭与替代的进化，而是一种在当代并存与互动的关系。也就是说，遗产制造动机也会因为诸多参与主体的互动、协商与对话而变得模糊，甚至会随着过程的进行而发生变动。无论如何，把握遗产制造的复杂动机及其主体是操作与理解遗产过程的首要环节。

随后，遗产过程进入到第二个环节，即物件、地方与实践等有形或无形文化资源的调查与记录阶段。就调查与记录的方法来说，人类学意义上的田野调查因其文化整体观、参与观察、深描等专业技能的训练而成为方法论层面上的不二选择。就调查与记录的对象来说，嵌入日常生活和传统叙事的文化资源不仅具有可挑选的代表性，而且紧密编织在当地的“意义之网”中。为此，形塑文化资源价值与意义的自然、社会、文化、政治情境及其彼此之间的关系[④]是调查的先决条件。在记录文化资源的一般或特殊信息时，自然生态、建筑环境、系列物件、档案材料、艺术形式、知识系统、信仰模式、口述传统、民歌、舞蹈、仪式、技艺、生活方式[⑤]等内容都需要记录在案，这构成了后续深入研究和信息挑选的素材。

其实从上述有关文化资源的记录开始，遗产过程即已经进入物件、地方与实践等资源的保护和管理范畴。这一环节主要有两个前后相继的阶段组成：资源的具体研究和信息材料的过滤筛选。具体研究指的是聚焦于物件、地方与实践本身，在田野调查的基础上发现更加翔实而具体的证据与价值，比如在博物馆运作中，解读藏品信息的研究功能就属于这一阶段。需要指出的是，物件、地方与实践等

---

① Gerard Corsane, Issues in Heritage, Museums and Galleries: An Brief Introduction, Gerard Corsane. ed., *Heritage, Museums and Galleries: An Introductory Reader*, London and New York: Routledge, 2005, pp. 1 –5.

② 贝拉·迪克斯. 被展示的文化：当代“可参观性”的生产，冯悦译. 北京大学出版社，2012：124。

③ Jan Nerderveen Pieterse, Multiculturalism and Museums: Discourses about Others in the Age of Globalization, Gerard Corsane. ed., *Heritage, Museums and Galleries: An Introductory Reader*, London and New York: Routledge, 2005, pp. 179 –201.

④ Gerard Corsane, Issues in Heritage, Museums and Galleries: An Brief Introduction, Gerard Corsane. ed., *Heritage, Museums and Galleries: An Introductory Reader*, London and New York: Routledge, 2005, p. 4.

⑤ Gerard Corsane, Issues in Heritage, Museums and Galleries: An Brief Introduction, Gerard Corsane. ed., *Heritage, Museums and Galleries: An Introductory Reader*, London and New York: Routledge, 2005, p. 4.

资源类型不同意味着不同研究学科和专家的介入：动植物标本需要自然史专家，出土材料需要考古学家，建筑形制需要古建专家，表演习俗需要民俗学家……任何物件、地方与实践等资源的背后信息是非常复杂的，包括起源、历史、功能、内容、形式、知识等等。如果资源要成为遗产，并进入可展示与可参观的状态，那么就意味着与之相关的资源信息的过滤与筛选。

至此，我们来到了遗产生成的最后一个阶段，即遗产的沟通与阐释环节。如果将物件、地方与实践作为具有社会生命的资源，那么成为可参观的遗产无疑意味着第二次生命的开始。在这一生命历程中，处于舞台中心的、可参观的遗产需要表述自己，并与观者建立沟通关系的策略。一般而言，遗产会为了达成沟通与阐释的效果而有意图地建构交流路径，包括陈列与展览、教育活动、活态阐释、导游参观、学术出版和信息服务。[①] 从操作层面来看，从资源到遗产的过程已经进入尾声，但是从认识层面来看，遗产的阐释和沟通尚未结束。根据传播学理论和建构主义学说，观者早已不再是信息传播的被动接受者，而是意义建构的能动参与者。[②] 为此，无论遗产沟通与阐释的内容是地方特殊性，亦或是文化普世性，观者个体或群体对遗产意义的解读也是理解遗产过程路径的重要组成部分。

如上所述，嵌入日常生活中的资源经过动员与介入、调查与记录、研究与挑选、沟通与阐释等一系列过程的包装而成为一种可参观的遗产。我们不得不承认的是，这仅仅是一种基于诸多经验而归纳的理想类型。换句话说，无论上述有关遗产制造之路的模式多么详尽，也无法穷尽围绕遗产所上演的复杂剧情。既然如此，那这些思考是不是可以作为无用的知识而丢进垃圾桶里呢？答案显然是否定的，对实践的无力尚不能构成评判学术思考价值的标准。从资源到遗产的过程路径不仅构成了实践遗产的参考方法，而且有助于评估、分析与理解遗产的本质。

三、从资源到遗产：相关议题的讨论

从资源到遗产的过程论路径其实蕴含着非常丰富的组织学和社会学资源，这些更深层的理论旨趣对于理解与遗产有关的议题来说至关重要。在接下来的这一部分中，笔者将站在地方社会的视角上，分析从资源到遗产的生成过程所衍生出来的一系列遗产议题，进而讨论遗产的本质及其争论。

近日，浙江师范大学教授陈华文在《光明日报》撰文指出，有中国特色的非遗保护实践是“通过设立文化生态保护区，还非遗以生存的土壤和空间”[③]。持此种乐观态度的学者不在少数，其基本共识在于，从资源到遗产的过程是地方层面的文化资源经由遗产化的过程而成为国家遗产，从而可以借助国家政策和扶持实现保护传统、传承文化、振兴乡村的社会功效。然而，事实却并非如此。在笔者看来，这样一种观点和表述虽然揭示了国家干预在对抗社会变迁中所取得的成效，但是其基本假设不仅忽视了从资源到遗产的分离过程，而且形成了一种状态更迭的扁平化叙事，从而简化了遗产过程对地方社会造成的整体影响。

---

① Gerard Corsane, Issues in Heritage, Museums and Galleries: An Brief Introduction, Gerard Corsane. ed., *Heritage, Museums and Galleries: An Introductory Reader*, London and New York: Routledge, 2005, p. 4.

② Rhiannon Mason, Museums, Galleries and Heritage: Sites of Meaning - making and Communication, Gerard Corsane. ed., *Heritage, Museums and Galleries: An Introductory Reader*, London and New York: Routledge, 2005, pp. 221 - 237.

③ 陈华文．文化生态保护区：非遗保护的中国实践，光明日报，2018 年6 月2 日第12 版。

无论我们是否承认，从资源到遗产的过程都不可避免地意味着物件、地方与实践在所有权、话语权、阐释权上全面分离。先来看一个发生在非洲大陆上的遗产案例：韦伯·恩多罗（Webber Ndoro）和基尔伯特·皮韦迪（Gilbert Pwiti）基于南部非洲的经验材料，描述了当地的物件、地方与实践是如何一步步完成遗产化的。① 在前殖民地时期，日常生活中的物件、圣地与实践属于本土宗教的范畴；在殖民时期，这些文化资源成为博物馆、大学等政府机构获得，成为科学研究的组成部分；在后殖民时期，新兴国家将这些独具特色的资源打造成国家公园，建构历史和民族情感与认同。从“圣地”到“研究机构”再到“国家公园”的历史流变基本上复制了我们所谈及的从资源到遗产的过程，与此同时，遗产化过程也是地方社会被逐步剥夺与排斥的历史。

其实，上述所提及的现象在世界范围内都在发生。对此，从资源到遗产的过程论路径分析是极为有效的研究路径，即不仅可以捕获物件、地方与实践等资源在遗产化过程中的变化，而且还有助于审视地方社会和群体同时发生的剥夺与排斥现象。从博物馆学研究视野来看，我们所熟知的博物馆化即生成了物件、地方与实践的脱嵌：一方面从原初社会分离出来；另一方面则意味着价值的变迁。② 虽然新博物馆学和遗产运动对此去情境化的困境有所反思，并试图以露天博物馆、遗产中心、主题公园、遗址公园等在地化的实践来修正博物馆化对当地社会的剥夺与排斥，然而收效甚微。只要一个资源被发现具有遗产价值的建构潜力，那么随着而来的就是当地人群的转移、搬迁，遗产规划对时间的冻结，物件、土地所有权的转让，遗产可参观性的制造，遗产名录的生成，去日常化的官方阐释等一系列接踵而至的过程。即便是被认定为世界遗产，这一遗产过程也在实现与国际理念接轨的同时，也在地方层面实现脱轨。

需要注意的是，从资源到遗产的过程论路径不仅揭示了上述提及的分离、剥夺与排斥现象，而且还提供了一种分析处于不同状态的利益相关者“过程性在场”的可能性。

在以个案为分析对象的经验研究中，比较常见的分析框架即是假定一个共时性的时空脉络，理解与阐释诸多现象在遗产产品的影响下是如何可能的。然而，这种以遗产产品为起点的诸多实践、现象与阐释的框架在理论层面是相对缺失的，因为没有将遗产的生成过程纳入分析视野中。根据社会学家欧文·戈夫曼（Erving Goffman）的戏剧理论，社会生活是由“前台”和“后台”组成的，前者是一种公共性表达，后者是一种个体性表达。③ 这一理论同样适用于遗产研究领域，对从资源到遗产的过程论路径具有非常重要的启发意义。在笔者看来，从资源到遗产的过程构成了社会生活的“后台”。也就是说，制造遗产或遗产化的最终结果不仅是对物件、地方与实践等要素的价值认定，而且是一个“舞台设置”（setting）的过程。因此，从资源到遗产的过程论路径在理论层面不仅完善了遗产分析的现有视角，而且提供了分析舞台设施、装饰品、布局、布景和道具等遗产背景项目的可能性。

此外，从资源到遗产的过程论路径还为持续追踪利益相关者在不同进程阶段的不同状态和心境提供了线索。让我们来看一下戈夫曼的另外一个洞见④：

---

① Webber Ndoro, Gilbert Pwiti, Heritage Management in South Africa: Local, National and International Discourse, Gerard Corsane. ed., *Heritage, Museums and Galleries: An Introductory Reader*, London and New York: Routledge, 2005, pp. 154 - 168.

② 尹凯．物的诠释与沟通——当代博物馆藏品的学术思考，中国民族博物馆研究，民族出版社，2017：17。

③ 欧文·戈夫曼．日常生活的自我呈现，冯钢译．北京大学出版社，2008：1 - 13。

④ 欧文·戈夫曼．日常生活的自我呈现，冯钢译．北京大学出版社，2008：17。

> 在最近四五年中，设得兰岛上的一对佃农出身的已婚夫妇开设并经营着一家观光旅社。一开始，主人只是被迫搁置自己原先的生活观，而在旅馆中提供全套的中产阶级的礼仪和服务方式。但到了后来，看来经营者们对他们所呈现的表演已不是那么玩世不恭了，他们自身开始成为中产阶级，并且愈来愈倾心于顾客所赋予他们的自我。

这段有关个体态度的变化是非常值得玩味的。假设一切的开始都是由遗产化或遗产旅游引发的，那么在接下来的发展轨迹中，我们看到了普通的当地人是如何从为了自身利益而表演的玩世不恭者（cynical）逐渐演变成完全投入自我角色的“虔信者”（sincere）的。在实际生活中，包括遗产化过程中，这种演变的轨迹也可能是相反的，即从坚信的抱负开始，最终以玩世不恭的态度而收场。这一相关研究对于理解从资源到遗产过程中的利益相关者来说非常有启发：首先，同一个群体或个体在遗产化过程中的行为和态度并非一以贯之的，而是在不同的阶段呈现出不一样的表演技术和内在心境；其次，仅以共时性的研究视角把握利益相关者在某个共时性切面上呈现出来的态度是不够的，追踪前后变化有助于理解遗产的本质及其争论。

四、余论

正如上文述及，一旦某个资源被认定具有遗产潜力，那么就意味着遗产制造过程的开始，即经过一系列的阶段发展和重新包装，文化资源摇身一变，成为可参观的遗产产品。在操作层面上，与遗产相关的动员与介入、调查与记录、研究与挑选、沟通与阐释等诸多要素按照遗产制造的过程渐次出现，并最终获得资源的第二次生命，即遗产形态。需要注意的是，在这个过程中，从资源到遗产不仅意味着名相的变更，而且还暗含着价值的变化。有学者认为，现代遗产的“生产”过程是分两个历史阶段完成的：过去和现在。过去“生产”出价值，现在“制造”出使用价值或符号价值。[①] 虽然这句话成功揭示了遗产制造的社会价值取向[②]，但是却尚未言明前后两种价值的差异。在笔者看来，资源的价值主要体现在当地人的日常生活中，即局内人对资源的利用和判断；遗产的价值则主要来自于科学主义的理性框架，即局外人对遗产的认定与附会。另外还需注意的是，从资源到遗产的过程论路径并非意味着资源属性的消失，以及遗产对资源的完全替代。之于当地人来说的资源价值可能会暂时地悬置，并以其他主体、其他视野的方式发挥作用。

从资源到遗产的过程论路径的价值不仅仅体现在遗产制造与操作的实践层面，而且还对于理解遗产的本质及其争论具有至关重要的作用。正如上文提及，遗产的过程论路径还衍生出与之相关的议题。遗产化过程在制造地方遗产的同时，也造成了物件、地方与实践等方面与地方社会的分离，进而可能会造成地方社会出现剥夺与排斥的现象。如果是物件的遗产化，那么物件的迁徙与价值的重新赋予是必然发现的现象，因为博物馆是一个截然不同于原初社会的场所；如果是地方的遗产化，那么以整体街区、保护区、公园形式出现的场所则意味着对地方空间的占有与利用；如果是实践的遗产化，那么

① 彭兆荣主编．文化遗产学十讲，云南教育出版社，2012：136。
② 彭兆荣．遗产：反思与阐释，云南教育出版社，2008：46。

无形文化遗产则往往会陷入固化和商品化的困境中，丧失其原本的传统脉络与生命活力。诚然，从资源到遗产的过程可能并非如此悲观，但是这些诸多结果是在世界范围的遗产案例中屡有发生的，并非笔者危言耸听或随意编造。想要把握遗产的生成的过程，就必须以文化资源为研究起点，从过程论的路径考察遗产的本质，及其与地方社会的关系。

遗产的过程论路径还衍生出了另外一个议题，那就是从资源到遗产的过程性路径提供了追踪利益相关者在不同阶段所呈现出来的不同态度、心境与趋势。众所周知，无论是遗产实践还是遗产阐释，遗产背后的个体或群体是重要的遗产过程中必不可少的组成要素。根据戈夫曼的研究，遗产的过程论路径有助于清晰地把握利益相关者的态度变化，即如何在玩世不恭者和虔信者构成的连续体上来回移动。不仅如此，遗产的过程论路径会弥补了传统意义上有关地方遗产的共时性研究所存在的不足，并成功将历时性的变化维度植入到利益相关者的考察中。这样的视角对于理解遗产与地方、遗产与人的互动关系极为关键。

From Cultural Resources to Heritage Outputs: Process Approach and Related Issues

(Institute of Cultural Heritage, Shandong University, Yinkai Jinan, 250100)

Abstract: Heritage is not a static phenomenon, but a changing process. One concern of critical heritage studies has focused on the essential argument of heritage, even exclaim against the western authoritative discourse behind it since 1980s. Under this critical research, it is very important and necessary to understand the factors of the mobilization and participation, survey and record, study and selection, communication and interpretation within the heritage process, then analyze the making process from cultural resources to heritage outputs, and finally figure out the complex mechanism of making heritage. The process approach from cultural resources to heritage outputs, not only outlines the operation procedure for practice, but also constructs the reflection foundation for theory. To a certain extent, this is help to practice, understand and analyze the heritage movement in contemporary China.

Key Words: cultural resources; heritage; process approaches; heritage issues

文化遗产的价值判断与国际前沿保护理念

周孟圆

（苏州大学艺术学院）

摘　要：本文立足于19世纪以来的全球观念史重构浪潮，结合西方现代有关价值论的重要思想，介绍了1960年代以来西方学界针对文化遗产的价值判断所发生的重要变化。讨论了文化遗产的保护和修复工作中，我们究竟该如何认识文物的价值，以及如何在其指导下展开修复保护实践工作。

关键词：文化遗产价值；修复理念；文化遗产保护

1972年，联合国教科文组织通过了《保护世界文化和自然遗产公约》。这项公约确立了面对工业发展、城市扩张和战争冲突对人类环境和文明所造成的破坏威胁，需要一项国际公约来联合所有的缔约国，共同保护自然环境和人类文化遗产。为了促使整个国际社会突破国家局限及利益冲突进行密切合作，《公约》的首要任务就是鉴定具有“突出和普遍价值”（Outstanding Universal Value）的自然遗产和文化遗产，经过审议程序后，将有价值的遗产地列入《世界遗产名录》，共同视作为了全人类利益而进行保护的对象。

自1985年中国加入《公约》以来，判断和评价文化遗产的价值不仅成了中国申报世界文化遗产工作中的首要任务，也成了我国文物保护和管理工作的核心要素。因为价值判定决定着对保护对象的认知方式，所以指认一处文化遗产或一件文物最具有价值的特点，就是明确其最值得珍视和保存的部分，也往往影响着后续保护范围的划定和具体修复手段的采纳。

事实上这种以价值判断为基础的认定方式并不只存在于文物保护修复领域，而是全球观念史重构思潮中的一部分。自19世纪以来，全球范围的社会改革和科技爆发造成了旧世界信仰的普遍崩塌，一种重新评价好与坏的新伦理学体系亟待建立。在这样激荡的现代化社会背景下，西方哲学界开始探索思考人类究竟是如何进行价值判断的终极问题，对于价值本体以及价值判断活动本质展开了研究讨论，所形成的相关理论被称为价值哲学（value theory）。

这场激荡的价值思辨从19世纪一直延续到了20世纪，不仅在哲学思想领域造成了深远影响，促使文学、艺术、历史学等人文学科的理论范式重建，而且也同样波及了文化遗产保护的观念——关于人与物之间的价值判断关系被重塑与颠覆，也给文化遗产保护领域相关的价值问题带来了全新的认知和视野。

总体来说，自20世纪60年代以来，国际理念中关于文化遗产的价值认知出现了三大变化趋势：①由文物所固有的价值转向被人类赋予的价值；②由固定不变的价值转向动态变化的价值；③由理想主义的、统一的价值转向经验主义的、多元化的价值。

一、永恒不变价值理念的陨落

（一）价值是文物的固有性质吗？

在中文的日常表述习惯里，我们用“发现价值”或“认识价值”这样的结构短语来揭示文物价值的认定过程。在这样的语言表达背后，隐含着一种关于文物价值的不言自明——我们假设价值原本就是文物所固有的属性，是依附于物质材料的某种内在信息。当我们说“要充分认识文物的价值”，潜台词是这种价值是绝对客观的存在，是先于经验的事实。至于文物的价值是否已经或者尚未被我们全面认识，似乎并不影响其本身存在的必然性和伟大性。

同样的语言也限定了思维的方式。在关于我国现行文物保护法的阐释经典著作中，学者强调“文物的价值是客观”的，并将现实保护工作中呈现的复杂性，归结于人类知识技术的有限。由于“文化科学知识、研究水平和科学技术发展水平的限制，因此我们才不能一次性完成对文物价值的充分认识”，需要一代代人在信息积累和认识问题上不断深化和努力①。

这样的思路反映了我们传统观念中，长期将文物所具有的价值看作是其内在固有的理念。文物价值是确定的珠峰，而我们是攀登的人。至于为何在现实保护实践中，关于文物古迹的价值问题总是令人困惑且充满争议？责任全部落在了我们人类信息活动的局限性上——是因为人类单方面的认知条件尚不够成熟，所以才未能充分挖掘对象的深层意义。

这种观念把文物价值推向了静态化、绝对化，割断了与当下生活的动态关系，变成了一种高高在上的价值理想。这种认知方式所带来的最大挑战，在于将文物的价值封存在了需要仰望的固化和永恒之地。在这种理想主义的思维引导下，为了维持保护文物本身永恒而经典的价值，应该保持其物质原样不发生任何变化。然而现实工作中，针对文物的修复却是充满干预性的、可能引起物理材料改变的，与文物相关的展览和阐释也是带有视角的、与当下生活相关联的，由此实践和理论之间产生了一道难以逾越的鸿沟，致使许多相关一线工作者认为文物的传统价值分析过于理想化，无法成为修复保护工作时的切实指导依据。有学者形容这种传统保护物质遗存及其历史信息的价值指向，本质上是一种博物馆式的保护②。如同将保护对象罩上玻璃罩子，与时空完全隔绝，再以文本方式分析记录它的“历史价值、艺术价值和科学价值”。

（二）李格尔：文物的艺术价值在变化

事实上，西方社会的早期文物保护理念也起始于这种“固有内在价值”的认知，20世纪之前的文物保护修复工作中，很少探讨文物价值的变化。这在很大程度上，同样是因为古典哲学思想占据着修复理论的主导地位。近代文物保护理念的诞生，通常被追溯到15世纪的文艺复兴时

① 见李晓东．文物保护法概论，学苑出版社，2002，关于“文物价值的客观性”论述。

② 吕舟．中国文物古迹保护准则的修订与中国文化遗产保护的发展［J］．中国文化遗产，2015（2）：4－24.

期。意大利人对于古罗马文物的兴趣，带来了一系列的收藏和鉴赏行为。关于古代造物艺术价值和历史价值的认知，使人们真正产生了与自然衰败规律相对抗的意识，也开始了大规模保存修复古代文物的实践。

然而，从文艺复兴到19世纪之间，关于文物艺术价值的认定始终围绕着理想性的终极信仰所展开。这是一种延续自古希腊柏拉图时期的哲学传统，艺术价值被认为是对一种客观的、绝对理想的形式模仿。虽然针对美究竟存于何处，各哲学派别所持意见有所不同，但这些思考都有一个显著的特征——即认为艺术价值是文物所固有的客观属性，并不随观看者的视线而发生变化。作为人造物的古代雕塑或纪念物凝结了永恒的理想美，其内含的价值被看作是客观的、绝对的、静态的，作为终极衡量标准而存在。也因此在谈论对文物的保护时，就是要保护这种文物本身所具有的内在价值，确保这些价值伴随着物质的长存而永不发生改变。

进入20世纪后，这种观点受到了新时代思想者们的挑战。诸如李格尔（AloisRiegl）和杜威等哲学家们的思想发生了巨变，他们以各种方式提出：并不存在永恒不变的价值这一命题。

李格尔首先引入艺术史观念，在撰文中树立了“相对的艺术价值”一概念，用来推翻文物客观永恒的艺术价值一说。李格尔认为在前进发展的历史中，每个时代的意志和审美观念都不同，现代人对一部分过往文物所产生的欣赏和喜爱，只是因为这些文物所具有的特点恰好呼应了我们今天的艺术意志（*Kunstwollen*）。现代人对文物品鉴的目光，无法脱开时下现代新生活的烙印。这也就解释了为什么一些文物会比另一些更受到现代人的青睐，如对于19世纪的欧洲人来说，哥特式风格要远比巴洛克风格更高贵、更受欢迎，这是因为前者更呼应、更契合他们所生活社会时下的艺术意志①。李格尔的相对艺术价值概念，打破了永恒价值的魔咒，他将文物的价值划分为过去历史中的价值状态，以及在当下生活中的价值状态。这无疑给文物之美进行了祛魅——艺术价值不是文物单方面拥有的永久属性，而是伴随着欣赏者目光发生改变的映射，只要历史在前进，时代在改变，则文物的艺术价值也发生着变化。

李格尔的这一论述给20世纪的文物修复思想造成了深远影响，因为他的理论直接撼动了古典永恒不变价值的基石。在关于文物价值的判断中，李格尔率先引入了时间观念，力证在时间长河中，文物不仅会产生发生物质性的损耗和变化，也会因为人们社会观念和生活方式的变化，带来对文物价值判断的不同。

二、文物的价值由人类构建

从20世纪60年代开始，国际社会关于文化遗产的保护理论和实践方式进一步展开了系统性地颠覆和挑战。在全球化进程和市场经济的扩张之下，全世界各个国家和民族的理念产生了激烈碰撞，地理空间概念也开始逐步引入了文化遗产保护的价值判断。尊重不同人群所拥有的多元价值观，促使遗产保护走向文化多样性的保护主张，逐渐成了全球性的新共识。

① AloisRiegl, Kurt W. Forster & Diane Ghirardo (trans), ‘The Modern Cult of Monuments: Its Character and Its Origin’ [J], *Oppositions*, no. 25, pp21 -51.

大约自20世纪90年代起，多位西方学者整合了前人观点，正式发声打破固有价值的传统思路，掀起了关于文化遗产价值辨析的新思潮[①]，其中最富挑战性的核心问题之一就是：所谓文物的价值，真的是文物本身天然拥有的内在价值（intrinsic value）吗？

关于这个问题，李佩（Lipe）在1984年指出“遗产的价值全部都是由人类发现或习得的”，因此这个价值认定的过程，必定和这些人代表的社群所持有的参考价值标准相关。而这些标准本身，则反映了人类社群特定的文化、知识、历史以及心理框架[②]。斯朋曼（Spennemann）也明确提出，“人类个体是出于自身的需求和欲望，才将价值认知投射到一件文物、一处遗址、一项自然资源之上”。至于这些人类的需求和欲望从何而来？由个体所处的社会、文化和经济环境塑造决定[③]。随后尤嘎·尤基莱托（JukkaJokilehto）在分析UNESCO的突出普遍价值体系时，同样强调了文化遗产被赋值的过程，将文物的价值定义为“由社会交往而赋予物的品质”，是人类活动进程中所扮演的关系和角色[④]。

这些观点，可以用编写了三册盖蒂中心文化遗产价值研究报告的德·拉·图尔（de la Torre）的话来总结概括，“关于文化遗产的价值问题，最重要的一个特点是：它们永远是被人为建构的，从来不是固有自在的”[⑤]。

这些海外的新思潮都达成了一个普遍共识，即价值并非文物内在拥有的客观属性，而是由人为赋予和构建起来的（attributed/constructed）。一张羊皮、一块大理石、一幅画布、一处场所，其本身作为物理材料都是价值中性的，唯有人类的意志加于其上，才让其拥有了价值，成为被构建出的文化遗产。自此之后，西文在谈论研究文化遗产的价值时，更多采用被动语态句式，以强调人的社会活动和主观能动性在文物价值的赋予和认定中占据了最重要的部分。

一旦强调人的行为活动与文物之间存在互动关系，文物的价值就不再是静态的、固定的，转而走向了变化的、经验的。与此同时，关于文物的保护理念也随之产生了巨大变化。这具体体现在了两点：

首先，国际文化遗产保护理念产生了体系性的转变，对遗产的价值认知，从（传统认为固有的）历史价值转向了（被人类赋予的）文化价值和社会价值，强调将文物置于具体的时空条件和社会语境之中进行保护。这一点不仅在2014年《中国文物古迹保护准则》的修订中得到了明确体现，而且国内许多学者都对这种变化趋势展开了分析研究，并且运用到了实际的田野工作中。

其次，关于修复保护工作和文物之间的关系认识，也进入了新的纪元。在传统的观点中，由于文物的价值是客观的，是依存于物质材料的，但既看不见也摸不着。如何在动手修复物质材料的同时，保存文物的历史信息不发生变化？恢复原状和维持现状，到底哪个选择更能够保护文物内在的客观价

---

① 哈里森（Harrison）将这股新思潮命名为遗产批评研究（critical heritage studies）。

② Lipe, William D. ‘Value and Meaning in Cultural Resources’［C］. In *Approaches to the Archaeological Heritage: A Comparative Study of World Cultural ResurceManagement Systems*, pp. 1 11. Cambridge: Cambridge University Press, 1984.

③ Spennemann, Dirk H. R. ‘Gauging Community Values in HistoricPreservation’［J］. *CRM: The Journal ofHeritage Stewardship* 3 (2): 6–20, 2006.

④ Jokilehto J. ‘World Heritage: Defining the outstanding universal value’［J］. *City & Time* 2 (2): 1, 2006.

⑤ Marta de la Torre, ‘Values and Heritage Conservation’［J］, *Heritage & Society*, vol. 60 no. 2, 2013, pp 162–163.

值？这成了一个个令人困惑难解的悖论，也让我们深感修复理论与实践的脱节。但在新视野之下，文物被放在了人类社会生活的语境中重新看待，可以得出推论：只要人类社会持续发生变化，那由人类所定义的文物价值必然也在不断发生着变化。我们今天的修复保护活动，和所有其他社会活动一样，无法做到绝对的客观，必然会带上我们这个时代个人或相关集团的观点、取舍和偏见。因此有不少新思潮中的学者决定直面现实，如罗温索（Lowenthal）就直言："文化遗产根本不能做到单纯的修复或保护；它们是切切实实地被改变了，在每一代修复者手中，被修复的对象得到提升的同时也产生了耗损。"① 这等于是告别了文物保护理想主义的时代，进入直面现实的经验主义阶段。

三、文物的价值在行动中产生

虽然修复和保护工作让文物"改变"，但有不少学者强调，我们需要接受并正视这种"改变"的发生。事实上，这种改变应该被看做文物丰富性的一部分。因为文物保护修复工作也处在历史时空的进程中，到底保护什么，怎么保护，这些问题的答案是由不同时期国家所在的文化语境、社会动向以及政治和经济力量所决定的。

一张中国古画揭裱后，能在其画心背后看到层层叠叠由前朝修复师留下的修补痕迹，前人在不一样的时空情境下、出于不一样的社会文化需求，做出了修复保存的行动，这一代代人叠加的保护过程，正构成了我们今天所看到的关于这张画的全部信息。我们接下来在这张古画上继续所作的修复和改变，也将影响未来一代对其的认识。从这个层面上来说，正是在修复和保护文物的过程中，古物和遗迹的价值被一次次创造和再创造了。文物修复保护不再是一种终极目的，而成为通往目的之路上的手段。这个事实也可以用美国经验主义哲学家杜威的经典观点稍作修改来总结，也就是：文物的价值在行动中产生②。

关于价值在行动中产生，可以理解为文物保护是一项没有终点的使命，但持续不断的保护行动本身，却构建和实现了一代代人类个体、组织、社群在文物上所投射的价值认知。而这种认知，将连结起我们的过往和未来。这个观点不仅是西方学界自90年代以来逐渐形成的理论共识，事实上，不少国内专家也已经在实践经验中摸索了出来。有学者在会议上曾谈到初次和西方新思潮相遇的个人体验：2005年与意大利学者交流时，对方曾表述，在保护工程中有两点永远做不到，第一点是保持原状或恢复原状，第二点是维持现状。这种言论让长期致力于辨析原状和现状的中国学者感到震惊和感慨。但细思之下，在中国的保护工程案例中这也确是事实。这位学者经过长久的思考，最终得出了结论："我想了很长时间，今天我可以承认确实永远做不到，但是，这两个目标的设定激励了我们，使得我们对原状和现状进行研究并努力。"③ 意义正在于这种持续不断努力的过程。这个过程让原本的理想和目的变成了手段，也让文物的价值在行动中真正产生了。

---

① David Lowenthal, 'Stewarding the Past in a Perplexing Present' ［R］, *Values and Heritage Conservation Research Report*. Los Angeles: The Getty Conservation Institute, 2000, pp18 – 25.

② ［美］约翰·杜威著．冯平、余泽娜等译．评价理论［M］．上海：上海译文出版社，2007：160 – 165.

③ 朱光亚．文化碰撞中的中国文化遗产保护理论框架思考［C］．从历史走向未来——亚太地区历史遗产与文化景观保护之路．上海：复旦大学出版社，2017：38 – 49.

四、总结

回顾20世纪以来的国际文化遗产保护理念，在关于文化遗产的价值判断问题上，我们能够明确地看到一种告别古典理想主义，走向直面现实的经验主义的倾向。这种思想的变化趋势，根植于西方价值哲学的现代理论探索。自20世纪60年代以来，在一众学者的努力下，也逐步形成了对19世纪早期文物保护理念的反思和批判，共同探索着更符合文化遗产保护实践的新思潮。在这种文化遗产保护的价值新思中，学者们更注重价值判断过程中作为主体的人的地位，也倾向于将文化遗产置于具体时间空间和社会语境下做出价值辨析。或许我们可以说，寻找永恒不变的文物价值已然不是我们这个世纪的目标，因为文物的价值诞生于行动中，在考古、研究和修复保护的过程实践里。

人类学介入的批判性遗产研究

——以麦夏兰的相关论述为中心①

张俊龙

（中央民族大学）

摘　要：麦夏兰（Sharon Macdonald）教授自1997年以来独立发表4部人类学视阈博物馆与遗产研究专著，通过在苏格兰高地、伦敦南肯辛顿、德国纽伦堡及其他欧洲国家地区等人类学多点田野调查和深度访谈，于世界遗产运动渐同质化趋向洪流中，践行出一条人类学“他者”移情关怀，以深描不同社群、族群或民族等诸类共同体之自身区别性特征，从文化维度剖析当地身份认同融铸和记忆存续。此类集学术反思与田野民族志合力渗入当下现实及难言过去的批判性理路，为遗产研究开拓出更多对话可能。由是，批判性遗产研究对于基于西方话语尤其是欧美中心主义滋孽的权威化遗产话语，做了全面性的反思性批判，指出其依托世界遗产组织所建构的人类“普世性”共同遗产准则，无论在理论体系和实践原则上仍存在多种“融入”与“扩宽”的可能性、必要性和可持续性。

关键词：人类学（家）；批判性遗产研究；权威化；民族志；麦夏兰

一、前言

遗产（heritage），于维基辞典（Wiktionary）所列，源于古法语 eritage 和拉丁语 hereditas，其意有四：（1）继承物，继承的财产；（2）传统，先辈通过家族或机构性记忆而传之实践或系列价值观；（3）与生俱来的权利，出生即获致的地位，尤其是但又不限于出生；（4）（属性状态）拥有某类背景，如成长于第二语言之中。其中 heritage 之意解列序为财产（property）、传统（tradition）、与生俱来的权利（birthright）②。Merriam Webster 在线辞典将 heritage 之意分述：（1）传予继承人之财产；（2）a. 由前人散播或从其传习之东西，b. 传统；（3）因某人自然所处或出生而占有的东西，如与生俱来的权利③。《辞海》（在线版）区分公民死时遗留个人合法财产和历史遗留、累积的精神财富，但明确注音“yi/weichan”，其中“wei”作给予馈赠解④。故，对比中外辞典之遗产释义，可得该词本为个体/个人财产维度之用，逐渐演伸至族群、社群乃至民族国家层面。同时，还必须指出的是，中华传统文化语

① 本文撰写得到潘守永教授指导，在此表示感谢。

② https：//en. wiktionary. org/wiki/heritage

③ https：//www. merriam - webster. com/dictionary/heritage

④ https：//cihai. supfree. net/two. asp？ id =331249

境之遗产，概念意涵更有其自身独特蕴解。

迈入新时代之中国，于“二战”后春笋般层现的诸国际遗产组织协会话语体系中，多处配合适从之位，反观自身近40年来经济体量之迅猛增聚，在遗产研究与博物馆学理论探究方面，在同国际学界几乎同步交流发展之时，自身理论思索和实践经验凝练似乎还未有系统论述。截至2017年中国已同意大利等量，为世界遗产数量最多国家，如何在新时代对当下有担当对未来负责任地讲述展演传播中国自身所经历的故事，凝练奉献中国智慧，批判性地处理现有及潜在遗产（体系），提炼锻造中华文明脉络下丰富可贵话语实践，以渐成中国自身独特遗产话语体系与话语权利，其中，他山之石的采借，应为可施行性方案。而其中近年来掀起的批判性研究路径，尤其值得关注。

二、批判性遗产研究

批判性遗产研究兴起于欧美①，旨在对20世纪50年代以降至今所渐成型之权威化遗产话语予以批判性思考。麦夏兰提出“灰难遗产”（difficult heritage）等，就是当前国际遗产研究动向前沿之一。“difficult heritage”也翻译为“棘手遗产”。灰难遗产虽然不属于常规词汇，但在中文语境中其指向性更明确一些。美国斯坦福大学斯坦福考古学中心教授Lynn Meskell（2002）提出“负向遗产（negative heritage）”概念，就是为了解决在集体想象中某处充满争议的遗址如何列入遗产议程的新的理论探索，人类的历史并不呈现均等性的正向性，“负向性记忆”也是遗产诸学科领域需要面对的范畴。“作为一处记忆遗址，负向遗产扮演着双重角色：既可为正向说教目的而利用，如奥斯维辛、广岛、第六街区等，抑或相反被灭迹，假若此类遗址未能得到文化性修复并由此抵制整合进民族想象之中，如纳粹与前苏联时期的雕像和建筑等等。表面观之，无可争辩的‘文化遗产’于众多文化实践中，据有一种积极的文化上占优的位置，然，我们应注意，绝非所有个体、社群或民族均共识此类观点或具备如此难得胸襟，吸纳这些夙愿。况且，我们不加批判地认定遗产，尤其认定‘世界遗产’必定是一类好东西，因而难以理解那些对此持相反论点的社群，不论是出于宗教性本质、道德性本质、经济性本质或政治性本质”（澳大利亚国立大学考古学与人类学系教授Laurajane Smith，2014）。“2003年《保护非物质文化遗产公约》通过和发展，一方面是对于遗产的理解垄断了世界遗产公约的挑战；另一方面，非遗公约建议的另一个原因是为了大多数公众的意愿能够得到表达，从而改变以意识为主导的现状。为了保证这二者的达成，当务之急是重新诠释非物质文化遗产公约，并使其在本国的文化语境下生成新的意义，从而为地方社区所理解……公约运作的方式，它如何与具体国家的具体文化相结合并产生必要的化学反应是至关重要的……认识到不同社会群体的意愿……任何成熟的非物质遗产保护体系都必须整合文化的多样性，达到多元一体的状态”（Haidy Geisma，2015）。反遗产（antiheritage）从根本上挑战遗产体系的伦理和赋权，抗争民族建构过程中的表征和认定之双重性；通过解析遗产的政治经济维度，这些社会运动同样提出其他可选的政治和话语立场，其中许多不赞成标准化普同乐观性政府的行为。

---

① Harrison, R. *Heritage: Critical Approaches*. London & New York: Routledge, 2013.

上述英美国家批判性声音的发出，多为自身考古学、人类学等介入的遗产保护实践中对“遗产”概念全球化普及过程的在地反应，质言之，人类“遗产”的共通性概念外，存在多样“遗产”概念的在地变体，后者对前者之普适性提出挑战质疑，在寻求更为平等的对话协商中，在地化的遗产阐释和实际践行推动人类共同公约的更加完善（Harrison，2013）。

三、人类学与遗产之批判性

（一）麦夏兰的学术进路：民族志的实践维度

麦夏兰（Sharon Macdonald）现为洪堡大学文化遗产与博物馆人类学研究中心教授兼主任，此前曾任教于约克大学多年，2012 年前为曼彻斯特大学和谢菲尔德大学的人类学教授。除研究人类学，麦夏兰还专攻博物馆学、文化遗产、记忆研究和文化社会学。她之所以欣于涉猎不同学科之间，缘于大学时期在牛津所受人文科学——一种社会和自然科学的混合训练，这也是其长期致力于科学之文化维度研究的由来。麦夏兰教授在苏格兰、英格兰和德国进行过人类学田野调查，并在中国进行过探索性比较研究；其论著已被翻为保加利亚语、汉语、法语、德语、希腊语、意大利语、波兰语、葡萄牙语和西班牙语。2015 年麦夏兰因为其在遗产和博物馆领域研究的突出贡献，获得洪堡金质奖章，此后不久她作为洪堡学者主持创办了洪堡大学文化遗产与博物馆人类学研究中心[①]。

麦夏兰在曼彻斯特大学任职期间，也深受著名的人类学“曼彻斯特学派”（Manchester School）影响，这个学派是以英国曼彻斯特大学社会人类学系与罗德斯 - 利文斯顿研究院（Rhodes - Livingstone Institute）为中心，以 Max Gluckman 和 Victor Turner 等人类学家为代表，一度影响甚大[②]。受此影响，人类学特有的主客位、移情深描、反思实验、文化批判等田野民族撰述策略，在麦夏兰基于博物馆和遗产论析而牵引出历史自觉、过去、记忆、身份认同、协定未来之撰述历程中，均有明显存在因子。作为一位多产的国际人类学作家，国内学界对麦夏兰论著并不陌生，10 多年前就有国内学人对其著述做过引介，集中在《马克思主义美学研究》期刊（该期刊将 Sharon Macdonald 译为沙伦·麦克唐纳）（2008，2009）。麦夏兰为该期刊所熟知，很大程度上是因随其夫白迈克（Michael Beaney）（当今世界著名哲学家，《英国哲学史杂志》主编）多次赴中国，同中国人民大学等高校举办暑期讲习班，一定程度上，麦夏兰所从属的人类学哲学路径可能限制了国内遗产研究对其的关注。与此同时，麦夏兰于七八年前即开始在北京大学、中央民族大学担任客座教授，讲授博物馆、遗产、记忆等相关课程和学术讲座[③]，并同国内人类学者潘守永教授、方李莉教授一同参与批判性遗产研究学者 Rodney Harrison 主持的“面向未来的遗产”项目。

麦夏兰教授三十多年之研究历程，已有诸多有影响力的学术论著，如《展览的政治学》（The Politics of Display）、《博物馆研究读本》（A Companion to Museum Studies）等由其和他人一起主编；之所以

---

① https：//www. york. ac. uk/sociology/our - staff/academic/sharon - macdonald/#profile

② 张丽梅，胡鸿保．曼彻斯特学派述要［J］．西北民族大学（哲学社会科学版）2012（1）：157 - 163。

③ 麦夏兰．人类学视野中的民族博物馆［J］．中国博物馆，2012（3）：110 - 120。

择选她自己所独立撰述的四部专著，主要基于以下考量：1）遗产研究是关于过去在当下的讨论，批判性遗产研究更是关注当下普通大众对过去的认知理解阐释利用，从中求索当地人民面向未来的不同可能，基于盖尔语之主观想象共同族群的构建，即是对20世纪80年代安德森·本尼迪克特“想象共同体”的及时回应，与遗产研究的批判性转向（专注人们日常生活话语行为）尝试；2）人类学导向的遗产研究，始终保持同该学科既往先哲（涂尔干“机械团结”和“有机团结”、象征人类学的符号隐喻性、能动性等）的现实对话，特别是针对博物馆、遗产所引起的族群等群体的集聚心理、团结意识、仪式认同等，同时又立足现今流动的全球化共聚性的区域人类共同体，实现学术传承与现实关照的统一；3）博物馆、遗产作为人类自身历史的见证，传递着过去、负载着当下、启程着未来，面对越来越模糊的身份认同、越来越多样的族群共聚、越来越不定的灰色历史，麦夏兰教授论著所一直坚持的伦理道德诉求，同批判性遗产研究的终极追求是一致的。

在与麦夏兰教授邮件交流中，笔者曾提出以下问题：(1) 不知她是否介意将其遗产研究放于批判性遗产研究名目予以考量；(2) 笔者将其四本独立著述置于其自身人类学（英国社会人类学）背景之下，去研读勾勒数部书籍中所闪现的不同关键或核心概念和思路，换言之，笔者意在请教其所受社会人类学学科背景的潜在影响；(3) 纵观本文所集四部论著，从最早英国苏格兰拓至几乎整个欧洲，长达二十多年之久的自身学术研究对象迭变，不知其背后缘由为何。在回复中，首先，麦夏兰教授认为将其所做研究置于批判性遗产研究是有其意义的，虽然她在写作前三本时“批判性遗产研究”尚未真正出现。批判性遗产研究，在她看来，是关乎对遗产发问而非视其理所当然；而她，更关切超乎仅将遗产释读为一类政治工具的研究理路，如权威化遗产话语；假若批判性遗产研究只指后者，那么麦夏兰教授则不将其研究归于其内。其次，麦夏兰教授研究确出于社会人类学，聚焦于人们如何创造感受认同感以及过去在此过程中所起作用。最后，麦夏兰教授研究空间的开阔，初现于1993年《内于欧洲认同》(Inside European Identity) 论文集，同样基于对民族身份认同和族群的兴趣，当其目睹苏格兰民族主义扩长并尝试得到更大自治时（正如同期在欧洲诸多地方所发生的一样），德国却朝向不同的方向——重新统一：历史是如何在此截然不同的事件中展演的，特别是因二战而生的多难历史，深深吸引了她。麦夏兰教授于《记忆之地》意在带入更广研究而不仅限于自身民族志式研究，以窥探欧洲内部的共通之处与相左之别[①]。

（二）人类学与遗产研究之民族主义维度

《重新想象文化：历史、身份认同与盖尔复兴》(Reimagining Culture: Histories, Identities and The Gaelic Renaissance)

该书基于麦夏兰博士论文，题目选定受本尼迪克特·安德森《想象的共同体：民族主义的起源与散布》影响——安德森选用“想象的”(imagining) 意显民族志概念化绝非必然以及特定科技[②]在此过程中所起作用——麦夏兰意在阐明民族/共同体建构为一种不间断的重新组构过程（a continuing process

① 根据笔者同麦夏兰教授往来信件内容摘选。

② 特定科技为资本主义机器印刷，及由此带来的知识传播普及。

of reworking)。

整体概之，该书意将对盖尔复兴发展的当地认知辨识予以语境化，传现历史与身份认同如何共同促发此类现象并为其所创造。就结构而言，作者用三部分论述——历史、身份认同与文化复兴，历史版块描绘在“过去”中存在的不同流向和可能，将之关涉作者写作当时的时代感知和关于想象的所有内容，以展现过去以及关于过去的观念是如何由身处盖尔复兴的当事人及他者创造得，及基于“过去”的愿景如何影涉现今社会关系和对盖尔复兴的反应；简言之，该处厘析有关过去的论述是如何被择用于想象和重新想象今天的盖尔“民族”与盖尔复兴。身份认同探究卡南居民于其日常生活中塑造他们自我的区别性特征、归属感和社会关系，关于他们日常身份认同的想象与重新想象；不仅聚焦更为普世层面“高地人”和“苏格兰”族群和文化身份认同，亦提出其他分类范畴（如性别、当地人与新客等）于上述更为普世性文化身份认同创生中所扮角色；全书所涉之身份认同不仅是“拥有一种身份认同”和“拥有一种文化”的显著标记，更关乎显在的日常细小琐碎事务。文化复兴分析为何盖尔复兴发展常受到互相矛盾式反应，为何有时复兴所涉的外部能动者与当地居民之间存在误解；当地人民如何择用复兴发展所带来的各种可能并将他们自身卷入重新想象盖尔文化之中。

（三）人类学与遗产研究之社会机体维度

《科学博物馆之幕后》（Behind the Scenes at the Science Museum）

从博物馆人类学立论出发，尝试从人类学立论与其田野民族志视阈介入博物馆展览研究，加之，博物馆自身功能转变及其同社会公众需求之间博弈的双重方位开展。其一，人类学视角切入。麦夏兰深入博物馆幕后策展团队及内在部门，详述其工作过程，发现激发策展团队幕后人员的不同兴趣灵感，追踪此类热情是否能够以及如何顺利融入面向公众之展的深度个案探究方法，在其此次科技博物馆民族志撰述中，具现为“对特定时间特定地域的具体叙述，其意义不仅局限于具体事务亦将对博物馆愿景与实践的长远特色和均衡发挥效用”；加之“自我”与“他者”之主客位建构，即于博物馆机构一方与展览观众之间设定自身观察位置，将二者作为一种人类学意向“他者”予以考量，既可捕捉策展团队因习以为常而有所忽视之视角又可更为全面客观地听取观众观展之反馈。最后，希冀适时适势，呼吁“重新建构、重新设想、重新思考、重新练习、重新展现……重新建构、悬置、为潜在可能而规划得以延续不断……从外部视角审视，博物馆的发展是博物馆内部人员之间、博物馆人员与公众文化创生中其能动者相互协商论辩的结果……‘我’自己最深刻的印象之一是博物馆人的活力、激情与使命；不同‘派系’斗争使博物馆充满能量，种类多样，避免框架之减缩，其魔力恰存于多样性”（Macdonald，2002）。这其中彰显人类学散发的学科关怀，使其日益成为不同族群社群所应珍视的一种“介入式”（engaged）出发点。

其二，博物馆自身功能与其社会公众之关系阈限。“科技博物馆”位于英国富庶地区南肯辛顿，该地聚集世界著名博物馆群，如维多利亚－阿尔伯特博物馆。20 世纪 80 年代末，面对媒体宣称“文化冲撞”“文化革命”，博物馆运营财政转型，烫手山芋般的食品安全，博物馆观众参与度等转型社会阶段的突发问题，麦夏兰所介入的科技博物馆，迎面社会热点难点，引导公众认知，承担其社会功能，以观众为中心，展前吸纳观众想法，展中观察观众反应，展后广集观众反馈；改革博物馆自身机构与运营机制、策展理念和展示策略，从传输公众所缺知识转向公众所欲知晓和所望了解之内容，由先前立说者演为解说者/阐释者。博物馆所做重构“不仅关乎科学知识的视野和博物馆角色，还关乎职业身份认同、职员之间关系、职员同信托人之间关系、藏品收集同公众之间关系以及过去现在和未来之间关系”。科技博物馆为实现身份转变，设立咨询部门，尝试营销自身以为公众所知吸引他们前来参观，同时提升博物馆自身公共服务设施，扩大观众接触面，增加以娱乐为主的展示；回顾博物馆之历时变更，其在19世纪努力将人民塑形成公众，现今又将公众重设为积极且多元的主体——消费者。随危机与灾难之降，博物馆渐变为“一个存有争议的区域”（a contested terrain），伴之当时国际遗产热发酵，博物馆作为身份认同动荡年代的主导基点得以大体量建设，不同旨趣不同性质博物馆采用“完整情境”等策略鼓励观众尝试“体验”式经历。“博物馆正由行家主导（connoisseurship）转向观众主导（forensic approach）……持续更新早已成公众机构一种常态，他们希望一种新经营策略以消解延存的难题，并调试组织机构必须面临的不同需求和组成部分。”观众个体自主权，作为一种主体性，代表一种认可，一种责任的确定；博物馆需采取多种措施保护自身空间，以将展品做得更好，更加开放，对公众更加负责；公众不只关注科学知识本身，更关注这些知识所在语境，质言之，公众关注社会、环境问题，只有在知晓科学当前和更广范围内的作用后，才能作出评价和明智选择。

（四）人类学与遗产研究之人文道德维度

《灰难遗产：协定纽伦堡及其外之纳粹过去》（Difficult Heritage：Negotiating the Nazi Past in Nuremberg and Beyond）

该书撰述之时，麦夏兰在英国曼彻斯特大学社会人类学系任教，亦作为德国柏林洪堡大学洪堡学者在德国访学。虽聚焦德国纽伦堡市二战纳粹建筑遗存之论讨，但麦夏兰于页首便将此书献与其母，因为并非所有遗产都是灰难的。面对一个城市和一个民族如何处理其惨绝人寰之遗留，当今身份认同是如何在直面（大多数人希望他们并未拥有的）过去之有形遗留中被协定和被塑形等问题，麦夏兰提出“灰难遗产”（difficult heritage）、“物质性”（materiality）、“物质关联性”（material relativity）、“物质明示性”（material suggestion）等一连串极具契合度且可施行性概念范畴；接而，扎根纽伦堡市留存的二战期间纳粹集会广场这一田野点，细致梳理该处之所以为“灰难遗产”的历史脉络与当下语境；再者，田野地点所访不同受众之互动反馈，引出“历史自觉”（historical consciousness），为批判性遗产研究范畴的丰盈多样开辟出有价值的尝试。

相较厘定遗产之不同类型或一般性遗产研究，麦夏兰认为“灰难遗产”作为一种历史性民族志式现象，作为一类具体的“共聚性”（assemblage）遗产，而非一类分析范畴；因之，灰难遗产关注遗产如何通过话语和物质方式得到聚合，关注遗产所涉之各色主体，关注他们或认为是尴尬和疑惑之经历，关注他们协定灰难遗产之路径。这正如 Haidy Geismar（2015）所言，面对遗产变迁过程，人类学家身处当下，应记录“实在发生之事实”（facts on the ground），对其进行民族志式撰述。同时，麦夏兰之兴趣包括关于遗产、身份认同和时间性本质之所产不同观点，论讨“灰难遗产”所用术语，被忽视或略过的内容，以及能动性被记录的方式——所有这些可视为“历史自觉”之组成。由此，将其目标定为突显针对灰难遗产的可能路径探究以及剖析这些举措背后之意。换言之，尝试发现一种无穷尽性范畴的协定架构和策略，以此唤醒过去并使其介入公共文化。弃之被假设之共通心智模式，旨在探究遗产（灰难遗产）得以聚集和协定之社会文化情境和架构。这些情境和架构是同时在地和在地之外的（local and beyond local），即言之，它们涉及具体当地条件和行为者，且绝非于真空中行动，即便当他们主动创生“在地性”之时。相反，在地行为常鉴与他地对比、与他处所创生且能具全球流动之概念观点、与他者评价之思而协定，甚至在与几乎并非当地特定之立法、政治结构和经济考量中协定。

其次，结合英法社会人类学之学统——象征主义理路人类学及仪式集体团结功能，对纽伦堡市纳粹建筑物质形态留存予以巨体量、巨容量、巨震撼、巨永久之适切建筑语言上的视觉图像、心理反应、情绪操控、仪式团结等全面多维深层剖析。通过融合历史维度和民族志维度，收集整理档案资料（包括市政讨论、游客单页、城市形象政策、新闻报道、观众手册）、二手历史资料（同麦夏兰所称“历史工作者”访谈）及人类互动不可避免的聊天；增之人类学参与式观察田野工作（参与旅游团、自己带旅游团）；采用“多维时间性”（multitemporal），对过往之追问受今天作者同其受众交流之影响，伴之作者自身对该处游览经历和来自他人的评论，大胆植入“插叙”（intervention）文体，带给民族志潜在受众极大带入感。最后主题内容纳粹集会广场历时性争讨论定过程二战末期之铲除、清根，到六七十年代兴起之遗产保护、世俗化与形象营造与相伴见证——教育、艺术，及至人类命运共同体之普世记忆，皆为例证突显灰难遗产本身“灰难”之所在，灰难遗产处理之不易却亟待正确认识反思之紧迫现状。

（五）人类学与遗产研究之区域共同体维度

《记忆之地：今日欧洲之遗产和身份认同》（Memorylands：Heritage and Identity in Europe Today）

二十多年探寻思索终于更宏观抽象同时更微细日常层面重新审视当今欧洲作为记忆之所的意涵，通过前后交织的两大部分，即第一部分——欧洲人类学家对过去的兴趣不断上升涉及传统、创造传统、历史意识等问题，从方法论视角论述人类学对过去的现在呈现之旨趣包含人类学和历史之间似与非、人类学家处理时间性的困难度（即作者所称得多重时间性挑战），情感、物质性、具身化和地方/当地同记忆的关涉及同过去的联系；第二部分——过去的商品化、遗产产业、本真性问题，日常生活和民俗生活的博物馆化、遗产化之趋势增长，文化能动性（cultural agencies）（尤其是纪念碑、公共雕塑、博物馆）主要是移入欧洲的移民之超文化问题以及多元文化、公民权利、伊斯兰教与遗产幕纱之下的遗产，民族国家作为记忆框架的削减及更为普世记忆框架之显替。

记忆与遗产，作为本书两大主线，前者引导社会研究者同个体记忆、心理学语言相类比，质疑真实性和传播性；后者指向关于时间和价值的物质性、持续性。弥散于17世纪欧洲的占有性个人主义将记忆和过去及对过去的自觉演变为身份认同的关键因素，从最初的个体渐至18世纪晚期的民族，继而质进社会层面，一种连续的记忆或历史能使其自身变成一项宣称具有区别性特征独特个别实体的方式。深陷“文化失忆”恐惧漩涡的人类，沉醉于集体记忆消逝及其保护，记忆复合体（memory complex）作为“记忆－遗产－身份认同复合体”之缩，意欲揭示三者间交织互渗，共聚理论（assemblage theory）与复合体理论（complexity theory）之移借，意欲说明“实体”先由相互关联成分模块组构，继之发挥自身功效；就记忆复合体而论，它是实践、情感和物理事象的共聚，包含如记忆服务、怀旧性历史性物件等。遗产研究已从最初保护为主，转向政治博弈，尤其近来遗产现象学。保守遗产路径侧重如何认定不同类别遗产之价值及相应措施采取；批判性遗产研究意在发问为什么及某些东西是如何成为“遗产”的，还有这种行为所产生的效应。

四、结语

作为研究人类行为和人性本质的一门学科，以异域他者文化事象为镜像，来认知自我文化行为的西方人类学在20世纪80年代遭遇严重“表征危机”（crisis of representation），学科自身所内渗的殖民主义、白人男权和否认人类各文化族群之同时性等知识生产基点，面对被批判甚至被否定之时，西方人类学研究的本土转向——将人类学作为一种文化批判，开启了人类学研究的实验性时代。博物馆与遗产，作为一类当下对过去的重新阐释与建构，不同文化母体的族群在全球化同质性趋势中，依托各自所想象的传统及其所选择的有形或无形承载体，发挥他们自身主体性，赋予该类承载体（物性）意义，使其拼贴复合成可以传续族群记忆、塑形族群认同、熔铸族群情感的，具有“纪念碑式永恒迷魅”的历史见证。做为一位人类学家，麦夏兰，从专注试图以具有族群认同特征的日常话语来实现民族独立的苏格兰，到参与观察针对尖锐社会问题的科技博物馆之食品安全展览，再到德国纽伦堡对当地二战灰难遗产不同时期的不同态度和措施，及至整个欧陆无处不是记忆之地——制造记忆、讲述记忆、营销/消费记忆：实验性批判性的人类学田野民族志，使对当下不同文化主体在挪用过去以面对未来之过程描写，成为可能。博物馆和遗产，作为人类审视过去以面向未来的见证，在侧重研究其对不同中心社群集体记忆之能动效应时，边缘性、日常性、个体性的情感记忆同样需要关注，因为记忆的存在有时可能是短暂的、碎片的、无序的共聚体。

参考文献

[1] HaidyGeismar. Anthropology and Heritage Regimes［J］. The Annual Review of Anthropology, 2015 (44): 71–85.

[2] Harrison, R. *Heritage: Critical Approaches*. London & New York: Routledge, 2013.

[3] LynnMeskell. Negative Heritage and Past Mastering in Anthropology［J］. Anthropological Quarterly, 2002 (3): 557–574.

[4] Macdonald, Sharon. *Difficult Heritage: Negotiating the Nazi Past in Nuremberg and Beyond*. London & New York: Routledge, 2009.

[5] Macdonald, Sharon. *Reimagining Culture: Histories, Identities and the Gaelic Renaissance*. Oxford & New York: Berg, 1997.

[6] Macdonald, Sharon. *Behind the Scenes at the Science Museum*. Oxford & New York: Berg, 2002.

[7] Macdonald, Sharon. Memorylands: *Heritage and Identity in Europe Today*. London & New York: Routledge, 2013.

[8] 劳拉简·史密斯（答），朱煜杰（问），张进（译）. 话语与过程：一种批判遗产学的视角——文化遗产研究与实践系列之Laurajane Smith专访［J］. 百色学院学报，2014（9）：77–82.

[9] 麦夏兰. 人类学视野中的民族博物馆［J］. 中国博物馆，2012（3）：110–120.

[10] 张丽梅，胡鸿保. 曼彻斯特学派述要［J］. 西北民族大学（哲学社会科学版），2012（1）：157–163.

建筑遗产“修复”理论的演变及本土化研究[①]

陈 曦

（苏州大学建筑学院）

摘 要：“修复”作为保护实践的重要策略对于建筑遗产保护思想的演变产生了重要的影响。文章通过研究“修复”一词在西方的来源和演变；修复实践中工具层面的合理性与保护思想中价值理性的对抗；“修复”在中国语境中的转译与发展，揭示出“修复”是塑造保护思想理性的的重要手段，需要批判性地纳入到理论体系和实践策略中。

关键词：修复；建筑遗产；保护实践；思想史；批判性

“修复”这个词在建筑遗产保护思想的发展历程中，一直是一个颇多争议的核心词，也是任何一个保护工程的参与者无法逃避的抉择。保护思想的形成和“修复”的产生与被批判息息相关，因为“修复”涉及了保护的操作、实践层面，它与以追求价值理性为目标的保护观念形成了一种张力。意大利建筑史学家雷纳托·博内利（Renato Bonelli）把“修复”定义为“批判的实践”[②]，指出了“修复”所叠加的技术与价值维度。在今天，“修复”也是保护工程中不可摒弃的一种有效手段，“重点维修”“局部复原”等词语都是“修复”在当代中国的演变形式，通过对“修复”这个关键词历史演变的考量，可以更有效地将其纳入保护思想乃至操作手段的体系中。

一、“修复”实践与保护思想发展的关系

建筑遗产保护思想的发展历经了200余年，从争论期到共识期，再到反思期，逐步建立起了成熟的理论框架体系，而修复实践与保护思想之间存在着明显的互动关系。文章展现了这样并行的演变坐标系（图1）：一条是以遗产保护实践特征所划定的年代表，一条是相关的思想发展的时间表，并以相同的颜色来说明两者之间隐藏的关联性。

保护与修复的实践有这样几个阶段：

- 18世纪中期到19世纪40年代：破坏与随意修复大行其道的时期。关键历史事件为英国教

① 基金项目：国家自然科学基金：国际建筑遗产保护思想的演进及其本土化研究，编号：51508361。

② BARDESCHI M D. Viaggio Nell'Italia deiRestauri：Promemoria per la Storia e per ilFuturo Della conservazione［M］BARDESCHI C D, MESSERI B. Dal RestauroAllaConservazione. Florence：AlineaEditrice，2008.

堂修复运动以及1789年爆发的法国大革命。活跃的建筑师包括了詹姆斯·埃塞克斯（James Essex，1722－1784）、怀亚特（James Wyatt，1746－1813）等，他们按照流行的风尚来进行随意的改建。

● 19世纪40年代到19世纪70年代为第二阶段：“风格性修复”在争议声中如火如荼进行的年代。以乔治·吉伯特·斯科特爵士（Sir George Gilbert Scott，1811－1878）、维奥莱特－勒－杜克（Eugène Emmanuel Viollet－le－Duc，1814－1897）为代表的建筑师们对英、法两国重要教堂进行了风格性修复，如威斯敏斯特教堂、维孜莱教堂、巴黎圣母院等，他们试图恢复这些教堂的历史形象。

● 19世纪70年代到二战之前为第三阶段：“风格性修复”走向了尾声，保护成为主流的实践策略，而修复也变得更加谨慎。重要的修复实践包括菲利普·韦伯（Philip Webb，1831－1915）对圣玛丽教堂的修复、雅典卫城的修复等。

● 1945年二战结束后到20世纪中期：战后保护与大规模修复的时期。风格之争不再是修复问题的关键，建筑遗产被置于更加广阔的城市文脉中去考量。修复、甚至重建成为了这个时代的实践主流。

● 20世纪90年代到直到今天：广义保护时期，国际社会对保护有了新的认识，不同地域的建筑遗产，因为其文化特殊性在修复问题上有着不同的表现。

另外一条线索是保护思想的发展线索，这条时间轴更加隐蔽和灵活，大致经历了这样一些阶段：

● 铺垫时期：从文艺复兴以来，人们开始意识到过去与现在的距离感，古色概念深入人心，但是保护与改造的边界并不存在，因此现代的保护意识尚未出现。

● 萌芽时期：18世纪初到19世纪初。在此阶段，历史被看作是理性发展过程，历史纪念物的保护成为塑造民族国家身份的必要手段。至此，现代保护意识正式诞生了。

● 论战时期：19世纪30年代到19世纪80年代的50年间，“风格性修复”与“反修复”的争论达到了高潮，所谓“反修复”是以拉斯金（John Ruskin，1819－1900）、莫里斯（William Morris，1834－1896）为代表的历史学家的主张，他们呼吁保留建筑物现在的模样，哪怕是衰败的废墟，也不要臆造过去的风格。这一阶段以英格兰古建筑保护协会（下文简称SPAB）的成立为尾声。

● 成熟时期：19世纪末到20世纪30年代。在这一时期，保护思想走向了成熟。奥地利艺术史学家阿洛伊斯·里格尔（AloisRiegl，1857－1905）阐述了对价值的解析。意大利的卡米洛·博伊托（Camillo Boito，1836－1914）、乔瓦诺尼（Gustavo Giovannoni，1873－1947）提出了“科学性修复”，认为“修复”是一门有着精确要求和严格规范的科学，可以通过考古学式的重组分析实现对历史的解读。他们的理论被整合进了1931年的《雅典宪章》。

● 共识时期：20世纪30年代到20世纪80年代。这一时期，国际社会以宪章、公约的形式推广了成熟的保护思想。其中切萨雷·布兰迪（Cesare Brandi，1906－1988）的“批判性修复”理论为《威尼斯宪章》中“真实性”“完整性”的概念提供了重要参考。

● 反思时期：20世纪80年代到今天。随着越来越多的议题被列入保护的理论范畴中，建筑遗产保护的重点已经从对物质实体的保护转向强调文化的可持续发展。

从修复实践与保护思想演变框架图（图1）中，可以看到它们之间的互动关系，首先，思想总是领先于实践，它为实践指明了方向。这也是理论应用于实践的一般规律：譬如，在现代保护思想已经诞生之时，主流的实践还是随意修复；当拉斯金在《记忆之灯》中强烈谴责修复的虚假性时，主流的实践还是风格性修复，随后，“保护”才取代“修复”，成为实践主流。

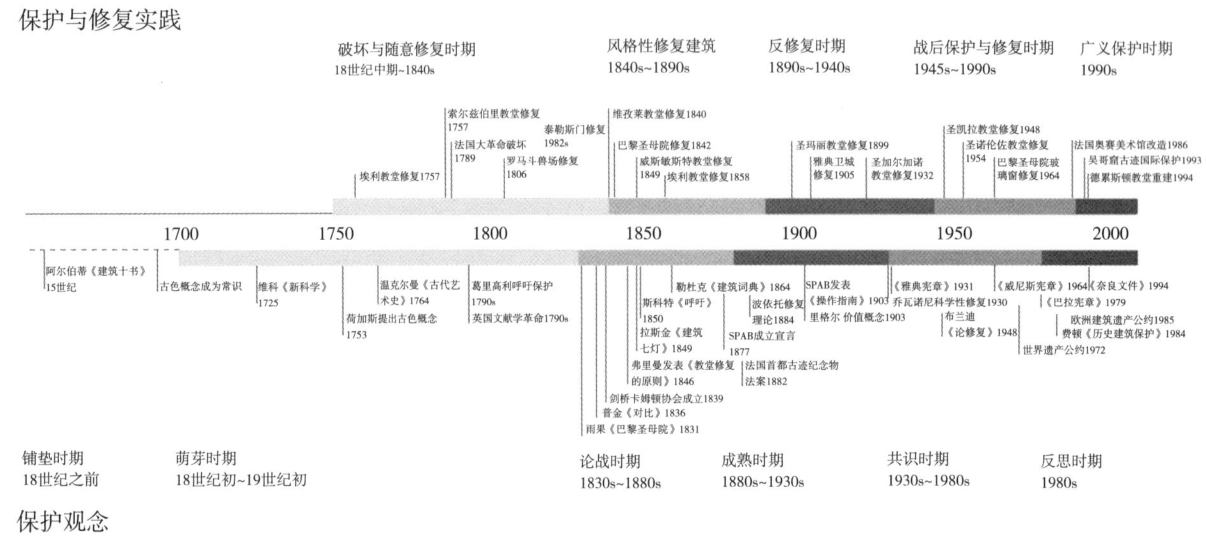

图1 修复实践与保护思想演变框架图

其次，保护思想直接受到了修复实践的冲击。每一次保护思想的演变，都是对之前实践问题的反思，譬如论战时期的初期是对之前破坏与随意修复恶果的纠正；保护思想的成熟是对之前“风格性修复”问题的总结；而当代对保护思想的反思更是基于对二战后大规模修复、重建、城市复兴问题的总结。

总之，保护思想与修复实践总是在同步发展，思想总是领先于实践，而实践中产生的问题、得到的经验也在反哺着思想的进一步发展。

二、“修复”语义的缘起与演变

印欧语系中 st（h）ā 作为词根意味着“站立、置身”。在希腊语中，“stavros”意味着“栅栏、木杆、木桩”。在拉丁语中，“restaurare”是由前缀“re”和动词“staurare”组成，动词“staurare”意味着“强壮，使快速”，这就将印欧语系的词根“站立、置身”和希腊语的名词“栅栏”联系起来了。因为罗马早期的防御工事是由栅栏围合起来的，因此“restaurant”的最初含义为“更新栅栏，加强防御”，属于军事和建筑工程范畴，与筑城有关。这个词也与“修理”有关，因为它也包含了拉丁词根“parare”（准备）。

在整个中世纪，“restore”和“restoration”都是“修理”之意。在18世纪，“restoring”在建筑工程中与“修理”和“改进”是近义词。德昆西（Quatremère de Quincy，1755－1849）在1832年撰写字典时这样定义“修复”这个词：首先，是对建筑的工作；其次，是对损毁的纪念物原初形象的图像阐释。“废墟的残片可以被重组，因为只有这样才可以为艺术提供模型或者为考古学提供珍贵的线索。”① 至此，“restoration” 仅仅是个中性的建筑工程词汇，可以理解为“修理、复原”。但是在 19 世纪后半叶，这个原义为“修理”的词有了“使完整”的含义，并且与逐渐席卷全欧洲的“反修复”运动联系到一起，从而就牵涉到了艺术品或建筑物的价值判断问题。

在欧洲，“修复”沿着三条主线在进行，一条主要发源于英国，是艺术历史学家主导的，强调对于每个历史时期风格样式的尊重，特别是废墟如画状态的保留；一条是建筑师主导的，包括法国、德国、比利时等国，强调要将建筑恢复到历史上的某一风格时期，历史学家对于“修复”危害的认识要早于建筑师；还有一种是意大利为主的科学性修复，将建筑置于更加宏大的城市文脉中进行考量。意大利的修复思想在二战以后逐渐成为了国际保护理论的主流。

在 19 世纪下半叶的英国，“修复”被贬低为“所谓的修复”②。拉斯金在《记忆之灯》中强烈地反对修复。他说：“所谓的修复，是最坏的一种破坏方式。修复总是谎言，它是最彻底的破坏，它就如同让死者复活一样荒谬。”③ 比较贴近实践的史学家弗里曼（E. A. Freeman，1823 - 1892）给出了破坏性修复、保护性修复和折衷的修复三种策略④。包括一直从事修复实践的建筑师斯科特（图 2 - 3）也承认：“理性的现代修复体系对于古代艺术品的破坏比狂热信徒的肆意编造还要厉害。”⑤

在法国，“修复”沿着另外一条路线发展。从普罗斯珀·梅里美（Prosper Mérimée）到维奥莱特 - 勒 - 杜克，法国延续了“风格性修复”的理论。在 1845 年，梅里美给修复这样定义：“我们认为修复就是保护现存的，同时重建可以确认存在过的”。⑥ 而勒 - 杜克认为：“修复一座建筑，不仅仅是要对它进行保存、修理和修改，而是要将它重新置于一种更完整的状态，甚至这种状态可能在历史上从来没有出现过。”⑦ 法国的“修复”理论影响到了包括比利时、德国等国。

19 世纪末期，在英国历史学家的努力下，“反修复”的保护思想逐渐在欧洲大陆得到了肯定。在 1930 年的雅典会议上，“风格性修复”被彻底终结了：“对无法避免进行修复的案例，大会建议过去的历史和艺术作品都需要尊重，而不能拒绝任何时期的风格。”⑧

意大利的“修复”并没有纠缠于风格样式的选择，而是秉承了历史主义的思想，将历史建筑视作是今日城市结构、建筑符号形成的来源，因此，对其研究和保护重在对历史价值的延续，也即精神（价值）超过了物质形象（风格）。博伊托、乔瓦诺尼所提出的“科学性修复”，是在实证主义的立场上，将各个时期的建成物看成是拥有等同价值的保护对象，同时依据物质文化观念，试图通过科学严谨的保护措施来还原真实的过去，展现历史建筑背后所蕴含的人类社会生活。

---

① SCHIDGEN，Brenda Deen. Heritage or Heresy：Preservation and Destruction of Religious Art and Architecture in Europe [M]. Palgrave Macmillan. 2008.

② SCOTT，G. G.，A Plea for the faithful restoration of our ancient Churches [M]. London，John Henry Parker，1850，

③ RUSKIN，John. The Seven Lamps of Architecture [M]. London：1848 and New York：The Noonday Press，1977.

④ SKARMEAS，George Christos，An Analysis of Architectural Preservation Theories：from1790 - 1975 [M]. Dissertation，University of Pennsylvania，1983，

⑤ SCOTT，G. G.，A Rely to Mr. Stevenson [C]. Sessional Papers of the RIBA，vol. 27（1877）.

⑥ MÉRIMÉE，Prosper，Rapport sur la restauration de Nôtre Dame de Paris [D]. 1845.

⑦ VIOLLET - LE - DUC，Eugene Emmanuel. Dictionnaireraisonné de l'architecturefrançaise，Paris [M].，vol. VIII，1866.

⑧ 吴黎梅、张松译. 关于历史性纪念物修复的雅典宪章 [M] 城市文化遗产保护国际宪章与国内法规选编. 上海：同济大学出版社. 2006.

图 2　斯科特威斯敏斯特教堂北翼殿入口设计，1878

图 3　修复后的威斯敏斯特教堂

切萨雷·布兰迪的“创造性修复”将这种观念在保护思想上推广得更远。在保罗·菲利波（Paul Philippot）的推动下，布兰迪的三条修复准则在 ICCROM（国际文物保护与修复研究中心）报告中得到承认。这三条包括：1）任何重组在近距离都应该很容易辨认，但同时又不应该违抗修复中的统一性；

2）任何直接影响形象的物质部分都不可替换，因为它们组成了意义（aspect）而非结构（structure）；3）任何修复都不应该成为未来必要干预的障碍，实际上，而是应该给它提供便利条件。布兰迪的修复理论为《威尼斯宪章》提供了重要参考，意大利的修复思想逐渐成为当代保护实践的主流（图4－6）。

三、“修复”的国际共识及趋势：从《威尼斯宪章》到《克拉科夫宪章》

在国际的语境中同样表现出了对“修复”认识的变化，这表现在一系列国际会议的文件和研讨会的出版物中。

在1968年的《威尼斯宪章》，在第9条里面，这样写修复：“修复过程是一个高度专业性的工作，其目的旨在保存和展示古迹的美学与历史价值，并以尊重原始材料和确凿文献为依据。一旦出现臆测，必须立即予以停止。此外，即使如此，任何不可避免的添加都必须与该建筑的构成有所区别，并且必须要有现代标记。无论在任何情况下，修复之前及之后必须对古迹进行考古及历史研究。”① 该宪章的“修复”部分尊重了之前英国理论中对于不同价值都需要得到尊重的内容，同时将布兰迪理论纳入其中，通过审美和历史的整合，综合考虑整体的价值和介于古迹和环境之间的关系，以此来解决古迹修复的问题。虽然《威尼斯宪章》是根植于传统的保护哲学，但是它带来了方法论上的两个创新：它扩大了建筑环境和修复在区域范围内的应用领域。其次，相对于正式的证据，它引入了基于辩证判断的解释学价值作为一种非经验的、修饰性的手段。

图4　1761年的Santa Chiara教堂室内

图5　战后被毁的教堂

图6　“批判性修复”后的教堂

1999年的《巴拉宪章》表达了英语体系中对“修复”的惯性认知：“修复是将现存的残片恢复位置，实现一个之前已知的状态，要移去添加物或者重构而不添加新的材料。”② 这说明，在英语中，修

① 国际古迹保护与修复宪章［M］城市文化遗产保护国际宪章与国内法规选编．上海：同济大学出版社．2006.42.

② The Burra Charter（1999），in ICOMOS International charters for conservation and restoration，Monuments and sites I，ICOMOS，Munich 2004，63.

复相当于恢复，但《巴拉宪章》也承认修复和重建应当揭示遗产地的文化重要性的各方面。这是在1994年《奈良文件》所提出的“真实性”讨论的基础上做出的重要转变。

2000年的《克拉科夫宪章》的副标题为“建成遗产的保护与修复准则”，其意义在于它将保护与修复整合成为一个独立的措施。在第六条中说：“保护需要合适的‘修复项目’，它决定了方法和目标。很多情况下，遗产也需要被合适的利用，适应现存的意义和空间。对于历史建筑的工作必须要关注呈现的所有历史时期。”① 保护与设计应该相互学习，设计者学习保护者的方法论和严谨，保护者学习干预必须要遵循空间、意义的建筑学规律，形式与功能的联系，和恰当的技术。

近年来涌现了更多的定义。包括迈克·佩策特（Michael Petzet）在《威尼斯宪章》40年后的纪念文中所提出的：“修复意味着重新树立；因此，它不能被认为是一种保护措施，而应该从保护、守护中被区分，就像是整饬一样。”② 在2005年，9位活跃在保护理论界的意大利学者们出版了论文集《什么是修复?》，他们提出了更加尖锐的意见，认为“修复”具有纯粹的历史本质和多变的形态。在2006年里斯本的国际研讨会上这样提出“修复是一个试图将文化遗产传给后代的活动，在一个多学科的保护学科中，为了保护存在和确保成果，特别是尊重身份（原初的完整性的综合）……”③

四、“修复”在中国语境中的转译

在中国传统修缮理念中，并存有“修旧如旧”与“因旧为新”两种思想，但这与西方的“保护”与“修复”思想决不能简单地画等号。“修旧如旧”即是“恢复旧观”，体现更多的是对建筑风貌的恢复，对原物的尊重和对历史事件的追忆与对古人文化传统的复兴。

“修旧如旧”乃是对建筑本身与建筑文化的双重复兴。修旧如旧的思想在现代被重新定义为一种遵照原物修复的原则，得到延续。

“因”即因袭，“因旧”即是参照原先的形制，利用原有的建筑材料，建成效果讲究“恢复旧观”即恢复到历史上建筑落成时的壮观景象。“因旧为新”是常态，甚至“拆其旧而新之”也是常态。譬如说岳阳楼在宋代和明成化年间的两次大修实际上都是重建。

“修复”在中国的语境中，受到了中国传统哲学和营造观、梁刘以来形成的中国现代保护思想、以及西方保护观念的共同影响，形成了富有特色的“中国式修复”。

在1934年的曲阜孔庙修复中，梁思成的看法是：

> 我们须对于各个时代之古建筑负保存或恢复原状的责任……所以在设计上，我以为根本的要

① http：//smartheritage. com/wp - content/uploads/2015/03/KRAKOV - CHARTER - 2000. pdf.

② PETZET，M.，An introduction to the international charters for conservation and restoration 40 years after the Venice Charter，Monuments and sites I，ICOMOS，Munich 2004，10.

③ Delgado Rodrigues，J. and Mimoso，J. M. （eds.），Theory and practice in conservation，a tribute to Cesare Brandi，Lisbon 2006，in particolaresiveda la riflessione di G. Bonsanti，Per unadefinizione di restauro，7.

点在将今日我们所有对于力学及新材料的知识，尽量的用来补救孔庙现存建筑在结构上的缺点，而同时在外表上，我们要极力地维持或恢复现存各殿宇建筑初时形制。①

可见，在梁思成的认识中，今天的科学是可以弥补古建筑结构上的缺憾，而恢复建筑初时的形制也是必要的。这可以算是“修复”在中国现代保护中的第一阶段。真如寺大殿（图7）、五台山南禅寺大殿、福州华林寺大殿都是这一时期的代表作品。

1963年，梁思成在扬州关于古建保护的报告上说：“……我的牙齿没有了，在美国装这副假牙时，因为我上了年纪，所以大夫选用了这副略带黄色，而不是纯白的。排列也略稀松的牙，因此看不出是假牙，这就叫做‘整旧如旧’”。② 楼庆西指出这可能是梁思成根据中国传统审美而提出的主张。③ 实际上“整旧如旧”一段时间以来，一直作为文物建筑保护修复实践中的准则，这是“中国式修复”的第二个阶段。承德避暑山庄、南禅寺大殿的修复是这一时期的代表作。

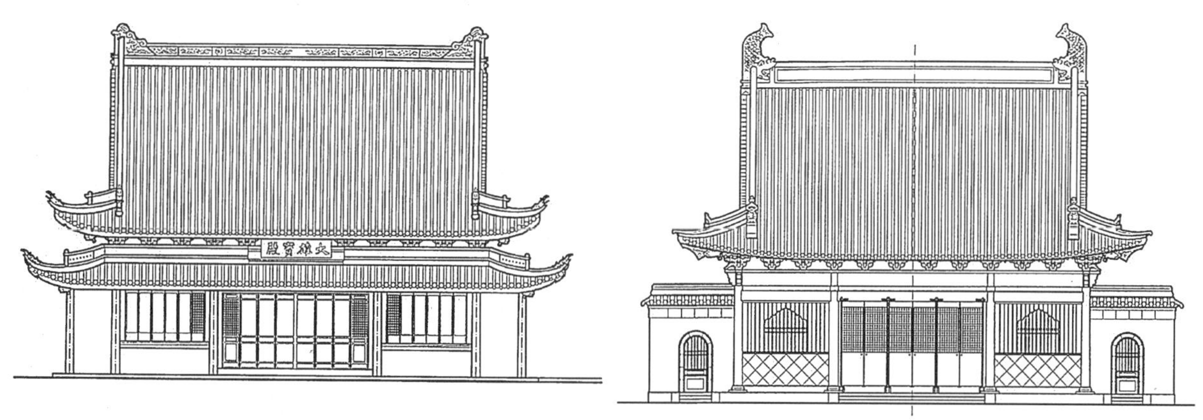

图7　真如寺大修前后对比图

公布于1964年的《威尼斯宪章》被介绍到中国来，已经是20多年以后的事情了。1986年陈志华在《世界建筑》杂志上发表了《保护文物建筑及历史地段的国际宪章》一文，将《威尼斯宪章》的全文发表出来。同年9月他在《建筑学报》上发表了《我国文物建筑和历史地段保护的先驱》将梁思成的思想与《威尼斯宪章》等文件进行比较。可以说，陈志华的工作第一次将西方的保护理论系统地介绍到了中国，给长期以来一直坚持“整旧如旧”思想的中国建筑界带来了新的思考。在陈志华的翻译中严格地定义与区分了“保护”与“修复”，将之前保护界常用的“保存”“复原”“修葺”等词汇统一。在此之前，“修复”类似于“复原”，也是保护方法的一种。通过《威尼斯宪章》的传播，人们开始了解原来“修复”不等于“复原”。《威尼斯宪章》中“任何不可避免的增添部份都必须跟原来的建筑外观明显地区别开来，并且要看得出是当代的东西”与梁思成所提倡的“整旧如旧”的概念有明显的区别。河北正定广惠寺华塔、蓟县独乐寺观音阁的修复都是这个时期的代表案例。这个时期，国际的保护已经进入了广义保护时期，从吴哥窟的国际援修、雅典卫城的修复上可以看到，国

① 梁思成．曲阜孔庙之建筑及其修葺计划［M］梁思成文集（三）．北京：中国建筑工业出版社，1984. 8. 卷二．

② 林洙．建筑师梁思成［M］．天津：天津科学技术出版社，1997.

③ 楼庆西．重读梁思成的文物建筑保护思想［C］．中国紫禁城学会论文集（第四辑）．北京．2004.

际上对于“修复”与中国有一些不同：譬如更加强调“统一”而非“区别新旧”、强调传统工艺的使用等。

随着国际保护理论的大量引入，包括以木构修复理念为代表的《奈良文件》、强调地方文化特殊性的《圣安东尼奥宣言》，尤其是被《中国准则》借鉴的《巴拉宪章》的传播，“修复”变得更加谨慎，也更加强调文化的地域性，譬如《曲阜宣言》《北京文件》都强调了中国木构建筑遗产的特殊性。在实践的指导文件中，会使用“局部”“重点”来限定“修复”，并且试图用多种详细的说明来细化其可能的表现形式。例如，在2002年《关于〈中国文物古迹保护准则〉若干重要问题的阐述》中，沿着“重点修缮”和“局部复原”的体系发展，提出了“现状修整”和“重点修复”的概念，试图完善“修复”的范畴，并用“少昊之都”石牌楼与晋祠圣母殿的修复案例来说明“现状修整”和“重点修复”的区别。

五、结语：“修复”的回溯与展望

一步步地追溯使历史的本来面貌逐渐清晰。“修复”从一个工程上的术语，转变为“带有侮辱性的俗语”，又经过“科学性修复”“创造性修复”的探索，最后被整合进了今天建筑遗产保护理论的框架中，这种转变既富有戏剧性，又令人深思。建筑，作为人类生活场景的载体，以及具有诸多价值的实体，必须经过人们的评判和选择，才会转变为建筑遗产。这种评判和选择的过程必然是主观和善变的，而对建筑实体的操作过程却是客观和冷静的。建筑遗产保护思想的形成正是不断地从“修复”实践中汲取灵感，又不断给予反馈。一方面，追求价值理性的保护思想因为“修复”实践的制约而发生了改变：“可逆性”“统一性”等具有实践意义的观点出现在保护思想中；另一方面，受到保护思想影响的实践者们，也在修复工程中发展出更具有适应性的技术。

今天的“修复”实践置身于更加广阔的语境中。当代的保护观念被认为具有越来越多的动态特征，保护的准则也必须要考虑到文化多样性的问题。当代的实践进入到广义保护时期，所谓广义保护，包括了狭义的保存、修复及其他相关活动。修复和保存在实践中就像双胞胎一样相伴而生，互为因果，无法分离。因此讨论的重点从“是否应该修复”转变为了“如何修复”：如何保证修复程序的正义、技术的可靠、期间的管理，成为需要重点考量的方面。

随着对西方保护思想的认识逐渐深入，以及与国际修复实践更加频繁地交流，中国语境中的“修复”也会更加强调本土文化特性和传统营造特征。在《中国文物古迹保护准则》及其案例阐述文件、《北京文件》等中国保护思想的阐述中都体现了“修复”的影响，只有切实理解修复的缘起和演变，以及在中国的转译过程，我们才能更好地将“修复”这一具有批判性的策略更好地纳入到遗产保护的实践中。

Restoration：Toward acritical practice ofarchitecture heritageconservation

CHEN Xi

Abstract：“Restoration” as an important strategy of conservation practice has played a significant role in the evolution of conservation ideas. In this article, through the research of origin and evolution of the word "restoration", the confrontation between thc instrumental rationality in "restoratiun" practices and the value rationality in the conservation ideas, and the translation and development of "restoration" in the context of China, it reveals that "restoration" is an important means to build up the rationality of conservation ideas, and the necessity to critically include it in the theoretical system and practice strategies.

Keywords: restoration; heritage architecture; conservation practice; ideologyhistory; criticism

国际文物影响评估体系的国内启示

滕　磊

（中国文物信息咨询中心、北京国文信）

摘　要：本文在梳理《世界文化遗产影响评估指南》和相关国家文物影响评估文件、法律法规等的基础上，结合笔者近年来对文物影响评估理论和实践的总结，提炼了国际文物影响评估体系对中国的一些启示，希望推动我国文物影响评估及相关研究工作的开展、评估体系和标准的建立。

关键词：世界文化遗产影响评估指南；文物（文化遗产）；影响评估体系

新世纪以来，文物影响评估（Cultural Heritage Impact Assessment）在联合国教科文组织的积极推动下，理念与实践的广度与深度不断扩展，交流日益频繁。中国作为文化遗产大国，在亚洲及国际文化遗产保护大舞台上发挥着愈加重要的作用。国际文物保护和修复研究中心（ICCOROM）和联合国教科文组织亚太地区世界遗产培训与研究中心（WHITRAP）上海中心先后组织了五次亚太地区的文物影响评估交流培训班，共有43个国家近百名专业人员受益。自2007年起，国家文物局先后在多个文件中指导和规范文物影响评估，受到了中国文化遗产保护者的广泛关注。每年涉及世界遗产、全国重点文物保护单位、省级文物保护单位保护范围和建设控制地带建设活动，国家考古遗址公园等的文物影响评估工作众多，已经成为新时期我国文物保护事业的一项重要内容。

近年来，笔者在学习《世界文化遗产影响评估指南》（《评估指南》Guidance on Heritage Impact Assessments for Cultural World Heritage Properties）、《会安草案——亚洲最佳保护范例》（Hoi An Protocols for Best Conservation of Historic Towns and Urban Areas）和相关国家文物影响评估文件、国内法律法规等的基础上，结合自己开展文物影响评估的实践，从评估范围、评估要点、评估方法和手段等方面，对文物影响评估的理论与方法进行了有益的探讨。[①] 本文将继续着眼于国外文物影响评估的法律制度、原则程序以及技术体系方面进行探讨，希望有益于我国文物影响评估及相关研究工作的开展、评估体系和标准的建立。文中错误在所难免，敬请指正。

---

① 滕磊. 何为文物影响评估（《中国文物报》2014年5月2日）；文物影响评估的范围（《中国文物报》2014年5月12日）；文物影响评估的主要内容（《中国文物报》2014年5月30日）；国际视野下的文物影响评估理论与方法文物影响评估. 科学出版社，2016年。

一、文物影响评估的法理基础和制度建设

众所周知，我国的法律体系源于西方大陆法系，正在逐步建立具有社会主义特色的中国法律体系。在现行法律体系中，涉及“文物影响评估”的法理基础，主要来自《中华人民共和国环境保护法》，这与国际上环境影响评估的发展密不可分。

20世纪80年代，西方国家对影响评估的认识进一步增强，将环境影响评估、社会影响评估、技术评估、风险评估及相关领域结合起来，积极推动影响评估在政府决策中的作用。1992年，联合国环境与发展峰会在巴西里约热内卢召开，针对发展带来的破坏，国际社会呼吁各国立法加强环境影响评估（EIA），此后英国、加拿大、澳大利亚、南非等西方国家和香港等地区出台了一系列的环境影响评估法案或导则等，并把文物、文化、社会等作为环境影响评估的一部分内容予以考虑。① 1989年12月26日，第七届全国人民代表大会常务委员会第十一次会议通过《中华人民共和国环境保护法》，要求开展建设项目的环境影响评估。1998年国务院制定了《建设项目环境保护管理条例》，2002年人大常委会颁布了《中华人民共和国环境影响评价法》，对建设项目环评的报告分级、资质、审批权限、法律责任等方面都有明确的法律条文。根据该环评法，国家环保总局修订了《建设项目环境保护分类管理名录》，对环评工作实施严格、统一的分类管理，在环评类别划定、敏感区定义等方面做了具体的规定。同时先后制订、出台了一系列完善、科学的评估体系和技术标准。②

其中，将“人文遗迹、自然遗迹和珍贵景观”③ 与大气、水、声、土壤等并列作为调查、分析和评价的环境要素之一。对“人文遗迹、自然遗迹和珍贵景观”的调查内容包括：（1）建设项目周边的重要遗迹与珍贵景观，及其与建设项目的相对位置和距离；（2）重要遗迹与珍贵景观的基本情况；（3）国家和当地政府对重要遗迹与珍贵景观的保护政策。

一般的建设项目单独进行重要遗迹与珍贵景观的影响评价，对于需要进行环境影响评价的重要遗迹和珍贵景观，除详细叙述上述3条内容外，还应结合现有的资料进行必要的现场调查，进一步叙述“人文遗迹、自然遗迹和珍贵景观”对人类活动的敏感性，内容主要包括：（1）重要遗迹与珍贵景观易于受哪些物理的、化学的或生物学的影响，目前有无已损害的迹象及其原因，主要的污染或其他影

① 如 Canadian Environmental Assessment Agency. Reference Guide on Physical and Cultural Heritage Resources；Australian Government，Environment Protection and Biodiversity Conservation Act 1999. Matters of National Environmental Significance：Significant Impact Guidelines 1.1（1999）；English Heritage Policy Statement，Enabling Development and the Conservation of Heritage Assets（2001）。

② 国家环保总局．环境影响评价技术导则总纲（HJ/T2.1－1993，HJ2.1－2011）、环境影响评价技术导则大气环境（HJ/T2.2－1993，HJ/T2.2－2008）、环境影响评价技术导则地面水环境（HJ/T2.3－1993）、环境影响评价技术导则地下水环境（HJ610－2011）、环境影响评价技术导则生态影响（HJ/T19－1993，HJ 19－2011）、环境影响评价技术导则声环境（HJ/T2.4－1995）、环境影响评价技术导则非污染生态影响（HJ/T19－1997）、环境影响评价技术导则城市轨道交通（HJ/T000－2000）、规划环境影响评价技术导则（HJ/T130－2003）、建设项目环境风险评价技术导则（HJ/T169－2004）等。

③ 人文遗迹，是指遗存在地面上或埋藏在地下的历史文化遗物，一般包括具有纪念意义和历史价值的建筑物、纪念物或具有历史、艺术、科学价值的古文化遗址、古长城、古墓葬、古建筑、石窟、寺庙、石刻等；自然遗迹，是指自然形成的具有地质学、地理学、生态学意义的遗存物，如温泉、洞穴、火山口、古化石、贝壳堤、特别地貌等；珍贵景观，一般指具有生态学和美学及社会文化珍贵价值、必须保护的特定的地理区域或景物现象，如自然保护区、风景名胜游览区、疗养区、珍贵自然景观、奇特地貌景观、温泉以及重要的具有政治文化、纪念意义的建筑、设施和遗址等。

响的来源；（2）景观外貌特点，自然保护区或风景名胜区中珍贵的动植物种类，以及人文遗迹、自然遗迹或珍贵景观的价值，包括经济的、美学的、历史的、艺术的和科学的价值等；（3）有无保护规划及保护级别，目前管理水平等。

实践中，由于我们对于环境保护的重视也是近十来年的事情，因此长期以来作为环境影响评价的附属内容，对于人文遗迹的文物影响评估并没有如西方社会一样得到足够的重视。相关工作缺少《文物保护法》的衔接，缺少部际间规章制度的衔接，基本上形同虚设，根本谈不上可操作性，评价的结果可想而知。这也就直接影响到文物影响评估制度建设、技术体系研究等等一系列问题。

如前文所述，近一二十年国际社会愈加认识到环境评估（EIA）和社会文化评估的内在区别。《评估指南》指出：各国遗产管理机构千差万别，有些在政府中属于弱势部门。有些国家虽已建立了良好的环境系统，为开展环境影响评估奠定了基础，但遗产方面（包括世界遗产）却欠发达，或缺项。在这种氛围下，国家文物局越来越关注这些问题，已经要求诸如重大基础项目，公路、铁路、城市轨道交通的选址、选线，国家考古遗址公园建设项目等，① 开展前置性的文物影响评估供决策部门参考。然而遗憾的是，在近年修订的《中华人民共和国文物保护法》及《实施条例》《中国文物古迹保护准则》等指导下的法律和准则文件依然没有给予文物影响评估相应的地位，在缺少国内法律条文和准则文件的支撑下，建立文物影响评估的一系列完善、科学的评估体系和技术标准依然困难重重。需要有关部门尽快组织完善相关的法理基础，弥补这一重大缺陷。同时，由于制度缺陷，评估机构在文物影响评估过程中很难秉公职守，这些都需要通过完善的制度建设来解决。文物行政管理部门应尽快出台《文物影响评估管理办法》《文物影响评估收费标准》《文物影响评估第三方机构认定程序》等一系列管理制度，规范评估程序、收费及评估机构。同时，应委托专业机构继续开展《文物影响评估技术导则——总则》《文物影响评估技术导则——文物建筑类》《文物影响评估技术导则——遗址墓葬类》《文物影响评估技术导则——石窟寺及石刻类》《文物影响评估技术导则——史迹类》《文物影响评估技术导则——专项评估》等一系列标准、规范的研究制度，推动评估工作的科学规范开展。

二、文物影响评估的原则和程序

依据国际文物保护宪章公约、指南及草案，参考国外相关法律法规，可以总结出依法评估、早期介入、科学完整、广泛参与等几条原则，并指导评估程序的制定。

（一）依法评估

上文已经讨论了开展文物影响评估所需要的法律法规和相关制度。事实上，目前很多国家也和我

① 关于加强基本建设工程中考古工作的指导意见（2007年）；国家考古遗址公园管理办法（试行）（2011年）；关于修订公布《国家文物局行政许可项目说明》的通知（文物政发〔2011〕2号）。

国相似，尚未形成相应的国家层面的规定。因此联合国教科文组织《评估指南》旨在支持对遗产影响评估的实施应用，强化其影响力，将其推广到尚未有足够的法律法规来支持环境影响评估或遗产影响评估程序的地方。同时建议各国应制定强有力的行业法规来推进遗产影响评估。

对于遗产影响评估开展较好的国家，基本都立足于较为完善的法律法规体系。这一点武汉大学已开展过专题研究[①]，在此不做赘述。

在法规层面下，规范工作范围，按照协议开展评估，也是《评估指南》所强调的。并非只在对遗产实施大型开发项目时才需要影响评估。政策变迁也可能对世界遗产造成重大影响。例如，土地使用和城市规划政策等。旅游基础设施和不断增加的游客数量也可能产生意想不到的结果。

（二）早期介入

国际影响评估联合会（IAIA）对影响评估的定义是："对当前或未来计划所产生后果的认识过程"（the process of identifying the future consequences of a current or proposed action）。在各国的实践中，也是将文物影响评估作为前置性评估，目的是有效地评估潜在的开发项目对文化遗产的价值可能造成的影响。因此文物影响评估绝不是在开发项目确定之后进行，用来证明项目的合理性；而是应在立项之初就进行，以便确定项目的可行性，避免投资方不必要的损失。《评估指南》强调早期介入可以使各方对遗产影响评估的范围和预期目标达成一致，这也是整个工作程序的重要一环。在工作开始初期应及早确认对遗产可能造成的负面影响，以便能积极主动地将相关信息反馈开发设计和规划的相关人员，而非被动参与。

（三）科学完整

《评估指南》强调要客观全面评估对遗产要素造成的影响（有益影响和负面影响），尤其是遗产地的价值、完整性和真实性。由于文物的特殊性，潜在的和未知遗产资源可能超出了已知的遗产范围，因此如何确定评估范围的科学完整非常重要。比如美国在对文化影响部分进行调研的时候，调研覆盖的地理范围要求比拟进行项目所涉及的范围大，以确保一些发生在拟进行项目范围之外但仍然会受到影响的文化现象也被包含在评估的范畴之内。评估的文化现象与信仰具体类型可能包括生存遗迹、商业遗迹、居住遗迹、农业遗迹、交流遗迹以及娱乐、宗教与精神民俗等。

在上述原则下，就对评估机构和专家提出了较高的要求。一些国家，如加拿大明确要求影响评估需有具有相应资质的遗产保护专业人员来进行。[②]《评估指南》要求确保开展影响评估的组织机构或个人有足够的能力和经验来承担该项目，他们所具备的专业知识和能力应能胜任评估遗产地，遗产的物质和非物质文化内容、突出普遍价值等方面的需要，还应对遗产改变的性质和程度进行分析。因此组成专业、全面的遗产影响评估团队是非常重要的。

---

① 2010 年，武汉大学受国家文物局委托起草了《建设项目文物影响评价制度研究初步方案》（未发表），对美国、英国、加拿大、丹麦、日本等国家的影响评价法律法规进行了调研收集。部分成果被收入 2016 年中国文物信息咨询中心《文物影响评估》（科学出版社）一书中。

② Ontario Heritage Act，R. S. O.（1990）；Provincial Policy Statement（2005）.

（四）广泛参与

对所有利益相关方来说，影响评估都将是一个有用的合作工具。这也是《评估指南》强调的“广泛参与”原则。早期阶段应与相关方展开讨论磋商，包括任何将受影响的社区等。

这一原则也指导我们文物影响评估中应广泛吸收文物行业及相关学科专家、有关单位和个人以及地方文物管理部门和居民等利益相关者的意见。

三、文物影响评估的技术体系

从2007年开始至今，我国的文物影响评估逐步从考古勘探报告的模式向关注遗产的综合影响方向发展，广度和深度不断扩展。尽管教科文组织和西方国家已经探索出一套基于遗产价值认知，真实性、完整性评估，影响程度与价值挂钩，减缓设计和保护措施等的评估技术体系。但是由于前文所述原因，这在国内大多数的文物影响评估实践中仍没有得到重视和应用。目前不同机构和项目负责人采取的评估理论和技术框架差别很大，评估水平良莠不齐。

笔者在《国际视野下文物影响评估理论与方法》等文章中已经结合我们的实践，讨论了文物影响评估的主要内容、方法等技术体系。① 我们认识到文物影响评估必须紧扣文物价值，阐明完整性、真实性与价值之间的内在联系，只有这样评估才能做到有的放矢，才能达到评估的最终目标。

对于世界遗产或者已经纳入国家保护体系的文物来说，价值较为明确，比较容易判定；但是对于未定级的文物或者新的发现，价值如何判定呢？

拿考古遗址来说，英国规定非指定的考古遗址、纪念物、文物出土处或登录古代遗址的价值基于法定与非法定认定和考古调研框架的，同时还有政府所使用的登录古代遗址修订后的标准。根据这些标准，每一处要素都有与下表中所示的六种评分等级相对应的价值等级。

考古遗产价值衡量因素表

非常高	世界遗产（包括提名遗产）；国际公认的知名重要遗产；对国际公认研究对象有突出贡献的遗产
高	纪念物（包括提名纪念物）；未指定的有列入意义与重要性的遗产；对全国公认研究对象有突出贡献的遗产
中等	特定的或非特定的对区域研究对象有所贡献的遗产
低	特定的或非特定的地方重要遗产
可忽略	对考古的贡献非常小或已不复存在
未知	资源重要性尚未被确认

（引自英国文化遗产影响评估报告）

---

① 关于加强基本建设工程中考古工作的指导意见（2007年）；国家考古遗址公园管理办法（试行）（2011年）；关于修订公布《国家文物局行政许可项目说明》的通知（文物政发〔2011〕2号）。

与英国比较接近的爱尔兰还提出了考古学潜力分级的概念：考古学潜力是一个用于定义已知地下埋藏的文物有可能遗存的区域的术语。它的创造与使用主要是为了在规划过程中警示规划师发展计划可能引起的考古学扰动，可以被分为以下三个宽泛的类别：

考古学潜力分级表

潜力较低	发展计划所处区块被分类为“潜力较低”的区域一般认为对该区域的文化遗产（已知的或未知的）产生影响的可能性不大
潜力中等	在这个分级内，考古学与建筑学的特征都被纪录在发展计划的邻近范围，并且有发现以前不为人所知的特征或人工制品的潜在可能。同时，这些区域内的发展计划有对考古学与建筑学特征造成破坏或损毁的潜在可能。
潜力较高	在这个分级内发展计划与某已知的考古学纪念物或建筑物、构筑物距离很近，对遗址或其特征造成破坏或损毁以及对已发现的材料造成损失的可能性很大。

（引自爱尔兰文化遗产影响评估报告）

从国外的实践看，对于缺少相关研究的文物影响评估对象，需要补充诠释和评估，这是影响评估项目未来并确保其价值保留的决策的基础。那么我们结合遗产地的整体保护级别、个体在群组中的地位（核心价值载体与否）、核心价值的关联性等，评估遗产地的价值，可以有如下价值评估表：

分级	考古遗址价值评估分级表
非常高 A	已被公认为具有国际重要性且列入《世界遗产名录》的世界遗产地；反映世界遗产突出普遍价值的单一属性特征；对已公认的国际研究目标有重要作用的遗产资产
高 B	国家级且受到缔约国国内法律保护的考古遗迹；具有一定的质量及重要性特征，有待公布的遗产地；对公认的国内研究目标有重要价值的遗产地
中 C	对区域研究目标有重要价值的已公布或尚未公布为保护单位的遗产地
低 D	已公布或尚未公布为保护单位的具有地区重要性的遗产地；保存状况较差和/或相关环境未能完好存续的遗产地；具有较少价值但却可能为当地研究目标做出贡献的遗产地
可忽略 E	具有较少或无考古价值的遗产地
未知 F	资产的重要性尚未确定

考虑到不同项目文物影响评估工作的难易程度，对文物的影响大小、程度不同，为了便于评估工作有的放矢，突出重点，参考文物保护单位等级和建设项目类型、规模，对文物影响评估工作进行分级在我国具有现实意义。那么评估具体项目时，可根据建设项目的具体特点，特殊工作需求，以及现场调查发现文物的实际价值（考古新发现的未定级文物，或因管理疏忽未及时申报相应级别文物保护单位的），对工作等级进行适当调整，并阐明调整的具体理由。这种突出重点，有的放矢的评估方法在我国环境影响评估中已经得到了较多的应用。

评估工作范围原则上只针对世界文化遗产遗产区、缓冲区，各级文物保护单位的保护范围和建设控制地带，以及未定级不可移动文物的文物本体。

评估具体项目时，可根据建设项目的具体特点，特殊工作需求，以及现场调查发现古遗址的实际范围（考古调查、勘探或发掘），对工作范围进行适当调整，并阐明调整的具体理由。

最后，影响因素的识别和影响程度是文物影响评估的重点和难点。《评估指南》强调：开发项目或其他改变对文化遗产属性的影响可能是正面的，也可能是负面的。因此有必要确认所有改变对所有属性特征的影响，尤其是那些反映遗产突出普遍价值的属性。也就是说，影响因素识别要明确开发项目在设计阶段、建设阶段、运营阶段等不同阶段的各种行为与可能受影响的文物本体与环境要素的关系、影响性质、影响范围、影响程度等，定量及定性分析建设项目的各种直接和间接影响，包括有利与不利影响、长期与短期影响、累积影响，可逆和不可逆影响等。

实践中，明确识别上述影响因素、各种关系、性质、影响程度殊为不易。比如笔者近年来主持的《古遗址展示利用建设项目文物影响评估体系研究》课题①，针对古遗址涉及的展示利用建设项目影响因素进行了专题研究。在设计阶段，展示利用建设项目对遗址外形和设计的影响主要体现在总体格局和本体形式方面，影响因素包括建设项目的选址、空间布局、建筑形式、设计等；对遗址材料和实体的影响主要体现在实体结构和构筑材料等方面，影响因素包括建设项目的建筑形制、结构、材料等；对用途和功能的影响因素包括建设项目的展示利用定位、阐释内容等；对遗址传统和技术的影响主要体现在时代风格和工艺技术等方面，影响因素包括建设项目的展示利用方式等；对遗址位置和环境的影响主要体现在地理形态和空间关系等方面，影响因素包括建设项目的选址、建筑规模、形式等；对精神和感觉的影响因素包括展示利用的开放条件、公众和利益相关者等。在建设阶段，展示利用建设项目的影响因素包括选址、施工场地布置、施工振动、建筑沉降、施工污染、施工周期和噪音等。在运营阶段，展示利用建设项目的影响因素包括建筑沉降、结构老化、运营污染、景观生长、交通疏导、游客和宣传教育等等。影响因素涉及方方面面，《评估指南》强调影响是多种多样的——直接的和间接的；累积的、暂时的和永久性的；可逆的和不可逆的；视觉的、实物的；社会的、文化的，甚至经济影响等。影响可能是开发项目的建设造成的，也可能是项目运转造成的。这些都需要按照文物影响评估的相关性分别考虑，具体情况具体分析。

Abstract: This article, based on *Guidance on Heritage Impact Assessments for Cultural World Heritage Properties* (*HIAs*), and relevant countries documents and laws etc, and author's studies & practices in recent years, discusses on international HIA methodology & systems and there inspirations for China. this article will be benefit to our CHIA practices and relevant studies, and to set out the framework and criteria of our own HIA.

Key words: *Guidance on Heritage Impact Assessments for Cultural World Heritage Properties*; Cultural Heritage; Impact Assessment Systems

① 滕磊. 古遗址展示利用建设项目文物影响评估体系研究，国家文物局优青计划，编号 2014272。

国外文物登录制度的探析与思考

何　流

（中国文化遗产研究院）

摘　要：文物登录制度是国家文物保护管理的重要基础工作。文物登录制度的完善有一个长期发展的历史过程。各国的文物登录制度都与其历史发展、政治制度、民族特性、文化渊源有着不可分割的关系。具有国家历史发展、国家体制和管理模式的烙印。但同时，各国也认识到，文物登录制度应以法律为基础，只有将文物登录制度纳入法律的框架，才能较好地实现国家对文物的监管，进而及时有效开展文物保护管理工作。国外的文物登录制度从文物的申请、认定、批准、登录、退出等各个环节做出了详细的法律规定，为文物所有者提供了将文物纳入国家文物管理体系的通道。同时，对登录后的文物修缮、修复、移动、转让，特别是出境等，要求必须经过国家审批，明晰文物所有者对国家承担的义务，以及如何获得国家的支持、补偿和帮助。国家则通过文物登录制度掌握全国文物资源信息，实现全面、科学、有效的动态管理和整合利用，协调各文物相关方的文物活动，促进全社会积极参与文物活动。

关键词：文物登录制度；文化遗产法律；不可移动文物；可移动文物；文物普查

国际上的文物登录制度有着漫长的发展过程。现代意义的博物馆出现于18世纪，博物馆的一项日常基本工作就是对博物馆藏品的分类编目登记著录。从政府层面建立文物登录制度则相对较晚。17－18世纪，资产阶级革命席卷欧洲，传统帝国或王国分崩离析，各民族国家纷纷崛起，文物的现代意义被进一步丰富挖掘，国有文物的数量急剧增加，始有文物登录制度出现。文物登录制度是随着人们对文物的认识加深而逐渐完善的，其覆盖面也逐渐由国有文物扩展到社团文物、私有文物。直至20世纪，各主要国家才先后形成从法律、组织机构、运作方法、登录内容等较全面且具有各自特点的文物登录制度。

随着第一次全国可移动文物普查以及可移动文物信息平台的建立，就我国是否应该开展文物登录制度出现了各种声音。总体来说，大多数意见认为应该尽快建立文物登录制度，因为从国际上来看，发达国家普遍都有各自的文物登录制度，而且文物登录制度为国家掌握监管文物提供了有利条件，也使及时有效保护文物成为可能。随着科技进步，现代通信、网络科技、云计算、大数据等提供了高效便捷的基础，现在建立登录制度可以说从技术手段上已经相当完备。然而就我国的文物工作现状来说，无论从法律、组织机构还是文物现存的复杂状况等方面考虑，文物登录制度的建立都面临着大量需要解决的问题。研究借鉴其他国家的经验，对建立适合我国情况的文物登录制度具有重要的积极意义。

一、国际上文物登录制度分析

各国的文物登录制度都与其发展历史、政治制度、民族特性、文化渊源有不可分割的关系。欧洲历史上民族众多，宗教在人们的日常生活中占有重要地位，而宗教的分裂则让欧洲的历史更加复杂，文明既相互融合而又保有各自的特性；在政治格局上，欧洲多为权力分散的联邦制国家，只有少数国家是中央集权制国家，现代的资本主义制度也强调对个人私权的尊重，如此，个人、民族、国家形成了复杂的社会关系。东方国家历史文明悠久，大多数都经历了漫长的农业文明时期，形成中央政府族长式管理模式。由于各国的政权产生于自身历史的土壤，而文物是其历史的见证，文物登录制度或多或少都会带有本国特色的烙印。

（一）各国都为文物登录制度建立了适合本国国情的法律基础

欧洲是现代文物观念、现代博物馆和文物管理的发源地，从“文艺复兴”时期开始逐渐重视文物的作用。15世纪罗马教廷就颁布了旨在防止艺术品遭破坏、流失的法令。其后，随着资产阶级革命和民族国家的兴起，各国对民族文物保护特别是防止文物出口颁布了许多法令。到了19世纪，各主要国家才相继出现了各自较全面的文物保护法，1820年意大利（教皇国）颁布了《文化遗产保护法》，1882年英国颁布了《古迹保护法》，1887年法国通过了《历史古迹法》。东方国家的现代文物保护思想来自西方，日本在1897年制订了《古社寺保存法》，到1929年才形成覆盖面较广的《国宝保存法》；中国则在1906年由清政府颁布了《保存古物推广办法》，至1930年才由民国政府制定了全面的《古物保存法》。美国、澳大利亚等新兴国家的文物保护法律工作成型较晚，1906年美国联邦政府制定了《古物法案》，1966年颁布了《国家历史保护法》；澳大利亚则在1955年发布了《土著及历史物品保护条例》，1965年颁布了《土著及历史文物保护法》。

文物登录制度的法律完善和相关普查活动的开展主要是在20世纪以后。二次世界大战给文物带来了空前的浩劫，德国历史文化名城德累斯顿在大轰炸中被夷为平地，日本历史文化名城东京被汽油弹焚烧殆尽……这些也引发了人们对文物的重视和保护文物的呼声。“二战”后，各个国家都开始在废墟上整理自己国家留下来的历史文物，联合国教科文组织的建立极大地推动了各国文物保护工作的进一步发展，各国先后开展了文物保护修法工作和大规模的文物普查工作，形成了一整套完整的文物保护法律体系。与此同时，一些国家也相继完善了自己的文物登录制度。

英国在1947年发布了全新的《城乡规划法》，规定了历史建筑具体的登录办法和保护办法，“它明确规定了城市规划的公共权优先于建筑所有者的财产权，不经过财产所有者的同意，没有相应的补偿措施就可以进行历史建筑的登录”。随后英国在1947—1968年开展了第一批文物普查登录工作，第二批在1969—1987年完成。① 1996年3月，英国国家遗产部启动了《可移动文物计划》，同年7月，《珍品法案》正式获得通过，规定了具体的登录办法和保护办法，鼓励历史遗产的发现者进行文物登

① 张松．国外文物登录制度的特征与意义［J］．新建筑．1999（1）．

记。可移动文物的登录实施则充分利用大英博物馆的专业经验和日常工作来承担，2006 年 4 月，负责可移动文物计划的中心部门成为大英博物馆的一个正式部门——可移动文物和珍品部。①

1913 年法国通过了修订的《历史古迹法》，规定“基于公共利益之需要可对私人所有权予以限制”，② 由国家对非常重要的历史古迹通过编列予以保护，并对列入编列保护的历史古迹之外的重要古迹进行登记，列入历史古迹补充清单。1962 年，法国进行了具有历史意义的第二次文化遗产总普查，被称为“大到教堂，小到汤勺”的普查运动。1962 年的《马尔罗法》与 1973 年的《城市规划法》一起构成法国历史建筑与历史街区保护工作中最重要的法律防线。以 2004 年《遗产法典》的颁布实施为标志，法国文化遗产法进入系统化、法典化时期。

1902 年，意大利颁布了补充修订的《文化遗产保护法》即第 185 号法令，随后又在 1909 年颁布了第 364 号政府令，这是一部有关意大利文化遗产保护的综合性法规。意大利从 1969 年开始由文化遗产部设立国家登录编目办公室，并于当年开始编制纸质名录，1975 年扩建为中央编目与登录中心（ICCD），专门长期负责对意大利所有的国有、公有文化遗产及重要的私有文化遗产进行文献编目规划、编目内容格式设计，以及文物登录活动的组织、采编、存档等工作。通过发布技术标准、行政规范，组织协调并形成统一的具有长效机制的文物登录编目制度。③ 2004 年，意大利颁布了《文化与景观遗产法典》，完成了意大利的文物保护法律体系。

日本的文物保护自 1897 年《古社寺保存法》以来，采取了日本特色的指定保护制度，至《国宝保存法》颁布，指定制度已经形成了一套体系，它反映了天皇制度下的日本对历史和传统的重视。另一方面，日本从“明治维新”大力向西方学习，开始“脱亚入欧”，到“二战”后进行和平改造，自认已经完全融入西方体系，于 1950 年颁布了大量接受西方影响的、东西方思想混合的《文化财保护法》，以此替代了《国宝保存法》。1996 年日本对《文化财保护法》进行了重大修订，在文物指定制度以外再次导入了广泛流行于欧美的“文物登录制度”，用以覆盖昭和时代以后的近现代历史文物。④日本自此也开始倚重文物登录制度，并先后进行了三次文物调查。

文物登录制度现在已经成为各文物大国文物保护制度的重要基础，通过普查登记形成内容翔实的数据库，成为政府开展保护工作的重要依据，也为各方面研究人员提供了第一手实证资料。同时，文物登录制度落实到法律中，理清界定了各方面在文物活动中的权利义务，便于人们了解文物、认识文物并积极参与到文物保护活动中。

（二）比较详细的文物登录程序和无法明定的文物认定方法

文物的登录程序一般来讲要经过“申请和材料准备”“认定和批准”“发布公示和通知”等步骤。不同的国家由于历史原因形成的国家治理结构和管理制度不尽相同，其法律规定也有一定的差异，反

① 北京大学考古文博学院．部分国家可移动文物登录法律制度比较专项调查报告［R］//国家文物局第一次全国可移动文物普查工作办公室．第一次全国可移动文物普查专项调查报告．北京：文物出版社，2016．461－462.

② 孔德超．法国文化与自然遗产法历史发展概述［J］．法学论丛，2010（4）.

③ 国家文物局第一次全国可移动文物普查工作办公室，詹长法，侯妍妍，刘天一，编译．意大利文化遗产的编目与登录［M］．北京：文物出版社，2016：1－4.

④ 周超．日本的文化遗产指定、认定、选定与登录制度［J］．学海，2008（6）.

映在文物登录制度方面，主要是中央与地方权力的划分，以及公共利益与私人权力的权重问题。相比较而言，法国、日本和意大利比较中央集权；西班牙和德国地方政府有较强自治权利；法国、德国、西班牙、日本等国承认因公共利益可以限制私人权力；而英国和美国则较强调不得侵犯私人权力。相对较集权国家的审批权力集中在中央政府，地方自治的国家则会让渡一部分审批权给予地方政府。强调公共利益就会对私权有或多或少地限制，而强调尊重私权相对会弱化对文物的监管。

申请和准备阶段的主要问题是谁可以提出申请。各国对文物登录申请的规定比较趋同。大多数国家不限制申请人的身份，提出文物登录申请的可以是中央政府、地方政府、团体、机构、私人。申请者可以是文物的所有者，也可以是和文物有关的人，甚至是没有关系的人，这主要是针对一些非常重要的文物，使之不会失去国家的保护和管控。基于“公共利益之需要可对私人所有权予以限制”的法理出发，各国虽然都要求登录应征求文物所有者的意见，但也申明了国家可以强制公布重要文物，将之纳入国家法律保护的范围，甚至在文物所有者无力修复或不愿承担保护责任时，国家可以强制进行保护或强制收购进行保护。当然这种情况会要求政府最高级别的审批权，如法国需要报请国务委员会批准强制登录；但美国却强调不可以侵犯私权，国家只有在征得所有者同意的情况下，才可将其所有的文物纳入登记名册，而且其私权不受限制，甚至还可以自由要求退出登录。① 申请材料的准备则需要由地方政府行政主管机构组织准备，申请材料的内容应包括文物所有权、文物名称、所在地址、文物现状、文物历史背景、保存环境等等涉及登录内容的资料。

文物的认定具有较强的专业性。各国对文物鉴定和认定都是建立一些专业的咨询机构，如法国在中央有全国历史古迹委员会，在省一级有分类物品委员会；② 而德国只在州级指定一个五人的专业委员会③；西班牙则是成立历史遗产鉴定、评估与出口委员会④。文物认定的原则标准各国差别较大。一是时间区间的设定，如法国将文物登录范围划定为30年前的公私文物，意大利则将时间范围细化为生成时间超过25年的照片及其底片、超过75年的运输工具、具有科学技术发展史价值的超过55年的物品和工具⑤；二是文物形态、性质的范围界定，如在意大利《文化与景观遗产法典》中规定铭牌、涂鸦也可以是文物⑥；三是文物价值和文化意义的鉴定，除历史、艺术、科学三大价值属于文物的自身属性较易于确认，文化意义和社会意义等对不同的国家会有不同的理解，相对来讲难以给出统一的标准。

---

① 张松．国外文物登录制度的特征与意义［J］．新建筑，1999（1）．

② 北京大学考古文博学院．部分国家可移动文物登录法律制度比较专项调查报告［R］//国家文物局第一次全国可移动文物普查工作办公室．第一次全国可移动文物普查专项调查报告．北京：文物出版社，2016：453.

③ 德国2007年修订的《禁止德国文化遗产外移保护法》第二条：（一）联邦州的最高管理机构负责决定对文化遗产的登记入册。（二）在做出决定之前，联邦州的最高管理机构应听取一个由它任命的专家委员会的意见。该委员会由五名专家组成，其中一名专家应按照联邦政府文化和媒体事务专员的提议予以任命。在任命这些专家时，应考虑来自公共管理部门的专业人士、高校教师、私人收藏者、艺术品交易和古董行业。

④ 王萍．西班牙文化遗产的保护及其启示［J］．山东图书馆学刊，2013（6）．

⑤ 何晓雷．文物普查与我国文物登录制度的发展［N］．中国文物报，2012－12－28（3）；北京大学考古文博学院．部分国家可移动文物登录法律制度比较专项调查报告［R］//国家文物局第一次全国可移动文物普查工作办公室．第一次全国可移动文物普查专项调查报告．北京：文物出版社，2016：530.

⑥ 意大利2004年修订的《文化与景观遗产法典》第11条“特定保护的文化财产”第1款：在不影响第10条适用的情况下，下列物品，只要属于本编规定的特定保护对象，不论有何前提和条件，都应视为文化遗产：a）第50条第1款所述的壁画、铭牌、涂鸦、牌匾、碑文、壁龛和其他建筑装饰物，不管是否向公众展示。

文物经专业机构给出认定意见后，一般由国家政府行政主管部门负责批准和发布。对于文物分级登录的情况，如法国和西班牙都是分成两档登录，等级较低文物的登录批准可下放到省级。德国则直接由州级负责文物认定的批准、登录，形成州级名册，再通过各州汇集形成《国家珍贵文化遗产总名录》。但最终名单发布还是由中央政府公布。一些国家将文物认定工作作为一般行政行为对待，相应地给出 30 天、60 天或半年不等的公示期，若有不同意见可以向行政主管部门提出行政复议。① 其中，意大利《文化与景观遗产法典》中有个特殊规定，国有文物藏品鉴定结果不需要公示。

另外，文物的退出机制也是文物管理的重要一环。多个国家的文物法律中都规定了已经登录进国家文物清单的文物有相应的退出机制。如意大利规定对“鉴定结果公示的合法性和法律依据有异议，可在接到通知后30 天内向文化遗产部提起行政复议”，“如果行政复议得到认可，文化遗产部应废除或修改有争议的措施”。② 但大多数情况则如法国和西班牙规定，若登录的文物其得到认可的文化遗产价值已经丧失，则应按照申请文物登录相同的程序申请登录文物的撤销。

（三）文物登录后各相关方的责任、义务和权益的规定

由于各国政治制度和管理体系有一定的差异，甚至从法律的角度也各自处于不同的法律大系，如大陆法系多采用成文法制成《法典》，而海洋法系注重传统习惯和以往判例，多由分别法案形成体系。这里我们以大陆法系——法国《遗产法典》为主来探查对文物相关方的各级政府、社会团体、个人、文物所有者、文物持有者在文物保护中所承担责任、权利和义务的法律规定。

法国《遗产法典》规定政府文物管理的最高机构是国务委员会，中央和地方的文物事物负责长官是文化部长和各省省长。中央和地方都有专业的文物咨询机构，中央是全国历史古迹委员会，地方是省级分类物品委员会。文物的所有制形式分为：属国家或国家公共机构所有（即国有），属行政区或其下属公共机构所有，以及属私人所有。国家登录存档的文物分为两级。进入编列的文物需要国家主管行政机关议决通过，并经所有者同意，由文化部部长宣布；若所有者不同意，则经咨询专业机构国家历史古迹委员会意见，报国务委员会批准后可强制编列。未申请编列的文物，经专业咨询机构确认有足够价值的，可经所有者同意后由行政机关发布进入登记序列。

进入编列或登记序列的文物将受到《遗产法典》规定的保护。其一，文物的所有者或保管者有责任保障文物的安全保存。其二，行政机关将定期对文物进行检查清点，文物所有者或持有者有义务向工作人员展示文物状况。同时，文物持有者也有义务将文物拿出供公共展示或科学研究。其三，文物的移动、修改、修缮、修复、转让，特别是出口等，都必须事先向行政机关申报，只有在获得行政机关许可后才可进行，编列的文物不得出境。其四，各类活动都应接受国家监管。国有文物不可转让，地方公共机构所有的文物只可转让给国家或其他公共机构，个人转让的文物国家有同等条件下的优先

① 意大利2004 年修订的《文化与景观遗产法典》第 14 条“公示程序”第 1 款：文化价值鉴定结果的公示程序应由监管人主动启动，也可以由监管人所在大区或其他任何相关地方政府部门提出要求时启动，同时要通知被鉴定物品的合法所有者、占有者或持有者；第 2 款：通知的内容应包括通过初步调查确定的物品鉴定和评估要素、执行第 4 款所述各项规定的情况，及有关提供观察结果的期限说明。提供观察结果的期限在任何情况下都应不少于 30 天。

② 北京大学考古文博学院．部分国家可移动文物登录法律制度比较专项调查报告［R］//国家文物局第一次全国可移动文物普查工作办公室．第一次全国可移动文物普查专项调查报告．北京：文物出版社，2016：449－450.

购买权。其五，文物所有者有责任对文物进行保护维修，当然采取保护工程以前要先获得行政机关的方案审批；国家有义务提供技术支持和技术监督，甚至依据实际情况提供一定的资金支持；国家对进入编列序列文物的监管强度要大于进入登记序列的文物，另一方面，国家对进入编列序列文物的所有者的税收优惠和维修资金的支持强度也要大于进入登记序列的文物。其六、对采取强制编列或强制赎买等强制措施造成文物所有者经济损失的，则国家将给予相应的补偿。

其他国家对文物的登录管理方式与法国大同小异。对应于法国人“编列”和“登记”的两类文物，西班牙则类似地分为“文化价值财产”和“文化可动性财产”，日本则分为重要文化财的“指定文化财”和还不能列入“指定”但属较重要文化财的“登录文化财”。需要指出的是，西班牙和日本也同属大陆法系国家。英国和美国属于海洋法系的国家，其文物保护法中则不存在这种两级分类。也有一些同属大陆法系的国家如意大利、德国也不采用这种两级分类。

（四）文物登录制度发展趋势

文物登录制度自18世纪萌发，从最初的国家资产登记，到民族国家的族源法理证物清单，至21世纪重要的国力战略资源库，其重要性日渐彰显。各文物大国都逐渐强化文物登录制度，表现在其文物保护法规中明确详细规定了文物登录的程序和内容，以及各相关方的责任和义务。同时，通过文物登录制度扩大了登录覆盖的文物范围。随着人类的创造力不断开发，大量新发明创造物呈现爆炸式增长，许多场所和物品在短时期内成为过去式（如20世纪遗产，电报机、蒸汽机车等），文物的名单在有限的未来也将会快速扩大，而新技术的应用使文物数据库呈指数式增长成为可能。

在法律规范上，公共利益的地位在强势提高，文物从民族国家的重要见证已经上升到人类共同的文化遗产。在多个国家文物保护法规的修法过程中都体现了对私人所有权加以限制，强化了国家对所有文物的监管，重要文物几乎完全置于国家的直接管理之下。通过现代科学技术的大量引入使得国家可以更方便地实现对重要文物的监管，网络科技和高清音像技术在一些重要文化遗产地已经实现了实时动态监控。

单个文物的登记内容信息量也从文物本体扩大到文物环境，现代科技手段可以对文物进行全方位深入至微观的研究。文物登录的内容通过新的标准格式在不断增加。如意大利中央编目与登录中心常年致力于一切与文化遗产登录、编目工作相关的规划、标准、计划项目等的研究和实施。“它的重大意义不仅在于掌握文化遗产的基础信息，而且可将其放在一个文化脉络中，统一标准进行保护。”①

二、国外文物登录制度对我们的启示

（一）应加强文物登录制度的法制建设

西方国家自《拿破仑法典》公布以后逐渐走上法制国家道路。各国也认识到文物登录制度需要健全的法律保障体系，只有将文物登录制度纳入法律的框架，才能较好地实现国家对文物的监管，进而

① 朱晓明．意大利中央政府层面文化遗产保护的体制分析［J］．世界建筑，2009（6）．

及时有效开展文物保护管理工作。国外的文物登录制度从文物的申请、认定、批准、登录、退出等各个环节作出了详细的法律规定，为文物所有者提供了将文物纳入国家文物管理体系的通道。

在我国，“文物保护法律的发展历史表明，要完善文物保护法律建设，首先要规范文物保护法律法规的‘立、改、废’工作。坚定严肃科学立法，成熟一个，制定一个，弥补一些文物保护相关领域的法律空白；坚持文物保护法律修改修订的制度化、常态化，使之与改革发展和现代化建设相适应。”①

我国具有较完善的登录制度基础。中华人民共和国成立以后，博物馆系统被全部收为国有，博物馆的基础工作就包括藏品日常编目登记著录管理，博物馆藏品的总台账是博物馆的首要档案，也是博物馆领导换届交接的重要内容之一。对不可移动文物的保护则是采取文物保护单位制度，按照1961年国务院颁布的《文物保护管理暂行条例》要求，1963年文化部颁布的《文物保护单位保护管理暂行办法》规定，“对于其中具有历史、艺术、科学价值和纪念意义而必须就原地保护的文物，如革命遗址、纪念建筑物、古建筑、石窟寺、石刻、古文化遗址、古墓葬等，要进行分类排队，并根据它们价值和意义的大小，按照有关规定的标准程序公布为文物保护单位。”还提出要“建立科学的记录档案”。②因此，就国有文物而言，一般都有完整的档案记录。

从法律层面来说，《文物保护法》第十五条规定各级文物保护单位要“划定必要的保护范围，作出标志说明，建立记录档案，并区别情况分别设置专门机构或者专人负责管理”；第三十六条规定“博物馆、图书馆和其他文物收藏单位对收藏的文物，必须区分文物等级，设置藏品档案，建立严格的管理制度，并报主管的文物行政部门备案”，③ 基本从法律上保障国有文物范围内都有相应的文物登录工作。因此，我国的现行文物登录制度主要是以行业为基础的内部行政管理方式，也就是说，它覆盖的范围仅是行业内部的国有文物，甚至不能包括全部国有文物，对私有文物没有登录要求。

完善文物登录制度立法，从法律层面将文物登录制度延伸至我国的所有文物，同时明确登录的具体流程，建立统一的规划和登录技术标准，有利于文物工作的开展，而且也只有这样才能真正为依法保护文物建立扎实的基础。借鉴国外的法律实践，文物登记应以文物所有者申请为主，或经文物所有者同意申请，为文物登录制度的开展减轻阻力。但是，应该保留政府强制申请登录的权利，以保证对国家非常重要的文物能得到有效的监管和保护。同时，应借鉴意大利的经验，通过国家建立起如意大利中央编目与登录中心一样的统一机构，组织协调，并形成长效机制，保证所有的文化遗产都根据法律强制登记建档，从而进行科学有效的监管并向全社会开展数据服务。④

（二）文物登录与文物所有权以及相应的权利与义务

应将文物登录与文物所有权分割开来，文物确权属于民法《物权法》的范畴，而文物登录是《文物保护法》的要求。文物登录首先要进行文物的鉴定和认定，经过认定的文物则通过登录纳入国家的监管。文物登录时有文物所有权的登录内容项，但该项登记不应作为文物确权的凭证，该项登记的作

① 何流．从中国文物保护法律建设史看文物保护指导思想的发展［N］．中国文物报，2012－12－26（3）．

② 中华人民共和国文化部．文物保护单位保护管理暂行办法［Z］．1963－4－17．

③ 全国人民代表大会常务委员会．中华人民共和国文物保护法［Z］．2017－11－28．

④ 国家文物局第一次全国可移动文物普查工作办公室，詹长法，侯妍妍，刘天一，编译．意大利文化遗产的编目与登录［M］．北京：文物出版社，2016：1－4．

用是要求文物所有权项登记下的文物所有者必须依据《文物保护法》履行保护文物的责任和义务，并可就文物保护申请国家支持，而文物权属的确认还是应通过《物权法》确认。其后，文物所有权的转让都必须向文物行政管理部门申报，在得到许可并完成转让后，应进行文物所有权登录项的更改，同时将转让记录纳入文物权属变化档项。

在我国的《文物保护法》中对文物所有权的定义属性有：国家所有、集体所有和私人所有。其中，对国家所有的文物描述地非常详尽，而集体文物和私人文物则没有描述。

> 中华人民共和国境内地下、内水和领海中遗存的一切文物，属于国家所有。
>
> 古文化遗址、古墓葬、石窟寺属于国家所有。国家指定保护的纪念建筑物、古建筑、石刻、壁画、近代现代代表性建筑等不可移动文物，除国家另有规定的以外，属于国家所有。
>
> 国有不可移动文物的所有权不因其所依附的土地所有权或者使用权的改变而改变。
>
> 下列可移动文物，属于国家所有：
>
> （一）中国境内出土的文物，国家另有规定的除外；
>
> （二）国有文物收藏单位以及其他国家机关、部队和国有企业、事业组织等收藏、保管的文物；
>
> （三）国家征集、购买的文物；
>
> （四）公民、法人和其他组织捐赠给国家的文物；
>
> （五）法律规定属于国家所有的其他文物。
>
> 属于国家所有的可移动文物的所有权不因其保管、收藏单位的终止或者变更而改变。
>
> 属于集体所有和私人所有的纪念建筑物、古建筑和祖传文物以及依法取得的其他文物，其所有权受法律保护。①

在我国不存在私有土地，土地全部属于国家所有，部分归于集体的土地使用权也受国家限制，由此可以推论所有的出土文物全部属于国家。另外，全国文物保护单位基本上为国家所有，现有的博物馆、纪念馆、档案馆、图书馆等也大都是国有企事业单位，所有的藏品属于国家所有。我国社会主义初级阶段允许存在私有经济和私产，并通过《物权法》从国家法律层面保护私产的存在。当前涌现了一批非国有博物馆，一些近现代艺术品以及流散文物被私人收藏。但相对国有文物，私人所有文物数量极少，文物保护的重心仍然是国有文物。而国有文物的产权关系是国家所有权和国有单位持有者的关系，以及由此所引出的利益分配关系问题，这部分需要国家政策给予确定。私人文物的责权则由《文物保护法》和《物权法》分别划定各自需要规范的内容和领域。

总之，只有文物所有权的确定以及文物登录制度的依法实施，才能有效地要求文物的所有者和持有者必须遵守法律，切实履行对文物的保存保护责任。

（三）文物的分级制度

与国外的一些两级分级制度不同，我国采取的文物分级制度是传统习惯的三级制，更准确地说是

---

① 全国人民代表大会常务委员会．中华人民共和国文物保护法［Z］．2017－11－28．

可移动和不可移动文物两大类三级制。《文物保护法》中明确规定：

> 古文化遗址、古墓葬、古建筑、石窟寺、石刻、壁画、近代现代重要史迹和代表性建筑等不可移动文物，根据它们的历史、艺术、科学价值，可以分别确定为全国重点文物保护单位，省级文物保护单位，市、县级文物保护单位。
>
> 历史上各时代重要实物、艺术品、文献、手稿、图书资料、代表性实物等可移动文物，分为珍贵文物和一般文物；珍贵文物分为一级文物、二级文物、三级文物。①

不可移动文物采取国家级、省级、市县级三级文物保护单位制度，实际上，我国不可移动文物国家级文物保护单位七批共计4296处，② 省级文物保护单位以数量最多的河南省为例，至2017年共公布了七批1231处；③ 市县级文物保护单位以古都洛阳市为例，至2017年总数546处；④ 以此推算全国三级文物保护单位不超过200000处，而全国第三次文物普查共登记文物766722处，⑤ 可见三级文物保护单位只能覆盖其中最重要的部分。因此，实际上存在三级之内和三级之外两层不可移动文物管理。对可移动文物是先分为珍贵文物和一般文物两部分，而珍贵文物再采取三级分级管理。

这种分级制度是必要的。一是文物登录制度必须以自愿登记为原则，不排除大量的文物未被登记；二是国家的财务能力是有限的，应该将有限的财力集中在重要的文物上。所以，文物登录的有限性和登录文物的分级管理符合文物保护的一般规律，对适应未来文物数量的迅速增长也是一个较好的管理方法。

（四）文物登录制度中的文物认定与退出

文物的认定与退出相对来讲是一个比较专业的问题。各国对文物的认定均采用专业咨询的方式进行，设立专业委员会作为咨询机构，如法国的全国历史古迹委员会，西班牙的历史遗产鉴定、评估与出口委员会。

我国在文物的认定上也有自己的一整套管理方法。早在1983年就成立了“国家文物鉴定委员会”；2006年发布了《国家文物鉴定委员会管理规定》对委员的资格标准和条件、以及产生办法作出了规定；2011年又成立了相应的“国家文物鉴定专家委员会”，并划分了10个不同文物类别的专项组，加强对文物鉴定专家库的管理。

从部门规章上，2001年文化部发布了《文物藏品定级标准》对馆藏文物定级标准做出了规定，2009年又发布了《文物认定管理暂行办法》，对文物认定的申请者，文物认定申请的受理者以及申请时应准备的资料都进行了界定；2018年国家文物局发布了《不可移动文物认定导则（试行）》，对不可移动文物的认定又作了详细规定。

---

① 全国人民代表大会常务委员会．中华人民共和国文物保护法［Z］. 2017-11-28.

② 国家文物局．全国重点文物保护单位［DB/OL］. http：//www. sach. gov. cn/col/col1644/index. html.

③ 河南省文物局．省级文物保护单位［DB/OL］. http：//www. haww. gov. cn/wwzy/node_2840_2. htm.

④ 洛阳市文物局．市级文物保护单位［DB/OL］. http：//www. lywwj. gov. cn/bencandy. php? fid=65&id=12280.

⑤ 杨雪梅．第三次全国文物普查数据正式发布全国不可移动文物“家底”766722处［EB/OL］.（2012-12-30）http：//news. 163. com/11/1230/04/7MGE4CGC00014AED. html.

显然，仅有国家级的文物鉴定机构还是不够的。根据《文物认定管理暂行办法》规定，“认定文物，由县级以上地方文物行政部门负责。认定文物发生争议的，由省级文物行政部门作出裁定”，“县级以上地方文物行政部门认定文物，应当开展调查研究，收集相关资料，充分听取专家意见，召集专门会议研究并作出书面决定”。①

以第一次全国可移动文物普查（以下简称“一普”）为例，普查工作中存在大量的文物认定工作，其中重要的一环就是文物登录数据的审核，一是文物本身与登录数据的对应认定，一是登录数据的标准化，这是一项非常复杂的专业性工作。“一普”采取的是收藏单位、县市级普查办、地市级普查办、省级普查办、国普办五级审核，前四级审核是数据全覆盖，国普办进行抽审。针对100多万个国有单位、可移动文物普查登记数量2661万件/套（实际数量6407万件）的巨量文物审核需求，国家集中了几乎所有的文物鉴定专家学者进行长时期的文物认定和数据审核工作。

在民间，文物的收藏状况较为复杂，文物的鉴定认定更为混乱，一些“文物专家”私下开展鉴定活动，电视台“鉴宝”节目风靡，但这些鉴定的有效性难以确定，其签出的鉴定书的合法性也存疑。

应对中国这样的文物大国，从文物鉴定的需求来看，应该将文物鉴定的专家咨询机构建立到县一级，但鉴于现阶段专业鉴定人员的不足，也许建立到省一级是个恰当的选择，如果能建立到地市级更好。

当“文物”已经丧失了其作为文物应有的价值时，就应该将其从文物序列中剔除出去。我国长期以来没有文物的退出机制，而事实上任何文物都有一个衰老过程或自然退化过程，尽管我们采取各种手段延缓文物的衰败，但每个文物最终都有自己的寿命。另外，如今文物的认定还是靠专业人员的科研成果和个人经验，而各种职业伪造者对鉴定人员是极大的挑战，历史上不乏各种蒙混过关的赝品。还有，各种情况下的文物损毁也不在少数。因此，文物退出机制的建立是必不可少的。国家文物局日前发布了《国有馆藏文物退出管理暂行办法》，规定了馆藏文物退出的条件：“（一）因老化、腐蚀、损毁等原因造成文物无法修复且无继续保存价值；（二）因地震、洪水等不可抗力造成文物灭失；（三）被鉴定为无文物价值的现代复仿制品；（四）在国有文物收藏单位之间进行交换、调拨；（五）国有文物收藏单位终止或合并；（六）法律法规规定的其他情形。”从此，开始进行可移动文物退出机制的尝试，未来应该还会有不可移动文物的退出机制。

结　语

文物登录是文物保护基础工作之一。纵观国际，已经有不少国家在文物登录制度上作出过程度不同的制度规范，对这些制度建设进行回顾，将更有利于我国文物登录制度的建立和发展。

各国都在逐渐强化文物登录制度，通过文物登录制度扩大国家对文物实际监管的范围，将国家对文物保护的理念和意志更有效地贯彻下去，实现国家对文物的现代化管理。如法国在最初的分类保护重要文物以外又添加对价值或重要性较低的文物进行登记保护；日本在指定重要文化财以外又增加对

① 中华人民共和国文化部．文物认定管理暂行办法［Z］．2009－8－10．

一般价值的文化财进行登录保护的措施；英国则从早期对私人拥有的文物不加干涉，到以公众利益之名强制要求被登录了的文物业主必须保护好文物，并且在没有得到政府的许可时不得随意处置文物；意大利通过独立登录机构中央编目与登录中心，专门长期负责对意大利所有的国有、公有文化遗产，重要的私有文化遗产进行登录并编目；在全国各地则是通过各文物机构相应的登录编目办公室以及地方派出机构来协调，从而形成健全的法律保障和完整的登录运行机构有机体系；通过一系列公约及协议实现跨领域合作管理。①

另一方面，以发展的眼光来看，尽管随着时间的推移总会有一些文物会自然湮灭，但人类科学技术的提高在极大地推迟这种自然的老化过程，所以可以预见的是“历史文化遗产”的数量将伴着人类创造能力的提高和社会物质财富的增长而迅速增加。各国政府对文物保护的投入在不断提高，甚至不得不强制涉及文物的各种经济活动中要设立文物保护资金来分担政府的资金投入压力。如西班牙从法律上要求建造公共设施的经费中的1%必须用于西班牙历史遗产的保护。我国也规定大型基建项目，特别是在可能存有考古遗址的地域，必须在工程预算中列支考古经费，在开工前先行考古工作。

面对我国文物数量庞大、类型丰富、所属多元、标准不一、增长迅速的现实，建立文物登录制度是一个必要的手段，通过文物登录制度实现文物的标准化、规范化、动态化管理。而文物登录制度无疑是一个庞大的系统工程，需要一系列配套办法，相应的组织机构、人员编制、硬件设备，日常的管理研究和数据维护。从而支撑国家对文物的高效管理，促进文物资源信息的流通，便利文物的整合利用，并进一步融入社会公共文化生活，更好地服务人民群众。

总之，通过文物登录制度国家可以随时掌握全国文物资源的状况和信息，加强监管，实现全面、科学、有效的动态管理和整合利用，防止重要文物的出口流失；同时，协调各文物相关方的文物活动，鼓励并支持社会各界开展对文物的研究和利用，促进全社会积极参与文物活动。通过文物登录制度国家向登录的文物所有者提供税收优惠、保护咨询和保护资金支持，提高文物所有者的申报积极性，同时监督文物所有者认真履行保护文物的法定义务，以利于文物保护和研究的扩展和深入。通过文物登录制度可以宣传文物保护的意义，提高公众对文物认识和热爱，以及对文物保护工作的广泛参与，使文物在更大的范围内得到认可和保护，真正起到文物应有的作用。

---

① 国家文物局第一次全国可移动文物普查工作办公室，詹长法，侯妍妍，刘天一，编译. 意大利文化遗产的编目与登录［M］. 北京：文物出版社，2016：1-4.

海上丝绸之路港口活态文化遗产保护

——以吉达历史城区为例

赵哲昊

（国家文物局水下文化遗产保护中心）

摘　要：吉达是古代印度洋海上丝绸之路贸易枢纽、沙特阿拉伯王国历史重镇。今天作为世界文化遗产地，吉达还是“活态遗产”（Living Heritage）保护和管理的绝佳范例。从公元647年被奥斯曼哈利法指定为穆斯林前往圣城麦加朝觐的门户港口，到16世纪初为抵御葡萄牙和贝都因人入侵修筑起坚实的城墙，再到2014年“吉达古城—通向麦加之门”入选世界遗产名录，1300多年的历史风貌在吉达历史城区近乎完整的得以延续。诚然，吉达的文化遗产保护也绝非一帆风顺，其历程经久漫长，所取得的成绩与沙特文化遗产当局管理理念和体系的进步亦密不可分。本文以吉达历史城区为例，探讨当地文化遗产保护管理现状和理念，以求为海上丝绸之路港口城市文化遗产保护提供有益参考。

关键词：海上丝绸之路；活态遗产；吉达

一、历史上的吉达

吉达是沙特阿拉伯王国第二大港，三面环山，西临红海，港口多礁石，大船难以靠近，军事防御属性得天独厚。吉达这个名字是阿拉伯语的音译，英文写作Jeddah、Jiddah或Jedda等。吉达的命名说法众多，推测Jeddah这种拼法来源于阿拉伯语Jaddah，意为“祖母”，因为据传夏娃就葬在这座城市。道里邦国志里Juddah的拼法并不常见（1991）①，柏柏尔旅行家伊本白图泰在他的游记描述过吉达与麦加的方位（伊本白图泰游记，1985.8），写作Jiddah。Jedda的拼法则是出自英国外交部，到2007年时，改作Jeddah。

一方面这是一座现代化的商业、居住和旅游大都市，是崇尚极度保守瓦哈比教派的沙特阿拉伯王国中最为开放的地方。首都利雅得女性清一色的黑色罩袍和面纱在吉达并非绝对，海滨浴场和私人潜水俱乐部甚至允许大胆穿着比基尼。到2020年，届时的世界第一高楼——耗资200亿美元、高达1000m的吉达塔也会在此地高耸入云。另一方面，这座千年古城依然保留下来了诸多历史印记。

① 道里邦国志提到禁寺（Al－Haram）的范围向军达（Juddah）路延伸出10密勒。

曾被城墙包围的部分历史城区在 2014 年时以“吉达古城—通往麦加的门户”为名称成为世界文化遗产。吉达作为伊斯兰教圣地门户和印度洋海上贸易重镇的属性凸显无疑，这座城市也因此拥有一个世界性的人口群体，来自亚洲、非洲和中东的穆斯林在这里居住和工作，为城市的增长和繁荣做出贡献。

吉达的繁盛始于伊斯兰时期的规划。公元 647 年，后来统一了《古兰经》“定本”的第三任哈里发奥斯曼·本·阿凡一纸令下，将吉达封为了麦加的“御用”港，完全取代了当时另外一处港口舒艾拜①（Al Shoaiba）的地位。

但早在伊斯兰教出现之前很久，吉达就已存在，只是文献记载和实物证据相对较少。吉达东部的 WadiBriman 和西北 WadiBoweb 遗址出土的赛莫德文明铭文器证明早在新石器时代，这个区域就有人类出现了。而根据近期研究，最早确定在吉达定居的渔民是公元前 350 年左右出现的（Pesce，1974）。在近两千年的不断发展拓张中，吉达从一个占地面积百十公顷的小渔村，逐渐成为那巴提人香料之路的重要节点。

郑和第七次下西洋期间（1430—1433 年），副使王景弘委派通事马欢等七人，自印度古里港启航，横渡阿拉伯湾，进入红海，自秩达（吉达港）登陆，赴默伽（麦加）、蓦底纳（麦地那）朝圣，并画得麦加天方真迹图——《天堂图》而还②。

葡萄牙使者皮列士在他的游记《东方志》（2012. 5）中记载，吉达是麦加的港口，小而水浅，位于河畔，离海半里格。要知道今天的沙特境内是没有一条河流的，可见 500 年间地貌发生了比较大的变化。这本 16 世纪初的游记还写到，“吉达和亚丁差不多大，但没有类似的城墙，城防据说很虚弱”，但整个红海海峡内“除了吉达外没有别的地方，全是不毛之地……”。关于吉达的贸易交通，皮列士的描述相当具体，也能看出吉达与亚丁的来往尤为密切，两地“贩卖大量香料和药材以交换商品”。他指出“吉达有许多商人，是一个大贸易城镇……印度的商货都在吉达卸下，它距亚丁（Aden）约十日路程”。“要从亚丁到开罗去的旅客，先去吉达，从吉达到掩尔（Tor），再从掩尔到苏伊士，三天内抵开罗，或者五天”。“准备运往印度的威尼斯商品在大朝圣（哈吉）期间被带到麦加，从那里输往吉达，再从吉达运至亚丁，最后从亚丁分散到坎贝、果阿、马拉巴尔、孟加拉、白古（勃固）和暹罗”。麦加的食物来自吉达，从麦加到吉达的走陆路需要一天。

1869 年苏伊士运河开通后，印度洋海上贸易呈现出最后的繁荣，人口和财富随着欧、亚、非大陆间往来而源源不断的流入，从而极大的刺激了当地经济。今天留存下来的历史城区即以那时贵族和商人修建的塔楼、市集和清真寺为主。

吉达在沙特阿拉伯王国近代史上同样扮演了重要的角色。1925 年，沙特开国元勋伊本·沙特征服汉志王国，吉达作为他最后一个攻下的重要据点，于当年 12 月归于沙特王国。1927 年 5 月 20 日签署的《吉达条约》使得沙特阿拉伯正式脱离英国的统治独立。刚刚进入吉达时，国王选择了吉达历史城区中心的传统红海珊瑚建筑 BaytNasseef 塔楼作为居所。1928 年到 1932 年，沙特国王在吉达市中心修

① 舒艾拜现在以世界最大的发电及海水淡化厂之一而闻名。

② 《瀛涯胜览》天方国条，自古里到到默伽（麦加），“船行三个月方到本国马头，番名秩达”。秩达即吉达。

建古赞（Khuzam）宫，今天宫殿已被适应性改造成了吉达地区考古和民族博物馆。

二、海丝城中城——吉达的城墙

吉达的朝觐圣地和贸易口岸的双重重要身份在一千多年后的今天仍然得以保留并延续，与曾经挺立并坚守历史城区的城墙（Sur）有重要关系。吉达的城墙最初是10世纪晚期由波斯帝国为抵御盗匪修筑的，到了1511年由马木留克王子Hussain Al Kurdi加固完成以拒葡人，这时的城墙也有了海防设施。即使经历过荷兰、英国和葡萄牙的入侵，吉达因其在海洋贸易中扮演的重要角色，幸免战火洗礼，城墙也巍然耸立千年。19世纪时城墙有过数次大修，因此到1940年时保存状况依然完好，巨石砌成的防线高度可达3—4米（SCTA，2013. 1）。直到1947年，因为城市扩张，城墙才被拆除。

有学者认为，吉达的文化遗产保护，甚至可以说是始于对城墙文物价值的认知（Bagader，2013）。葡萄牙旅行家皮列士等对吉达的城墙有具体描述，他在著作中提到，吉达百姓因为恐惧，给原本没有防御工事的城市修筑了城墙，还驻有一支卫戍部队。他的记述与沙特国内吉达城墙修筑时间1511年的说法刚好能够对应的上，这或许也为西方列强对吉达的侵犯埋下了伏笔。

20世纪初海边的吉达城墙（翻拍自BaytNasseef）

吉达的城墙形状在穆斯林世界不算典型，成不规则多边形，耶路撒冷和阿勒颇的城墙都是比较规矩的四边形，这可能与由吉达沿海地势以及城墙建立前就已经初具规模的城市建设有关。城墙有两个主门，一个朝向麦加，一个朝向大海，此外另有四个城门（bab），分别朝着不同的目的地。城门以所朝向的地点命名，分别是麦加之门、麦迪那门、Al Sharif门、Jadeed门、Al Bint门和Al Mughrabi门，

20 世纪初还新开了一道门，Al Saba 门。城门由结实的木梁制成，再用铁钉和铁条将 12 厘米厚、20 厘米宽的木板箍在门上层层加固，且每座城门都有至少两座瞭望塔保护（Abu - Ghazzeh，1994）。

1938 年的吉达（图片来自维基百科）

城墙本身具有非凡的历史、文化和宗教价值，还能对历史时期的文化遗产起到良好的防卫作用。尽管现代化军事作战城墙基本体现不出什么实用价值，但是在冷兵器时代，高大巍峨的城墙是保家卫国的重中之重。大到长城、哈德良长城这样的巨型石墙，小到边城卫所夯筑的土坯墙，都在作战防御中不可或缺。放眼穆斯林国家甚至全世界，有很多被城墙（遗迹）包围的城市区域，是保存状况比较好的当地文化遗产核心。比如埃及的开罗老城、也门的希巴姆老城、摩洛哥的菲斯、叙利亚的阿勒颇，还有不久之前成功成为陆上丝路世界遗产点的西安。这些城镇历史中心保有非凡的历史文化价值，亦是社会认同和民间传统的独特载体（Soilman，2010）。只可惜再坚固的城墙也经不起现代化军事打击，今天再看阿勒颇只叫人扼腕叹息。

城墙设立的初衷是抵御外部入侵，到了文化遗产保护与传承的当代社会，城墙就好比一圈看得见的保护区边界，能够清晰划定需要重点关注的区域范围（Steinberg，1996），为文化遗产保护工作提供便利。吉达的城墙虽然已经不复存在，但是长久以来以城墙边界为轮廓的道路网络，和形成于二十世纪五六十年代的环城路基本遵循了城墙的走势，将现代化的新城和老城有所相隔缓冲。此外 70 年代出台的吉达文化遗产保护规划也强调了保持老城墙的足迹，城门的保护修复需保持原有城墙的风貌，即非原址重建。所以即使早已被拆除，一些当地文物保护专家认为新时期的吉达文化遗产保护仍然离不开城墙这块坚固的基石，城墙是吉达文化遗产真实性、完整性和保护传承可持续发展的一部分，对于它的价值及影响研究也在继续。

三、吉达港的构成要素

除了已不复存在，但对城市规划和历史城区保护影响深远的城墙，吉达文化遗产还有诸多构成要素。和中国近年来聚焦的海上丝绸之路研究和申遗工作相比较，当把港口城市作为核心展开线性遗产研究时，在单元上通常具备很多共同点。基本上，作为一个阿拉伯伊斯兰港口城市（吉达是最大的），都会有市集、塔楼（商铺+住宅）、清真寺、城堡清真寺、居民区和街道等元素。

（一）市集和城堡清真寺

吉达历史城区的城镇架构与中心区域和周边地带的明确职能划分有十分重要的关系。这种关系可以归结为公共用地和私人用地的强烈对比，越靠近城镇中心，商业建筑越多。这些建筑大部分是从事商品贸易的市集商铺，因分布集中形成市集（Souk/Suq），此外还有行使过贸易安全保卫职责的城堡清真寺（Ribat）。

和今天世界各地的市集一样，传统穆斯林市集的形式和构成千变万化。中央市集是由店铺连接成列的单层建筑，间或被道路隔开，贸易活动就在此处发生。每隔一段时间，比如每周或每季度，商品贸易活动也可能以露天地摊买卖的形式在大清真寺旁或者城门内外的空地上展开。有时在城市主要道路旁边也会有市集，特别是连接市中心与城门的主干道，这里的建筑就不再是一层楼，而是类似东南亚店屋的二层建筑，楼下买卖，楼上起居。即使在距离中心地带稍远的社区，也不乏小型市集（suwaiqas）或店铺、杂货铺聚集地。在吉达贸易无处不在。

早期市集系统的单元店铺均临街，铺宽2米左右。屋内一般分上下，上面披屋稍大，下层展示空间略小。店面深度大致3—4米，后面区域一般是工作室，商人和匠人一般都不会住在店里。这些组合也并非一成不变，根据实际需要对店铺空间的利用是比较随意的，家家户户不同的室内布置习惯持续至今。

因为吉达重要的宗教地位和地理区位，人们从四面八方赶来贸易、朝拜，从便利性的角度出发市集的位置自然是越集中、越核心越好。这也体现了伊斯兰教城市的一个共同特点，即从中心市集和大清真寺到城市边缘（城门）的人员流动在清晨和傍晚呈现高潮，商队和小贩在在日落之前完成交易，又在差不多的时间成群结队向城外散去，就好比今天现代化都市的上下班人流。另一个特点，就是根据城市的重要程度，通常修建有城堡清真寺（Ribat）镇守商路。Ribat最早是军事场所，伊斯兰教早期扩张是通过军事征服实现的，因此军事设施相当重要。随着时间推移，这些建筑的防御职能逐渐削弱，从保护商贸到最后成为穆斯林聚集地。在吉达还有一类伊斯兰教城市特有场所，叫做Matbakh，专门给信徒提供免费清真午餐。它和城堡清真寺、市集一起，共同组成了吉达商贸活动的保障。

（二）塔楼和清真寺

塔楼（bayt）是吉达最具代表性的遗产要素之一。19世纪中晚期，苏伊士运河的贯通使得地区交通和贸易进一步发展，城市精英盘踞了贸易的核心区，修建了不少别墅般的塔楼。吉达老城的塔楼具有鲜明的红海沿岸珊瑚石建筑风格，同时融合了海丝沿线各地的工匠技艺，风格独特、工艺精美的建筑立面雕刻、入口大门和罗山（Roshan）飘窗使整个历史城区看起来协调而端庄。

建筑塔楼用的珊瑚石通常是就地取材，整个红海沿岸珊瑚石的使用颇为频繁，临近沙姆的塞林港地区就发现了大量珊瑚石围城的穆斯林墓葬。和连接成线的店铺楼房不同，塔楼一般是独立的高层建筑，有一些塔楼曾是外国领事馆和商团代表驻地，因此建筑体量稍大，四面都临街。今天的很多塔楼不再是单纯的居住房屋，有的被改建成了餐厅、商铺（一层），有的成了博物馆或其它公共场所。

对于穆斯林而言，一切商业活动都是因朝觐而产生的附加，到了祈祷时间，不管人在何处，都要放下手边的事情开始祈祷。因此吉达历史城区内，合理分布着几座代表性的清真寺，包括奥斯曼·本·阿凡寺（Uthman ibn Affan Mosque），沙菲寺（Al Shafi'I Mosque），巴夏寺（Al Pasha mosque），阿卡什寺（Akash mosque），麦马尔寺（Al Memar mosque）和哈纳菲寺（Al Hanafi mosque）等。最古老的沙菲清真寺1539年建成，即使多次修复，也从未间断使用。

（三）居民区和街道

吉达历史城区的当地名称是Al－Balad，直译就是城镇（the Town），所以抛开它的商贸和宗教属性不谈，它首先是一座人类居住的城镇。这个城镇由四个稍小的居民区构成，分别是Al Mazloom，Al Sham，Al Yemen和Al Bahr，四个居民区共同构成了今天世界遗产的缓冲区范围。遗产区范围则位于缓冲区中部，呈西北—东南向的带状区域，是整个历史城区中各种要素保存最完好的一个区域。Al－Balad历史城区四个构成地区中的三个都分布有世界遗产，Al Bahr区在1947年城墙拆除后风貌变动太大因此未列入遗产区。

Al－Balad历史城区建筑分布十分密集，道路因为不是为车辆设计的所以很狭窄，不用多高的建筑也可以在不经意中提供阴凉遮蔽，这位城市中心创造了很多独立的微环境空间，让人们可以在阿拉伯沙漠炎热的天气条件下稍微好受些。城区内街道相互交织，但总能确保有分叉通往市集和广场。相比较商业活动繁忙的市集，居民区更注重治安和秩序，不过因为穆斯林一日五次的祷告需求，宗教活动和商业活动全天的相互交织，也注定居民区和商业区的距离不会太远。

吉达老城区详细分区吉达遗产区部分遗产要素分布情况

街道大体分为连接城门和市中心的主路、连接居民区的道路和居民区的内部道路三个等级。伊斯兰教城市还有个特点是多死胡同，可以为民居提供私人安静的生活环境。简而言之，吉达街道和居民区系统为城市生活提供了最务实和最便捷的选择，同时也强调了宗教和社交生活的重要性。而这些恰恰也都是吉达的文化遗产保护所遵从的原则。

四、吉达文化遗产保护历程

吉达文化遗产保护工作相对启动较晚。二战过后，大量的朝觐人口涌入和石油收入激增[①]，使得这座城市的经济在短期内飞速增长。当时的统治者显然忽略了城墙的重要意义，于1947年下令拆除以为兴建码头补充石材。突然间失去了城墙的“束缚”，吉达开始飞速扩张。西邻红海，东靠山脉，吉达市坐落于狭长谷地，最宽处12公里，最窄只有5公里。受制于这样的地域因素，城墙被拆除后吉达的发展基本成南北条形，也就正好是前往麦加和麦地那朝圣的方向。20世纪50年代左右，吉达人开始向城外迁徙，城市精英首先占据了麦加之路方向的区域，后来者则选择更靠近海岸的地方，以求在全年干旱高温的沙漠中觅得些许湿润。其实在城墙拆除之前，向城外迁徙就已经开始发生了，并且这些城外的居所与城墙有一定距离缓冲，不管是否有意设计，至少说明在居民心中城墙和其内的事物占据了重要的位置（Bagader，2014）。

从1947年到1982年，吉达的人口规模从24000增长到了120万（Bokhari，1983），钢筋混凝土的居民楼也在50年代后因为人口压力成为建筑首选，传统的珊瑚建筑不再流行，那些城市扩张前城墙内修筑的老楼成了历史的见证。高效的水泥、钢铁和玻璃使得吉达在短短的30年摇身一变，从其貌不扬的海丝贸易城镇成为了中东规模最大的现代化城市之一。发展速度过快时，城市基础设施就显得十分落后，街道需要拓宽，民居需要增建。一旦人们脱离了朴素的生活习惯，很多东西也就很难被找回了。幸运的是，在这个飞速发展的进程中，文化遗产保护跟进的不算太迟。

1979年，城市扩张的速度逐渐放缓，吉达政府聘请RMJM公司开始设计城市总规划，总规划的核心在于保障社会经济发展的同时，强调古建筑的保护。这家世界顶尖的英国建筑设计公司的老城保护和改造原则颇为务实，将历史城区规划为国家级遗产保护区，在保持老城区域不变的情况下适当增加人口就业，从而确保维持活力。具体措施方面，80年代的做法和今天并没有很大差别：对历史建筑进行历史文化价值评估并分为三类，新建建筑需按照特定风格，保护管理也出台了规定。此外，规划建议适量增加景观设施，诸如景观植物、喷泉、长凳和大理石、花岗岩的人行道；停车场则会选择相对不显眼的树丛中。为了能保持传统建筑的继续使用，RMJM还试验性地挑选了不同时期的代表性建筑进行适应性改造，建成咖啡厅、餐厅、纪念品商店等等，很多生意从那时起也就开始了。

规划设计颇有想法，但是实施却不是那么容易。一是耗资巨大，所有目标保护建筑都要由政府掏钱购买；二是工程体量巨大，537处历史建筑和62处建筑群。于是这个宏大的保护计划并没有得到有

① 1933年，沙特国王伊本·沙特把93.2万平方公里的石油开采权组让给了美孚石油公司，期限66年，美孚于1938年在达曼地区发现大量油储，彻底改变了沙特的命运。

效实施，利益相关者群体没有切实参与，有关部门也没有持续跟进，许多历史建筑在这一阶段被弃置或遭损毁。这个局面一直持续到2001年，国家级文化遗产保护机构SCTA机构正式成立。

SCTA的组建和沙特当局对文化遗产重要性的认识加深直接相关，文化遗产保护不是唯一的目的，旅游和周边产业推动也是主要考量之一。2006年，吉达历史城区和玛甸莎勒（Mada'in Saleh），迪利亚历史城区（Dir'iya historical town）共三处遗址被政府确定成为首批申报世界文化遗产的古迹（SCTA，2014）。2008年，SCTA首次尝试将吉达申报世界遗产，ICOMOS评估后给出的建议是不推荐列入，因为吉达历史城区"遭受了忽视，和对其意义没有正确认识的人的滥用"。随后UNESCO以文本有技术问题拒绝了吉达的申请。原本认为可以满足世界遗产标准、值得被UNESCO和国际社会认可的吉达，在魁北克遭遇了滑铁卢。

塞翁失马，焉知非福。申遗失败给了沙特文化遗产当局反思的机会，也催生了全新的针对吉达历史城区的专门保护机构。新机构采取了一系列措施，极大改善了吉达历史城区的文化遗产保护状况。2014年，尽管仍有保护不到位的争议，在穆斯林兄弟国家的团结一致下，吉达申遗成功。值得一提的是，新的申遗文本并非完美，但内容中涉及若干个对比主题研究。包括吉达和红海沿岸城市、吉达建筑和阿拉伯建筑、吉达与其它阿拉伯世界遗产以及吉他和其他汉志省城市。这些主题研究讨论的遗产点大多没有列入申遗日程，但是显然出现在文本中，可以为申报和研究提供背景材料，也为未来联合申遗创造了学术基础。

五、吉达文化遗产保护管理现状

今天吉达文化遗产保护最大的特点就是其作为海上丝绸之路文化遗产的核心要素被完整且真实地保存了下来。简单归纳，即文化层面的伊斯兰教宗教活动，以及商业层面的零售和贸易活动。

放眼老城区的市集，古时海上丝绸之路上贩卖的商品依旧处处可见：丝绸、香料（有胡椒、肉豆蔻、藏红花等）、金银珠宝、蔬菜瓜果、各类小吃等，空气中弥漫着不间断的香薰和美食气味。走街串巷的穆斯林穿着有所不同：白袍是沙特男性最常见的正装，配上白红相间的头巾和黑色的头箍。女性则是清一色的黑色罩袍，除了手脚和双眼，其他部位都裹得严严实实。不过仔细看的话，眼妆、凉鞋、首饰、纹身，这些细节都做足了功课。露着脸的女性，除了外国人，还有小孩。偶尔有一些不同颜色的袍子，黄色、灰色、蓝色、棕色等。店铺伙计多穿灰色袍子，大都来自南亚或东南亚。如果是像大号白色浴巾一样的袈裟，则是去麦加朝圣的必要着装。

2016年经吉达哈吉的穆斯林人数达到180万，其中94%的是乘坐飞机前来的，吉达从海港变成了空港。但是不论是现代化、霍乱、天花还是两次世界大战和历史上的王国政权更迭，都没有撼动其伊斯兰教圣地门户的地位。这些宗教和商业活动本身并非不可移动文物，但是正是它们的存在和延续，赋予了吉达各种历史建筑长久的活力，使其保存至今。

在这样的活态肌理延续的背后，也有吉达文化遗产当局的理念革新和有效措施。探明油储后，对吉达文化遗产影响最大的就是经济起飞造成的老城衰败，无人居住的建筑加速折旧。这也是2008年申遗失败和2014年饱受争议的主要原因。以2008年申遗遇挫为契机，根据UNESCO的提议，吉达文化

2018 年的吉达市集

遗产当局研究成立了文化遗产保护专门机构，也就是后来的吉达遗产办公室，隶属于吉达市政府并与 SCTA 紧密合作。吉达遗产办不单单承担管理职能，还是学术研究和文物保护专业机构，在办公室内的珊瑚石、木窗和建筑立面的装饰构件等林林总总随处可见。

专门机构的成立明确了责任划分，也盘活了以功能性古建修复为目标的项目工程。吉达遗产办公室承租了历史城区内的 20 处历史建筑进行修复改造，包括 Khuzam 宫殿的博物馆改造。博物馆陈列了许多历史地图和照片，展览的核心目的是在社区推广文化遗产保护重要性，要知道 2018 年之前沙特阿拉伯是没有开放旅游的，只有朝觐或应邀才能进入沙特，博物馆的公益属性因此显得十分突出。

吉达遗产办还在文化遗产保护数字化技术应用和档案库建设上下了不少工夫，2013 年开始伦敦大学学院和沙特国王大学合作使用三维扫描建模对遗产区历史建筑保存状况进行评估（Baik，Alitany，Boehm，& Robson，2014），虽然没有大规模开展，但这项技术工作一直持续至今。

还有一项重要举措是鼓励民间资本注入，政府以旅游业的潜在收益为期许促成了许多投资，比如 Jameel 艺术和英国王子基金会传统艺术学校合作在遗产区开设的 Jameel 传统艺术学校[①]（House of Traditional Arts）。学校开设一年制和短期的伊斯兰传统手工艺课程，并面向全球招生。出资方不仅修缮了历史城区核心地带的一栋建筑，还为未来文物保护专业知识普及提供了有力支持。

在吉达，文化遗产保护坚决奉行最小干预原则，且以实用性至上。这就要求遗产保护工作必须是循序渐进，按部就班的。每年吉达遗产办都定期进行全面遗产保护状况评估，按颜色分类建筑保存情

① https：//artjameel.org/heritage/jeddah/#!

Jameel 传统艺术学校

况。其中有人使用且保存状况较差的先做保护，已经被遗弃并确保没有垮塌风险的暂时搁置。这样做一方面经费和人力资源相对集中，另一方面不会因为过多的施工造成居民生活不便。这在表面上造成了很多被遗弃建筑的继续空置和外表破败，但实际不过分强调审美，比较务实的文化遗产保护风格，更有利于商业和宗教活动的开展，而持续的商业和宗教活动才是老城居民继续选择留守的根本原因。

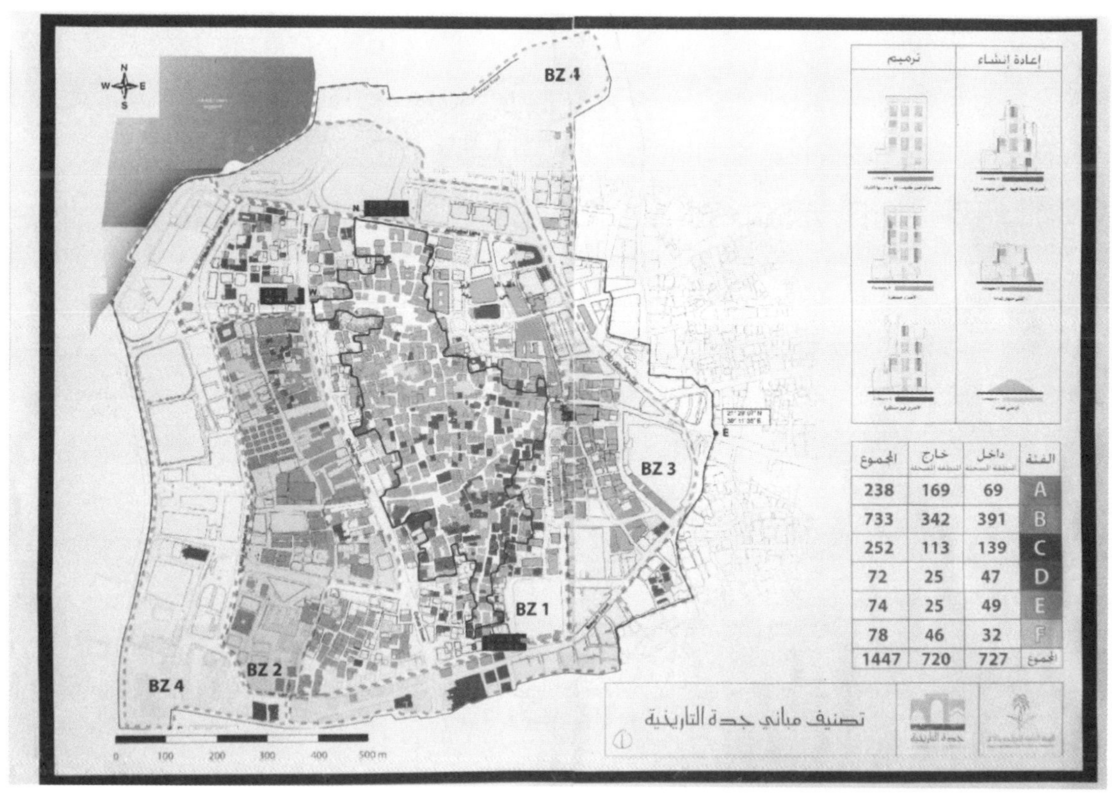

长期文化遗产监测跟踪历史城区建筑保存情况

简单归纳，吉达文化遗产保护理念具有三个特点：首先，充分发挥遗产原始功能，将提高居民生活水平作为首要目标，优先保护实用性高的文化遗产；其次，积极鼓励民间力量参与文化遗产保护，普及文化遗产保护知识和潜在收益；最后，坚持最小干预原则，不刻意追求各个历史时期物质与非物质文化遗产要素的全盘传承，尊重历史进程和社会经济发展，客观面对文化遗产保护与现代化建设的平衡。换句话说，有些类似于只保护看得见的，但在研究还未到位的情况下，把一些工作留给后世去做，或许也不失为一种策略。

上述特点未必适用所有海上丝绸之路港口城市，但是对于历史遗迹和现代化城市共存的遗产地，吉达的文化遗产保护无疑具有独特的参考价值。伊斯兰教城市因其极强的宗教属性和配套设施较容易实现成体系的文化遗产保护（且不论体系是否高效），而沙特王国文物保护和管理权利归属国家的体制也能促进体系的形成。与欧美资本主义国家文化财产归属权和使用权复杂的情况相比，吉达的文化遗产保护管理理念和实践在中国反而更有实用价值。

吉达世界文化遗产地的身份为以其为中心的考古发掘、器物研究和文献研究提供了极高的便利性，在现阶段实物和文献资料相对贫乏的红海沿岸，甚至红海、波斯湾沿岸地区，这种研究便利优势尤为明显。在进行全球范围海上丝绸之路主题研究时，可考虑将吉达作为红海—波斯湾板块的主阵地，向外辐射，持续进行内容扩充。全面详实的研究基础也将会为文化遗产保护和管理工作提供更多思路，助力可持续发展。

因为被定义成麦加门户而得宠，一直以来，没有日新月异的发展，无需千篇一律的故事，吉达用自己独特的伊斯兰韵律，和居住或途径这座城市的人们一起，展示着完整、真实的海上丝绸之路港口生活。今天的沙特也处在一个变革的时期，少壮派王储默罕默德扛起了创新和开放的大气，号召回归温和伊斯兰，大力发展旅游和文化产业，探究伊斯兰教之前的沙特面目。为此政府吸引了多支国际考古和文化遗产保护团队开展合作，对文化遗产保护和管理利用的野心可见一斑，政府有关机构对文化遗产保护和城市现代化、旅游开发之间平衡的通盘考虑，对于吉达历史城区而言，既是机遇，也是挑战。

参考书目

[1] Abu-Ghazzeh, T. Built Form and Religion: Underlying Structures of Jeddah Al-Qademah [C]. *TDSR*, *Vol* 5 (11), 1994: 49-55.

[2] Bagader, M. The Old City of Jeddah: from a walled city to a heritage site [J]. *WIT Transactions on The Built Environment* (*Vol.* 143). Southampton, UK. 2014. 9. Retrieved 2017. 6. 20, from https://www.witpress.com/Secure/elibrary/papers/DSHF14/DSHF14031FU1.pdf

[3] Bagader, M. Jeddah's historic core and Evolution of the Saudi Built heritage conservation discourse since the 1970s till 2012 [C]. *In Search for the Kingdom - Emerging scholarship on Saudi Arabia from the First Saudi State to the present conference.* Germany: ZentrumModerner Orient. 2013.

[4] Baik, A., Alitany, A., Boehm, J., & Robson, S. JEDDAH HISTORICAL BUILDING INFORMATION MODELING "JH-BIM" -OBJECT LIBRARY [J]. *ISPRS Annals of the Photogrammetry*, *Remote Sensing and Spatial Information Sciences*,

Vol 2 (5) . 2014.

[5] Bokhari, A. Conservation in the Historic District of Jeddah [C] . In M. B. Sevcenko, *Adaptive Reuse*: *Integrating Traditional Areas into the Modern Urban Fabric.* Cambridge: Cambridge Press. 1983.

[6] Pesce, A. Jiddah, Portrait of an Arabian City [M] . London, UK: Falcon Press. 1974.

[7] SCTA. Historic Jeddah, the Gate to Makkah – nomination document for the inscription on the World Heritage List (Vol1) [DB/OL] . Riyadh, KSA: UNESCO. 2013. 1. Retrieved 7 1, 2018, from http: //whc. unesco. org/document/167414

[8] SCTA. Jeddah Historic Town, The journey of the past, present and future [DB/OL] . Riyadh. 2014. Retrieved from https: //www. scta. gov. sa/. . . /HistoricalJeddahJourney. PDF

[9] Soilman, M. Sustainable Development between Piecemeal and Urban Based Conservation: Case Study of Jeddah [J]. *International Journal of Academic research*, Vol 2, No. 5. 2010. 10.

[10] Steinberg, F. Conservation and rehabilitation of urban heritage in developing countries [J] . *Habitat International*, Vol 20 (3), 1996. 9: 463 –475.

[11] 多默・皮列士. 东方志—从红海到中国 [M] . 何高济, 译. 北京: 中国人民大学出版社, 2012. 5.

[12] 伊本・白图泰. 伊本白图泰游记 [M] . 马金鹏, 译. 银川: 宁夏人民出版社. 1985. 8.

[13] 伊本・胡尔达兹比赫. 中外关系史名著译丛—道里邦国志 [M] . 宋岘, 译. 北京: 中华书局出版社, 1991.

中德文化遗产管理体制的比较与互鉴

郑建华

（浙江省文化厅文物局）

摘　要：中德两国国情不同，文化遗产管理体制存在明显差别。从立法、遗产登录或命名、经费保障、遗产管理机构以及事关遗产保护的项目管理等五个角度，对中德两国的遗产管理体制进行比较分析，并将与德国一样同属联邦制国家的美国作为第三方参比对象，可以发现，德国的体制在调动地方积极性、保持区域文化特色、提高管理效能等方面具有比较优势；中国的体制则在体现国家（全民）意志、实现地域公平、克服（狭隘）地方主义等方面具有较好的成效。然而，我国的文化遗产事业要想得到更加健康的发展，在管理体制的建构上还要有更多的作为，特别要进一步完善法律体系，调动地方和社会力量的积极性，改进项目审批机制，在规划和技术管控上尊重文化多样性，加强基层文物保护管理力量。

关键词：中德；文化遗产；管理体制；比较；思考

2018 年 11 月 18 日至 12 月 7 日，我与浙江省文物系统的十余位同行，同赴德国参加了文化遗产保护与利用培训。在德期间，我们与联邦政府相关组织和州级政府遗产管理部门的官员、文博单位的保护管理人员以及高等院校从事文化遗产教学研究的专家，进行了广泛交流，实地考察了部分世界文化遗产、保护建筑、历史城镇、工业遗产以及博物馆、纪念馆。参加培训的同行们还不拘形式地开展了讨论，交换体验与感受。

对我来说，培训的过程就是探讨的过程、思考的过程，颇受启发，获益良多。在培训过程中，让我深有感触的问题委实不少。比如中德文化遗产管理体制之异同长短、德国城市建筑遗产保护项目对遗产保护与城市发展的贡献、国际通行的文物保护准则在战后德国遗产建筑重建中的实践、莱茵河中上游河谷与德累斯顿易北河谷等遗产廊道文化景观保护工作的得失、工业遗产对城市景观的塑造等，无不让我这个二三十年矢志不渝的文物工作者，思绪难平，斟酌良久。

本文仅尝试对德国和中国的文化遗产管理体制进行初步比较分析，上述其它问题暂不涉及，以期首先从相对宏观的视角着眼，探讨不同的管理体制下，不同的遗产保护路径，可能带来的不同的保护管理成效。

一、文化遗产与管理体制的定义

文化遗产通常被分作物质文化遗产和非物质文化遗产两大类，其中，物质文化遗产又有可移动与不可移动之分。本文所谓文化遗产，指的是不可移动的物质文化遗产，大体相当于联合国教科文组织《保护世界文化与自然遗产公约》及其《操作实施指南》所称的文化遗产①，涵盖《中华人民共和国文物保护法》以及《历史文化名城名镇名村保护条例》等法律法规确定保护的不可移动文物②，历史文化名城、街区、村镇以及历史建筑③等。近年来不断加大保护力度的传统村落④也可纳入这一范畴。

德国是联邦制国家，中国是单一制国家，将政体截然不同的两个国家的文化遗产管理体制进行比较，是有难度甚至是冒险的。本文所谓管理体制仅仅涉及立法、遗产登录或命名、经费保障、遗产管理机构、事关遗产保护的建设项目管理等几个方面。

二、中德文化遗产管理体制的差异分析

受历史不同、地理环境不同、发展阶段不同、政体不同等诸多因素制约，德国与中国的文化遗产管理体制存在明显差别，可以说是必然的。

1. 立法

在国家层面，德国也有与文化遗产保护相关的法律，比如，《关于联邦法规中应顾及文物古迹保护的法规》⑤《联邦建筑法典》(The Federal Building Code)(BauGB)⑥，但因为文化遗产管理事权在各个联邦州，并没有一部对全国范围内的文化遗产事务进行规范管理的专门法律。德国目前共有16个州，每个州都有专门的遗产保护法，比如首都所在地的柏林州，就制订了《柏林历史遗产保护法》(Law for the Protection of Historic Properties in Berlin - DSchG Bln)。当然，这并不是说联邦制国家就一定不会

---

① 《保护世界文化和自然遗产公约》(Convention Concerning the Protection of the World Cultural and Natural Heritage) 第1条，将文化遗产分为三类，包括古迹与纪念物(monuments)，建筑群与建筑群落(groups of buildings)，考古遗址、文化景观和其它遗产地(sites)。其中，sites包括了“人类与自然的共同作品”(" combined works of nature and of man")，《遗产公约操作实施指南》(Operational Guidelines for the Implementation of the World Heritage Convention，2017年第41届世界遗产委员会会议修订版) 第47条，将“文化景观”界定为这一类遗产。http：//whc. unesco. org/en/conventiontext/。

② 《中华人民共和国文物保护法》(2017年修订版) 第三条，将不可移动文物分为古文化遗址、古墓葬、古建筑、石窟寺、石刻、壁画、近代现代重要史迹和代表性建筑等类型。第一至第三批全国重点文物保护单位公布文件，将不可移动文物分为革命遗址及革命纪念建筑物、石窟寺、古建筑及历史纪念建筑物、石刻及其他、古遗址、古墓葬等六类；第四至第七批全国重点文物保护单位公布文件也分为六类，但略有差异，分别是古遗址、古墓葬、古建筑、石窟寺及石刻、近代现代重要史迹和代表性建筑、其它等。

③ 《中华人民共和国文物保护法》(2017年修订版) 第十四条，明确政府保护历史文化名城、历史文化街区、村镇，具体保护办法由国务院制订。《历史文化名城名镇名村保护条例》(2017年修订版)，除明确了历史文化名城、名镇、名村的保护管理规定外，授权住房和城乡建设部和国家文物局制订历史文化街区管理办法，同时明确要保护历史建筑。

④ 中国传统村落由住房和城乡建设部等国务院部门公布，已公布四批共计401个，第五批234个也已结束公示，即将公布。

⑤ 白瑞斯、王霄冰．德国文化遗产保护的政策、理念与法规．文化遗产．2013 (3)．

⑥ 联邦德国于1960年颁布《联邦建筑法》(The Federal Building Act [BBauGB])，1986年，将该法与《城市发展筹资法》(The Urban Development Act [StBauGB]) 合并为《联邦建筑法典》。(Irina Barke. Good Development：Urban Development Support in Germany 1971 - 1990，27 *Years of the Protection of Urban Architectural Heritages*. Berlin：Federal Ministry of the Interior，Building and Community [BMI]，2018)。

有面向全国的遗产保护法。美国与德国一样属于联邦制国家，但在国家层面，与文化遗产保护有关的全国性法律有28部之多，其中，规范文化遗产保护管理的专门法律，就有1906年制订颁布的《文物法》(Antiquities Act)，1935年制订的《史迹法》(Historic Sites Act)，1966年制订的《国家历史保护法》(National Historic Preservation Act) 等多部①。

我们中国国家层面的文化遗产保护法律体系堪称完备，这既包括最高立法机构全国人大常委会制订颁布的法律——《文物保护法》以及与遗产保护相关的《城乡规划法》等，也包括国务院制订颁布的法规——《文物保护法实施条例》《水下文物保护管理条例》《历史文化名城名镇名村保护条例》等，还包括原文化部等国务院部门制订的规章。除了国家层面外，省、自治区、直辖市普遍根据《文物保护法》等上位法，制订了适用于所在行政区域文化遗产保护的地方法规和政府规章；有立法权的较大的市以及民族自治区域，也有部分制订了专门的文化遗产保护管理法规或规章。

2. 遗产登录与命名

德国的文化遗产是通过联邦州一级的立法获得法律地位的，文化遗产的认定、登录由各州负责。以柏林为例，法律确定保护的遗产对象有4类，分别是：登录建筑（Listed Buildings)、保护区（Heritage Conservation Areas)、历史园林和景观建筑（Monuments of Garden History and Landscape Architecture)、考古遗址与史迹（Archaeological Monuments and Sites)②。(图1) 国家层面，虽然也在各州遗产名录的基础上，汇编《国家珍贵文化遗产总名录》③，但这并不意味着这些列入总名录的遗产成为“国家级”的保护对象。同样属于联邦制国家的美国，在国家层级被列为保护对象的文化遗产，除国家公园体系内的历史文化类遗产外，还有国家地标（The National Historic Landmark)、国家历史地点名录（The National Register of Historic Places）等。

图1　世界遗产柏林与波茨坦普鲁士王宫和园林之新宫局部（现用作波茨坦大学校舍）

① *Federal Historic Preservation Laws: The Official Compilation of U. S. Cultural Heritage Statutes.* Washington, DC: National Park Service, U. S. Department of the Interior, 2018.

② 《柏林历史遗产保护法》第2条，对这4类遗产的命名做出了规定。第4条则规定，要建立公开的遗产名录。

③ 何流．国外文物登录制度的探析与思考．中国文化遗产．2018（6）．

我们中国的不可移动文物，按照《文物保护法》的有关规定，根据其历史、科学和艺术价值，实行分级保护，由国务院、省级和市县级政府分别公布为相应级别的文物保护单位；尚未核定公布为文物保护单位的，则由县级文物行政部门登记公布。除此之外，根据《历史文化名城名镇名村保护条例》，国家历史文化名城由国务院公布；历史文化名镇、名村、街区由省级政府公布，住房和城乡建设部、国家文物局可以从省级政府已公布的名镇、名村中择优公布中国历史文化名镇、名村；历史建筑由市、县政府公布。在实践中，也有地方根据地方法规或规章，公布省级历史文化名城（如浙江）①、市级历史文化名村（如宁波）②。至于近些年来新出现的“中国传统村落”，由国务院的相关部门确定并公布，还不是依法保护的产物；国家层级以下，也有部分地方有省级传统村落的公布（如浙江）③。

3. 经费保障

德国文化遗产保护的经费保障方式是多元的，既有税收减免，也有政府资金补助，有各种基金会的资金投入，也有企业和个人的投入。联邦政府对文化遗产保护有着较大的投入，德国统一以后，对于地处原东德的新的联邦州的遗产保护项目，投入力度更大。例如，从 1991 年开始启动实施，主要着力于原东德区域的城市建筑遗产保护项目（2009 年开始在全德境内推行），联邦政府作为推动方，在国家、州和城市三级政府投资中，力度最大。1991 和 1992 年，联邦投入在各级政府投入中占比 50%；1993 年，占 43%；1994 年，占 38.5%；1995 年以来，占 40%。④ 但是，与联邦政府没有一个专门负责文化遗产事务的部门一样，德国在国家层面也没有常设的面向全国文化遗产保护的专门资金，也没有统一的税收激励机制。而同样是联邦制国家的美国，国家层面则既有促进文化遗产保护的税收激励政策⑤，也有可直接拨付的补助资金⑥。

相较而言，德国州级地方层面对于遗产保护的财政激励和经费保障机制更加制度化、经常化。还是以柏林为例，既有对遗产保护工作的税收豁免，也有对遗产维修的直接补助，还有在诸如城市更新之类工程中有关部门提供的其他补助。

在中国，法律明确规定，从中央到地方各级政府都要将文化遗产保护所需经费纳入本级财政预算。从中央到县以上的地方各级政府，特别是中央和省两级政府，还普遍设立了专门的文化遗产保护专项经费。但是，中国的文化遗产保护，税收激励手段缺乏，非政府渠道的投入机制尚未形成。

4. 管理机构

德国联邦政府没有设立专门的文化遗产管理部门。1998 年，联邦政府设立了文化与传媒事务专员，由国务部长担任，主要负责协调各联邦州之间的文化事务，并负责与欧盟之间的文化事务衔接。

---

① 浙江省人大常委会 1999 年制订颁布的《浙江省历史文化名城保护条例》，对省级历史文化名城的申报和规划管理做出了明确规定，其基本内涵已为 2012 年颁布的《浙江省历史文化名城名镇名村保护条例》继承。

② 《宁波市历史文化名城名镇名村保护条例》第三十一条规定，具备一定条件的村庄可以申报市历史文化名村。

③ 浙江省农办从 2012 年起已先后公布七批省级历史文化村落，其中，重点村 304 个，一般村 1470 个；省住房和城乡建设厅等部门公布省级传统村落 636 个。

④ Wolfgang Preibisch. Well Invested: Urban Development Support in Germany Since 1990. 27 *Years of the Protection of Urban Architectural Heritages*. Berlin: Federal Ministry of the Interior, Building and Community [BMI], 2018.

⑤ Tax Incentives for Preserving Historic Properties, https://www.nps.gov/tps/tax-incentives.htm.

⑥ 1977 年建立的历史保护基金（The Historic Preservation Fund [HPF]），对全美各州、印第安人部落、地方政府和非盈利组织的保护工作提供补助。

该专员之下，配备有具体负责文化遗产事务的人员。德国遗产保护委员会，作为一种州际协调机制，正是在这种体制框架内建立的。该委员会负责协调跨州的文化遗产保护事项，交流各州的做法，讨论共同面对的问题，委员会主席由各州遗产管理部门的负责人轮流担任。前述城市建筑遗产保护项目（图2），在联邦政府层面，由内政、建筑和社区部（The Federal Ministry of the Interior，Building and Community）负责，具体监管事务则由联邦建筑、城市事务和空间发展研究院（The Federal Institute for Research on Building，Urban Affairs and Spatial Development）承担。另外，联邦层面还有与世界文化遗产事务相关的协调机构——教科文组织德国委员会，以及外交部多边文化和媒体政策部门内的世界遗产协调专员。

图2　战后全面修复的德国国会大厦（仅墙体外立面恢复历史原貌，内部和屋顶现代化）

与文化遗产事权属于各联邦州的体制相适应，德国负责文化遗产管理事务的实体机构，设置在各州及其下辖的次一级行政区。柏林的情况可以反映多数州的情形。其文化遗产管理体系包括三个层级的部门，即负责政治和政府事务的最高保护部门——州文化和欧洲事务部（Senate Department for Culture and Europe），负责遗产保护、登录、补助、税收豁免认证等业务工作的柏林遗产保护部门，以及柏林所辖12个区的遗产保护部门。另外，有些大体量的遗产地，比如位于柏林与波茨坦的普鲁士王宫和园林，还设有专门的管理机构。

相对来说，美国从联邦政府到地方政府，文化遗产保护管理机构较为完善。国家公园局——各州历史保护办公室——各市（县）政府有关部门构成了完整的文化遗产行政管理构架；不仅如此，国家公园局还有由7个地方分局和各国家公园管理机构组成的垂直的遗产管理体系。

在中国，中央政府以及省、市、县各级政府均设立或明确了文化遗产行政管理部门。但国家层面的文化遗产管理部门——国家文物局，并未统辖全部文化遗产事务，比如历史文化名城名镇名村和传统村落的保护管理，就是以住建部为主的。地方各级政府中，统辖所在区域全部文化遗产事务的部门也极为罕见。不仅如此，省、市、县三级地方政府中，设立专门文物行政主管部门的比例，总体来讲，依次递减；省级设立专门行政机构尚未做到全覆盖，设区的市则更少，到了县一级，已是凤毛麟角了。从事文化遗产保护研究的专业技术力量，也是主要集中在国家和省两级。规模体量大的重要的文物保护单位，有设立专门的管理机构的，但仅限于世界文化遗产和少量全国重点文物保护单位。

5. 保护和建设项目管理

德国的文化遗产管理事权在地方，从遗产的调查、确认、登录，到遗产保护项目和建设项目管理，都是由州和州以下的遗产保护部门负责的。在柏林，州辖区的遗产保护部门直接同遗产所有人发生联系，与遗产有关的建设活动的许可职能由区级遗产部门承担。根据《柏林历史遗产保护法》，举凡登录遗产的外观改变，部分或全部拆除，从目前或保护位置迁移，更新、修复或改变用途，都必须获得所在地区级遗产保护部门的许可。（图3）许可申请由遗产的业主提出，区遗产保护部门依据已获批准的技术准则、或经柏林遗产保护部门同意，做出许可决定。州文化和欧洲事务部对柏林遗产保护部门的工作实施监督，并在许可项目存在异议时，直接对区级遗产部门进行指导。

图3　文物修复“可识别原则”的实例——世界遗产柏林博物馆岛之新博物馆墙壁修复

中国的文化遗产管理，总的来讲，实行的是分级管理与属地管理相结合的原则。文化遗产的调查、确认、保护工程实施和遗产的日常管理通常由所在地市、县级政府遗产部门负责，但遗产保护工程和事关遗产保护的建设活动，一般需要根据保护级别，报经相应的遗产管理部门或政府批准。对遗产做出重大改变（如文物保护单位迁移、拆除），或可能对遗产造成严重不利影响的建设项目（如文物保护单位保护范围内的建设工程），往往在相应级别的政府做出许可决定前，还需征得上一级政府遗产管理部门的同意。

三、几点思考

评判一种体制的优劣长短，从根本上说，应该看该体制实行的效力（effectiveness）和效率（efficiency）。就文化遗产管理体制而言，因为面对的是相对脆弱的、不可再生的特殊资源，这种评价方式显得尤为必要。因为国情有别，德国与中国的文化遗产管理体制存在明显差异，由此必然会造成遗产保护管理的方式方法不同、成果表现形式不同。然而，这种差异性不宜被视作孰优孰劣的表现，因为恰恰是这种“不同”，为两种体制的相互借鉴提供了广阔的空间。

1. 德国的文化遗产管理体制的比较优势

第一，州一级有着完备的文化遗产保护法律体系，文化遗产事权被赋予地方政府，州及其所辖的地方政府普遍设立专门的行政管理机构，地方特别是基层管理力量强大，这不仅有利于调动地方保护文化遗产的积极性，加大文化遗产的在地管理力度，也有利于组织动员包括遗产所有权人、私营部门在内的各方面社会力量共同投身于文化遗产保护，从而有利于真正形成基础厚实、保障有力，政府主导、全社会共同参与文化遗产保护的良好局面。从实际成效看，柏林州域面积仅890平方公里，列入州保护名录的遗产达8000处之多，而且总体保护状况良好，可为明证。

第二，正因为州及其所辖地方政府在文化遗产保护管理事务上自主性强，对所辖区域的文化遗产资源了解全面，对当地经济社会发展状况理解透彻，对所在城市的历史记忆和风貌特色的保持更为看重，对地方传统技术做法运用更为娴熟，德国的文化遗产及其环境风貌的保护，不管是从专业技术的角度看，还是从社会文化的角度看，均堪称精准到位。（图4）千城一面的问题在德国并不突出，也应该与此密切相关。

图4　世界遗产矿业同盟煤矿工业建筑群之炼焦厂（塑造独特的城市景观）

第三，与遗产保护相关的建设项目，许可职能由最基层的遗产保护机构承担，既最大限度地减少了行政审批层级、简化了审批程序，提高了审批效率，也有利于管理部门现场确定可行技术方案，妥善满足遗产所有人、使用人或其他利益相关方的合理诉求，增强审批效能。

2. 中国文化遗产管理体制的比较优势

第一，中国有着全国统一的遗产保护法律体系，并依此确定、分级公布遗产保护对象，这不仅有利于在遗产保护工作中体现国家意志、全民意愿，而且有利于针对遗产价值的相对差异，相对区分遗产的全国性价值和地域性价值，还有利于突出重点，体现轻重缓急，在可投入人力、财力有限的情况下，这种分级保护尤其必要。

第二，国家层面强有力的文化遗产保护管理机构，以及与此相应的较为强大的专业技术力量和财政保障力度，既有利于对具有重大价值的重点遗产进行重点财力支持和技术支援，也有利于消除由遗产资源分布不均、地域经济发展不平衡造成的负担不公平现象，还有利于跨省域巨型文化遗产，比如运河、长城的保护管理，有利于跨省域的建设工程实施过程中遗产保护工作的落实。

第三，上一级政府对下一级政府、特别是国家层面对全国文化遗产事务强有力的调控能力，为克服狭隘的地方局部利益对重大遗产保护事项决策过程的干扰，提供了可靠手段，相对来说，像德累斯顿易北河谷被联合国教科文组织从世界遗产名录除名那样的事件①（图 5），在中国发生的可能性要小得多。

图 5　德累斯顿易北河谷被移出《世界遗产名录》的“元凶”——瓦尔德施略欣大桥 1

总的来说，从互鉴的角度看，中德两国各自在文化遗产管理体制上的优势，恰恰是对方需要弥补或加强之处。然而，对于我们中国来说，要保证文化遗产事业能够得到更加健康的发展，取得更加光辉的业绩，取人之长，补己之短，显得更为必要。

首先，在法制建设方面，虽然我国的文化遗产保护法律体系看起来可称完备，但至今没有一部法律能涵盖所有文化遗产门类，由此造成遗产保护名号繁多，同一处（或处于同一地点的）遗产，有时同时拥有多重保护称号；部门之间管理职能交叉，有时同一处遗产的“骨骼”（如文物建筑）和“皮肉”（如古街巷、古村落）分属不同部门管理，甚至同一部门的不同内设机构之间都存在职能重叠的现象（历史文化名村与传统村落最为典型）。至于文化遗产及其环境风貌不能一体保护管理的现象，

① 2004 年，德累斯顿易北河谷（Dresden Elbe Valley）被列入《世界遗产名录》。2006 年，由于世界遗产委员会认为瓦尔德施略欣（Waldschlösschen）大桥的兴建，破坏了该文化景观的真实性和完整性，该遗产被列入《濒危世界遗产名录》。2009 年，世界遗产委员会将该遗产从《世界遗产名录》除名，使其成为到目前为止第二个被除名的遗产地，也是唯一被除名的文化遗产。

图 5 德累斯顿易北河谷被移出《世界遗产名录》的“元凶”——瓦尔德施略欣大桥 2

更是不胜枚举。

其次，我国的文化遗产保护，对政府的依赖程度还很高，不仅社会参与还很不广泛，社会上的人员和资金投入机制还很不完善。不仅如此，在部分地方，下级政府依赖上级政府、地方政府依赖中央政府的等、靠、要现象还相当明显。

第三，我国千城一面、甚至千村一面的现象突出，这与城乡建设过程中规划管控失序、忽视文化遗产、割裂建设发展与遗产保护之间的有机联系、轻视地域文化特色有关，也与遗产本体保护和环境整治过程中，技术方案对地方传统做法传承不足、对本土工匠队伍的尊重不够有关。

第四，在与遗产保护相关的保护与建设项目审批方面，既不能像德国那样管理层级下沉，又不能像美国那样垂直管理与分级管理有效结合，过于拘泥地执行分级管理的规定，有时不免纸上谈兵，无视地方实际，忽视遗产所有人、使用人的诉求，致使审批层级过高、审批环节过多，审批效率和效能均显不足的问题，长期得不到有效解决。

第五，无论是管理机构设置，专业技术人员配备，还是财力保障，从中央到省、市、县各级，倒金字塔形态明显，致使遗产资源所在地的基层，普遍缺乏人、财、物，遗产保护属地管理责任难以真正落实，分级管理法律构架下、经上级部门审批的保护工程方案或建设工程设计，实施过程的监管常常付之阙如。

仅仅就以上这些问题而言，在德国的文化遗产管理体制中，要么有相对成熟的做法，要么有可资参考之处，实在是不能不明鉴的。

美国的文化资源管理与公共考古学

陈　淳

（复旦大学文物与博物馆学系）

摘　要： 文化资源管理（CRM）是美国文化遗产保护与管理的国策，而公共考古学的发展则与其形影相随。本文介绍了文化资源管理在美国的缘起、发展，并具体详述了其实践密切相关的九个方面。其中包括立法、顺从程序、管理体制、管理系统、保存理念、价值评估、合同考古学、职业道德和专业伦理，以及高校的人才培养。公共考古学是美国1970年兴起的概念，它将考古学从专业象牙塔里解放出来，成为一项由政府主导、考古文博学界配合、全社会公众参与的遗产保护运动。文化资源管理与公共考古学的紧密配合为美国文化遗产保护在立法、执行、学术研究、人才培养与公众教育等方面奠定了坚实的基础。文章借鉴其经验，提出了改善我国文化遗产保护的九点建议。希望我国的遗产保护水平能尽快跻身世界先进行列。

关键词： 文化资源管理；公共考古学；美国启示

一、引言

文化遗产保护是一项国际性的课题，是世界各国政府所共同面对的重大责任，在全球工业化和经济一体化的迅猛潮流中，如何科学与合理地保护不可再生的文化遗产已成为政府部门和全社会公民必须重视和协调的一个重要课题。中国是一个文物大国，但是在文化遗产的保护方面起步较晚，特别是由于长期以来法制观念的薄弱、立法的滞后、文物法规在量刑和威慑力上的不足，在文物保护上显得力不从心。加上随着我国经济起飞，全国范围的大规模基本建设和城市改造，使得现代化建设和妥善保护文化遗产便成为一对突出的矛盾。因此向世界先进国家学习成功的经验，有助于我国文化遗产管理体制的完善。

美国的文化资源管理（Cultural Resouces Management，CRM）自1974年开始成为考古工作和文化遗产保护的主要国策。它被定义为“运用管理手段（规划、组织、指导、控制和评估）通过政策途径来为美国人民的福祉达到保存重要文化遗产的目的”。CRM大体是立足于之前二十年里考古学科和整个社会之间互动所产生的一系列关注的基础之上。这些关注涉及工业化和都市化所引发的环境和文化领域的巨大危机。应对这些问题的解决办法就是通过一系列严厉和意义深远的立法来抑制环境恶化、物种绝灭和文化资源锐减的势头①。

① Fowler, D. D. Cultural resources management. *Advances in Archaeological Method and Theory* [J], 1982, Vol. 5: 1-50.

美国自然和文化遗产保护运动可以上溯到20世纪初，并以第26任总统西奥多（泰迪）·罗斯福总统（1858—1919）为代表。罗斯福被公认为继托马斯·杰斐逊之后知识最渊博、智力最超群的总统。他将科学与道德有机融合，成功说服国会和各州政府将未来的公共利益置于眼下的私人利益之上。他大力推动国家公园建设，建立了16个国家纪念地和51个野生动物保护区。他在1905年重组了美国森林管理署，将五千万公顷的森林纳入保护区，并雇用训练有素的专家进行管理。为1930年国家公园管理署和1970年联邦政府土地管理部门大量雇用考古学家提供了一个重要的榜样①。

美国的文化资源管理体现了政府职能、立法、各政府部门严格执行法规的顺从程序、学术界从纯学术向合同考古的转型以及高校专业培养方向的调整，以及整个考古文博学界向公众服务的重新定位，为我们的遗产保护工作提供了值得借鉴的他山之石。下面分别介绍文化资源管理的实践和公共考古学的要义，两者在文化遗产保护方面有着十分密切的关系。

二、文化资源管理的实践

2.1 立法

美国最早的一部《文物法》是在1906年罗斯福总统的第二任期通过的，建立了（1）考古发掘的审批制度；（2）赋予总统有搁置国家意义文化遗产的权力；（3）授予内政部、农业部和国防部以制定法规的权力。它禁止在公共土地上盗掘或破坏文物，并对违法者进行惩处。1916年，美国国家公园署成立，成为自然和文化遗产的主要管理机构。1935年，美国国会通过了《历史遗址法》，强化了历史遗产保护的机制，该法案成为联邦政府后续文化资源立法的基石。该法案赋予内政部和国家公园署以广泛的权力，在联邦、州、市及科研教育机构的帮助下，来调查、记录、获取、修复和经营文化遗产。1966年，美国国会通过了《历史保护法》，建立历史地点的国家登记名录（类似我国的文物保护单位），为文化遗产保护提供了一个广泛的机制。该法案扩大了遗产的保护范围，将“国家登记名录”的登记范围从国家一级扩大到地区、州乃至县一级的文化遗产，并建立了一套资助规定（如工程项目预算的1%）来发掘和保护文化遗产。该法案还建立了《历史保护咨询委员会》，由数位内阁部长、行政机构负责人、国家信托公司主管及10位普通公民组成，而各州由州长组织任命《历史保护办公室》的成员，对基建、发掘和保护工作提供咨询、评估、审核与监督。另一项重要的进展是于1969年通过、1970年1月1日生效的《国家环境政策法》。虽然该法案并非专门为保护文物而制定，但是它强调了文物保护优先的重要性，要求社会各方面“运用各种可行的方法来保护国家重要的历史、文化和民族遗产”。该法案责成各级联邦政府部门要采用“系统的、多学科的方法，以保证结合自然科学和社会科学来制定那些可能影响到人类环境的规划和决策”。1971年，联邦政府补充颁布了《11593号执行决议》，责令各级政府“要以一种勤务员和受托管理人的精神来为子孙后代保护文化遗产”。1977年，《美国保护考古学学会》成立，它的年会和通讯成为讨论CRM的主要平台。1979年，联邦政府颁

① Jameson, J. H. Jr. Public archaeology in the United States. In N. Merriman ed. *PublicArchaeology* [C]. London, Routledge, 2004: 21-58.

布了《考古资源保护法》。该法规制定了更为严厉的措施来保护公共土地上的考古遗址，其中列出了民法和刑法的各种量刑标准和惩罚细则。这一法规主要针对以赢利为目的的盗掘贩卖文物。1980年，美国国会通过了对1966年《历史保护法》的广泛修订，确认了联邦政府在文化资源保护中的主导作用。

2.2 顺从程序

顺从程序（compliance process）主要是根据1966年《历史保护法》的要求制定具体执法的程序。为此，国家公园管理署成立了一个考古与历史保护办公室，主要管理国家公园管理署辖区范围以外的文化资源。根据1966年《历史保护法》建立的另外两个机构是历史保护咨询委员会和州历史保护办公室，历史咨询委员会具有特定的规划功能和对可能影响到文化资源的联邦基建项目进行审核和监管。州历史保护办公室是州政府的组成部门，主任由州长任命，成员由各个领域如考古学、历史学和建筑专业的专家组成。这三个部门主要监管各种基建活动对文化遗产的影响，设法确保会影响到文化资源的某项工程的参与各方顺从相关历史保护法律和法规的要求。在项目设计中努力避免或减少工程项目对文化资源的负面影响。顺从程序的目的是让受到某工程项目威胁的文化资源得到适当的管理（登记、评估、保护和抢救）。它们还负责审查有资格列入国家登记名册的遗址或地点的提名，一旦确立某遗址或地点有资格列入国家登记名册，开发商、联邦文化资源管理部门和州历史保护办公室就需制定一份保护规划，然后提交历史保护咨询委员会审查。之后，咨询委员会、开发商、州历史保护办公室和联邦文化资源管理部门需签订一份协议或备忘录，详细规定如何对发现的文化遗产进行保护，从完全避开到抢救发掘不等。在该协议的执行过程中，由联邦文化资源管理部门实施全程监管。

2.3 管理体制

虽然大部分文化资源管理机构都是联邦政府的，但是对文化遗产的管理是由联邦、州和地方各级机构执行的。而联邦政府对文化资源的管理也并非集中在国家公园管理署（相当于我国的国家文物局）一家，联邦政府具有土地管理功能的机构都有对所管辖地上的文化遗产进行管理和保护的职责。于是，一个重要体制建设就是在涉及基建和土地资源管理的联邦机构开始雇用和配备考古学家等专业人士负责文化资源的管理。比如美国森林管理署1966年只有一名专职考古学家，到1977年增加到17名，野外季节另要增加20名临时工作人员。配备专业考古学家的机构有：国家公园管理署、国家森林管理署、土地管理局、鱼类和野生资源管理署、农垦署、印第安事务局、农业部、能源部、国防部。这些任职于土地和自然资源管理部门考古专家的任务是按照法律条款的要求，评估他们管辖范围内那些有望提名进入国家登记名录的遗产潜质。一旦发现文化遗产，就进行保护和管理。第一步，对某地区文化资源的鉴定和管理制定一份概览。其目的是确定该地区已知的文化遗产，以便为执行法律条文提出管理和研究的建议。第二步，对某地区的文化资源进行深入盘点和评估，并制定一份评估报告。这一步不仅对过去已知遗址再次盘点和评估，还要调查新的遗址。第三步，为某地区的文化资源制定一份管理计划，这些计划往往与整个土地管理计划和环境影响评估报告结合起来，为如何保护、解释和利用文化资源制定可行的方案。

除此之外，文化资源管理部门还有其他的职责，包括保护文化资源免受人为和自然风化造成的破坏。管理部门需要评估文化资源的“价值”，首先文化资源是否值得原地保护和做适应性的再利用。其次文化资源是否具有可论证的科学价值。第三就是建立用于决定一项文化资源何时及如何加以保护或利用的机制。

2.4 管理系统

文化资源管理对所有已知的纪念地和考古遗址进行统一编号登记，因此需要一套统一的编号登记系统。美国采取州、县、遗址的编号方式。比如3CT0ll，3是阿肯色州的编号，CT是Crittenden县的缩写，011是遗址编号。加拿大也有类似的编号系统，因为北部地广人稀，采取方位编号，用经纬度划分的代号，如BfGx-20。其中Bf分别为北纬度和分的代号，Gx分别为西经度和分的代号，20为遗址编号。有了编号系统，辅以GPS定位，就能采用地理信息系统来进行全国范围的遗产管理。

2.5 保存理念

保存理念是文化资源管理的理论基点。50和60年代，美国政府主持过几项大规模的抢救性发掘，但事先没有严密的研究设计，事后对发掘的材料也缺乏高水平的描述、分析和综合研究，效果很不理想。对这种结果的反思，使美国考古界于70年代形成了一种“保存理念”，要求运用法律和一切其它手段，为未来保护和保存现有的考古资源，而尽量不对那些受基建威胁的遗址进行仓促和草率的发掘。保存理念的形成是因为考古学界认识到，考古遗存是一种有限的、不可再生的资源。每一次发掘同时也是一次毁坏，因此应当尽可能为将来保存这些资源，而非现在就将其发掘和利用殆尽。保存理念的前提是：将来会出现新的理论框架、新的方法和新的技术，因此，未来的考古学家能从这些文化资源中获得比现在更多、更有价值的信息。它的原则可以一言以蔽之：能不挖的就尽量不挖。所以为了个人的研究兴趣滥施发掘，破坏本来可以保存的遗址，已被考古界公认为是学术上的一种不道德行为。在这样的背景下，文化资源管理越来越强调绝对保护的必要性，对发掘的态度可谓慎之又慎。自60和70年代起，受环境保护意识的影响，人们渐渐意识到遗产保护的目的是为了了解过去人们的生活，除了遗址和遗迹自身需要保存外，它们的人文价值也交织在与之共存的周围环境之中。由此，整体性的景观保护逐渐增多，一些聚落与古迹联同周边的生态环境一起被完整地保存下来。于是，文物保护的理念从早期对个别文化和纪念建筑的单独保护转向关注保护整体的文化历史背景和自然景观①。

2.6 价值评估

文化资源管理的一个要求是对保护对象做出价值评估，哪些可挖及哪些不可挖。判断依据不仅仅根据材料的考古价值而定．而且也要考虑它们的人文历史价值。美国考古学家威廉·莱普认为文化资

① Kristiansen, K. Danmark. In Cleere, H. ed. *Approaches to the Archaeological Heritage* [C]. Cambridge, Cambridge University Press, 1984: 21-36.

源有四种价值：象征价值、信息价值、审美价值和经济价值。（1）象征价值是指文物所拥有的能够提供与它们留存至今的过去提供可触及联系的能力，所以文物的象征价值类似我国的历史价值。象征价值能够用来传递广泛整合的信息，不断激活人们固有的信仰系统，并在多民族国家里唤起一种对共同起源或共同体验的记忆。这种历史文物被作为古老的物证，向社会成员提供一种该社群稳固性性和真实性的讯息。（2）信息价值是指文物能够为我们了解过去提供具体知识的能力。信息价值源自考古学、艺术史、建筑史和历史地理的科学研究，所以它类似我国的科学价值。然而，科学价值并不固定，其评判的标准会因研究目标的转移而发生变化。例如，炭屑和木头在放射性碳测年方法发明之前并没有什么价值。在聚落考古发展起来之前，只有典型的和大型遗址才是重要的。但是，对研究生计方式的重视，使得一些小型的短期栖居遗址变得十分重要。而景观考古学价值的提高，使得遗产保护方式从个别遗址和局部的保护转向景观的整体保护。可以想象，未来研究目的和水平的提高也会使遗址重要性的标准进一步发生变化。（3）审美价值直接来自文物在人们心理上唤起美感的能力，因此它类似我国的艺术价值。文物的审美价值可以和象征性一起来彰显重要的历史背景。但是，文物审美价值的利用也可以与它们的历史背景和象征意义无关，甚至可以被用来扭曲历史。文物的审美价值与市场联系在一起，会造成对考古遗址的盗掘和文物走私，并使文物造假和赝品销售活动猖獗。（4）文物或文化遗产难免于将所有成本/收益用金钱来衡量的结果，尽管有些文物的价值无法估量和无法替代。文化遗产在几个方面与经济价值有关，一是它们的实用价值，即它们能够满足今天社会的物质需求，如古建筑今天仍然能够满足各种需要。二是文物的象征和美学价值可以因为人们愿意参观、拥有和投资而体现其经济价值。比如，文化旅游是世界各国主要的经济产业，而文物收藏也促成了文物拍卖的天价记录。三是文物的信息价值往往无法直接转换为经济价值，由于有些文化遗产因评估和保护会影响到商业开发，因此常常会被政府部门和开发商视为经济发展的负面因素。而文化遗产的信息是最容易被收益/成本考虑而牺牲掉的价值。许多珍贵的考古遗址不得不从基建成本考虑而被发掘清理，无法完整保存下来①。

美国学者格拉索对考古资源的价值提出了五项标准：（1）遗存的多样性，保存信息愈多相对愈重要。（2）遗存数量愈多相对愈重要。（3）遗存相关背景愈清晰相对愈重要。（4）遗存扰动愈少相对愈重要。（5）栖居环境信息愈多相对愈重要。作为文化资源本身价值，格拉索也有四条判断标准：（1）遗址价值，一般是物以稀为贵。（2）在当地文化历史中的地位。（3）在土著文化中的地位。（4）从经费支出上考虑的保护价值②。

一些学者呼吁，为了保护文化遗产资源，考古学家不应从自己研究兴趣出发而随便发掘遗址，一些遗址必须为未来的研究而作妥善的保护。发掘一个遗址要考虑能否最大限度地利用这一资源③。新西兰考古学家贝亚德呼吁：没有明确目的和意义的任何考古发掘都是在浪费全人类的精力④。

---

① Lipe, W. D., Value and meaning in cultural resources. In Cleere, H. ed. *Approaches to the Archaeological Heritage* [C]. Cambridge, Cambridge University Press, 1984: 1-11.

② Glassow, M. C. Issues in evaluating the significance of archaeological resources. *American Antiquity* [J], 1977, 42 (3): 413-420.

③ Green, D. Comments on Schiffer and House's article. *Current Anthropology* [J], 1977, 18 (1): 56-57.

④ Rayard, D. Comments on Schiffer and House's article. *Current Anthropology* [J], 1977, 18 (1): 54-55.

2.7 合同考古学

1970年之前，美国的文物考古工作只是大学和博物馆里一些专业考古学家的纯学术研究。自文化资源管理法案实施后，文物考古工作发生了一种质变，即文物考古研究的重心从纯学术的研究转间文化资源管理的合同制研究，因此考古学家不但要有专业知识，而且还要有管理知识。考古学家也不能再随心所欲地发掘遗址，一些遗产必须保留作未来之用。遗址的发掘审批也更为审慎，考虑被发掘遗址的文化资源能否被最大限度地利用[①]。由于配合基建工程的考古工作量愈来愈大，合同考古学开始形成一支独立的机构和专业队伍，具备专业资质的考古学家可以开设考古咨询公司，为基建部门和有关客户提供咨询、评估、调查和发掘等服务，而这种工作会采取合同招标的形式。考古学家必须有特殊的公关能力来应付商业性极强的咨询谈判业务。一些联邦或土地管理部门由于本身工作的性质与文化资源管理关系切．直接就雇用考古学家参与工作决策与评估，并在考古研究上投下可观的经费。目前，美国的考古学家中大约有85%的人从事与合同考古学相关的工作。这既提供了考古学家的就业机会，也保证了文化资源管理由专业人士主持。同时，这些进行管理工作的考古学家并未放弃科研，他们利用文化资源管理的经费与项目研究机会，深入自己的研究课题。合同考古学改变了考古队伍的性质和结构、专业力量分布和学术研究的基础。

2.8 职业道德和专业伦理

1975年，美国成立了专业考古学家学会。该学会的目的是通过颁布专业伦理标准，对考古学研究和管理各领域从业者进行资质认定，并颁发合格证书。专业伦理标志定义了专业考古学家在材料采集和解释，研究成果的交流，以及与其他机构与专业人士之间关系应尽的职责。由美国考古学学会（SAA）公布的9条专业伦理标准如下：

标准一

管理工作考古记录，即原地出土的考古材料和遗址、考古学采集品、记录和报告，是不可替代的。所有考古学家的职责就是要通过践行和促进管理工作来长期保存和保护考古记录。管理者是为了所有人的利益而对考古记录进行看管和守护。当他们对考古记录进行研究和解释时，他们应该利用他们所获得的专业知识来增进公众对这种长期保存的理解和支持。

标准二

责任心负责的考古学研究包括各个层面的专业活动，都要有一种对公众负责的意识，并承诺尽一切合情合理的努力，真诚地与相关团体积极协商，以期建立一种有利于相关各方的工作关系。

标准三

美国考古学会一贯认为，商业化长期以来对脱离了考古背景的文物进行买卖，对美洲大陆和世界各地的考古记录造成了破坏。出土文物的商业化——它们被作为供个人欣赏或牟利的商品进行开发——导致了对理解考古记录至关重要的考古遗址及背景信息的破坏。因此，考古学家应该根据潜在

---

① Dunnell, R. C. Trend in current American archaeology. *American Journal of Archaeology* [J], 1979, 83: 437－449.

会提高出土文物商业价值的代价，来仔细权衡某研究项目的效益。只要有可能，他们应该抵制并身体力行来阻止那些会提高出土文物商业价值的活动，特别是那些没有被公共机构所保管的、或可供科学研究、公共解释和展示的文物。

标准四

公众教育与推广考古学家应该与其他对考古材料感兴趣的人士进行接触和合作，以改善对考古记录的保存、保护和解释。考古学家特别应该承担以下的工作：（1）争取公众对考古材料管理工作的支持；（2）解释和推动利用考古学方法和技术来理解人类的行为和文化；（3）传播对过去的考古学解释。考古学有许多公众，包括学生和教师；从考古记录中发现他们文化遗产重要内容的美洲土著和其他民族、宗教和文化群体；立法者和政府官员；记者、新闻工作者和其他媒体从业者；还有一般公众。无法直接对公众进行教育和推广的考古学家应该支持和鼓励他人从事这些活动的努力。

标准五

知识产权作为通过考古资源研究产生的知识和文件所构成的知识产权，是考古记录的组成部分。因此，应该按照管理工作的伦理标准来对待它，而不应将它当作个人财产。如果有令人信服的理由，而没有法律限制或权益上的不妥，研究者可以在有限和合理的时间内优先得到原始材料和文件，之后必须将这些材料和文件供他人使用。

标准六

公开报道和发表在合理的时间内，从考古记录研究中获得的知识必须通过可获取的形式（以出版或其他方式）呈现给尽可能多对此感兴趣的公众。出版物和其他形式公开报道所依据的文件和材料应该存放在适当的地方，以供永久保存。当发表和传播有关考古遗址的性质和地点信息时，必须考虑到遗址原地保存和保护的利益。

标准七

记录与保存考古学家应该为考古材料、记录和报告的保存和长期提供各种方便而积极努力。为此，他们应该鼓励同行、学生和其他人，在他们的研究中对采集品、记录和报告负责地加以利用，以作为考古记录原地保存的一种手段，以及作为增强对已被移除并已纳入考古学采集品、记录和报告中的这部分考古记录加以关照和重视的一种手段。

标准八

训练与资源考虑到大部分考古调查具有的破坏性，考古学家必须确保他们拥有足够的训练、经验、设备和其他必要支持，在他们启动任何项目时，能以一种与上述伦理和当代专业实践标准相符的方式从事研究。

标准九

安全教育与工作环境考古学家在所有工作、教育和其他场合，包括野外工作和会议，有责任训练下一代考古学家。这些职责部分包括为学生和学员创造一个能给予支持和安全的环境。这包括了解他们本国和研究机构所在地涉及性骚扰和性侵、性别认同、性取向、族属、残疾人、国籍、宗教或婚姻状况的法律和政策。美国考古学会的成员应该遵守这些法律，并确保他们作为指导者在这些工作和教育场所负责任地发挥作用，以避免触犯这些法律，并保持安全和受尊重的工作和学习环境①。

2.9 高校人才培养

现今的美国考古学主要是文化资源管理考古，大部分考古学家从事的都是非学术的工作；即便是从事学术工作的考古学家也大量地参与到文化资源管理的工作之中。有数据显示，在1992年，投入到文化资源管理考古的经费就已是学术研究经费的20倍②。目前，每年投入到文化资源管理的资金约10亿美元③。20世纪末，超过三分之二的美国考古学家是在从事文化资源管理的工作④。目前，有超过85%的考古学家从事的是文化资源管理的工作⑤。美国考古学会（SAA）在其网站回答公众问题的部分就指出，今天的考古学家多数是从事文化资源管理工作的⑥。

1998年，一批资深考古学家在弗罗里达州的大沼泽公园开会，讨论21世纪的考古学教育。他们提出了考古学发展方向的几项变化：（1）职业考古学家数量激增，但是多数是在非学术岗位上工作。这些专业人士的职业一般本科和硕士就能胜任，无需博士学位。（2）公众对考古学的兴起持续增长，使得“干考古”成为更加复杂的工作，考古工作需要公众的理解和经费的支持。（3）人类活动对考古资源的破坏加剧，文物市场兴旺。（4）文化资源管理成为考古学的重点。（5）考古学已成为集科学、管理和技术为一体的学科，它不再是过去那种单一的研究型学科，已经和社会、政治、经济紧密结合在一起⑦。考古学家的工作还受到法律的制约，需要有一套职业的道德规范⑧。会议希望通过这次讨论，思考高校怎样教授考古学知识，促成学校课程的改革。他们希望高校能建立起一系列高质量的本科、硕士和博士课程，重塑学士和硕士学位的价值，让学生有更多可选择的道路，而不只是选择继续念到博士。而最重要的，是使考古教育能够符合社会实践的需要。

就业市场和专业人员知识背景的变化，使得美国高校考古专业的课程设置发生了很大的变化。考古专业不再以培养研究性人才为主，而是涉及到文化遗产管理的方方面面。以这一转型做得很好的波士顿大学为例，在本科课程中设置了《遗产问题：遗产管理导论》《文化遗产与外交》《保护世界遗产：原则与实践》《考古遗产管理与考古收藏管理研究：策展与公众阐释》《考古道德规范与法律》等。自1970年文化资源管理开展以来，许多高校为了应对文化资源管理人才的需要，在人类学系专门

---

① http://www.saa.org/AbouttheSociety/PrinciplesofArchaeologicalEthics/tabid/203/Default.aspx

② Green, W. and Doershuk, J. F. Cultural Resource Management and American Archaeology [J]. *Journal of Archaeological Research*, 1998, 6 (2): 121-167.

③ American Anthropological Association. *Changing Face of Anthropology: Anthropology Masters Reflect on Education, Careers, and Professional Organizations* [EB]. American Anthropological Association, 2010: 2.

④ Green, W. and Doershuk, J. F., Cultural Resource Management and American Archaeology [J]. *Journal of Archaeological Research*, 1998, 6 (2): 121-167.

⑤ American Anthropological Association. *Changing Face of Anthropology: Anthropology Masters Reflect on Education, Careers, and Professional Organizations* [EB]. American Anthropological Association, 2010: 2.

⑥ http://www.saa.org/publicftp/PUBLIC/faqs/students.html#2

⑦ McGimsey, C. R, Ⅲ and Davis, H. A., The Old Order Changeth; Or, Now That Archaeology is in the Deep End of the Pool, Let's Not Just Tread Water [A]. In Bender, S. J. and George S. Smith, G. S. *Teaching Archaeology in the 21st Century* [C]. U. S. A., The Society of American Archaeology. 2000: 5.

⑧ Lipe, W. D., Archaeological Education and Renewing American Archaeology [A]. In Bender, S. J. and George S. Smith, G. S. *Teaching Archaeology in the 21st Century* [C], U. S. A., The Society of American Archaeology. 2000: 17-20.

设立了与之相关的硕士课程和研究方向。与我国专硕相似的“应用考古学硕士”的课程也应运而生，主要开设与合同考古和遗产管理的应用型知识。以亚利桑那大学为例，他们的应用硕士课程除了经典必修的人类学和考古学专业课程以外，还包括：《文化资源管理》《专业技能与道德伦理》《与土著社群后裔一起考古》《考古学保护导论》《文化接触与殖民主义》《美洲印第安人、人类学与法律》等。培养的专业人才主要是为文化资源管理收集考古遗址的信息；从受到威胁的遗址上重获考古资料以减少土地改造项目对它们的影响；根据历史保护法管理历史资源；协助土著群体鉴定他们的传统文化，并管理他们的遗产；通过“保存考古”的手段来创造一个稳定的文化环境。这些课程设计在考古学理论、方法、技术与文化资源管理实践之间有很好的平衡，并专门开设《职业技能与道德规范》，以训练学生在实际操作中的职业技术及必须遵守的道德规范。考古学专业训练是一个重要的问题，因为它不仅关系到每个学生，更关系到学科的未来。这个问题，不只是职权部门或教育学家需要考虑的。它需要考古学家的参与。所以，对这一领域，考古界应该予以更多的关注①。

三、公共考古学的要义

最初在美国产生的“公共考古学”概念是指由政府管理的从公众共同利益出发的考古学实践，即由一个形形色色而且互有竞争的大众群体以他们自己的方法来阐释过去。它涵盖了文化资源管理的执行，以及教育考古学和在公共场所如学校、国家公园、博物馆对公众的阐释②。1972 年，美国考古学家查尔斯·麦克基姆西在《公共考古学》一书中提出了这个术语和理念，在将公众的利益引入文物保护之外，还将担任公众代言人和利益保护者的政府包括在内。因此，公共考古学要研究如何保证政府在履行公共利益的时候能够听取公众的意见，对其所作所为向公众负责。因此，从术语所指的范畴而言，公众是指非专业考古学家以外的社会群体，这两批人群有着相互交叉乃至截然相反的利益。为了保护人类的文化遗产和考古研究的可持续性，考古学界认识到，依靠他们的力量已经无法胜任这项工作，必须依赖全社会的介入，包括政府和公众。因此，公共考古学不单是面对公众的普及和提高，还要求政府的职能的提高和全面的介入③。

公共考古学还包含了在学校、公园和博物馆等公共场所进行的考古学公众阐释，重视向公众传递考古知识和信息。80 和 90 年代兴起的教育考古则将这种趋势推上了更加正规化和专业化的议程。教育考古以前通常是指在正式课堂教育环境中所进行的考古知识的传播，亦可用于不太正式的教育环境。但是，教育考古学开始侧重于在非课堂环境中向普通公众传递考古信息的方法和技巧，主要是指在博物馆、遗址公园、考古展览、文保人员对话、书籍、小册子、图片等环境和载体中所做的考古知识和信息的公众介绍。教育考古和考古学公众阐释的目的是使公众有能力参与历史和考古阐释的判断性评估，并更好的理解过去怎样和为什么与现在相关。

公共考古学需要认识以下几个问题：（1）考古学家通过科学研究对考古证据的阐释是初级阐释，

① 蔡经纬．中美大学考古专业课程设置的比较与借鉴［D］。复旦大学文物与博物馆学系专业硕士论文，2016 年。

② 约翰·詹姆森．付蓉译，陈淳校．美国的公共考古学［C］。文化遗产研究集刊，第 6 辑，复旦大学出版社，2013：433－456。

③ McGimsey, C. R, III, *Public Archaeology*［M］. New York, Seminar Press, 1972, 5－17,

这些阐释往往十分专业而且非常枯燥，只能在专业人员之间进行交流，无法为行外的公众所理解。所以为了普及考古发现的意义，并将研究的成果变为通俗易懂的知识，必须进行二次阐释，将只有专业人士才能理解的内容变为公众喜闻乐见的陈列和展示。（2）考古学家和公众之间应该是对话，而非单向展示和教育。这就是说，当公众在理解考古发现或内容阐释的时候，重要的是能够通过他们对考古发现的学习和认识与自身的生活相联系而有所启发，而并非要他们接受考古学界的主流思想或阐释观念。以专家观点为主要框架的阐释，是一种“展品视角”。从公众和观众本身的兴趣和感受出发建立的阐释框架，则是一种“观众视角”。要让公众了解文化遗产的价值，不但要求考古工作者有为大众服务的意识，也是对考古学家学术水平的挑战：未经深入，也无法浅出。把枯燥乏味的考古材料变成公众能够理解的话语和其他学科可以利用的知识，应当成为考古工作一项任重而道远的目标。

公共考古学最初源于1970年美国考古学家对保护考古遗存的承诺，继而很快在其他英语国家发展起来，之后慢慢扩展其范围，涉及到考古学与当下社会关系的诸多方面，今天它已引入许多非英语国家之中。考古学长久以来被视为象牙塔里的学问，考古学与公众的关系被忽略。然而，考古工作与百姓的生活、文物的收藏和鉴赏、博物馆知识的传播表现出关系越来越密切的趋势，于是考古学科与公众的关系成为一门专门研究的课题。2000年创刊的《公共考古学》杂志，其涉及范围涵盖了以下主题：考古学政策、教育与考古学、政治与考古学、考古学与文物市场、种族与考古学、公众参与考古、考古学与法律、考古经济学、文化旅游业与考古学等①。这表明公共考古学有着极其宽泛的研究范围，并不仅限于对大众的知识普及。

公共考古学是一个系统工程，需要政府和社会各界的热情支持和积极参与。就其发展的前景在很大程度上取决于考古学家自身的社会责任和为公众服务的意识和作为②。这项工程的根本目的是在于提高整个社会大众对文化遗产的保护意识和未来保存过去的觉悟，而不是局限在考古学小众知识的普及和传播。

四、对我国遗产保护的启示

借鉴美国文化资源管理和公共考古学的经验，对我们有重要启示的思考有以下几方面：

4.1 制定和完善文物法的量刑功能。美国的立法在颁布后不久，会对法律条款制定和颁布相应的执行条例，以便警方和监察机关对具体案情进行执法和起诉。我国的文物法缺乏配套的具体执行条例和量刑细则，所以在具体执法中难以起到实际的威慑作用和惩治文物犯罪。因此，我国文物法应当制定相应的刑法和民法的执行条例，以便公安和监察部门能够在执法中有法可依，而非简单以文物本身的价值来对犯罪行为量刑。针对文物保护中出现的具体情况，美国的文物保护法律会在30年里进行重大修订，以应付新出现的情况。我国的文物法也应针对各种新的形势和情况，在一定的时间范围进行

① 松田明、冈村克幸．赵荦、顾黎敏译，陈淳校．全球公共考古学的新视角［J］．南方文物，2014（3）：168－172。

② 李琴、陈淳．公众考古学初探［J］。江汉考古，2010（1）：38－43。

修订和完善。

4.2 政府管理部门和主要基建单位应当直接聘用或邀请专业考古学家参与工程规划，在项目起步阶段就将遗产保护考虑在内。做好文化遗产保护的顶层设计。

4.3 对全国不可移动的文化遗产进行编号，建立有全球定位系统定位的遗产分布图，并用地理信息系统构建不同时代的地面地下文化遗产分布图，以便文物管理部门的核查、管理和保护，并为所有城市规划和基建工程提供需要优先考虑和制定的保护预案①。

4.4 建立文物与遗产的价值评估体系，将文物的经济价值考虑在内。考古与文物界要抵制那些会提高文物商业价值的任何活动，特别是抵制和反对提高文物商业价值的鉴宝节目。政府应该加大对文物仿制和市场流通进行管理，避免赝品泛滥，冲击文化遗产的正常管理和利用。学术界应当对鱼目混珠的国宝帮采取相应立场，维护文物考古工作的纯洁性。

4.5 从大遗址保护的观念转向考古景观的整体保护。过去以典型遗址为导向的保护理念已经过时，文化遗产在过去是在其特殊的环境和社会背景中产生的，因此我们应该尽量把文化遗产特别是地面建筑原来发挥作用的景观一起加以保留和复原，并防止现代破坏遗产景观的各种行为。

4.6 文物是全人类的遗产，应该打破个人、单位和地方政府对出土文物的垄断，使得文物能在科学研究和公共展示中发挥最大的作用。应当厘清和规范考古单位和博物馆在文物研究、拥有、利用和展示之间的关系。消除本位主义，让文物尽量为社会和广大公众服务。

4.7 制定专业伦理标准，颁布从业人员资质的最低标准，确立公布考古发掘成果的期限和质量要求。发掘报告的质量应该从材料描述的基础层次上升到材料解释的层次，这样才能为公共考古学的二次阐释和博物馆展示提供深入浅出的科学依据和详细信息。

4.8 未来考古学的走向是偏向保护、利用与管理文化资源。考古专业的学生今后从事学术研究的毕竟是少数。实践中需要许多非学术型的考古工作人员。所以，高校考古专业的课程应当设置和加强“文化资源管理”这方面的内容和研究方向，以适应当下及未来研究、管理和实践的需要。专业硕士应该成为文化遗产保护的专门训练，而不应是一种变相的学术型训练。

4.9 考古学界应该把对公共考古学或公众考古学的理解从狭隘的知识普及中解放出来，转向考古学家与全社会的良性互动。改变大众视考古为挖宝的认识误区，以及改变媒体刻意追求考古发现轰动效应的做法，提高政府官员、媒体和社会公众对文化遗产保护意义和价值的认识。使得保护文物的理念深入人心。

五、小结

在文化遗产保护的进程中，各国的坎坷是相似的：保护与发展是文明与功利的较量；管理与研究总有貌合神离的尴尬；调查与评估得不到足够的经费和技术支持；而公众教育缺乏吸引力，无法在这

① 陈淳．为未来保存过去．美国、加拿大的文化遗产管理与合同考古学［J］。东南文化，1994（5）：60－66。

个信息爆炸时代和功利社会中引起人们的充分关注。

行至今日，困难与矛盾渐渐集中在上述几个议题上。将文化遗产保护的课题置于世界的视野之中，我们就会发现我国的困扰也是各国普遍的困扰，他国的发展经验能够作为我们的镜鉴。更重要的是，我们应当以全球的视野，从文化遗产保护的发展趋势中，发现自己哪里走在前列，而哪里尚有欠缺。而美国的文化资源管理给我们提供了值得镜鉴的他山之石。

我国的文明自上古至今未曾中断，拥有大量地上和地下的文化遗产，我们有责任善加保管。我国文化遗产是举世瞩目的瑰宝，在世界文化遗产保护体系中，我国文物保护工作也有待做出世人瞩目的贡献，既可告慰于先祖，也当无愧于子孙。

Cultural Resources Management and Public Archaeology in the US

CHEN Chun

(Department of Cultural Heritage and Museology, Fudan University, Shanghai, 200433)

Abstract Cultural Resources Management is the federal policy of the United States. The development of Public Archaeology is coincident with CRM. The paper outlines the emergence and development of CRM in the US, specifies nine aspects closely related with its practice, including legislation, compliance process, management precedure, management system, conservation idea, value assessment, contract archaeology, professional ethics, as well as academic training at universities. The concept of Public Archaeology was advanced in 1970s, which has released archaeology from a disciplinary ivory tower and become a heritage conservation movement directed by federal government, working with the communities of archaeology and museum, participated by the public. The coordination of CRM and public archaeology has laid a solid foundation for heritage conservation in the US in terms of regulation, practice, professional research, academic training and public education. Implied by these experiences, The paper gives nine suggestions for cultural heritage conservation in China, expecting to promote our heritage conservation enterprise to an advanced level in the world.

Key words Cultural Resources Management; Public Archaeology; the United States; implication

法国建成遗产的保护体系及对我国的启迪[①]

邵 甬[②]

（同济大学建筑与城市规划学院）

［摘要］在快速城镇化和全球化的背景下，建成遗产的有效保护与合理利用成为非常紧迫的问题。法国在长达一百多年的时间里，从文物保护到城市保护，从本体留存到价值重现，从专业保护到社会参与，形成了非常有特色也非常有效的建成遗产的保护体系，同时也非常好地处理了遗产保护与地方发展的关系，使遗产资源成为发展的资源。本论文系统介绍法国的建成遗产保护体系，重点分析每个历史时期建成遗产保护理念的转变与法律、政策、管理、教育等方面的紧密关系，以及如何与重塑民族自信、发展地方社会经济等结合的经验，并针对中国目前建成遗产的保护体系提出针对性的建议。

［关键词］法国；建成遗产；保护；价值重现

随着人们步入新的一个世纪，中国的历史文化遗产的保护事业也进入了一个新的时期。20 世纪末，有着几千年历史文化背景的中国人民对于历史文化遗产的认识经历了“封建糟粕”“落后”“现代城市的疮疤”的全盘否定阶段和发展与保护的辩证认识阶段，终于迎来了一个孕育着蓬勃生机的春天：价值观念逐渐统一，保护意识逐渐增强，保护类型渐趋多样，保护实践愈加具体；出现了不同的保护与利用的模式，如平遥和丽江、江南古镇、皖南古村落等。但是在快速城镇化和全球化的过程中，仍有大量历史街区、历史建筑被列入“棚户区改造”项目而拆除，产生“建设性破坏”；也还有大量的文物和历史建筑存在修缮方面的诸多问题，产生“保护性破坏”。

2014 年，习近平在北京市考察工作时作出重要指示：“历史文化是城市的灵魂，要像爱惜自己的生命一样保护好城市历史文化遗产”。“他山之石，可以攻玉”，从国内外的历史文化遗产保护的经验中，我们可以看到这是一项社会性和专业性都非常强的事业，但是在中国由于历史的原因，历史文化遗产保护的社会基础和专业技术都非常薄弱。众所周知，法国与中国一样拥有非常丰富多样的历史文化。今天，法国人已经不再仅仅局限于对作为国家象征或者历史见证的那些特殊的历史建筑遗产的修复，而是更加致力于对历史地段内的居民生活环境的改善以及对于历史文化遗产的再利

---

① 资助项目：国家自然科学基金资助项目（50978187）

② 邵甬：同济大学建筑与城市规划学院教授、博士生导师，参与 1999 年和 2006 年的法国国家建筑师培训，国际古迹遗址理事会乡土建筑科学委员会专家委员，中国城市规划学会历史文化名城规划学术委员会副秘书长，中国城市科学研究会历史文化名城委员会学术部副主任。主要研究领域包括：世界遗产保护、城乡文化遗产保护、城市更新等。E－mail：nyshao163@163. com。

用，成为可持续发展的重要资源①②。这与法国的历史文化遗产保护制度的完善以及专业人才的培养是密不可分的。

一、法国的建成遗产保护体系

1.1 文物建筑（Monument Historique）

在法国，历史文化遗产的概念是在18世纪末产生的。当时法国大革命使得整个法国的历史文化遗产遭到了空前的破坏：大量的文物建筑被砸、被转卖，甚至一块石头、一块石头地被转作别的用途。同时，历史文化遗产意识也随之产生，“破坏文物”（vandalisme）这个词出现。很多有识之士意识到历史文化遗产的重要性，并通过各种方式进行了呼吁③。如在1825年，著名文学家维克多·雨果在《对破坏者的斗争》一文中疾呼：“法国虽然被那些毁灭性的革命者、惟利是图的商人所破坏，她还是拥有丰富的法国式文物古迹。我们应该禁止锤子继续破坏我们祖国的脸面。需要有一个法律来阻止这一切。这是我们需要做的……对于一个文物建筑而言，有两个方面值得注意：它的用途和它的美观。它的用途主要是对于拥有它的人而言，而它的美观则是对所有的人而言。因此，所有人都没有破坏它的权利。”④

1830年，法国成立了专门研究文物建筑的国家机构，设立了文物建筑总监的职位。1840年，第一份文物建筑的分类清单产生，法国成立了直接受其内政部领导的文物建筑管理委员会，负责对已经清点过的文物建筑进行技术分析并且负责必要的修复工程。

1887年，法国第一部文物建筑保护相关法律颁布，并在1913年12月31日经过修订和完善，形成了在法国历史文化遗产保护史上非常著名的针对“文物建筑”的1913年《历史纪念物法》。该法律确定“文物建筑”为一个法定的概念，并明确规定：“文物建筑”作为公众利益受到保护⑤。同时根据文物建筑的历史、艺术价值，规定了两种不同程度的保护方式：一种是非常严格的，就是列级保护（Monument Historique Classé），要求对文物建筑从历史学的角度或者从艺术的角度来进行保护，保护要求比较严格。一种是登录保护（Monument Historique Inscrit），保护要求相对简单，主要是对文物建筑的变化进行监督和有效的管理，以保持和体现其价值⑥。

至2016年，法国全国已经有文物建筑45000处，其中列级的15000处，登录的30000处。在1913年《历史纪念物法》基础上，法国出台了一系列的法规、条例、政府决议，制订了一系列的强制性措施、鼓励性措施和惩罚性措施，以保证对“文物建筑”的保护和管理，并且鼓励其向公众开放，以实现其社会效益。

---

① 邵甬，阮仪三．关于历史文化遗产保护的法制建设——法国历史文化遗产保护制度发展的启示．城市规划汇刊，2002，(3)：57－60.

② 邵甬．法国建筑、城市、景观遗产保护与价值重现．上海：同济大学出版社，2010.

③ Réau L. Histoire du Vandalisme, les Monuments Détruits de l'Art Français. Paris: Editions Robertï Laffont, S. A., 1994.

④ Hugo V. Guerre aux Démolisseurs. 1825.

⑤ 此法中的历史纪念物包括了“可移动纪念物”和“不可移动纪念物”两大类。本文专指“不可移动纪念物”，因此翻译为“文物建筑”，以明确所指，并有助于理解。

⑥ Dussaule P. La loi et le service des monument historique francais. Paris: La documentation française et Caisse Nationale des Monuments Historiques, 1973.

图1 列级保护的中世纪文物建筑

图2 登录保护的现代建筑

1.2 景观地（Sites）

18世纪末，法国著名的启蒙思想家卢梭发起的对自然的崇拜思想，强调从丰富多彩的大自然中汲取营养，主张将自然的无穷魅力与人类的崇高心灵交织在一起。在19世纪末，产生了第一批自然景观地保护组织与工业社会造成的破坏和污染进行对抗。在 1890 年成立了法国旅游俱乐部。

图 3 自然型的景观地

图 4 城市型的景观地

1906 年，法国通过第一个有关“景观地”的法律，1930 年对这个法律进行了补充完善，形成了有关自然性建筑以及具有艺术、历史、科学、传奇和画境特色的自然景观地的法律，人们习惯将这个法律称为 1930 年《景观地法》。这个法律也包括两种等级的保护方式：列级与登录。

“景观地”首先主要是限定在一些自然物上，如瀑布、泉水、岩石、岩洞、树林等，后来逐步扩大到人们创造的田园景观以及城市中的特色景观，如巴黎城区内的战神广场（Champ – de – Mars），即埃菲尔铁塔所在的区域被认为是巴黎市非常重要的城市景观而被列级保护。目前巴黎环线以内大约有 80% 的面积被登录在景观地的补充名单上。

根据 1930 年《景观地法》第 12 条的规定，被列级保护的景观地“除非有特别的准许，禁止任何破坏、改变其面貌状况”。因此，所有可能引起列级景观地的性状及其完整性改变的项目，如立面维修、树木裁减、插建建（构）筑物等都受到严格的控制。而对登录的景观地控制则要相对灵活很多。至 2016 年，法国共有景观地 9000 个，其中 3000 个列级景观地、6000 个登录景观地[①②]。

1.3 文物建筑周边环境（Les Abords des Monuments Historiques）

20 世纪初开始的技术革命、城市化等从根本上改变了城市的风貌景观，人们开始考虑不能仅仅保护那些杰出但是孤立的文物建筑，而且还要关注与该文物建筑息息相关的城市的肌理、城市的景观。虽然在 1913 年《历史纪念物法》中已经提到了有必要对文物建筑的周围建筑进行特别处理以突出、协调以法律名义受到保护的历史建筑。但是，由于没有提出具体的范围和措施，保护的意义受到了限制。因为，一方面，该法律仅仅关注到与文物建筑有直接关系的环境，另一方面，它主要回答的是物质方面的安全与卫生。事实上，某些已经被破坏的周围环境已经影响到了处于其中的文物建筑的美学价值和历史价值。

图 5　文物建筑的周边环境

① Audrerie D. La Notion de la Protection et du Patrimoine. Paris：Presses Universitaires de France，1997.

② Babelon J. – P.，André Chastel，Linana Levi. La notion de patrimoine. Paris：Editions Liana Levi，2000.

人们逐渐地意识到文物建筑与围绕它的空间是不可分离的。所有的邻近环境的改变，不管是自然的，还是人工的，都会影响到人们的感觉。因此，在1943年法国通过了一个关于“文物建筑周边环境”的法律，建立了一个以文物建筑为中心的500m为半径的圆周保护范围。

与“文物建筑”和“景观地”的复杂的登录程序不同的是，“文物建筑周边环境”的概念、范围以及保护措施是自动生效的，即一旦某个“文物建筑”被确定，在其周边便自动形成500m为半径、约78.5ha的面积的保护范围，在其中的建设活动都受到严格控制。包括：在“文物建筑周边环境”中不能有任何没有得到特殊准许的建设活动，保护和文物建筑息息相关的自然元素（独立的树木、树篱，成行的植株、树林等），保护围绕文物建筑的建筑物，保护基地上或街道上的特征（城市家具、铺地材料、公众照明等），这些周边环境都具有类似“珍藏首饰的首饰箱”（l'écrin qui met le bijou）的作用。

与此相关的另一个概念是可视范围（le champ de visibilité），这个概念包含了两层意思：从文物建筑的可视性，以及在文物建筑和所研究建筑之间的互视性。这个更多是从美学角度上考虑的概念要求（法国）国家所委派的工作人员在现场进行非常细致的个案研究。

由于在法国几乎每个市镇都至少有一个被列级或登录的文物建筑，因而其覆盖的范围是非常大的①。

1.4 保护区（Secteur Sauvegardé）

20世纪50年代末的法国，对于今天的我们来说是很难想象的：城市被战争毁坏，街区残破和肮脏……有大量的城市中心区尤其是历史地区被定为“不卫生地区”。人们纷纷拆除或者重建城市。但是很快发现：城市的特色风貌景观快速地消失了。人们也很快意识到：巴黎之所以是巴黎，里昂之所以是里昂，并不是因为其郊区的景观有所差别，而在于其历史悠久的城市中心，在于其在不同的时代背景下所形成的历史街区②③④。

在这种情况下，出现了“保护区”的概念和1962年的《马尔罗法令》。同时明确了保护所要达到的是一个双重目标。

“保护一个历史街区需要同时保护其外立面和更新其室内。修复的具体实施方法包括保护街区特有的性格，并且对建筑物进行整治，使得建筑物居住起来更加现代、更加舒适。修复工作需要达到两个方面的目的：保护我们的历史文化遗产和改善法国人民的生活和工作环境。”——André Malraux：Extraits du discours à la loi du 4 août 1962.

（1）保护历史文化遗产的目标：将保护的范围从对单体建筑的保护扩展至对历史环境的保护。直到1962年8月4日，法国的历史文化遗产保护的法律主要是在对文物建筑和其周边环境的保护上。但是，许多城镇的历史价值、文化价值和美学价值就在于城市肌理和组成城市肌理的建筑与空间的协调

① Backouche I. La commission des Abords depuis la seconde Guerre Mondiale. Paris：Ecole des Hautes Etudes en Sciences Sociales，2006.

② Morand - Deviller J. Patrimoine Architectural et Urban. Paris：Edition du Juris - Classeur，2000.

③ Andrieux J - Y. Patrimoine & Histoire. Paris：Editions Belin，2005.

④ Ministère de la culture et de la communication. Les Secteurs Sauvegardés. 2000.

整体性。1962 年的《马尔罗法令》确认了把历史文化遗产的范围向这种历史环境的扩展。

(2) 城市规划的目标：提供一种新的城市更新方向。城市更新的方式不仅是物质的更新，其更加重要的评价标准是能否改善环境品质以及带来新的活力。

在该法律中提出了“保护区”的指定制度，即“保护区”的设立是国家根据建筑、艺术、历史、人文等方面的标准进行鉴定后强制确定的。并且明确提出要制订一个长期的《保护与价值重现规划》(PSMV)，通过这个规划对保护区进行非常细致深入的全面研究，同时在充分考虑所有必要的美学、技术等方面的因素，确定具体和深入到可以实施的保护与整治的措施。

PSMV 具有与一般城市规划不同的特性：(1) 强调对历史文化遗产的保护，是城市历史文化遗产保护和协调的基础；(2) 强调对历史文化遗产价值的重现，是城市历史文化遗产修复和再利用的指导；(3) 包含土地利用规划的内容，包括社会、经济、功能等方面，考虑保护区内居民有关居住、就业、服务和交通等的需求。使得历史文化遗产的保护纳入到不断发展的城市建设与管理的完整体系中，从而保证保护区的活力。

图 6　里昂保护区

出于国家强制性的特点，PSMV 的编制权和审批权一直保留在国家的手中，甚至在 1983 年以后城市规划的大部分权力下放到地方的背景下，PSMV 成为唯一的还是由国家层面进行编制和管理的城市规划文本。因此，在被划为保护区的范围内，PSMV 是唯一有效的城市规划文本，即地方政府不再编制该范围内土地使用规划，或者即使有土地使用规划也会被 PSMV 所取代。因此，在很多法国历史城市的总体规划图中，经常会出现有明确边界的空白，这就是保护区所覆盖的范围。

与“文物建筑”相对应，法国在中央主管建筑的部委下成立了“保护区全国委员会”，主要保证保护区的保护政策以及讨论有关 PSMV 的制订、修改和审核。在地方，所有的工程项目甚至包括室内改造工程都必须经过法国国家建筑师 (Architects des Bâtiments de France) (见下文) 的同意，从而保证了保护的原则不受地方利益的左右。

到2016年为止，全法国有110个保护区，大约覆盖6000ha的土地，其中有大约800000名居民生活在保护区中。而与居民相关的补偿、租赁、参与、知晓等权利和义务也在法律中有明确的规定。

1.5 建筑、城市和景观遗产保护区（ZPPAUP）

“建筑、城市和景观遗产保护区”（Zone de Protection du Patrimoine Architectural，Urbain et Paysager，ZPPAUP）的建立主要有三个方面的原因①②③。

（1）修正“文物建筑周边环境”的概念。到1983年为止，法国已经有33500个建筑被以“文物建筑”的名义列级或者登录，同时也确定了对其周边500米半径内的环境的强制性保护。这个强制性措施在实施过程中出现了新的问题——对所有的建筑物的保护范围都是同样的机械划定，而不考虑该文物建筑的特点，也不考虑其周围直接的环境，比如一个城堡和一个喷泉的周边环境保护范围是一样的。但是在具体管理中，要由法国国家建筑师进行“一个案例、一个案例”的研究，使得国家建筑师的负担非常繁重和琐碎。因此人们越来越希望在众多的文物建筑的周边范围内事先建立一套“游戏规则”。而ZPPAUP主要就是为每一个文物建筑限定一个适合其本身特征的保护范围，保护其所特有的个性以及其所在场所共同的形象。

（2）加强对城市和乡村历史文化遗产的保护。在1980年初期，人们意识到对于不具有特别突出的艺术、文化价值但是却能够体现该城市或者乡村的特性风貌有重要作用的区域的遗产的保护的必要性。因此，ZPPAUP的确立有时仅仅因为该遗产本身具有与众不同的品质，甚至ZPPAUP中不一定要有文物建筑的存在，它可能就是一个有特色的小镇，或者本世纪初甚至战后新建的城市部分、工业区等各种有场所特色的区域。从而将遗产的概念扩展到了更为普遍的意义上。

（3）发挥市镇在对其历史文化遗产的管理和开发利用的过程中积极的作用和责任。ZPPAUP的产生与法国1983年的《地方分权法》有直接的关系。法国通过《地方分权法》后，市镇当局具有城市规划和城市管理的权力，他们可以自行制定和管理土地使用规划（POS），并且具有发放建筑许可证的权限。但是同时，国家仍将具有国家利益的权力紧握手中，其中就包括对历史文化遗产的保护权力。因此，前文提到的“文物建筑”“景观地”“保护区”的保护和管理的权力还是由国家以及国家在地方的权力机构负责。ZPPAUP的建立使得市镇在对其所属土地进行城市规划的同时，有可能和国家一起共同保护其所属土地上的其他的历史文化遗产。ZPPAUP的成功之处在于其工作方式，这种方式建立了在国家（主要保证对国家历史文化遗产的保护）与地方市镇（主要负责对其领域内进行城市规划）之间的对话，促进了对地方性历史文化遗产项目的协调和升值。

随着人们对历史文化遗产概念扩展的普遍认识以及历史文化遗产在城市中所起的积极作用，ZPPAUP越来越成为国家、地方和民众都乐于接受的一种既灵活又有充分保障的保护制度。到2016年，

① Direction des journaux officiels. Protection du Patrimoine Historique et Esthétique de la France. Paris：Les Edition du Journal Officiel，1997.

② Leniaud J－M. Chroniques patrimoiniales. Paris：Norma Editions，2001.

③ Ministère de la culture et de la communication，Direction de l’Architecture et du Patrimoine，Ministère de l’Aménagement du Territoire et de l’Environnement，Direction de la Nature et des Paysages. Zones de Protection du Patrimoine Architectural，Urbain et Paysager. 2001.

图7 建筑、城市与景观遗产保护区

法国全国约有1000个“建筑、城市与景观遗产保护区”。

综上所述，法国的建成遗产概念在不断发展：从单体的文物建筑扩展到人类活动的所有记忆场所，扩展到城市区域和景观。目前，法国的建成遗产保护区域已占据了整个国家领土的6%，某些省已占到了1/6的面积，甚至有些城市整个城区都在保护范围内。同时，法国民众也认识到文物建筑和城市空间还要再发展以适应新的用途和现代的生活方式。因此，新老建筑如何并存，老街区和新开发区的和谐关系成为其考虑的核心问题。

二、法国的建成遗产保护管理体系

经过一百多年建设，法国的遗产保护管理体系堪称“完善”，主要表现在两方面：（1）管理权限覆盖率非常高，几乎遍布所有需保护的区域，从而保证保护对象都置于严格的管理控制之下；（2）管理队伍专业化程度非常高。遗产管理的主要人员都是经过非常严格“精英式”训练的技术官员，他们在管理过程中又受到非常严格的监督和得到专业咨询机构的帮助。可以说，法国完善的遗产保护管理制度以及人才培养制度是法国遗产保护卓有成效的关键①。

2.1 遗产保护管理体系

2.1.1 中央文化遗产保护机构

在法国的中央政府中，“文化与交流部”（Ministère de la Culture et de la Communication）下属的

① Ministère de la culture et de la communication, Direction de l'Architecture et du Patrimoine. SDAP. 2001.

“遗产总司”（Direction générale des patrimoines）负责法国的文化遗产保护。其主要职能是在整个国家普查、研究、保护、维护和宣传建筑、城市、遗产及法国丰富的艺术；关注建筑师创作活动，促进实施相关法规；关注遗产保护状况，促进保持传统技艺，参与组织有关建筑和遗产的教育、培训和研究。

2.1.2 中央派驻地方文化遗产保护机构

法国虽然建立了强大的中央遗产保护机构，但他们深知遗产保护关键在于日常管理，为此，法国在地方派驻了强大的机构进行日常管理，这就是省级建筑与遗产局①。两者之间的大区文化事务厅主要起协调管理的工作。

省级建筑与遗产局最主要的职责就是保证国家（负责保证公共利益）和地方城市（1983年《地方分权法》之后负责所属区域的城市规划）之间的对话，协调城市规划和建成遗产保护的政策。

这些省级建筑与遗产局会同国家相关部门、地方政府共同研究保护空间的价值、保护管理的规定。一旦这些规定在地方和国家层面得到批准，省级建筑与遗产局就要负责对这些空间中的建设、拆除、土地划分、城市规划、电力线设置、树木砍伐、招牌广告设置等项目的许可签署意见。根据保护程序和工程类型，意见分为强制性意见（avis conforme）和非强制性意见（avis simple）。颁发许可证的职能部门（市长或省长）必须遵从强制性意见。否则，由大区区长征求大区遗产和景观地委员会意见后做出裁决。非强制性意见是作为参照执行的。文化部可以要求提审卷宗，提出意见（其意见也可能是强制性或者非强制性的）取代地方颁证机构做出的决定。

整个法国一共有100个省级建筑与遗产局，约800名公务员。这些公务员主要由三部分专业人员组成：200名“国家建筑师”，保证了省级建筑与遗产局的运转；300名工程师，作为技术人员协助国家建筑师工作；300名行政管理人员，负责文秘和行政管理工作。

2.2 地方遗产保护日常管理

法国遗产保护的日常管理主要是将遗产管理的要求“嵌入”城市规划管理体系中。也就是说在城市规划管理的“建设许可制度”和“拆除许可制度”中前置上述保护部门依据保护规划和要求做出的“许可意见”，确保在城市建设过程中遗产保护和建设品质。

一般情况下，涉及保护区域的项目，在建筑师的方案初稿出来时，就会进行讨论。参与讨论者包括地方城市规划管理部门、各类地方协会和委员会、负责城市规划协调的省级装备局和代表省级建筑与遗产局的国家建筑师等，他们分别从各自部门的角度对初步方案提出意见；市长如果想对该项目有影响的话也会参与该讨论。讨论结果往往会要求建筑师完全推倒原来的想法重新进行设计，或对原方案进行重大修改。只有在方案大方向基本满足各方要求，并符合法律情况下，建设方才会向市政府申请建设/拆除许可。一般程序为：首先，由国家建筑师根据相关规定对方案进行判断，提出意见。文化部有可能对特别案例进行提审。然后，市政府做出许可决定。无论同意还是拒绝，市长都需要签字。接着，进行公示。如有不同意见，任何人在2个月内可以向行政法院上诉。如果一切顺利，在工程结束时，还需要对工程进行验收，以检查工程实施的实际情况是否和所颁布的许可证要求一致。该程序

① Ministère de la culture et de la communication, Direction de l’Architecture et du Patrimoine. SDAP. 2001.

看上去很清晰，但由于每个地方的政治、文化和经济背景很不同，法国的遗产管理也并不总是那么“顺利”，但“制度”起到了关键的保障作用①。

三、法国的建成遗产保护管理体系中“专业人员”的关键作用

所有的制度是否有效执行，与“人”密切相关。而法国的建成遗产保护管理体系中“专业人员”是其制度成功实施的重要保障。经过100多年的努力，法国建立了非常完善的建成遗产保护教育体系，并且与现行的遗产保护制度非常紧密地结合起来。

法国的建筑遗产保护管理体系中的“专业人员”有三类：遗产建筑师（architectes du patrimoine）、文物建筑主任建筑师（Architectes en Chef des Monuments Historiques）和国家建筑师。

3.1 遗产建筑师

遗产建筑师是那些已经有建筑师执业资格和一定的实际工作经历，并在历史建筑修复、保护、价值重现、改造和再利用以及在历史城市保护等方面有深入的专业化学习并且获得证书的建筑师。获得这个资质的建筑师能够参加文物建筑的调查、研究、修缮工作，保护区的研究和保护规划的编制工作，建筑、城市与景观遗产保护区的研究和保护规划的编制工作等。

3.2 文物建筑主任建筑师

文物建筑主任建筑师是专门负责文物建筑修缮的半公务员性质的建筑师。其产生可以追溯到1897年，随着有关“文物建筑”的法律的颁布，法国设立了“文物建筑署”（service d'architecture des monuments historiques），并设立“文物建筑师”进驻文物建筑修复现场，专门负责维修项目。“文物建筑主任建筑师”的职责有四个方面：（1）根据1913年《历史纪念物法》来判断某建筑或某建筑物局部是否值得保护，对普查工作提供建议和意见；（2）和国家建筑师一起监督列级或登录文物建筑的状况，向行政部门建议采取必要的措施来保证建筑的妥善保护，并在获得大区文化事务厅同意后，对受到威胁的列级建筑采取有效保护措施；（3）在文物建筑部门签署有关文物建筑工程许可前，对由建筑产权人和使用者提出的该建筑修缮和改造工程计划提出意见，并保证该工程和许可意见相一致；（4）对保护建筑的使用和价值重现提出建议。

文物建筑主任建筑师通过公开考试进行选拔。候选人年龄不超过45岁，并具有建筑师资质。入选者只有在18个月试用期以后考核合格，才能被正式任命。由于选拔的严格性，文物建筑主任建筑师人数非常有限，全法国只有五十几位。他们具有非常丰富的实践经验，掌握非常高超的修复技术，包揽了法国列级文物建筑的修复工程，从而在技术上保证了法国文物建筑的保护和修复品质。

3.3 国家建筑师

国家建筑师是直属中央政府的遗产管理公务员，大多数被派到中央派驻地方机构（主要是省级建

① Preschez P. L'architectes des Bâtiments de France d 'hier à aujourd'hui 1897－1996，La pierre d'Angle，n°21/22，1997.

筑与遗产局）工作，是法国城市建设和遗产保护方面的核心管理团队[①②]。

20世纪以来，随着景观地、文物建筑周边环境等保护空间的产生，文物建筑主任建筑师已经无法完成所有相关管理，因此主要致力于文物建筑本体的保护工程和管理的工作。在这样的背景下，1946年2月21日，国家在地方建立服务机构“法国房屋署”（Agences des Bâtiments de France），任命“法国国家建筑师”负责管理文物建筑和一般的民用建筑——这是该名称的由来。法国国家建筑师的职责随着保护制度的发展而不断扩大。

首先，他们直接管理属于法国文化部或国家资助的列级文物建筑项目的日常维护修缮工程。

其次，他们通过给建设许可证出具同意或不同意的意见，保证新的建设不破坏文物建筑及其周边环境和景观地的整体环境。随着1962年保护区制度和1983年ZPPAUP制度建立后，法国国家建筑师逐步确立其作为“管理主体”的地位。

第三，随着“省级建筑与遗产局”代替二战以后的“法国房屋署”，以及1983年《地方分权法》颁布后，城市规划权力下放到地方，国家建筑师从而被赋予新的任务：参与《土地使用规划》的编制，并且在地方向地方政府、行政官员、公众宣传国家的遗产保护政策，保证地方在进行建设时，能够协调遗产保护和地方发展的平衡。因此，他们一方面是“普遍利益”的守护者，另一方面又是地方经济发展的促进者。

到目前为止，全法国一共约有200名国家建筑师。全国每年会有一次选拔考试，每年被录取的人数非常少（10—20个），然后进行为期一年的“精英式”培养，使他们有足够能力来承担国家赋予的责任。

四、法国的建成遗产保护教育与实践体系的特征及对中国的启迪

4.1 完善遗产保护的法律体系

从1887年开始，法国的历史文化遗产的概念是不断地扩大，保护的实践体系也随之不断扩展。每确定一个保护的概念，随之便会有一系列相应的法规、条例、政令等对历史文化遗产的各个涉及层面（国家、地方政府、居民）做出相应的规定。使得保护遗产成为政府非常重要的日常职能，并且和居民的切身利益密切相关。这是法国历史文化遗产保护体系的最主要的特点，也是其成功之处。

而中国目前在国家层面仅有《文物保护法》，有关历史文化名城、名镇、名村、历史建筑等的保护仅仅只是《历史文化名城名镇名村保护条例》或者部门规章，而且责、权、利关系远未厘清，因此在实践中存在着非常多的问题。

4.2 完善遗产保护的管理体系

与其他国家相比，法国建筑遗产保护实践体系中最有特色的应该就是其独特的管理体系了。由中

---

① Sander A，Piaton C. Des architects pour le territoire，La Pierre d'Angle，n°42，2006.

② Ecole de Chaillot. DSA Architecture et patrimoine. Programme pédagogique et règelment des études. 2016

央派驻地方的省级建筑与遗产局及其中的国家建筑师的工作保证了国家的遗产保护政策在地方的实施，保证了地方发展诉求与遗产保护之间的协调。文物建筑研究和修缮的“主任建筑师”负责制度、“遗产建筑师”的资质要求等从宏观的城市保护到微观的文物建筑修缮都体现了对参与者的高标准“专业性”的要求，从而保证了城市遗产管理和建筑修缮管理的有效性。

中国目前虽然建立了从中央到地方的遗产保护管理制度，但是，一方面地方遗产保护官员的任免制度使得地方的遗产管理受制于地方局部利益，往往对“建设性破坏”缺乏约束力；另一方面，缺乏准入机制的文物建筑保护研究和修缮队伍良莠不齐，造成文物建筑的“保护性破坏”。

4.3 完善遗产保护的教育体系

根据法国独特的建筑遗产保护实践体系而建立的教育体系是其成功的重要保障，而夏约学校为培养具有能力的“专业人员”建立了完善的教学和培训的课程。

中国目前在少数学校如同济大学开设了“历史建筑保护工程”专业学位教育，但是并未很好地纳入现有的遗产实践体系中，比如与文物保护资质，与遗产管理体系的结合等。因此，亟需针对中国当前的遗产保护实践体系建立完善的遗产教育体系，培养既掌握科学的调查和分析方法，又有正确的遗产保护价值观，并有跨学科整合遗产保护知识与思想创新的遗产保护专业人才。

System of French Built Heritage Conservation and its Enlightenment to China

Shao Yong

(College of Architecture and Urban Planning of Tongji University, Shanghai, 200092, China)

Abstract With the rapide urbanisation and globalization, efficient conservation and reutilization of cultural heritage become a more and more urgent issue. The Chinese Government attaches great importance to heritage conservation, which promotes the establishment of heritage conservation systems, but the construction of practice and education system is the short slab, and blocks the implement of laws, policies and scientific restoration techniques. This article tries to introduce the architectural heritage conservation system of France, and specially analysis the key relationship between the education system and the practice system, which is the guarantee of the heritage conservation and sustainable development of France, in order to give the recommendations to the heritage conservation education system and practice system of China.

Keywords French; built heritage; conservation; mise en valeur

意大利建筑遗产保护体系研究

薛林平　石　玉

（北京交通大学）

摘　要：文章论述了意大利建筑遗产管理的分类体系、运作体系、保障体系，以及遗产保护的理论、实践发展历程，认为其对待遗产的态度是将其转化为“财产”，并加以“保护、强化与享用”；遗产管理的特色是公众参与、资源共享，发挥社会效应；遗产保护的趋势是科学严谨地适度干预，并设计特定方案。

关键词：意大利；建筑遗产；保护体系；修复；再利用

作为欧洲历史古国，意大利境内包含大量从史前文明、古希腊古罗马时期、中世纪、文艺复兴乃至近现代等各个时期的文化遗产，无论数量及品质都非常之高。截止2016年7月，意大利共拥有51项世界遗产（其中47项为文化遗产，4项为自然遗产），总量位居第一，反映了其巨大的文化财富（图1）。① 同时，意大利还是遗产保护的拓荒者，其早期对遗产保护的浓厚兴趣影响了整个欧洲乃至世界。时至今日，意大利遗产保护学科越来越专业化，理论和实践均走在世界前沿，并且具有十分深远的国际影响力。以建筑遗产的保护为例，基于良好的先天基础，早在文艺复兴时期，意大利就开始有步骤、有条理地对其历史建筑进行保护②。西欧成体系的建筑保护理论与实践便发轫于意大利③。

一、分类体系

（一）编目体系中的建筑遗产

编目体系中，文化遗产分为三大类：非物质文化遗产、不可移动遗产、可移动遗产（图2）。由于意大利建筑遗产源于早期的考古遗产，后来又与景观遗产密不可分，因此，建筑与景观遗产、考古遗产共同组成了不可移动遗产。其中建筑与景观遗产又可分为“建筑”（architettura）、“中心/历史中心（Centri/nuclei storici）”、“花园/公园”（parchi/giardini）三小类。这里的“建筑”指的是狭义的建筑

---

① 中国世界遗产数量排名第二，但意大利领土面积仅为中国1/32，可见其世界遗产分布密度之大。

② （美）约翰·H·斯塔布斯，艾米丽·G·马卡斯著. 申思译. 欧美建筑保护［M］. 北京：电子工业出版社，2015. Xiii。

③ （美）约翰·H·斯塔布斯，艾米丽·G·马卡斯著. 申思译. 欧美建筑保护［M］. 北京：电子工业出版社，2015. P10。

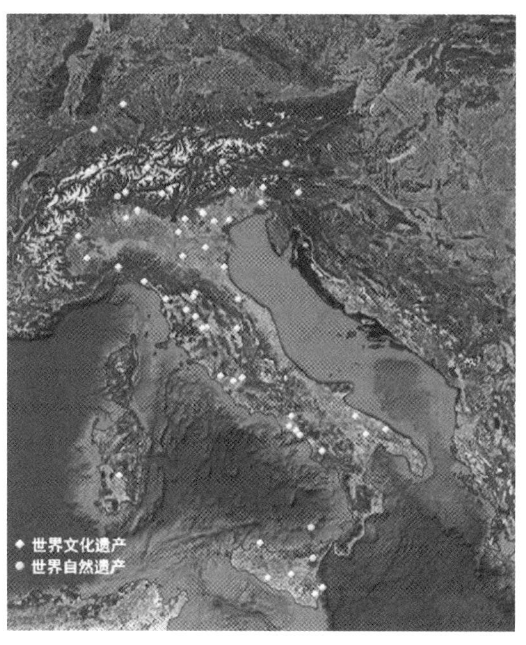

图1　意大利世界遗产分布图

单体；“历史中心”指的是建筑群规模较大、具有统一文化结构的传统城市住区，常常出现在世界遗产名录中，如佛罗伦萨历史中心、圣吉米尼亚诺历史中心、锡耶纳历史中心等；“花园/公园”指的是具有艺术或历史价值的，或者因其非凡的美景而著名的别墅、花园和公园。

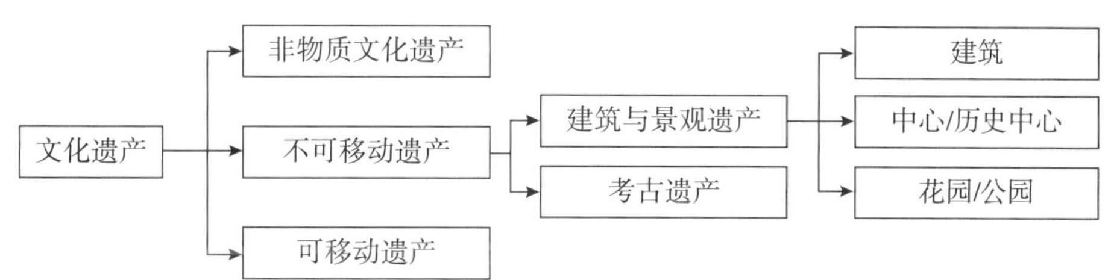

图2　编目体系中的文化遗产分类图

（二）法律体系中的建筑遗产

意大利现行法律则从保护物质财产的角度出发，采取了另一种分类方式，涵盖了所有物质形态的可移动及不可移动遗产，同时也忽略了非物质形态的文化遗产。即，将“文化遗产”分为“文化财产”和“景观财产”两部分（图3）。“文化财产”包括具有艺术、历史、考古、人种—人类学、档案和目录学价值的可移动和不可移动物品，以及其他由法律确定为或根据法律证明具有历史文化价值的物品。“景观财产”则包括具有体现某地区历史、文化、自然、形态学、审美学价值的建筑物和区域，及由法律或根据法律认定为具有上述价值的资产①。

由于“建筑与景观遗产”同时兼具文化、景观的特性，既可以是“文化财产”中的“不可移动物品”，也可以是景观财产中的“建筑物和区域”，概念是穿插其中的。

① 参见《意大利文化与景观遗产法典·第2条》。

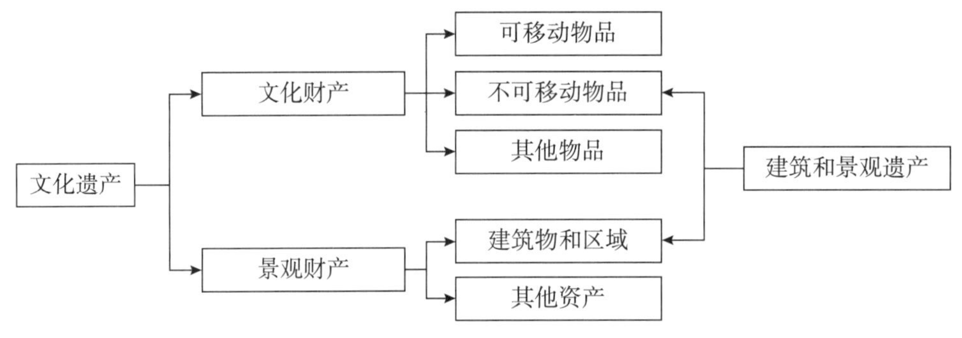

图3 法律体系的文化遗产分类图

表1 文化财产和景观财产中的“建筑和景观遗产”

建筑和景观遗产	
文化财产	具有艺术或历史价值的别墅、公园和花园（有具体保护措施的约5000座）①；
	具有艺术或历史价值的公共广场、街道、道路及其他城市室外空间；
	具有历史或人类学价值，可作为乡村经济传承见证的乡村建筑物；
	从总体上涉及整治或军事历史，以及文学、艺术和文化历史，或对于证明公共、集体或宗教机构身份和历史而言具有特别重要价值的可移动和不可移动物品
	壁画、铭牌、土崖、牌匾、碑文、壁龛和其他建筑装饰物
	艺术家工作室
	具有考古、历史、艺术和环境价值的公共区域
	具有特殊艺术价值的当代建筑师的建筑作品
	法律认定的第一次世界大战历史遗迹
景观财产	具有突出的自然美或地质奇观的不可移动财产
	不属于文化财产保护内容、因其非凡的美景而著名的别墅、花园和公园
	以体现美学和传统价值为特色的不可移动物体群
	被视为具有独特品质的美丽景观及公众可以前往观赏美景的观景点和观景楼
	景观规划中保护的任何不可移动财产和区域

由此可见，小至“艺术家工作室”“乡村建筑”，大至“历史中心”都已经纳入保护范围。看似繁杂细致的分类，实际上是意大利“建筑遗产”概念多年转变和延展的结果——从最初指代少量考古发掘的“古迹”，发展为具有艺术历史价值的建筑，近年来又涵盖了一般艺术价值的历史建筑，以及建筑遗产周边的环境。总体的趋势是从单体到整体，从特殊到大众，从强调实体到注重内涵。例如，“具有艺术或历史价值的别墅、公园和花园”，既包括建筑实体，还包括景观空间、历史关系等内容。“具有历史或人类学价值，可作为乡村经济传承见证的乡村建筑物”，体现了人们价值观的转变，从对重大历史事件理想主义的关心，转变为对代表大众文化平民主义的关怀。“艺术家工作室”其实并不完全属于建筑遗产，而是更为复杂的文化艺术类遗产。“从总体上涉及政治或军事历史，以及文学、艺术和

① 参见 http：//www. pabaac. beniculturali. it/opencms/opencms/BASAE/sito－BASAE/mp/Uffici－musei－e－monumenti/Giardini－e－parchi－storici/index. html。

文化历史，或对于证明公共、集体或宗教机构身份和历史而言具有特别重要价值的可移动和不可移动物品”①，其价值更多地取决于历史身份，而非建筑本身的价值，这体现了建筑遗产向历史领域的扩散。

二、运作体系

（一）机构设置

建筑遗产的管理同景观遗产、考古遗产密不可分。1897 年，意大利东北部港市拉文纳率先设立了古迹监管局；1907 年，全国境内设立了 18 处古迹监管局；1974 年，中央政府才第一次成立了文化和环境遗产部，下设建筑和景观遗产监管局。2014 年，文化和环境遗产部在历经数次变革后，最终合并为文化遗产与活动旅游部（Ministerodeibeni e delleattivitàculturali e del turismo，简称 MiBACT）。MiBACT 是唯一全面负责文化事务的国家机构，下设 11 个总局，包含博物馆、考古、美术、景观、教育及研究、档案、图书馆、娱乐、电影、音乐、旅游等各个方面。其中考古、美术与景观总局，其前身便为建筑和景观遗产监管局，主司建筑和景观遗产、考古遗产等的保护，下设 2 个研究机构及 31 处地方美术与景观监管局（图 4）。比较特殊的是，庞贝古城、赫库兰尼姆和斯塔比亚专项监管局及斗兽场、罗马国家博物馆和罗马考古区专项监管局为一级分支，与总局平级，直接受 MiBACT 总秘书处领导。

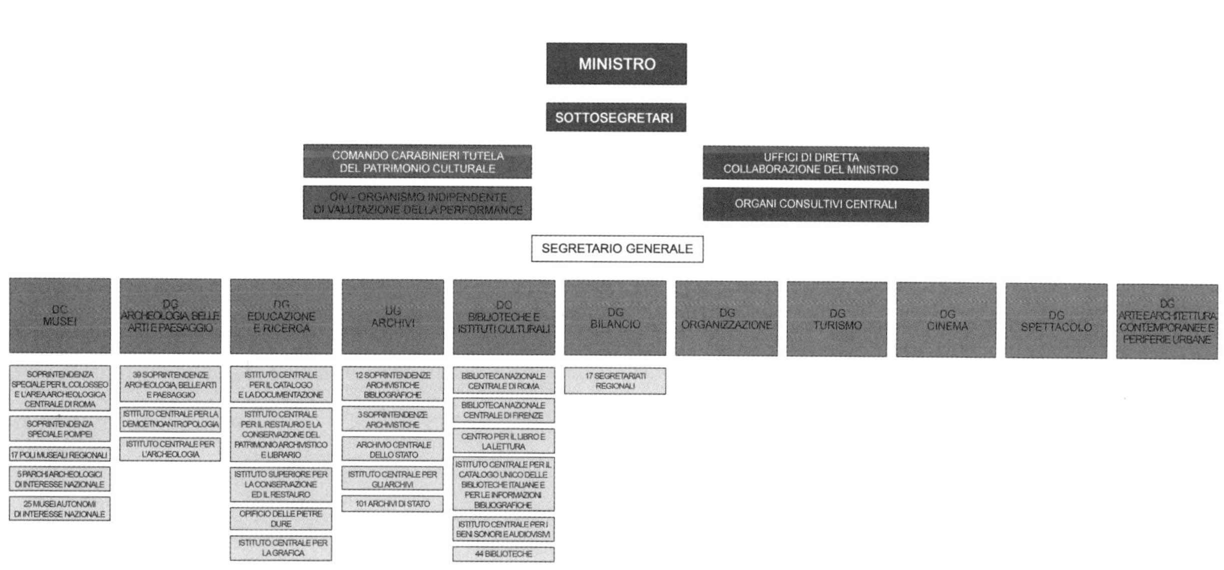

图 4　文化遗产部组织架构图

为了配合中央行使监管权力，MiBACT 总秘书处还在各个大区设立办事处，即区域秘书处。以托斯卡纳大区的区域秘书处为例，其主要负责协调中央与地方当局、其他机构的经济文化关系，如保护工作、景观规划、招标竞赛资金补助等。区域秘书处大部分官员为历史学家、建筑师、工程师等。

① 参见《意大利文化与景观遗产法典·第 10 条·第 3 款·字母 d》。

有意思的是，MiBACT 还设有文化遗产宪兵队[①]，直接协助部长工作，坚决打击一切破坏文化遗产保护的违法犯罪行为（图 5）。该军队组织成立于 1969 年，由经过专业技术培训的人员组成，后来，意大利和联合国教科文组织签署保护冲突地区文化遗产的协议之后，又成立了意大利文化遗产保护队，因队员帽子颜色为蓝色，民间称“蓝色头盔”。该组织由历史学家、学者和修复专家等组成，在震后废墟中抢救了大量文物。

图 5　意大利文化遗产宪兵队

（二）运作理念

意大利人认为，文化是价值无量的遗产，更是国家和公众的财产，他们对待文化遗产的态度是“保护、享用和强化”，即“为了公众享用之目的而对所述遗产进行保护和保存”[②]，并且通过强化工作“促进文化遗产知识的传播，确保为遗产的利用和公众享用创造最佳条件”[③]（图 6）。由于重视文化遗产的“享用”和“强化”，意大利政府将遗产保护的过程逐渐转化为利用文化价值的过程，遗产保护事业成为一项文化事业而运作。即，通过将采取了保护措施的建筑遗产开辟为文化机构、文化活动场所的方式，策划文化事件，组织文化活动，将其与旅游、教育及各项文化事业紧密相联。

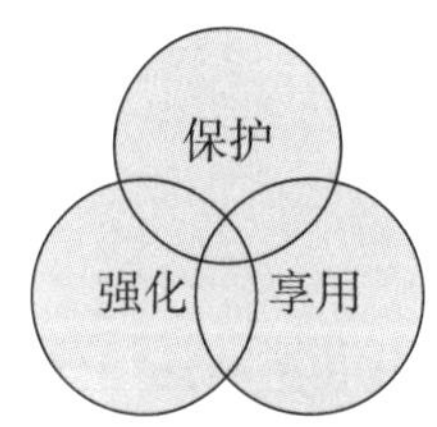

图 6　意大利的遗产态度

① 参见 http://www.carabinieri.it/。
② 参见《意大利文化与景观遗产法典 · 第 3 条第 1 款》。
③ 参见《意大利文化与景观遗产法典 · 第 6 条第 1 款》。

1. 开辟文化机构和文化场所

所谓文化机构和文化场所，指的是“博物馆、图书馆、档案馆、考古公园和考古区、纪念性建筑群”[①] 等。为了在保护的前提下提升建筑遗产的开放度，政府机构对于主动采取保护措施的建筑遗产所有者提供减免税待遇；对于采取保护措施而需抵押贷款的提供利息补贴；对于特别重要的保护措施或面向公众开放的建筑遗产，提供全部或部分出资。同时，作为回报，由政府资助进行修复或采取了其他保护措施的建筑物，MiBACT 和个体所有者应达成专门协议，视每座建筑物的具体情况向公众开放。具体开放的期限则视其保护工作的类型、建筑物的艺术与历史价值以及建筑物中保存的文化财产而定。[②]

据统计：2011 年全国共计 4588 博物馆及类似机构（包括公共和私人/国有和非国有），其中 3847 个博物馆、画廊和收藏机构，240 个考古区（le aree o parchiarcheologici）和 501 处历史建筑和历史建筑群（monumenti e complessimonumentali）。也就是说，在意大利的市镇，每 100 平方公里拥有 1.5 个博物馆，每 13 万居民拥有一个博物馆。[③] 而目前已知向公众开放的博物馆中，90% 以上均为非国有财产。[④]

2. 策划文化事件和文化活动

除博物馆性质的参观之外，保护机构还组织策划沙龙、讲座、展览陈列、艺术活动、节日等多种形式的文化事件和文化活动，如威尼斯双年展、米兰三年展、罗马四年展、欧洲遗产日[⑤]、博物馆日、电影节、艺术节等，仅 2016 年 1 - 9 月间活动事件共计 4287 次[⑥]，可见其频率是非常高的。并且每逢重要节日，政府福利或社会公益发挥作用，免费开放大量的博物馆、考古遗址和私人住宅。

借助各种文化场所的开放、文化活动的举办，建筑遗产已经不再是单纯的“建筑”或“遗产”，而是开始成为一项公共资源而存在，成为公众生活息息相关的一部分。对外，遗产保护事业与旅游、教育等文化事业相结合而成为新的产业链，强化了消费群体。对内，民族遗产意识得到强化，这种内驱力，使得人们更加主动地保护，积极地参与，公众从遗产保护的受益者，最终转化为遗产保护的主体。

三、保障体系

（一）法律保障

事实上，在意大利统一之前，罗马教皇已经颁布了世界上最古老的文化遗产保护方面的法规。由于相关法律的建设历史相当久远，迄今为止一百多年间产生的数量也相当庞大，除少量废弃外，大部分沿用至今。除国家颁布法律保护外，大区、省、市镇均可自行立法，只要就相关问题与中央签订谅

① 参见《意大利文化与景观遗产法典 · 第 101 条 · 第 1 款》。

② 参见《意大利文化与景观遗产法典 · 第 31、34、37、38 条》。

③ 参见意大利国家统计局资料：http：//www. istat. it/it/archivio/105061。

④ 详见 MiBACT2012 年统计数据 http：//www. beniculturali. it/mibac/multimedia/MiBAC/documents/1329990742201_Piano_della_Performance_2012. pdf。

⑤ “欧洲遗产日”是《欧洲文化公约》50 个缔约国的联合行动，最早由法国文化部提议，1985 年经欧盟委员会和欧洲理事会联合发出倡议，如今已经发展成为欧洲影响最大的参与性文化活动。“欧洲遗产日”活动旨在展示欧洲各国的文化、传统、建筑与艺术，加深欧洲民众对欧洲文化丰富性和多元性的认识，促进民众之间的相互理解。

⑥ 参见 MiBACT 官网 - http：//www. beniculturali. it/mibac/opencms/MiBAC/sito - MiBAC/MenuPrincipale/EventiCulturali/Ricerca/index. html。

解备忘录（协议）即可①。如佛罗伦萨省颁布的建筑法规和规划条例②，在建筑遗产保护方面都有与中央法律的协调。

现行最重要的一部国家法律为《文化与景观遗产法典》（简称《法典》）。《法典》对建筑遗产保护中的每一个环节都做了约束：

鉴定——建筑遗产是否属于法律保护范围，需要经过价值鉴定。《法典》第12条第2款规定："文化遗产部主管机构依据职权，或根据物品所有者在提供有关证明材料的前提下提出的申请，根据文化遗产部为确保评估标准的一致性提出的总体原则对第1款所述物品进行鉴定，以确定其是否具有艺术、历史、考古和人种—人类学价值。"具体的申请过程是③：当地所有者根据根据相关管理规定，向监管局或区域秘书处申请获取网上系统访问权限④；录入物品清单和相应说明的信息单⑤，如建筑类型、建筑年代、坐标、区位、地界、使用功能等，以及从宏观到局部、从外部到内部的图像记录，带有周边环境的平面测绘图、结构与构造类型、建筑历史记录、建筑装饰元素、其他文件（如航拍照片、报告、数据表）等数据⑥；经区域秘书处、当地监管局鉴定价值后，公布建筑保护措施。通过鉴定的建筑遗产，如果是私人所有或者具有特别重要价值，还需要公示。

编目——鉴定和公示完成后，"文化遗产部应在大区和其他地方政府部门的参与下做好文化财产的编目工作并协调相关活动。"⑦ 经过编目的建筑遗产，拥有唯一独特、系统自动生成的八位数字综合目录编号（其中前两位为地区代码），通过简写代码、目录编号体现较大的信息量，方便相互索引关联（图7）。编目数据可用于旅游业、遗产保护与修复的教育、搜索、统计分析等用途，最重要的是实现数据的交换与共享。MiBACT下设的中央编目和文件研究所⑧（Istituto Centrale per ilCatalogo e la Documentazione，简称ICCD）是组织制定国家编目标准并监督推行遗产登记的机构。大区和其他地方政府总共拥有342个编目机构（数据截至2016年4月30日）⑨，数量庞大，个体多样，如监管局、博物馆、教会、全国范围内的大学和研究机构、其他实体等都可作为编目机构。⑩

保护——纳入法律保护范围的建筑遗产，法律规定了其所有者、占有者或持有者必须做好保存和保护工作，相关机构则负责监督管理每一个环节。例如，"涉及公、私建筑的工程活动，甚至包括拆除构件（即便事后经过修复）的项目，所有人需提供施工图纸或工程技术说明，获得监管人批准方可进行"⑪："未经监管人批准，禁止拆除和下令拆除壁画、铭牌、涂鸦、牌匾、碑文、壁龛和其他建筑装饰物，不管其是否向公众展示"⑫；"为防止可移动文化财产的完整性遭遇威胁，其透视或自然照明受

① 意大利政治体制为议会制共和国，实行中央（centro）、大区（regione）、省（provincia）、市镇（comune）四级国家管理体制。

② 详见 http：//ediliziaurbanistica. comune. fi. it/edilizia/atti_normativa/pianificazione_urbanistica. html。

③ MiBACT官网－http：//www. benitutelati. it/sintesi. html。

④ 登录系统网址：http：//www. benitutelati. it/azioni. html。

⑤ 参见《意大利文化与景观遗产法典·第12条第3款》。

⑥ 物品清单和相应说明的信息单详见：http：//www. benitutelati. it/moduli/Testo_coordinato. pdf。

⑦ 参见《意大利文化与景观遗产法典·第17条第1款》。

⑧ ICCD成立于1975年，前身为目录办公室（1969年）与全国摄影内阁（1895年）的合体。

⑨ 参见MiBACT官网－http：//www. catalogo. beniculturali. it/opendata/？q＝dataset/elenco－enti－schedatori/resource/1ab0cef2－f7e7－4320－8155－18b5466b9412。

⑩ 参见ICCD官网－http：//www. iccd. beniculturali. it/index. php？it/473/standard－catalografici。

⑪ 参见《意大利文化与景观遗产法典·第21、22、26条》。

⑫ 参见《意大利文化与景观遗产法典·第50条·第1款》。

图7 编目卡演变历史图

到损害，或者建筑物的镶嵌或装饰面被改变，文化遗产部有权对保护距离、保管方法和其他规则做出指令性规定”①。

表2 编目分类及可查询数量（不包括未开放及私人所有财产）表②

一级分类	二级分类	三级分类	代号	数量
不可移动遗产 5088	建筑和景观遗产	建筑	A	4830
		中心/历史中心	CNS	
		公园/花园	PG	
	考古遗产	Complesso archeologico	CA	258
		Monumento archeologico	MA	
		Saggio Stratigrafico	SAS	
		Sito archeologico	SI	

为了确保文化遗产保护措施的实现，法律规定，“通过审批的工程，维护和修复工作应由有资质的文化财产修复人员根据有关法规承担。”③ 意大利非常重视修复技术的专业培训，如 MiABCT 每年都有相关的课程计划，这在相当大的程度上保证了建筑遗产保护与修复的专业性。培训机构主要为中央研究机构，这些机构组织培训并开设专业课程，既可与大学和其他机构以及意大利境内外团体合作，也可参与这些机构和团体的创意活动并为之做出贡献。④ 因此，除中央、大区及其他地方政府所设立机构外，博物馆、国家档案馆、图书馆等均发挥教育服务的作用。进行培训的人员有官员、建筑师、艺术家、考古学家、文物修复专家、档案人员、图书馆人员等。

享用和强化——享用和强化活动，也同样受到监管。对于具有特别重要价值的建筑遗产中的展出和陈列活动，需要批准后方可进行。在有文化价值区域的商业活动也需要批准才能进行：“禁止在作为文化财产保护的建筑物或场所张贴广告或安装广告牌或其他广告媒体。但不会对所述建筑物或场所的

① 参见《意大利文化与景观遗产法典·第45条·第1款》。

② 意大利中央编目与登录中心资料：http://www.catalogo.beniculturali.it/sigecSSU_FE/stampaStatisticheSSU.action?nomeBread=Beni%20culturali&sbiancaBreadCrumbs=yes。

③ 参见《意大利文化与景观遗产法典·第29条第6款》。

④ 1998年10月26日第259号《官方公报》公布的关于“根据1997年3月15日第59号法律第11条设立文化遗产和活动部”的1998年10月20日第368号立法令第9条第1款、第2款。

外观、体面和公众享用造成损害，经监管人批准则可以张贴广告或安装广告牌。广告的批准需报送市政当局以便其根据权限授予批准。”①

（二）资金保障

意大利遗产保护的资金来源渠道众多，形成了政府、社会团体组织、慈善机构和个人等多元融资机制。

国家拨款和资助——中央政府主要针对国有建筑遗产的保护工作进行直接拨款，如2015年阿布鲁佐大区共获得经费5695万欧元，修复55项建筑遗产，其中绝大部分为教堂（其余为塔1，修道院1，城堡1，宫殿1）②。私人所有者对自己持有的特别重要历史价值的文化遗产进行登记、保存等工作，也可能有资格获得国家资助。不过，随着文物修复经济压力的增大，政府已经开始逐年降低拨款额度，鼓励和支持外部资金参与保护、强化文化遗产的工作。据统计，2000—2008年，政府拨款占据国家财政预算的0.3%，2015年已经降低到0.19%左右（图8）。

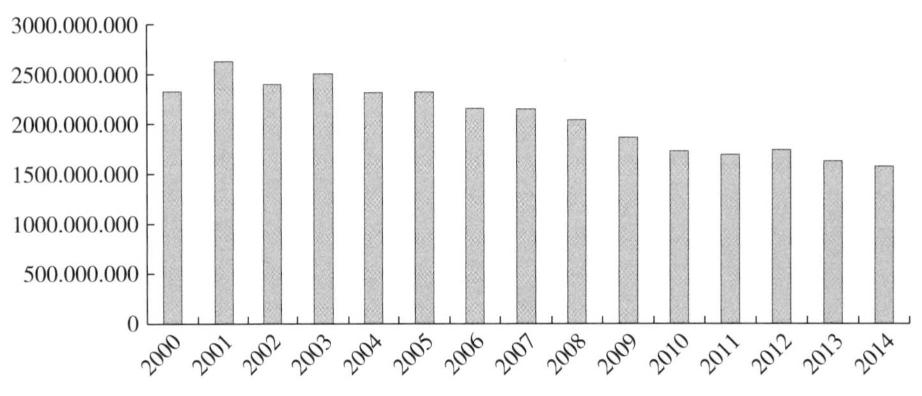

图8 2000-2014年政府拨款数据图

国际交流与合作——MiBACT积极寻求国际资源（主要为欧盟），与欧盟基金会、欧洲区域发展基金会（ERDF）、欠发达地区基金会（FAS）等多个国际组织开展合作，争取到相当数量的资金发展文化遗产事业。例如，由中央编目和文件研究所，考古、美术与景观总局，建筑与当代艺术总局三方共同开展的项目：对1917—1940年间第一次世界大战遗址进行的普查和编目，获得了第一次世界大战历史保护特别委员会资助20.96万欧元。③

私人或集团捐助——主要指的是个人和集体对于非国有文化机构活动、图书出版、遗产保护工作等的赞助。

（三）人员保障

建筑遗产保护工作需要大量的人力资源，政府毕竟自身能力有限，因此，鼓励公民、社会最大限

① 参见《意大利文化与景观遗产法典·第49条·第1款》。

② 参见阿布鲁佐大区官网-http://www.abruzzo.beniculturali.it/index.php?it/174/lavori-2013-2021。

③ 参见http://www.iccd.beniculturali.it/index.php?it/428/progetto-grande-guerra-censimento-dei-monumenti-ai-caduti-della-prima-guerra-mondiale。

度地参与其中，利用公共资源，形成开放、良好气氛才是长久之计。如《罗马政府规章》中规定，“罗马作为大区政府，保护艺术，历史，建筑和考古遗产，同时促进和鼓励旨在恢复的私营实体的参与，以便保护、加强和最适当的利用这一遗产，并支持城市的文化活动。”①

政府为了激励公众参与，基于透明与公开原则，选择“开放数据”，即所有文化遗产的相关数据、信息和文件可以在 MiABCT 网站“完全访问”，任何人都可以了解、使用和再利用相关数据。② 各个大区也纷纷提倡遗产数字化，建立 web - gis 数据库供有需求的人员访问。开放数据有利于吸引更多的人和资金投入遗产保护事业，开展文化遗产活动和更为复杂的大型项目。

遗产保护的公众意识深入人心，大量志愿者也投身其中。1999 年 10 月，MiBACT 与四大志愿者协会（ARCI，Auser，Archeoclub 和 Legambiente）签署了一份谅解备忘录，在文化遗产领域开展志愿业务，主要的志愿服务包括：延长博物馆开放时间，文化服务和接待，扩大展览，编排档案和目录等。③

（四）风险控制

由于意大利文化遗产数量众多，且整个国家处于地震带上，因此安全隐患比较大。《法典》第 29 条规定，“对于那些位于已宣布存在地震风险的地区的不可移动文化财产，其修复工作应包括结构上的加固。”④ 近年来，意大利建筑遗产保护已经把越来越多的精力放在预防保护上，如无损检测；震后大翻修等。同时建立“遗产风险地图”数据库，记录建筑遗产、考古遗产、历史中心等存在的重大自然现象的风险（地震，滑坡，洪水，气象条件，污染）和人为（防盗，防火，旅游滥用）风险，制定维护和修复计划，结合经济资源对博物馆、教堂、历史建筑和考古遗址等进行预防和干预（图 9）。⑤ MiABCT 规定了地震风险评估体系，研究部门也加强了建筑遗产抗震研究，尽可能减少相应损失。除此之外，还有完备的紧急自然灾害下的文化遗产保护和预防流程。

四、保护、修复和再利用

（一）20 世纪中期之前

早在文艺复兴时期，意大利就开始对古罗马和中世纪的建筑进行保护。

18 世纪之前，建筑遗产保护的主要目的非常直接，就是通过修缮、设计后，达到功能转化、空间再利用的目的。如梵蒂冈城内的丽城庭院（cortile del belvedere），建筑师通过增加连廊建筑、台地台阶、半圆形内凹壁等巧妙设计，形成新的轴线与庭院空间，将原来的梵蒂冈宫与丽城别墅的空间序列和体量重新组织起来（图 10）。

---

① 参见《STATUTO di ROMA CAPITALE，CAPO I，Articolo 2，13》（罗马政府规章第一章第二条第 13 点）http：//www.comune.roma.it/resources/documents/STATUTO_T_VOLUMETTO.pdf。

② 参见 http：//opendatahandbook.org/guide/zh CN/what - is - open - data/。

③ 参见 MiBACT 官网 - http：//www.beniculturali.it/mibac/export/MiBAC/sito - MiBAC/MenuPrincipale/Ministero/Contributi - e - agevolazioni/index.html。

④ 参见《意大利文化与景观遗产法典·第 29 条·第 4 款》。

⑤ 参见 http：//www.icr.beniculturali.it/pagina.cfm？ usz = 1&uid = 2。

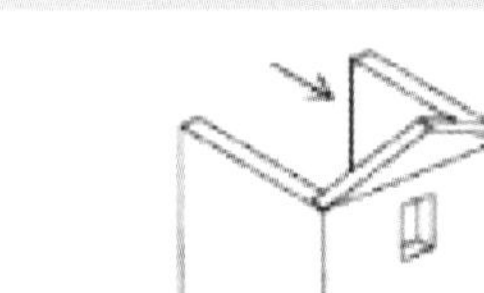
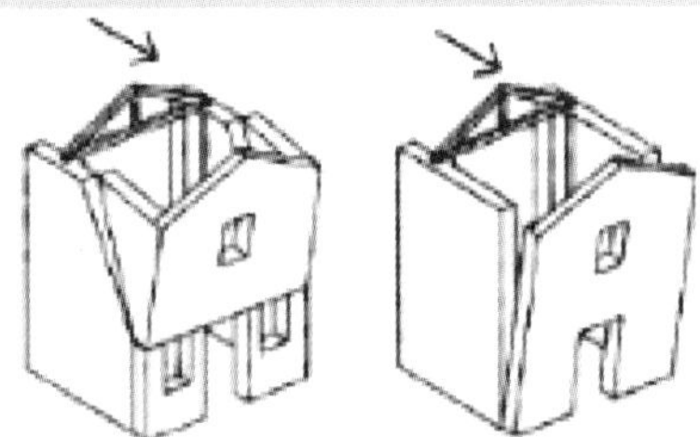
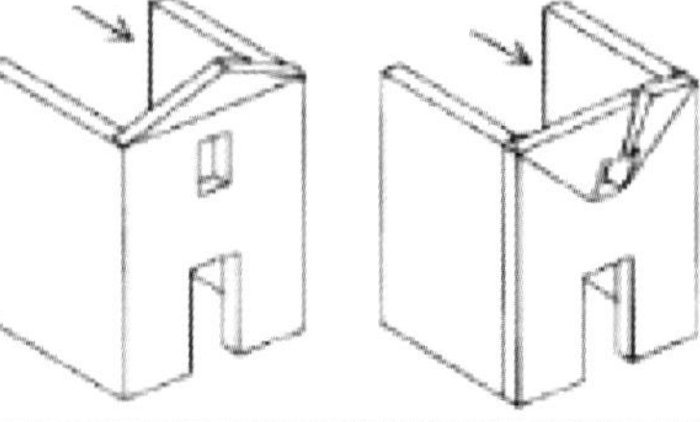

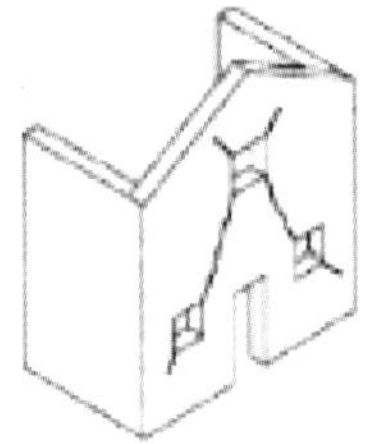
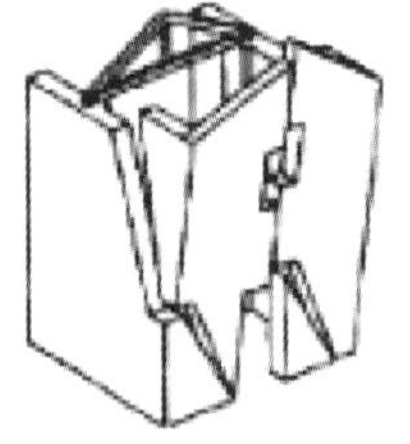
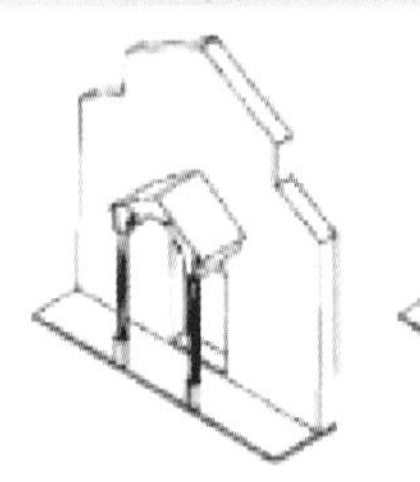

图 9　教堂建筑地震风险评估示范

图 10　梵蒂冈城内的丽城庭院（cortile del belvedere）

18 世纪以后，罗马的系统性修复和文物保护工作开始于 1798 年法国占领时期，罗马广场（Roman Forum）的挖掘工作，标志着意大利建筑保护和经典考古学领域之间密切的合作关系，在随后的很长时间里，两者都保持着紧密的联系。[①] 18、19 世纪也是意大利建筑遗产理论蓬勃发展的黄金时期。受两

① 参见 CevatErder, Our Architectural Heritage: From Consciousness to Conservation, trans. AyferBakkalcioglu（Paris: UNESCO, 1986）, 93.

位国外建筑师——坚持“风格性修复”（stylistic restoration）的法国建筑师维奥莱·勒·杜克（Viollet - le - Duc）和“反修复运动”（Anti - restoration Movement）倡导者英国评论家约翰·拉斯金（John Ruskin）——的影响，意大利形成了自己的主要流派——“文献性修复”“历史性修复”等。20世纪，意大利发展出了日趋成熟的“科学性修复”、“评价性修复”等理论，并直接影响了《雅典宪章》《威尼斯宪章》两部国际文件的诞生，可见其建筑遗产保护理论对于全世界影响之大。这一时期的典型例子是罗马斗兽场的修复，也是意大利历史上的首次干预性修复。

（二）20世纪中期之后

在20世纪40年代中期，意大利修复领域的理论仍建立在19世纪后期相对保守的理论背景之上，旨在接收和传播历史信息。然而两次世界大战对建筑遗产造成了巨大破坏，大量的修复、重建及新建工程迅速展开，使人们对于新建筑的包容度有所提高，新旧建筑之间的矛盾变得似乎不再尖锐，这直接导致了新旧建筑结合的辩论。一部分建筑师仍然采取保守的保护方案，一丝不苟地贯彻近似文物修复的理念，对待建筑遗产的态度更加严谨与科学。如在每一项实践方案之前，会做大量的基础研究工作，采用断层摄影、雷达勘测、3D扫描等高技术，跨学科调查分析，确定一个相对不违背历史、客观的修复方案，施工完成后再将相关照片与文字存档（图11、图12、图13）。

表3　　调查与分析方法列表

调查方式	分析诊断	目标
历史档案（图纸+文献）	历史批判（重要）	尽可能多地找到相关的所有历史档案，然后分析研究待修复建筑遗产的历史，同基地的关系，它的演变和发展，最终确定不违背历史定义的、独特的修复实践方案。关于建筑遗产的历史资料，主要存放于各类档案馆，比较重要的如罗马国家档案馆（Archivio di stato di Roma）、卡比托利欧历史档案馆（ArchivioStoricoCapitolino）。根据《法典》122－127条规定，绝大部分档案文件是免费提供、自由查阅的①
测绘与摄影、实地调查等	视觉分析	对建筑物比例尺度、与其所处周边环境关系的分析
	材料分析	包括化学层面的实验分析，以及可视层面的材料变化，如建筑建造过程中的工人特质、设计师背景等
	恶化分析（重要）	建筑物破坏现状与破坏程度、破坏因素等
	经济分析	修复成本与预期效益

另一部分领军人物不甘寂寞，开始寻求新的视角，如罗伯托·佩因（Roberto Pane）等为代表的建筑师。同时，一批极具创造潜力的建筑师渐渐涌现，如弗朗科·阿尔比尼（Franco Albini），卡罗·斯卡帕（Carlo Scarpa），佛朗哥·米尼希（Franco Minissi），乔瓦尼·米切鲁奇（Giovanni Michelucci），马里奥·里多尔菲（Mario Ridolfi）和伊格纳佐·加德纳（Ignazio Gardella）以及那不勒斯鲜为人知的

① 参见《意大利文化与景观遗产法典·第122—127条》。

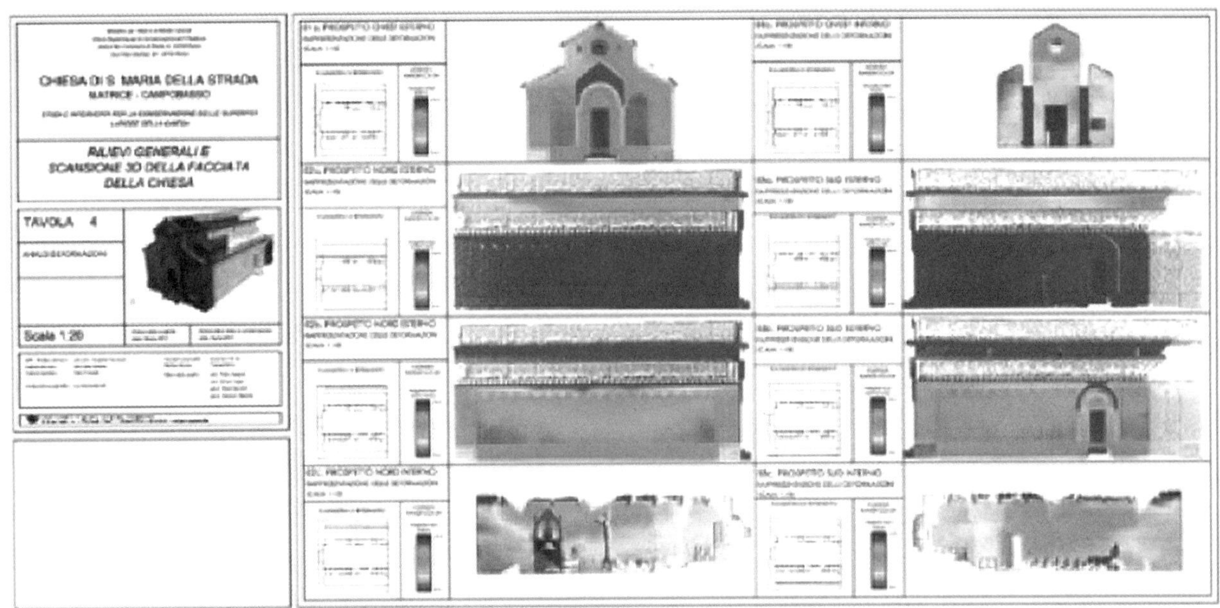

图 11 教堂普查和 3D 扫描：变形分析图

图 12 雷达勘测技术

图 13 断层摄影技术

建筑师 Ezio Bruno De Felice 等，他们勇敢尝试在历史建筑物上添加现代元素，并寻求保护理论与改造实践之间的新联系。①

① 参见：http：//www. sciencedirect. com/science/article/pii/S2095263515000345。

这一时期，新旧建筑结合、建筑遗产改造利用的设计方案越来越多。整体趋势为：分析案例的独特性而采取特定的保护措施与修复设计方案，干预应尽可能地少以及可识别，优先使用传统材料与技术，新材料不应损害原有建筑的历史性能等。对待建筑群体，除保护建筑的外观风貌外，还要保护其内部的社会经济结构，周边的区域景观等。

表 4　　20 世纪后半期代表人物及作品①

人物	主要观点	说明
卡罗·斯卡帕（CarloScarpa）	建筑自适应再利用	
皮耶罗·圣保来西（PieroSanpaolesi）	材料的耐久性	保护遗址的原本面貌免于遭受进一步腐坏的同时，保护其随着岁月变迁带来的特点来延长历史建筑物的“物质存在”，是至关重要的。②
乔万尼·卡尔博纳拉（Giovanni Carbonara）；	保护 = 预防医学； 修复 = 手术；	最少的、可能是可逆的干预措施恢复方法； 修复措施需要历史性和批判性的观点，同时具备技术性和科学性的技术手段；
罗伯托·佩因（Roberto Pane）	美学是重要考虑因素	对每一个历史建筑的艺术价值进行评估后制定出特定的修复方案； 多余的文物因美学需要进行创造性的整合或去除； 现代技术可能掩盖历史建筑的真实性；
佛朗哥·米尼西（Franco Minissi）	专业方法和现代科技解决问题	如何保护开挖的建筑遗址不受天气、阳光照射和人为破坏的不利影响。
保罗·马可尼（Paolo Marconi）	农村建筑遗产修复	使用传统建筑营造技艺进行修复和重建
安德里亚·布鲁诺（Andrea Bruno）； 伦佐·皮亚诺（Renzo Piano）； 加埃·奥兰蒂（GaeAulenti）	新设计与历史建筑的巧妙融合	

这一时期的典型案例如卡罗·斯卡帕的维罗纳古堡博物馆的修复与改造项目。该项目在新与旧的设计之间做了精心的平衡，仅档案馆保存的设计师手稿就有 1400 余张。③ 首先，注重对历史片段的梳理和历史层次的真实再现。由于维罗纳老城堡历史沿革较为复杂，斯卡帕决定将古堡西侧墙基处发掘出的罗马时期旧城墙遗迹，作为展示整个维罗纳城市历史的源头。同时把古堡西侧一个拿破仑时期的房间打破，使得古罗马时期的旧城墙、中世纪的哥特风格、文艺复兴和拿破仑时期的古堡穿越历史处于同一时空，焕发出了新的生命。其次，采用钢、玻璃、混凝土等现代材料，大胆地将现代建筑材料

---

① 详见：（美）约翰·H·斯塔布斯，艾米丽·G·马卡斯著．申思译．欧美建筑保护［M］．北京：电子工业出版社，2015. Xiii。

② 参见 Marco DezziBardeschi，Restauro：Punto e da Capo（Milan：Franco Angeli，1992），245 – 246。

③ 手稿详见：http：//www. archiviocarloscarpa. it/web/ricerca_dsemplice. php？ opera = 1&lingua = i&interrogazione = 。

与建筑遗存并置，古老的砖墙、纯净的玻璃、黑色的铁门，使得现代建筑与历史之间形成强烈的对比，既突显了细节，又不掩饰历史的痕迹，具有戏剧性的时空交流体验（图14、图15）。

图14 维罗纳古堡博物馆庭院鸟瞰

图15 斯卡拉杰（Cangrandedella Scala）的骑马雕塑

另一个案例是佛朗哥·米尼希①（Franco Minissi）的农庄别墅（villa del casale）保护与利用项目。西西里岛阿尔梅里纳广场的农庄别墅，因其丰富的马赛克地板而闻名，几个世纪以来的地面几乎完整无缺地保存下来。该工程最大的特点是佛朗哥·米尼希提出用有机玻璃等透明材料的保护来重建原始体积的轮廓。项目伊始，保加利亚中央研究所（ICR）前主任切萨雷·布兰迪（Cesare Brandi）建议不

① 佛朗哥·米尼希堪称意大利最有才华的建筑师之一，许多意大利和国外的博物馆项目都由他指导。受艺术史学家切萨雷·布兰迪（Cesare Brandi）的影响，他发展出了将新建博物馆覆盖考古遗址的概念，目的在于积极保护发掘现场，同时满足现代与历史的需求，并加强遗产同当地传统的联系，防止博物馆的被动转移。通过使用有机玻璃、钢铁、水泥的现代材料，改善结构性能，创造新的空间，使得遗址遗产的展示更加直接。

要将马赛克整体搬迁到特别新建的房间内，因为既会破坏考古遗址区，也不利于主题单调的新建博物馆的推广。因此，佛朗哥·米尼希设想建造一个轻量和尺度适当的上层建筑（庇护所），主要功能是保护古城墙和马赛克地板不受踩踏磨损，并且还能保证水分和阳光直射，游览路径则采用架空的平台步道。① 由于保护得当，1997 年，农庄别墅被评为世界文化遗产（图 16、图 17）。

图 16 农庄别墅马赛克地板

图 17 农庄别墅博物馆内部

再利用的典型案例，如罗马大学建筑学院主持的罗马老屠宰场（The former slaughterhouse in Roma）修复与改造项目。屠宰场建筑群原由建筑师 Erosh 于 1888 年设计，是一个满足意大利新首都采用现代化技术与设备屠宰动物需求的代表作，1975 年时废弃。整个厂区占地面积 90000 平方米，37 座建筑物，包含 46840 个室内空间。为了将这一复杂综合体重新投入适用，罗马大学建筑学院主持修复，将其赋予新的城市功能和空间，成为现代艺术博物馆和公共文化活动空间（图 18、图 19）。

图 18 罗马老屠宰场室外（改造后）

① 参见 http：//www. sciencedirect. com/science/article/pii/S2095263515000345。

图 19　罗马老屠宰场室内（改造后）

五、结语

综上所述，意大利建筑遗产保护的特点为：理念层面，将“遗产”视为“财产”，最大效率地发挥其文化价值供公众享用，使遗产保护不再停留在保护层面，而是打破时代隔阂，更加自然地融入每个人的生活，老建筑闪耀新光辉；管理层面，重视法律精细化管控、政府引导与公众参与、防灾预案制定、编目检索、数字化平台共享等；技术层面，重视高新技术在前期研究的专业应用；设计层面，重视科学干预，恰当处理新旧遗产之间的关系等。相比而言，我国建筑遗产保护工作起步较晚，无论是立法保护、管理制度，还是技术策略、设计理念方面都略显粗犷，意大利遗产保护的成功经验值得借鉴。

[图片来源]

图 1：根据联合国教科文组织中的世界遗产名录整理绘制：http：//whc. unesco. org/en/statesparties/it

图 4：http：//www. beniculturali. it/mibac/multimedia/MiBAC/images/Organigramma2016. jpg

图 5：http：//www. carabinieri. it/multilingua/en/operational – communication_a008776ac1704907953cf5fd876382d7

图 7：ICCD 官网：http：//www. iccd. beniculturali. it/index. php？ it/473/standard – catalografici

图 8：MiBACT 官网：http：//www. beniculturali. it/mibac/multimedia/MiBAC/documents/1430908476216_PIANO_DELLA_PERFORMANCE_2015 – 2017_registrato. pdf

图 9：MiBACT 官网 – http：//www. benitutelati. it/moduli/Linee_Guida_rischio_sismico. pdf

图 10：https：//en. wikipedia. org/wiki/Cortile_del_Belvedere

图 11、图 12、图 13：http：//www. icr. beniculturali. it/pagina. cfm？ usz = 5&uid = 73&rid = 36&rim = 80

图 14：http：//museodicastelvecchio. comune. verona. it/nqcontent. cfm？ a_id = 42555&tt = museo

图 15：http：//www. archdaily. com/638534/spotlight – carlo – scarpa

图 16、图 17：http：//spartacus – educational. com/SICromanvilla. htm

图 18、图 19：http：//www. archdaily. com/366253/recovery – of – the – former – slaughterhouse – into – university – campus – studio – insula/

其余图片自绘。

文化遗产保护的亚洲实践与展望

杜晓帆　徐婉君　王一飞

（复旦大学文博系）

摘　要：受世界遗产制度的影响，亚洲地区的遗产保护从传统的文物保护跨越到文化遗产保护领域。在此基础上，亚洲各国都在探索属于自己的文化遗产保护之路，并取得了瞩目的成就。探讨亚洲地区的遗产保护对这一地区其他的遗产实践来说具有十分重要的意义，亚洲各国的遗产实践具有一定的共性，这种根植于传统的理念或思想必定会在未来的遗产实践中受到关注，期待亚洲地区间互相借鉴经验，在遗产实践领域深入探索，为遗产保护的未来提供多种可能。通过借鉴亚洲各国的文物保护政策、理论与实践经验，旨在为我国的文化遗产保护提供经验。

关键词：文化遗产；保护实践；亚洲；展望

文化遗产学已成为亚太地区的新兴学科之一，相应的保护与管理事务也引发了学者的兴趣与讨论①。联合国教科文组织世界遗产中心将缔约国划分为六大地区，旨在联结、平衡与促进地区间的世界遗产实践。亚太地区包含了亚洲与太平洋广阔地域的 35 个国家②，其中亚洲 25 个国家，大洋洲 10 个国家。受世界遗产制度的影响，亚洲地区的遗产保护也从传统的文物保护跨越到文化遗产保护领域。在此基础上，亚洲各国都在探索属于自己的文化遗产保护之路，并取得了瞩目的成就。2003 年，世界遗产中心特别把《中国文物古迹保护准则》作为亚太地区关于世界遗产保护的重要实践作了评述③。由于地缘关系的因素，本文着重于探讨北半球亚洲地区的文化遗产保护实践及对未来的展望。亚洲是七大洲中面积最大，人口最多的洲，尽管国经济发展程度不一，自然气候地理环境等差异极大，但都拥有着精美灿烂的文化遗产。在追求经济发展的大背景下，经历了新兴国家的民族主义身份认同，亚洲各国整体上处在传统向现代的转型时期。亚洲各

---

① 如“亚太地区历史遗产与文化景观保护之路”国际学术研讨会的与会学者从亚太地区的不同遗产类型如世界遗产、建筑遗产、文化景观、聚落遗产分享了保护实践与原则，并针对亚太地区的保护修复理念、保护管理路径、整备现状政策等议题分享交流了各自领域的文化遗产保护理念与实践。参见：杜晓帆．主编．从历史走向未来——亚太地区历史遗产与文化景观保护之路．上海：复旦大学出版社，2017。

② 世界遗产中心将缔约国分为六大地区，分别是：非洲、阿拉伯地区、亚洲太平洋地区、欧洲和北美洲、拉丁美洲和加勒比地区。这一分区和地理上的分类不尽相同。其中亚洲和太平洋地区的缔约国有 35 个，分别是阿富汗、澳大利亚、孟加拉国、柬埔寨、中国、朝鲜、斐济、印度、印度尼西亚、伊朗、日本、哈萨克斯坦、基里巴斯、吉尔吉斯斯坦、老挝、马绍尔国、密克罗尼西亚、蒙古、缅甸、尼泊尔、新西兰、巴基斯坦、帕劳、巴布亚新几内亚、菲律宾、韩国、新加坡、所罗门群岛、斯里兰卡、塔吉克斯坦、泰国、土库曼斯坦、乌兹别克斯坦、瓦努阿图、越南共 35 国。

③ 世界遗产中心亚太地区第一轮定期报告［EB/OL］. Periodic Reporting 1st Cycle：Asia & Pacific（2003），Twenty - seventh session Paris，UNESCO Headquarters，Room XII. 30 June - 5 July，2003. http：//whc. unesco. org/en/activities/665.

国也拥有独特的不同于西方的历史进程与文化传统，因此，探讨亚洲地区的遗产保护对这一地区其他的遗产实践来说具有十分重要的意义，通过借鉴亚洲各国的文物保护政策、理论与实践经验，旨在为我国的文化遗产保护提供经验。

一、亚洲各国遗产保护简介

（一）东亚的遗产保护实践

1. 日本

日本在“明治维新”期间，受欧化主义的影响，废佛弃寺风潮兴起；明治末到大正时期，伴随着近代化进程的推展，导致纪念物文化财处于危机之中；二战后社会经济的混乱亦造成了文化财的破坏①。在此背景下，日本认识到文物对于维护民族传统和民族自立的重要性，並开始学习西方的现代文物保护管理经验，自明治四年《古器旧物保存方》布告到二战后《文化财保护法》建立，日本从国家层面设立法律制度，因此，通过法律选定并保护国宝、重要文化财、史迹至今已有近150年的历史。经过一个多世纪的探索，日本的文化遗产保护措施已经形成了较为完善的体系②，在遗产分类、遗产制定、相关法制建设、保护与修复方法、技术及管理利用方面，既有现代性又有独到的亚洲特色③。

（1）全面、完善的法律框架

“文化财”是日本从英文 cultural property 直译过来的，从1950年颁布的《文化财保护法》开始使用，现已成为一般用语普及开来④，日本在文化遗产的理解上与国际通行的概念基本接轨，并充分结合了本国文化遗产的具体情况拥有更广阔的内涵。

《文化财保护法》经历多次修订，自1950年立法通过，分别于1954年、1968年、1975年、1996年、2004年、2007年做了六次修订，又在2018年做出了第七次修改的决定，于2019年4月1日正式施行。比较重要的修订例如1968年，20世纪60年代后，随着日本经济迅猛发展，社会结构也相应变化，构成传统文化的因素如传统建筑、传统生产生活方式、风俗习惯、年中行事、民俗工艺也受到威胁。这些都要求政府的文化遗产保护工作进行相应调整。因此1968年的修订对当时的现状与问题做出了回应，一是对民俗文化财的范畴进行了新的界定，增加了“无形文化财”的概念；二是变保护单座建筑为建筑群落的整体性保护；三是建立为传承文化财的保存技术选定技术以保护传统制作工艺；四是强化地方公共团体的文化财保护体制，进一步明确加大了地方组织在文化财保护方面的权利、义务与责任。

① 国家文物局第一次全国可移动文物普查工作办公室编译．李黎，杜晓帆．译．日本文化财保护制度简编［M］．北京：文物出版社，2016：2.

② 苑利．日本文化遗产保护运动的历史和今天［J］．西北民族研究，2004（2）：132－138.

③ 米彦军．浅析日本对文化遗产的合理保护［C］．杨巨平．主编．保护遗产造福人类：世界文化遗产的保护与管理．北京：世界知识出版社，2005.

④ 北川宗忠．觀光文化論［M］．東京：株式會社ミネルヴァ書房，2004：41.

（2）详细有序的分级分类体系

整体观之，日本的文化遗产保护实践可以概括为纵向的分级与横向的分类系统。在对文化遗产分类方面，《文化财保护法》列举了文化财的六个构成类别，并通过法规对六类进行了定义与分项①。纵向分级由于日本具体文化遗产的所有权分属于不同的产权主体，因此，日本文化保护的执行者分为国家（中央、地方政府）、地方公共团体、所有者、国民四类，每一类的职责都十分清晰，如国家的职责如下：

- 制定文化财保护法；
- 重要文化财的指定和选定，身边的文物（建筑物）的登录；
- 对指定文化财所有者进行的管理、修理、公开展出等发出指示、命令、劝告；
- 指定文化财的现状变更的控制、输出的制限、回复原状的命令；
- 对指定文化财所有者的管理、修理、公开等活动给予补助；
- 对文化财公有化的地方公共团体给予补助；
- 制定有关指定文化财税制的特例措置；
- 博物馆、剧场等公开设施、文化财研究所的设置、运营；

通过政府主导，地方政府的推动，民间与政府密切合作对遗产进行保护利用。注重对历史风土的整体性保护、注重民众参与地方保护利用，是日本文化遗产保护的几个特征。

（3）“日本遗产”：由点成线，由线成面

值得注意的是，虽然日本于1992年签订《世界遗产公约》，且拥有多项世界遗产，但并未将世界遗产纳入到日本的法律体系中，因此世界遗产实践一直与文化财制度并行互补；日本学者认识到，世界遗产作为遗产保护、阐释、管理与利用的范本，其优秀经验和实践十分值得借鉴，然而，世界遗产作为最佳范式，数量有限，审批严格，无法涵盖所有的日本遗产，如何借鉴世界遗产的实践，帮助其他地方进行具有世界遗产标准的文化的阐释，整合各种资源与要素，深化文化遗产的内涵，这一思索推动日本的文化遗产实践继续前行。

为应对各种问题，日本的学者提出了“日本遗产”（Japan Heritage）的概念，2015年4月由日本文化厅作为项目正式推行②。遗产的标志，隐含了由点成线，由线成面的意味。我们已知日本通过《文化财保护法》将文化遗产分为若干个类别（category），在保护上，大多采取点状的保护措施。这种方法的优点是可以明晰产权主体的责任，进而利于制定遗产的保护策略与问责措施，也可对单点遗产采取详细的研究，进而制定有针对性的的保护管理规章。然而，这种体系也带来不少问题。首先是遗产类型的不可穷举，新的遗产类别或实践随时会出现，由于立法的前瞻性有限，且囿于程序问题，新内容列入法律的过程较为缓慢，在时间与过程上都要滞后于当下的遗产实践。寻求一种灵活便于操作的遗产保护与实践方法是当务之急。其次在《文化财保护法》中，我们看到遗产被分为六大类，每类有下分若干小类，这也带来了一定问题：遗产类型分类有时并不明晰，各子项列入何种类别具有一定

① 具体见国家文物局第一次全国可移动文物普查工作办公室编译．李黎，杜晓帆．译．日本文化财保护制度简编［M］．北京：文物出版社，2016：1－2.

② 稻叶信子．日本的世界遗产与日本遗产［C］从历史走向未来——亚太地区历史遗产与文化景观保护之路．上海：复旦大学出版社，2017：12－13.

的主观性，而这种主观性又带来了逻辑上的不清晰，造成了各子项间的重叠或矛盾。尤其随着遗产类型的丰富与实践的扩大，例如文化景观的概念，其涵盖的要素与区域都十分复杂庞大，分类保护的思想也越来越困难，如何对景观及其背后所存在的运行机制进行整体保护，也是亟待解决的问题。第三是为了贯彻日本“整备”的概念，《文化财保护法》中尤其强调“保存与活用”，文化厅的职责就是要通过“整备”这个手段使两者达到和谐的状态[①]，这种分类虽然详细，却在某种程度上割裂了组成遗产的各个要素，破坏了遗产的整体性，不利于遗产的展示与阐释。单点保护遗产的方法背后，面临的是信息缺失、顾此失彼的境遇。最后，为配合日本观光立国的战略，文化遗产的旅游也在日本政府的策略之中，《推进观光立国基本法》中，对历史文化遗产的运用已成为国家法律制度的最基本内容[②]。如何通过“日本遗产”讲好“日本故事”，做好文化遗产的活用，也需要新时代的回应。

因此，“日本遗产”作为一种方法（approach），通过项目（project）的形式，旨在将以前按文物种类详细分类的遗产整合起来，连成一个“故事”，用整体的眼光来看待文化遗产，以涵括不在法律框架的有形的、无形的、文化的、自然的要素，作为项目对遗产提供保护和资助，使得其保护利用更加灵活多样，目前的比较瞩目的例子是人吉球磨，作为一项日本遗产，涵盖了 10 个市町村里 41 处文化财，将这些分布在广阔地区的点状遗产地集合起来，通过球磨川的河流将故事串联起来，现在，文化厅正在基于本地特性的基础上制定综合计划。

（4）小结

虽然日本的世界遗产数量在亚洲并非数一数二，但日本的文化遗产保护实践一直走在亚洲前列，基于对本国文化遗产成熟的保护实践，日本提出的“无形文化财”深化了我们对文化遗产的理解，也进一步扩大了文化遗产的保护范围，并深深地影响了联合国教科文的世界文化遗产实践[③]。在日本奈良通过的《奈良真实性宪章》也引发了实践者对“真实性”的探讨，而今天“日本遗产”的实践也对我们有一定的启发与借鉴作用。文化遗产是一门实践性学科，只有在实践中才能更好地检验并解决问题，日本的遗产保护实践最大的特点是立足于民族特色制定了周详、细致的遗产保护框架，并大力推行。这种立足于本国的遗产实践不仅没有缩小日本与世界其他地区遗产保护的距离，反而在国际上具有一席之地，这种话语权当是来源于日本立足本国，行之有效且不断前行的遗产保护实践。

（二）东南亚的遗产保护实践

东南亚包括 11 个国家：缅甸、老挝、柬埔寨、越南、泰国、马来西亚、新加坡、文莱、印度尼西亚、东帝汶和菲律宾，不仅是一个由诸多人种和语言群体（ethno – linguistic groups）构成的多民族国家，更是一个多方文明交汇的地方。最早影响这里的外来文明来自印度，并留下了丰富的佛教与印度教文化遗产，除了物质遗产如寺庙、建筑遗址，很多非物质遗产也烙下了印度文化的印记，包括语言、礼仪、艺术、宇宙观、饮食、服饰等。中华文明的影响自秦朝向南开拓疆土至北向户（越南北部）到

① 中井将胤．日本史迹保存与整备的现状和政策［C］从历史走向未来——亚太地区历史遗产与文化景观保护之路．上海：复旦大学出版社，2017：80.

② 宋振春．日本文化遗产旅游发展的制度因素分析［M］．北京：经济管理出版社，2009：79.

③ 顾军，苑利．文化遗产报告：世界文化遗产保护运动的理论与实践［M］．北京：社会科学文献出版社，2005：108.

西方殖民东南亚时期大量华人南下一直未曾中断。始于 7、8 世纪贸易活动并在 13 世纪，随着伊斯兰教传播的伊斯兰文化均能在东南亚找到丰富的遗存。

文化遗产保护极其脆弱，需要有一个安全的人文与自然环境。人文环境包括政治稳定、宗教和谐、种族融合、高水平的国民教育程度、社会安定无战争等。但翻阅东南亚的近代史，将会发现除了新加坡、马来西亚和文莱的政治有过短暂的不稳定期，其余国家的政治、社会都经历长期的不稳定，有一党专制、军人统治、种族大屠杀等等各种不相同的混乱局势。

多元宗教多元文化多元种族，本来应该为这个区域带来更丰富的文化遗产，不幸的是，事实恰好相反，东南亚多国的政治、宗教及种族等因素绑架了文化遗产，许多文化遗产，尤其是少数民族的文化遗产有意无意地受执政党所忽视，或是破坏。政治稳定、宗教和谐、种族融合及经济丰裕等四大因素深深影响东南亚文化遗产保护，这四大因素交叉相互影响。不稳定的政治，随时会引爆社会冲突、动荡，甚至内战，不利文化遗产保护，中东因政治动荡不安而导致很多珍贵文化遗产遭受破坏，是我们再熟悉不过的例子。

目前东南亚 11 国当中，政治稳定的国家只有区区三个：新加坡、文莱和越南；马来西亚和印度尼西亚的政治表面稳定，其实暗流汹涌，不时面对宗教与种族课题的挑战，随时有擦抢走火之虞。新建国的东帝汶，在建国之初也是非常不稳定，直到 2008 年，叛军投降后才进入稳定发展时期。其余各国的政治长期处于不稳定的状况，情况不一，有一党专制、独裁、军人统治或暴力政治等。

东南亚各国文化遗产立法与保护现况

国家	主要文化遗产法规	颁布年份	遗产分类	遗产分级	文化遗产保护现状
缅甸	《保护和保存文化遗产区法》、《保护和保存古物法》、《保护与保存古纪念碑法》	1998 年 2015 年 2015 年	只有古物一类	无	开放门户后积极发展文化遗产，与国际组织展开文化遗产保护项目
老挝	《国家遗产法》	2005 年	文化遗产、历史遗产、自然遗产、国家标志	文化和历史遗产分为三级：地方、国家和世界。自然遗产分为地方、国家、区域和世界四级。	依赖国际组织提供资金与技术支援，与国际组织展开文化遗产保护项目
柬埔寨	《文化遗产保护法》 《关于实施文化遗产保护的次级法令》	1996 年 2005 年	无	无	依赖国际组织提供资金与技术支援，与国际组织展开多项文化遗产保护项目
越南	《文化遗产法》 《议定 92/2002》	2001 年 2002 年	历史文遗址、风景景观、文物、古物、国家珍贵文物	省级遗址、国家级遗址、特级国家级遗址	重视国际合作，也强调人民和政府共同拥有权利和应承担的责任

续表

国家	主要文化遗产法规	颁布年份	遗产分类	遗产分级	文化遗产保护现状
泰国	《古代遗址与文物、艺术品和国家博物馆》《国家环境质量的提高和保护法》	1961 年 1992 年	无	无	主要参考法国的保护方式；最早有文化遗产保护意识的东南亚国，但对申遗之事比较谨慎
马来西亚	《国家遗产法》	2005 年	遗产物、水下文化遗产、遗址、国家遗产	无	因种族及宗教因素导致政策偏颇，且政府执行力较弱；公众参与热络，拥有较成熟的民间文化遗产组织，在文化遗产保护工作上扮演重要的角色
新加坡	《保存古迹法令》	1993 年	国家古迹和保护区	无	积极发展文化遗产，并将文化遗产保护列为国策，为建立"全球遗产和文化枢纽"，鼓励公众参与文化遗产
文莱	《古物和宝物珍藏法》	2002 年	古物和历史文物	无	作为一个伊斯兰教国，文莱政府以保护伊斯兰及有关马来土著的文化遗产为主
印度尼西亚	《文化财产法 No. 11/2010》	2010 年	文物、建筑、构造物、遗址、地域	国家级、省级、市级	政府鼓励公众参与，民间文化遗产组织在文化遗产保护工作上扮演重要的角色
东帝汶	拟定中；目前暂以《国家文化政策》、《关于文化遗产保护》为依据	2009 年 2011 年	考古、建筑遗产、民族志和传统遗产、非物质遗产	无	依赖国际组织提供资金与技术支援，与国际组织展开文化遗产保护项目
菲律宾	《文化艺术国家委员会法》、《2009 年国家文化遗产法》	1992 年 2009 年	国家文物、重要文化遗产、世界遗产、国家历史圣地、国家历史遗址，及国家历史地标	一级、一级、三级	有相当完善的国家文化机构制度及法规，主要受美国文化遗产保护政策所影响

除了泰国，东南亚其他国家都受过西方列强所统治，西方列强一方面在殖民地掠夺资源，破坏殖民地长期建立的政治制度与社会秩序，另一方面又在此区域推行国家现代化管理、制度和法规，这些现代化管理制度本应有利于文化遗产保护的发展，但遗憾的是，各国独立后的政局混乱，破坏了殖民政府遗留的制度和法规，导致各国不仅没能在殖民政府建立的基础上好好发展，反而倒退了二三十年。东南亚国家当务之急是重整国家体制，建立完善的法规，有计划的发展国家，包括文化遗产。

尽管东南亚文化遗产面对严峻的挑战，但为了建立民族身份、国民自信，以及发展旅游业，改善国民经济，申报与保护文化遗产是大势所趋。因此，无论是发达国家或是发展中或是贫穷落后的国家，无不重视文化遗产。总的来说，东南亚文化遗产的立法和政策的特点如下：

1. 法规大多受殖民政府遗留的法规所影响；

2. 除了新加坡将文化遗产提升到国策，其余国家的法规多有不完善，有些甚至很简单；新生国东帝汶目前尚未拟定法规；

3. 东南亚 11 国，除了老挝、越南、印度尼西亚、菲律宾对遗产进行分级分类保护，其他国家部分只有分类没有分级，有些完全没有分级分类；

4. 因政治、宗教和种族因素，导致文化遗产政策有所偏颇/缺失；宗教遗产的保护实践受到外部因素影响较多。

5. 大多东南亚国家鼓励/重视民众参与文化遗产保护工作；但在具体实施过程中，各有缺失。

6. 从遗产类型上看，考古和建筑遗产是东南亚文化遗产保护的重点；一些国家正在形成自己独特的遗产保护方式。

中国与东南亚的历史源远流长，尤其是与中国领土接壤的国家——越南、老挝、缅甸，深受中华文明的影响。“一带一路”政策倡议后，中国与东南亚将展开新一轮的合作关系。中国作为世界遗产大国，拥有丰富的申遗经验，且同样是东方文化，可以给予东南亚各国有关成功申遗的经验，协助申遗工作，促进良好国际关系，成为中国外交软实力项目。此外，东南亚各国目前尚无传统村落保护的意识，中国近年积极保护传统村落，其所积累的经验，可以提供东南亚一个有参考价值的经验。另一方面，东南亚的非营利组织经验也相当有特色，亦可以成为中国取经的对象。

文化遗产保护是世界趋势，它既是各国的重要资产，也是国际的重要文化财产。人类应齐心协力为我们的后代共同保护之。我们期盼中国和东南亚，因为文化遗产，双方互惠有无，建立更密切更友好的关系。

（三）南亚的文化遗产保护与现状概述

1. 印度

印度次大陆是世界上一些最古老并且最重要的文明发源地，这里藏有丰富的文化遗产，并因其历史悠久和丰富的多样性而与众不同。印度的文明最初是沿着印度河发展起来的，根据考古调查，最早可以追溯到公元前 2500 年的哈拉帕城和莫亨约达罗城。尽管近代以来印度遭受了殖民统治和诸多战争，但因为其悠久的历史，印度仍然保留了丰富而灿烂的建筑文化遗产，包括考古遗址、石窟群、石刻寺庙、纪念柱、雕刻和浮雕、地下设施等，同时这些建筑又代表了不同的类型如宗教类、宫殿类、住宅类、防御类、墓葬类、城市类、公共设施类、景观类等各种不同的类型。

（1）印度遗产保护发展历程

印度是一个被英国长期殖民的国家，英国人最初开展了印度的考古和保护历史遗产工作。之后随着保护制度和观念的不断完善，于 1861 年成立了印度建筑遗产保护的唯一官方机构：印度考古调查局。印度考古调查局隶属政府文化部门，是负责考古研究和遗产保护的机构。它主要承担的任务是“探索、发掘、保持、维护、保护国际和国家层面上具有重要价值的文化遗迹和遗址”。印度考古局对全国各遗产地（单位）实施直接管理，可直接向各遗产地（单位）派出管理人员，并视察工作状况，指导保护工作①。印度考古调查局主要有 6 个部门，分别是考古发掘部、史前研究部、建筑调研工程部、寺庙调研工程部、碑铭石刻研究部、科学研究部和水下考古研究部，还有附属的出版社、博物馆和培训机构也在其管辖范围内。协会的主要工作内容是组织安排考古研究和挖掘工作、维持、保护和保存文物古迹和考古遗址和国家重点文物、进行遗迹和古代文物的化学保护、文物遗迹的考古调查、碑铭石刻和古钱币的研究、设立和管理遗址博物馆、组织和进行考古执行培训以及负责相关考古类书籍的出版。

除了印度考古调查局这个官方组织负责印度建筑遗产保护以外，还有许多的民间非营利组织负责保护印度没有列入国家保护名录的建筑遗产和古迹。主要有两个较大的机构，一个是国家文化基金管理机构，另一个是印度艺术和文化遗产国家信托组织。

（2）印度遗产保护相关法律法规

为了从目前无序发展的冲击下保护和维护好印度的建筑遗产，政府在 1958 年制定了《历史古迹和考古遗址保护法》，不久后为规范遗址和古迹周边的建设及用地情况制定了《古迹和考古遗址保护规则》，在一定程度上加强了建筑遗产的保护和管理。在印度独立前，普通市民几乎没有任何遗产保护的意识，许多珍贵的文物被掠夺流落到了国外。后来还出现了许多专门盗窃古迹和文物艺术品的“寻宝者”，致使文化遗产遭到严重破坏，1972 年政府颁布《文物和艺术珍品法》来杜绝这种情况。

为了保护古迹周边的地块，防止胡乱开发和利用，印度考古调查局在 1992 年颁布了一项严厉的管理法规：在靠近古迹的 100 米范围内和允许控制的范围 200 米内禁止进行任何建设开发。这项法律改变了印度考古调查局保护的古迹在周边都是高密度开发的情况。2010 年又颁布了《历史古迹和考古遗迹保护法（修订）》，比 1992 年法律更加严谨，也更加严格。

（3）印度遗产保护实践总结

印度对建筑文化遗产的再利用模式，分为原功能延续、博物馆和功能置换三种模式。印度的建筑遗产数量众多，它的再利用，其投入和新建建筑相比，在同样的规模和体量上进行比较所消耗的人力、物力和财力等资源都会低很多。由于印度古代建筑的主要使用材料是石头和砖块，木质结构的建筑较少，印度主要关注石质材料方面，以减少自然风化、雨水、阳光和生物侵蚀的影响。遗产遭到破坏的原因主要是宗教原因。

尼赫鲁总理曾经这样描述过印度德里：“在这里，即使是一块普通的石头也会在我们耳边轻轻地诉说这儿的历史，我们呼吸的空气也充满着文明的尘埃和芬芳的过去。”他对于德里的评价也适合整个印度。总体上看，印度有着丰富的历史文化遗产，并且由于宗教和信仰以及当地的传统文化和政府管理制度的影响，遭受到的人为破坏很少，保存较为完善。

① 邹统钎．遗产旅游管理经典案例［M］．北京：中国旅游出版社，2002：37.

2. 斯里兰卡

作为南亚的文明古国之一，斯里兰卡拥有古老的城市、丰富的文化和价值极高的世界遗产，但同时也存在着南亚地区普遍的问题，就城市遗产而言，这里城市分布密集，无法避免贫穷问题，城市遗产的真实性和完整性日益受到快速城市化，规划不足和标准化城市更新项目的威胁。而风险缓解政策和预防性管理机制不足以保护城市遗产，特别是易受诸如海啸等自然灾害的影响。城市保护和重建过程最近成为政府政策的对象，也更加注重公共空间的维护改造，但它们仍然处于边缘地位。

就遗产地管理层面而言，虽然设置有专项基金法案，但是现有法律框架不足以保障斯里兰卡的文化遗产保护管理。在执行层面，现有诸如各国家部门、基金会、委员会等各个机构权力重叠，文化遗产的保护与管理受到政治干预，缺乏文化遗产保护的社会意识，管理联络存在问题，遗产地的可持续发展受到阻碍。以加勒为例，教科文组织曾在此评估调查，总结出诸如：与堡垒内政策和管理有关的利益相关者难以停止现有的未经授权的建筑活动，污水和固体废物管理不足，噪音污染和交通日益增加以及堡垒内车辆管理不足造成的烟雾，架空电线，电缆，电视天线和水箱，擦伤了堡垒的屋顶檐口，出于国内安全原因关闭阳台，改变街道，未经授权改变使用的房屋等问题。

而在遗产旅游层面，斯里兰卡积极开展诸如文化三角项目，参与国际合作，为了鼓励平衡的旅游业，斯里兰卡在获得发展机遇的同时也面临着许多挑战。承载力是平衡旅游的关键因素。旅游业的无限制增长可能导致社会和经济回报减少，并威胁其赖以生存的生态系统和文化资产。在文化与自然保护和旅游发展之间如何寻求微妙的平衡，如何对当地居民进行教育、巩固社会文化遗产保护意识，这些都是维持斯里兰卡文化遗产乃至国家发展面临的重大挑战。

3. 巴基斯坦

自独立以来，巴基斯坦的政治历史一直以军事统治、政治动荡和与印度的冲突为特征。该国继续面临着严峻的问题，包括人口过剩、恐怖主义、贫穷、文盲和腐败。文化遗产保护的威胁主要体现在武装冲突对文化遗产的破坏，以及虽然联邦政府的古物法案为考古遗址和历史遗迹提供了保护，然而大多数城市的历史建筑在很大程度上仍然没有被分类和保护。由于巴基斯坦尚缺乏总体的文化传统保护规划，使得一些对传统文化的经常性保护措施难以为继。此外，巴基斯坦考古工作者流失到海外的现象日益严重，在一定程度上成为文化古迹保护的不利因素。

由于全球化的影响，巴基斯坦传统文化的特色也越来越模糊，为加强对传统文化的保护，近年来，巴政府特别注重在下面几个方面作出努力：

首先，加强传统民族文化的展示与对外推介力度。为保护巴基斯坦文化和民间遗产，政府对大型博物馆实施保护性开放，通过展示古老艺术珍品和考古发现，教育并激发巴人民保护民族文化的意识。许多巴基斯坦著名大学内都有向公众开放的文化、考古成就展览。除固定的博物馆和展览室外，巴基斯坦政府还举办各种旨在弘扬本民族传统文化的短期展览会，包括雕版印刷、刺绣、棕叶和秸秆工艺品、纸工艺品、蓝陶和骆驼皮制品等，同时邀请一些手工艺人进行现场表演，以寓教于乐的形式对青少年进行艺术启蒙教育。巴基斯坦总理基拉尼多次强调，政府应重视对传统文化的保护并改善传统手工艺人的生活待遇和工作条件，手工文化艺术展是认识传统技艺和文化知识的机会。

其次，借助国外财力研究并传承古老文化遗产。由于本国财政有限，为获得其他国家的资助，巴基斯坦政府支持外国专家到巴基斯坦进行联合考古发掘研究，成果共享。目前，联合国教科文组织、挪威政府基金会和巴基斯坦政府正在筹备一项“文化资产地图”工程，旨在建立“巴国家文化资产数据库”。

第三，语言是文化的载体，是民族的根基。强化和使用本民族语言——乌尔都语言的使用与研究是巴政府近几十年来坚持不懈的重点工作。自20世纪60年代起，巴基斯坦推进乌尔都语的普及工作。目前，乌尔都语不仅被巴基斯坦电视和广播使用，巴基斯坦99%以上的平面媒体和电子媒体都在使用乌尔都语。巴基斯坦政府通过对外广播节目，将乌尔都语向巴基斯坦人侨居的60多个国家传播。

4. 不丹

（1）不丹文化遗产保护概要

不丹是一个虔诚的佛教国家，直到今天，佛教教义影响人们日常生活的方方面面。不丹有着一个结合了皇族的世俗权威和国师（Je Khenpo）宗教权威的权力系统。为此，这个国家的现代化不应与西方化混为一谈，不丹在保护传统文化的同时以自己的方式进行现代化。

（2）2002年以来的文化遗产保护

在不丹，传统文化的保护主要归因于国家政策。1992年政策修订后，日本开始参加不丹的历史建筑修复工作的合作，通过文化厅的亚太地区的合作项目对建筑进行保护。该项目一直到2002年持续了10年。项目结束时，不丹政府对文化遗产的保护表现出了积极的态度，立法已开始实施。2009年一场地震袭击了不丹，许多用传统方法构建的建筑物损坏。作为回应，教科文组织新德里办事处开始调查如何支持恢复不丹文化遗产。

不丹文化遗产保护是由民政文化部（MOHCA）管理的。文化部通过其九个组织负责不丹文化政策的规划和执行，包括三个部门（遗产遗址保护司、文化财产司、driglam司）；四个博物馆（帕罗国家博物馆、宗萨国家博物馆、纺织博物馆、民俗博物馆）；另外两个机构（国家图书馆和档案馆，皇家表演艺术学院（PARA））。此外，不丹皇家大学、民族手工艺品商场和不丹研究中心被政府认证为文化活动中心。文化政策的另一个独特之处在于不论中央或地区的佛教寺庙也被认定是文化中心。

然而，有关不丹文化遗产保护的基本法律尚未完备。现行文化遗产条例和法律如下：

2005年颁布的《可移动文物法》规定由佛教组织、国家政府、地方政府或个人拥有的超过100年历史、与著名的宗教人士有关或由著名工匠创作的宝贵的文物需要登记。法律对文物的管理、转让和出售做了一定的规定。2007年颁布的《宗教组织法》规定了宗教组织的注册规定以及权利和义务。有关宗教组织的法律视为与文化遗产有关的法律正是因为宗教在不丹与文化密不可分。而《可移动文物法》的颁布的主要原因是因为纠正因为管理不善而造成的损失，以及非法买卖。

遗产遗址保护司（DCHS）对不可移动文化遗产进行保护。先前的名称是建筑遗产保护司；然而，由于他们也处理没有建筑物的圣地，因此将名称改为遗产遗址保护司。保护的目标是不变的，主要是建筑物包括运用传统技术的建筑建设和旧建筑的保护。

根据《可移动文物法》，文化财产司负责文物的保护恢复和管理监督。

文化部几乎完全控制文化遗产的研究和保护，地方政府则负责处理专家的安置和实际修复资金。因此，文化部是海外合作的窗口。也有些民间组织参与文化活动，但民间组织的能力有限。文化遗产和文物的日常管理和养护，大部分依靠僧侣。

5. 尼泊尔

（1）问题和困境：利益相关者冲突的平衡

文化遗产保护方面有形的利益相关者包括政府相关管理部门、学术机构、捐助机构、商业团体、国际政府间机构、国际非政府组织和其他机构等。涉及到的方面也非常广泛，包括遗址发掘、学术研究、文化展示、基础设施开发、环境管理、财政利益、服务提供、教育传播等等。然而，在众多的利益追逐中，遗产所在地人民的利益，他们在传统与现代之间的混乱中寻求舒适生活的需求，往往被忽视或没有被正确理解。

从遗产保护和旅游发展的角度来看，尼泊尔将文化遗产保护与旅游发展紧密相连，但缺乏有效的政策和体制框架来应对因此带来的种种挑战，迫切需要平衡不同利益相关者之间的利益冲突。例如，旅游机构和当地企业家、捐助机构和政府机构、保护工程和发展项目等等。甚至在加德满都河谷的文物遗址内，也观察到不同利益相关者之间的一些冲突，尤其是考古部门和当地居民之间的冲突。联合国教科文组织等国际机构批评加德满都山谷世界遗产管理复杂，导致加德满都山谷世界遗产在2003年被列入“濒危名单”。旅游如果控制得当，可以改善当地人的收入。然而，尼泊尔政府的处理并不妥当。遗产保护区内旅游业的大部分利润都流向了传统富有的家庭，因为只有这些家庭才有资本在旅游区内开设餐馆和酒店等。这表明，非常有必要将农村发展计划纳入保护区管理框架内，并允许更多的人从文化遗产保护中受益。

（2）保护法律、政策的适用性和配套性

以上出现的种种利益冲突问题，保护法律及政策的适用不当是原因之一。尼泊尔的文化遗产政策主要基于教科文组织和开发计划署等国际政府间机构的建议和计划。也就是说这些法律、政策大多直接改编自国际框架，是忽视了当地文化环境的简单照搬。当然，在当今全球化的时代，我们并不能孤立地生活，因此，也不必避免世界遗产和世界遗产的网络。但是将其与尼泊尔多样化的地理环境、经济基础、文化习俗等充分结合，是非常有必要的。

其他有关法律、政策的有机配套也同样重要。尼泊尔文化遗产保护一直与旅游业密切相关，因此旅游规章和发展计划对保护的动机和手段有直接影响。地方发展法、建筑物、道路和其他基础设施的规范与文物遗址及其环境的现状也有着重要联系。真正的挑战是承认这些相关领域之间的重叠后，如何制定出相应的协调机制。

从根本上讲，尼泊尔的保护方针和政策应该从“谁的遗产”“保护什么”“如何保护”以及“谁应该负责保护”等问题着手，重新调整现有的保护政策。如果所有这些问题的答案主要围绕着尼泊尔人民，那么保护的态度和政策应该相应地演变。需要正确认识文化遗产保护的价值观、目标、权利、责任和手段，政策也应当体现这一点。

6. 马尔代夫

马尔代夫于1980年签署《世界自然与文化遗产公约》，四年后首次申报世界遗产，但直到2007年，才于加拿大魁北克举行的第32届会上，把具有350年历史的Hukuru Miskiiy珊瑚真清寺列入世界遗产预备名录中。该国另一个进入世界遗产预备名录是安耐卡要塞（An－Nakhl fortress），也是一个跟伊斯兰教有关的文化遗产，从穆斯林朝圣路线角度所阐释的文化遗产。截至目前，马尔代夫仍未有成功申报世界文化遗产项目。

马尔代夫虽然拥有丰富而独特的文化遗产，但国家有关的管理和保护极其简单，尚未有一个完善的保护框架。信息、艺术及文化部（Ministry of Information，Arts and Culture，简称 MOIAC）负责保护国家艺术及文化，在此之下所设立的国家语言和历史研究中心（National Centre for Linguistic and Historical Research）是主要的文化遗产保护机构，以研究有形文化遗产为主，以及推广非物质文化遗产中的国家语言和历史；另外，贸易与工业部（Ministry of Trade and Industries）也需负责推广非物质文化遗产的传统手工艺品。

1979 年通过的《马尔代夫共和国的历史与文化财产》（Law No：27/79），是该国目前唯一的文化遗产法规，内容非常简略，也从来没有做过任何的修定。根据联合国教科文组织官网上传的《马尔代夫共和国的历史与文化财产》①，条款只有三项，内容如下：

破坏或拆除任何在马尔代夫共和国境内发现的历史和文化价值的文物或建筑物，是一种犯罪行为。

（1）本法规定的文化和历史文物或建筑物，是马尔代夫居民或居住在马尔代夫的外国人使用的文物和场所，可能有助于收集某一时期的信息。

（2）本法规定的文化建筑和历史建筑，是由马尔代夫居民或在马尔代夫居住的外国人建设或建造的，其目的是为生活或祈祷，或作为某人的纪念碑或任何其他目的的纪念物，这可能有助于收集某一时期的信息。

（3）获得经政府有关部门事先批准，在不损害其原创性的前提下，对文化或历史文物和建筑物所执行的研究工作，可豁免本法。

蕞尔小国如马尔代夫可遗留给人类的文化遗产价值可不小。在生存条件和物资匮乏的珊瑚岛上的人们，自远古时期在此生存了三千多年。传统的岛屿生活方式，在在证明了人类可以在资源稀缺的环境下，建立一套与自然和谐相处、可持续发展的生活智慧，这些经验弥足珍贵，是人类极其珍贵的文化遗产。但是，马尔代夫的文化遗产保护却面临着巨大的自然与人为挑战。

马尔代夫是世界最低洼的国家，有 80% 的陆地海拔不到一米，地球因温室效应导致海平面上升的现象，已成为该国面临的重大课题，目前已有许多岛屿因海平面上平，遭受海水泛滥和海岸侵蚀，这个自然灾害问题不仅是该国文化遗产保护所要迎击的巨大挑战，亦是攸关国家存亡的严峻问题。

马尔代夫文化遗产保护面临的另一个严峻问题是，国民对于文化遗产的保护意识很薄弱，国民缺乏这方面的教育。举例而言，该国有关历史、考古、博物馆和文物保护等单位的人员，很少有受过相关方面的训练。国家政府机构的职员在这方面的认知尚且不足，更何况是普罗大众呢？因此，马尔代大文化遗产，尤其是非物质文化遗产，在面临现代化时尤其脆弱。政府与专家虽然有意保护之，但国家政治不稳，经济条件欠佳，国民保护意识薄弱，政府能发挥的力量极其有限，让人堪忧。尤其 2018 年 2 月 1 日，马尔代夫最高法院在宣布决定推翻判决和下令重审前总统穆罕默德·纳希德等人后，出现了政治危机，现任总统宣布国家进入紧急状态。文化遗产会不会再次因为政治危机而遭受破坏，如

① Law of Historical and Cultural Properties of The Republic of Maldives，http：//whc. unesco. org.

同2012年2月7日发生的国家博物馆佛教文物破坏事件？乱局多坏事，谁也无法预测，一切只能侧观其变。

二、东方视角：对未来的展望

在世界遗产的背景下，有别于文化遗产保护与实践大国意大利与法国的视角，美国和澳大利亚也曾立足于本国国情为遗产保护做出贡献。美国通过国家公园与遗产廊道等展开了对自然遗产的保护，澳洲的遗产实践者重新审视本国土著居民五万年的历史与文化，通过文化景观突破了“自然——文化”二元结构的割裂，在建筑遗产领域提出了“具有文化意义的场所”，这都是基于对本国历史文化遗产的反思。回到亚洲遗产保护的语境中来，亚太地区总体上没有经历过理性主义运动，各国都有“万物有灵”的传统思想，也有众多通过思想观念建构出来的文化遗产对象，例如深受中国文化中“天人合一”影响的西湖文化景观，日本“信仰的对象，艺术的源泉”——富士山等。亚洲各国的遗产实践正在处于迅速发展阶段，这种根植于传统的理念或思想必定会在未来的遗产实践中受到关注，期待亚洲地区间互相借鉴经验，在遗产实践领域深入探索，为遗产保护的未来提供各种可能。

（本文南亚部分各国资料收集与整理者如下：印度：刘邵远；斯里兰卡：鲁茵；巴基斯坦：张可儿；不丹：傅嘉伟；尼泊尔：张安；马尔代夫：徐婉君）

参考文献

[1] World Heritage Committee. 世界遗产中心亚太地区第一轮定期报告［EB/OL］. Periodic Reporting 1st Cycle：Asia & Pacific（2003），Twenty - seventh sessionParis，UNESCO Headquarters，Room XII. 30 June - 5 July，2003. http：//whc. unesco. org/en/activities/665.

[2] 北川宗忠. 觀光文化論［M］. 東京：株式會社ミネルヴア書房，2004.

[3] 稻叶信子. 日本的世界遗产与日本遗产［C]. 杜晓帆. 主编. 从历史走向未来——亚太地区历史遗产与文化景观保护之路. 上海：复旦大学出版社，2017.

[4] 顾军，苑利. 文化遗产报告：世界文化遗产保护运动的理论与实践［M］. 北京：社会科学文献出版社，2005.

[5] 国家文物局第一次全国可移动文物普查工作办公室编译. 李黎，杜晓帆. 译. 日本文化财保护制度简编［M］. 北京：文物出版社，2016.

[6] 米彦军. 浅析日本对文化遗产的合理保护［C］. 杨巨平. 主编. 保护遗产造福人类：世界文化遗产的保护与管理. 北京：世界知识出版社，2005.

[7] 宋振春. 日本文化遗产旅游发展的制度因素分析［M］. 北京：经济管理出版社，2009.

[8] 苑利. 日本文化遗产保护运动的历史和今天［J］. 西北民族研究，2004（2）.

[9] 邹统钎. 遗产旅游管理经典案例［M］. 北京：中国旅游出版社，2002.

[10] 中井将胤. 日本史迹保存与整备的现状和政策［C］从历史走向未来——亚太地区历史遗产与文化景观保护之路. 上海：复旦大学出版社，2017.

[11] Srimal Fernando, Rich Cultural Heritage of the Maldivian Islands, https://sausociology.wordpress.com/2014/11/08/the-rich-cultural-heritage-of-the-maldivian-islands/

[12] Maldives and World Heritage, https://www.slideshare.net/HarisDozz/maldives-heritage-8131126

[13] Law of Historical and Cultural Properties of The Republic of Maldives, http://whc.unesco.org

[14] Xavier Romero-Frias, The Destruction of the Cultural Heritage of the Maldives

[15] http://www.academia.edu/30656906/The_Destruction_of_the_Cultural_Heritage_of_the_Maldives

中亚地区文化遗产保护的历史、现状及特质

袁　剑[①]

（中央民族大学世界民族学人类学研究中心）

摘　要：作为欧亚大陆东西方交通和贸易的枢纽，中亚地区的文化遗产有其丰厚的历史传统与积淀。受近代政治格局影响，在构筑文化遗产总体框架的重要时期，中亚地区作为俄国—苏联的一部分，一方面开始以文化遗产加强内部的区域认同，另一方面则依然受制于俄国—苏联历史文化空间的总体安排，直到20世纪90年代初苏联解体和中亚诸国独立，文化遗产才成为中亚各国建构民族国家合法性和社会凝聚力的重要组成部分，并在这过程中形成了自身以构筑历史连续性和跨界性为主的区域特质。

关键词：中亚；文化遗产；保护历史；现状；区域特质

中亚在当代一般指苏联解体后独立的哈萨克斯坦、乌兹别克斯坦、吉尔斯斯斯坦、土库曼斯坦和塔吉克斯坦五国，这一地区在历史上既是欧亚大陆古丝绸之路的交通要道，也是当代世界地缘政治板块中的重要单元，并以其特有的生态、民族、宗教、文化风格而著称于世，为后世留下了璀璨夺目的文明印迹与历史遗存。著名的中亚研究专家汉布里曾经这样评价这一区域："中亚在人类历史上起了两种独特的，从某种程度上说是矛盾的作用。一方面，由于中亚大部分地区的干旱以及缺乏交通上的自然凭借（中亚多数大河都向北流入北冰洋）的结果，中亚的主要作用是隔离开了其周围的中国、印度、伊朗、俄国等文明。但是从另一方面讲，中亚的古代商路，也为中亚周围的诸文明提供了一条细弱的，但又绵绵不绝的联系渠道。正是依靠这些渠道，中亚周围诸文明在各自得到一些贵重商品之外，还得到了一些对方的有限的知识。如果不是中亚商路的话，它们就得不到这些，或者至少要困难得多。"[②] 这一论断凸显出中亚在欧亚文明交流中所扮演的重要作用，这一区域不仅影响着我们对于过往的认知，而且还塑造了我们对于欧亚大陆文化关联性的整体印象。

由于近代地理大发现以及随之而来的殖民主义世界扩张，整个世界力量的重心从欧亚大陆的枢纽地带转移到了海洋和西方世界，曾经辉煌一时的丝绸之路贸易逐渐衰落，相伴而来的是，曾经经历过欧亚大陆兴衰起伏的中亚辉煌时代逐渐消逝，其最后的荣光在19世纪后期的英俄"大博弈"中彻底黯淡下去，此后的中亚作为俄国—苏联的一个内部区域被纳入俄国—苏联的国家治理与文化建设框架当

① 本文为国家社科基金重大项目"'一带一路'沿线各国民族志研究及数据库建设"（项目编号：17ZDA156）、北京外国语大学中国文化走出去协同创新中心重点项目"近代中国知识界对中亚诸国的认知观念流变"（项目编号：CCSIC2017－ZD03）的阶段性成果。本文刊发于《文化遗产》2018年第5期，在收入本文集时作了相应的修订，特此说明。

② ［英］加文．汉布里主编中亚史纲要［M］．吴玉贵译，北京：商务印书馆，1994：7.

中，直到20世纪90年代初最终独立。[①]

文明在互鉴中发展，在交流中前行。作为中国周边外交与文化交流的重要区域，进入新世纪，随着“一带一路”倡议的提出，中亚地区日益成为中国西向开放的重要区域，中亚与中国在文化领域的交流也日益频繁和深入，双方在文化遗产方面的互动与合作也跃上了新的台阶，并在诸多方面形成了广泛的共识。有鉴于此，认识和了解中亚文化遗产保护的历史、现状及其区域特质，将更好地丰富我们对于周边国家和区域社会文化状况的认知，进而反过来更好地促进中亚地区国家与民众对于中国的理解与认知。

一、保护历史

进入19世纪，随着俄国逐渐侵入和吞并中亚地区，并在十月革命后的20世纪20—30年代通过行政层面的民族和加盟共和国划界，彻底打破了这一地区之前的汗国结构，塑造了全新的民族及其区域认同。与中亚政治经济秩序被纳入俄国—苏联体系相应而生的，则是历史与认同层面的俄国化与苏联化，这表现为这一区域的历史被叙述为俄国—苏联历史发展中的一个后续组成部分，也就是说，确立起了一个在中亚历史叙述层面的俄国—苏联时间线，其他被摧毁的各汗国时间线以及各群体的时间线被降格甚至掩盖。随着中亚新加盟共和国的建立，在发展这些新的区域化民族性过程中，为了实现将这一区域的民族群体及其分类加以合法性的需要，就有了将其进行历史性叙述的内在需求，在将中亚地区民族和加盟共和国划界与当地民族解放事业相等同的过程中，当地的文化遗产在其中扮演了一种关键性的角色。[②] 表现在文化遗产层面，这一区域原有的俄国文化时间线被苏联文化时间线所取代，而与此同时，中亚各加盟共和国各自的文化时间线也逐渐形成，这些时间线彼此之间是并行而不交错的，同时也从属于更高层级的，同时也是主轴的苏联文化遗产时间线叙述。在这一语境之下，中亚文化遗产只是俄国—苏联历史文化空间的一个组成部分。

1934年苏联政府颁布《保护古物补充法令》，将重要古物分为“禁止类古物”和“登记类古物”两类，其中前者由国家负责保管，列入国家预算，后者则由所在地苏维埃机关负责保管和维持，列入地方预算。而值得注意的是，虽然诸多历史建筑被列为文物保护单位，但因为受到意识形态、世界大战等因素的影响，其具体保护过程跌宕起伏。[③] 正如有学者所指出的，苏联文物保护单位的组成在很大程度上受当时国家和社会的意识形态、经济水平和特定历史时期的社会任务影响，如果说20世纪30年代最具标志性的历史事件是由“战斗的无神论”这个意识形态而引发的一系列文化建筑被列为文物保护单位，那么战后时期最为突出的就是国家文物保护方面不断变化的政策：一段时期对文物保护问题极为关注，立马转变为冷却状态，这样就导致了一些文物被列入保护范围，而有些则被撤销。[④] 在苏联时期，中亚地区的文化遗产（基本上是物质文化遗产）大部分属于加盟共和国级文物保护单位。

---

① 袁剑. 从“西域”到“中亚”：中国的中亚认知及其历史变迁［J］. 文化纵横，2018（2）.

② Levin J. From Nomad to Nation：On the Construction of National Identity through Contested Cultural Heritage in theFormer Soviet Republics of Central Asia［J］. *New York University Journal of International law and Politics*，Vol. 50，No. 1，2017.

③ 王运良. 文物保护单位管理制度与国外类似经验—新中国文物保护制度的背景考察之四［J］. 中国文物科学研究，2011（4）。

④ 苏联不可移动文物：文物的登记和分级问题［EB/OL］. http：//www. kulturnoe_nasledie. ru，2018年6月5日访问。

长期以来，在苏联的具体实践中，对于包括中亚在内的各地区文化遗产的保护中，其主导内容是“历史文物”的保护。当时的苏联学者这样写道：“我们是值得为我们民族的艺术作品而夸耀的。而保存最好的方法是收集在博物馆或文物库房中。当然，这些博物馆的陈列品，那就更是神圣不可侵犯的了。但是在博物馆中所保存的，只有个别分散的不同世纪的作品，但是像石制或木制的建筑文物和它不可分离的艺术品，它们共同组成了重大的历史、艺术和文化的遗产，那却是不能搬动的。”①

从20世纪70年代开始，随着国际文物保护运动和遗产体系的逐步建立，对当时苏联的影响也增强，苏联国内学界开始引入“文化遗产”这一概念，并将“文物”作为文化遗产的组成部分，并重新思考相关理论及其方法论意义。1988年，苏联文化基金会主办的《我们的遗产》杂志创刊，传统的“历史文物”概念被“遗产”概念所取代。② 但在具体实践层面，苏联官方依然主要采用“历史文物”的名称，例如，1976年10月29日公布的《苏维埃社会主义共和国联盟历史文物保护和利用法》总则第一条就规定“历史文物是指那些与人民生活中的历史事件有关的，与社会和国家的发展有关的建筑物、纪念地和纪念物，以及具有历史、科学、艺术或其他文化价值的物质和精神创造的产品”，并在内容方面进一步细分为历史遗迹、有考古价值的遗迹、城市建筑和建筑艺术遗迹、艺术遗迹、文献性的遗留物以及其他具有历史、科学、艺术或别的文化价值的实物。③

1972年11月，联合国教科文组织通过《保护世界文化和自然遗产公约》（Convention Concerning the Protection of the World Cultural and Natural Heritage），以缔约的方式，推动各国对自然和文化遗产的保护；在2003年10月17日，联合国教科文组织又通过《保护非物质文化遗产公约》（The Convention for the Safeguarding of Intangible Cultural Heritage），进一步完善世界文化遗产保护体系。苏联对于签署《保护世界文化和自然遗产公约》一度持审慎态度，于1988年方才签署加入，并成为联合国教科文组织世界遗产委员会成员国。苏联解体之后，中亚各国开始以新的主权国家参与到新的文化遗产保护与实践当中。本文所指称的“文化遗产”，既包含物质性的，也包含非物质性的文化遗产。

二、现状

1991年底，随着苏联解体和中亚各国相继独立，中亚各国在政治上实现自主的同时，在文化和身份认同上也开始面临一个如何塑造与原有的苏联内部空间所不同的全新的、唯一的民族国家问题。在这个过程中，当没有了苏联这一民族身份创造者之后，中亚各国既有的民族及其国家空间以怎样的方式来加以维系和巩固，这就成为各个中亚国家必须回应和处理的问题。长期以来，这些曾经的苏联加盟共和国的文化与历史是由莫斯科为主来进行叙述和梳理的，而在独立后，各国既有的国家时间线得以进一步强化和延伸，并开始抛开苏联时间线这一原先的主轴，通过动用本土曾经存在的古老政权遗存及传统资源的方式，以新的方式来从重构各国的时间线叙述，在这种态势下，中

① ［苏］K. П. 多金娜，П. E. 拉契娅．苏联建筑文物的保护、研究和宣传普及问题［J］．罗哲文译，文物，1953（10）．

② 程殿梅．俄罗斯文化遗产保护的理论与实践［J］．民俗研究，2015（1）．

③ 严敬敏译．苏维埃社会主义共和国联盟历史文物保护和利用法［J］．中外法学，1983（4）．

亚各国的历史与文化时间线开始出现了交错与冲突，并通过相应的文化遗产与历史叙事影响着对于周边邻国的认知。①

在这一时期，“文化遗产”概念在独立后的中亚诸国逐渐被接受，逐步取代了原先较为狭义的“历史文物”概念，并成为中亚各国参与国际文化遗产保护与实践的基本共识。中亚各国相继加入《保护世界文化和自然遗产公约》和《保护非物质文化遗产公约》，中亚地区的文化遗产保护也在国际合作的大背景下日益推进。中亚自身的文化遗产空间在这些年逐渐被国际社会所认可，并日益成为构筑中亚国家、社会与文化主体性的重要组成部分，它已经与当代俄罗斯的文化遗产空间相分离，两者形成各自发展的新态势。

哈萨克斯坦在中亚诸国中目前发展形势较好，社会政治环境较为稳定，并逐渐在地区和国际事务中发挥重要作用。作为习近平主席“一带一路”倡议的提出地，哈萨克斯坦在推进互联互动、互利合作等方面与中国的交流日益深入，在文化遗产保护领域也开展了多方面的合作。在哈萨克斯坦国内，制定了一系列的法律法规，例如颁布了《保护和利用历史文化遗产法》，并对既有的《文化遗产法》进行了相应的修订。此外，随着经济形势的好转，哈萨克斯坦政府逐年增加对文化领域的投入，至2010年达到3.5亿美元。在具体的考古研究和文化遗址保护方面，哈萨克斯坦文化部筹建了民族文化中心和阿里·法拉比陵园，分别设立了伊塞克历史文化保护区和列别尔历史文化保护区，此外，泰姆格里考古景观岩刻和霍贾·艾哈迈德·亚萨维陵墓已被列入《世界遗产名录》。随着2014年丝绸之路联合申遗成功，该国境内入选遗址共有8处。

作为中亚地区的交通枢纽，吉尔吉斯斯坦由于地缘的原因，较为重视丝绸之路区域的文化遗产保护，主要依靠政府来推动保护工作，其资金主要来源于政府拨款和国际支持。该国正计划对阿克·贝希姆遗址、布拉纳遗址进行保护和修复工作。在2014年中、哈、吉三国丝绸之路合作申遗成功后，该国有三处遗址被纳入《世界遗产名录》，分别为中世纪古遗址阿克·贝希姆遗址、克拉斯纳亚·瑞希卡遗址和布拉纳遗址。②

目前乌兹别克斯坦国内拥有四处世界文化遗产古城，其内容有重叠之处，但也有所不同，在1990年被认定为世界文化遗产的希瓦（Khiva）古城遗址，保存着一个长方形的中古时期堡垒；1993年成为世界文化遗产的布哈拉（Bukhara）古城，在帖木儿帝国时期是第二大城市，但现有部分则主要建成于16至17世纪，当时是昔班尼王朝的首府。在联合国教科文组织的评定意见书中，认为（1）布哈拉的城市布局与建筑对中亚广大地区的城市规划与演变起到了深远的影响；（2）布哈拉至今仍然完整地保存了其城市肌理，是中世纪中亚城市最完整、保存最完备的典型地区；（3）9世纪至16世纪之间，布哈拉是近东地区穆斯林神学，特别是苏菲派禁欲主义神学的最大中心，拥有200多座清真寺、100多个伊斯兰学院。目前，关于保护布哈拉古城的法规主要反映在乌兹别克斯坦政府于2005年编制的《布哈拉城市总体规划》（The Master Plan of Bukhara city）中，此外，在2010年3月23日，乌兹别克斯坦政府颁布了第49号特别法令——《关于布哈拉文化遗产研究、保护、修复与适应现代用途的改造

---

① 袁剑．镜像性、时间线与整体观——近代以来中国对中亚诸国的认知观念流变及其特征［J］．西北民族研究，2018（3）．

② 刘珺，郝索，余洁．丝绸之路经济带文化遗产保护的基础、困境与合作研究［J］．西安财经学院学报，2017（2）．

的国家计划2020》，为古城保护进一步提供保障。在布哈拉文化遗址的管理方面，目前已经形成了一整套等级化的管理体系，国家层面由乌兹别克斯坦文化与体育部负责，地区层面则由布哈拉地区文化遗产遗址保护与利用监察会及地方政府负责。[①] 2000年成为世界文化遗产的沙赫里撒布兹（Shakhrisy-abz）市历史城区在帖木儿时代还只具雏形。以上三座城市后来在蒙古人的征服时代遭到破坏，之后得到重建。

在2000年入选世界文化遗产的撒马尔罕（Samarkand）古城，是乌兹别克斯坦第四座世界文化遗产古城，在联合国教科文组织的评定意见书中就专门指出了撒马尔罕古城所具有的三大价值：其一，撒马尔罕的建筑和城市风貌体现了伊斯兰文明的伟大创造力；其二，以大清真寺（BibiKhanum Mosque）和雷吉斯坦广场（RegistanSquare）为代表的建筑群显示了在从地中海到印度次大陆整个区域内，伊斯兰建筑的强大生命力；其三，古城撒马尔罕以它的文化、建筑和城市结构展示了从13世纪到现今的中亚文化和政治历史最重要的阶段。[②] 这座被称为“世界文明的十字路口”的城市，在漫长的历史中，一直是连接中国、欧洲、印度、伊朗和其他游牧力量不同文化之间的重要枢纽，同时也是早期佛教、伊斯兰教、拜火教、基督教等各大宗教相互交汇的熔炉。作为帖木儿帝国最重要的政治和文化中心，具有更大的影响力。尽管自从18世纪以后，随着中亚政治军事形势的变化和英俄大博弈的深化，撒马尔罕逐渐衰落，其古城开始受到破坏，其中就包括近代以来一些防御工事和王宫建筑的消失，以及最近一段时间传统住宅区的破坏。此外，撒马尔罕古城内的一些古代清真寺等宗教遗迹也年久失修。从19世纪开始，相关的文物修复工作逐渐展开，其中就包括对撒马尔罕古城及其相关遗址的恢复与重建，而近些年来对于帖木儿陵墓等相关遗迹的保护是一大特例。从某种意义上说，这对于确立作为独立国家的乌兹别克斯坦自身的历史合法性具有特殊意义。当然，由于乌兹别克斯坦国家发展水平和保护理念的限制，撒马尔罕古城的系统保护与规划尚处于起步阶段，在相关技术手段方面也还有待完善与提升。值得注意的是，在联合国教科文组织的支持和帮助下，撒马尔罕古城的相关保护获得了来自意大利、法国等相关国家的先进经验，后续发展态势较好。在目前情况下，通过国际合作组织与当地专业人员的密切配合，从而更为深入地挖掘撒马尔罕作为著名历史城市的特色，建立起一整套源自当地并适应当地具体情况的文化遗产保护理论与技术体系。基于独特的历史与现状，撒马尔罕理应成为中亚地区历史文化古城保护的杰出案例。[③]

在非物质文化遗产方面，以哈萨克斯坦为例，在2015年12月2—4日于纳米比亚首都温得和克举行的保护非物质文化遗产政府间委员会第十次会议上，将15个项目列入《人类非物质文化遗产代表名录》，其中就包括哈萨克斯坦和吉尔吉斯斯坦共同申报的“阿肯弹唱”（Aitysh/Aitys）即兴诗歌说唱。这是哈萨克斯坦和吉尔吉斯斯坦多民族社会内部的一种流行文化形式和身份标志，在独立后的中亚社会内部认同方面具有重要意义。在2017年12月于韩国济州举行的保护非物质文化遗产政府间委员会第十二次会议上，哈萨克斯坦申报的传统民族游戏“阿斯克”入选非物质文化遗产名录。据哈萨克斯坦文化和体育部的统计，自2011年至今，哈萨克斯坦共有8个项目入选非物质文化遗产名录，其中包

① 旷薇，邵磊．丝绸之路商贸城市布哈拉古城保护与利用［J］．中国古城，2013（12）．

② UNESCO. Samarkand – Crossroad of Cultures［EB/0L］．［2005 – 07 – 12］．http：//whe. unesco. org/en/list/603.

③ 钱云，张敏．撒马尔罕城市历史与古城保护［J］．中国名城，2013（10）．

括“冬不拉演奏艺术”（2014 年）、“哈萨克式摔跤”（2016 年）、同吉尔吉斯斯坦联合入选的“毡房建造方法”（2014 年）、“阿肯弹唱”（2015），2016 年多国共同申请的“纳乌鲁兹”（12 个国家）、“驯鹰”（18 个国家）、“土耳其帕特尔面包”（5 个国家），以及“阿斯克”（2017 年），并计划申请将“哈萨克驯马春季传统”和“阔尔库特阿塔遗迹”（同土、阿、吉三国联合）列入联合国非遗名录。此外，乌兹别克斯坦的“博恩逊区的文化空间”则作为中亚国家首批非物质文化遗产代表，于 2001 年被列入第一批“人类口头和非物质遗产代表作”名录。

文明在互鉴交往中得以进一步发展，中亚与中国在当代文化遗产领域的交流同样推进了双方彼此间的理解。2014 年 6 月 15 日至 25 日，在卡塔尔首都多哈举行的第 38 届世界遗产大会上，中国与吉尔吉斯斯坦、哈萨克斯坦联合提交的“丝绸之路：长安—天山廊道路网”成功入选《世界遗产名录》，这一项目涵盖丝绸之路东段，全长 5000 公里，包括以中国河南洛阳为开端，经新疆天山走廊并延伸至哈萨克斯坦南部沿线的 33 处遗迹点，其中哈萨克斯坦 8 处，吉尔吉斯斯坦 3 处，中国 22 处。① 这一联合申遗项目的成功获选，成为中亚与中国在文化遗产领域亲密合作的典范。

此外，值得注意的是，在中国非物质文化遗产项目走出去的当代实践中，有若干中国非物质文化遗产项目因独特的文化标签而受到中亚各国的广泛关注。2005 年 11 月，中国申报的“中国新疆维吾尔木卡姆艺术”被联合国教科文组织列为第三批非物质文化遗产代表作。“中国新疆维吾尔木卡姆艺术”是流传于新疆维吾尔族聚居区的各种木卡姆的总称，是集歌、舞、乐于一体的大型综合艺术形式，以“十二木卡姆”为代表。这种木卡姆音乐形式除了中国新疆，还广泛分布于中亚等地区。2009 年，中国申报的柯尔克孜史诗《玛纳斯》入选“人类非物质文化遗产”项目。《玛纳斯》与《格萨尔》《江格尔》共同构成了中国三大史诗，其演唱异文繁多、篇幅宏大，其中最负盛名的是玛纳斯及其后世共 8 代英雄的谱系式传奇叙述，共有 23.6 万行，被称为柯尔克孜人杰出创造和口头传承的“百科全书”；此外，相关社区的传统节庆和民俗活动，构成了《玛纳斯》中亚的文化空间。由于中亚与中国新疆地区生活着一些拥有共同历史语言和宗教文化传统的跨界民族，如哈萨克族、吉尔吉斯族（中国国内称为柯尔克孜族）、塔吉克族等，因此，诸如《玛纳斯》之类的非遗项目，自然在吉尔吉斯斯坦等中亚国家也形成重要影响。

在另一方面，随着中国与中亚各国之间经济文化交流的日益深入，来自中国其他地区的非物质文化遗产也开始受到中亚各国民众和研究者的关注。例如，2010 年入选“人类非物质文化遗产”名录的“中医针灸”，随着中国与中亚各国间经济文化交流的推进，以及相互间人员交流的增多，其良好的疗效受到中亚各国民众的广泛欢迎，并成为中亚各国开展对华医学交流的主要推动力。据相关报道，在哈萨克斯坦，中医按摩、中药理疗等被视为健康、环保的治疗方法，不少政府官员和家属经常到中国来理疗治病，甚至还邀请中医专家赴哈诊疗。吉尔吉斯斯坦政府非常鼓励设立中医诊所，为此专门设立了相应机构，负责管理中医诊所、中草药、中成药等市场。首都比什凯克市拥有数十家个体中医诊所，一些吉国民众甚至专程来华接受中医针灸推拿治疗。此外，一些更侧重艺术性的非物质文化遗产项目也随着国际间交往的进一步推进在中亚大地得以呈现，例如，在 2017 年于哈萨克斯坦首都阿斯塔

---

① 紫苏.《驼铃声声丝绸飘飘——“丝绸之路”成功入选世界文化遗产名录》[J]. 中外文化交流，2014（7）.

纳举行的世界博览会上，来自中国的多个地方非遗项目在此亮相，其中江苏的非遗项目——南通扎染、苏州核雕和苏绣三大谱系之一的常州乱针绣位列其中，尤其是核雕艺术家带去了以花卉、人物、核舟等为主题的多件作品。小巧的核舟玲珑剔透，还能打开窗户，让现场的哈萨克斯坦游客大为惊叹。

三、区域特质

总体而言，由于中亚地区在古代所呈现的欧亚交流枢纽角色、近现代作为俄国—苏联一部分的历史事实以及当代作为独立国家的独特性，因此在文化遗产方面，呈现出一种不同于世界其他地区的独特区域化特质，主要表现在如下几个方面：

其一，中亚各国的文化遗产保护与实践在构筑和维护自身国家认同的方面扮演了更为重要的角色。由于中亚各国真正独立建国的时间有限，而且在之前缺乏基于民族—国家基础上的长期认同，因此通过文化遗产方面的保护与实践，就不仅是中亚各国政府层面的客观需要，同时也在某种程度上成为维系中亚各国社会与族群内部历史和现实凝聚力的重要资源。在这一过程中，如何处理依然在影响着社会民众的曾经存在过的、而如今消失了的苏维埃文化及其遗产问题，如何面对苏维埃文化共同体的存在历史，就成为需要认识和面对的重大问题。正如有研究者所指出的，“重大社会变革后，文化共同体发生解体甚至灭亡，会导致许多需求的消失。……更多情况是，文化共同体的观念改变，导致了对某种活动的不想、不说、不写，乃至对相关的物不用、不造。而‘不造’最直接和客观地反映了需求的终止。”①

其二，中亚各国的文化遗产保护与实践更多地在于凸显这些新生民族国家内部主体民族的地位和重要性，并通过历史名城和重要遗迹来构筑起古代王朝与当代国家之间的历史连续性，从而为形成各国不同的历史与传统构筑最重要的文化性基础。但值得反思的是，正如1979年通过《保护具有文化意义地区的宪章》（巴拉宪章）所指出的，“各个时期对该地区所做的贡献均应得到尊重。一个地区如有不同时期的建造物，显示一个时期的建造物而牺牲另一个时期的唯有在被去除的建筑物所含文化意义甚微，而将被展示的所含文化意义重大得多的情况下方可证明是合理的”，② 因此，如何更好地处理中亚各国文化遗产中所涉及的古代和近代所留下的相关痕迹，如佛教的相关文化遗存，③ 就需要中亚各国政府和学界有更为客观和理性的认知。

其三，由于中亚地区各国独特的历史、文化特征以及与包括中国在内的诸多周边国家的独特地缘关系，使跨界因素成为中亚各国文化遗产的重要关键词。这种跨界影响是双向的，一方面，中亚各国的文化遗产尤其是非物质文化遗产对包括中国在内的周边邻国形成巨大影响，在中国西北地区产生尤为强大的文化影响力。与此同时，中国西北地区尤其是新疆的非物质文化遗产也更容易在中亚地区推广和形成影响力。中亚各国文化遗产的这种“跨界性”因素，超越了我们在文化遗产领域一般意义上的东西方之分，在当下“一带一路”倡议的大背景下，为我们提供了新的思考空间与认知挑战。

---

① 蔡达峰．物质文化遗产的几个基本特征［C］载复旦大学文物与博物馆学系、复旦大学文化遗产研究中心编．文化遗产研究集刊（5）．上海：复旦大学出版社，2012：11.

② 保护具有文化意义地区的宪章（巴拉宪章）．中国石窟遗址管理培训班国际文化遗址管理参考资料［M］．北京（未写出版社），1992：185.

③ Dwivedi S. Cultural Heritage of South and Central Asia［J］. *Himalayan and Central Asian Studies*, Vol. 21, No. I, 2017.

以遗址保护为核心的地域文化构建

——浅析日本“风土记之丘”项目及其对中国大遗址保护的借鉴

王冬冬

（北京科技大学科技史与文化遗产研究院）

摘　要：日本风土记之丘项目开展于1960至1990年，重点保护大规模遗址及其周边环境，在其展开的近30年间，共计打造出至少13处地域文化中心。风土记之丘项目强调遗址保护、环境治理与人的和谐共生，因而在项目设计中融入了多类元素，并注重各类主题的全面发展；同时该项目还强调遗址保护的持续性和地域化问题，从而在项目实施中不断进行升级改造，并积极与地域发展相结合，最终成为地方文化的核心。日本风土记之丘项目反映了如何全面、可持续地开展遗址保护，进而使之融入地域文化构建之中，这为中国大遗址保护等类似项目的开展提供借鉴。

关键词：风土记之丘；日本遗址保护；地域文化构建；大遗址保护

以遗址保护为核心，达到地域文化、社会和经济的协调发展是许多遗址保护项目的核心目标。而要达到这一目标，不仅需要保护规划的详细设计与稳步实施，还需要遗址地居民的全面理解与参与。在日本已出台的一系列遗址保护项目中，风土记之丘的设立与实施，及其产生的社会影响力最具借鉴意义。

“风土记”一词是指记录日本古代各国历史和文化的书籍，包含有地理、历史、物产、神话、民俗等多方面的内容，狭义指奈良时代；“丘”字蕴含着古坟等遗址的形象。因而从项目命名可见，风土记之丘以遗址为核心，包含有丰富的地方文化内涵。日本风土记之丘项目主要针对与自然环境密切相关的大规模遗址，强调遗址保护、环境治理与人的和谐共生，同时注重遗址保护的持续性和地域化问题。在其开展的1960年至1990年，已建成13处①风土记之丘，其中大部分已成为各县②文化的中心，发挥着集结地方居民、弘扬地方文化的作用。如今，风土记之丘已在日本具有明显的社会渗透力，吸引着市民积极参与到遗址及其自然环境的保护与利用中。

笔者通过文献收集和调查，详细梳理了风土记之丘项目的发展历程和主要内涵；并列举出具有典型特征的四处案例：1. 经过多轮整备③的宫崎县西都原古坟群；2. 融入多元素的纪伊风土记之丘；

---

① 另一说为16处，详见下文。

② 日本行政分为三级：国家、县、市町村，因而此处相当于中国的省。

③ 日语的遗址“整備”包含有遗址的保护、复原、展示和利用等多层含义，因而很难翻译成对应的中文词汇，故本文使用原日文汉字对应的中文汉字“整备”，以最大限度保留其内涵。

3. 整合地方文化资源的菊池川流域风土记之丘（肥后古代之森）；4. 运营不畅的吉备路乡土馆。本文分别分析其各自的特点与得失，从而归纳出风土记之丘项目是如何持续发展以达到地域文化的构建，并为其他类似遗址保护项目的开展提供借鉴。

一、风土记之丘项目的缘起

1960 年代，日本经济高速发展，城市化进程不断加速，这使得日本的自然环境和考古遗址保护面临着巨大的压力。于是中央政府及时作出应对，名为风土记之丘①的国库补助事业随即于 1966 年展开。该项目重点对古坟和城址集中分布的地域进行大规模遗址整备和环境整治（见表 1）。这是首次由点向面扩张，并强调与自然环境相结合的遗址保护项目；同时要求建设收藏和展示地方历史、考古和民俗资料的场馆；在保护遗迹与遗物的同时注重对公众的活用；从而达到地方文化资源综合保护与利用。尤为重要的是在土地和资金问题上，每个项目必须保证一定面积的公共用地，且环境治理和资料馆建设经费的一半直接由国库补助。该项目进行至 1995 年基本结束。②

表 1　　日本文化厅文化财整备事业③

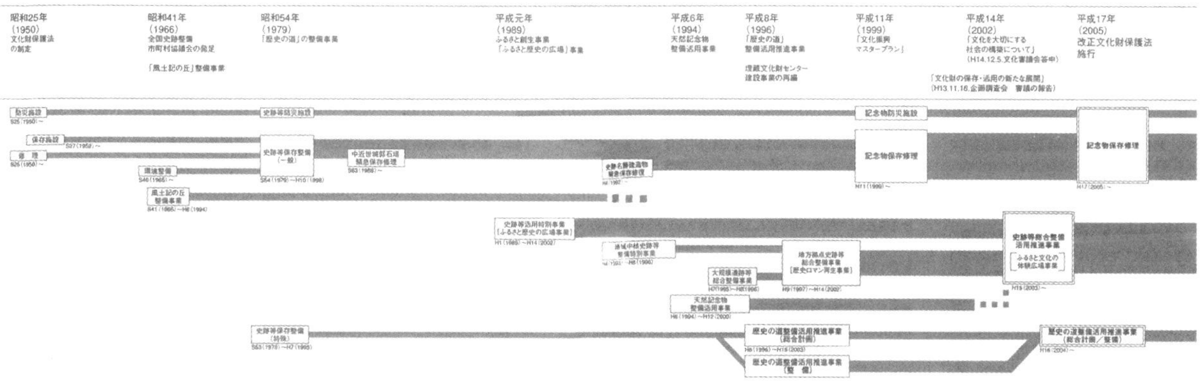

（引自：日本文化厅文化财部记念物课 2004：44－45，图总 2－1）

在风土记之丘项目集中开展的近 30 年间，相继建成西都原风土记之丘（宫崎县西都市）、さきたま风土记之丘（埼玉县行田市）、纪伊风土记之丘（和歌山县和歌山市）等 13 座④。各风土记之丘内

---

① 風土記の丘：各地方における伝統ある歴史的・風土的特性をあらわす古墳、城跡などの遺跡等が多く存在する地域の広域保存と環境整備を図り、あわせてこの地域に地方文化の所産としての歴史資料、考古資料、民俗資料を収蔵、展示するための資料館の設置等を行い、もって、これらの遺跡および資料等の一体的な保存および普及活用を図ることを目的とする（引自：山本哲也．风土记之丘与博物馆［M］青木丰编．史迹整备与博物馆（史跡整備と博物館）．东京：雄山阁，2006：137）。

② 山本哲也．风土记之丘与博物馆［M］青木丰编　史迹整备与博物馆（史跡整備と博物館）．东京：雄山阁，2006：137－146.

③ 史跡等整备相关调查研究会，文化厅文化财部记念物课．史迹等整备指南：保护与活用（史跡等整備のてびき－保存と活用のために－）［K］．2004.

④ 除此之外，还有一些按照风土记之丘模式整备的遗址，但非国库补助事业，如栃木县しもつけ风土记之丘和なす风土记之丘，山形县うきたむ风土记之丘等，故并未列入其中。

涵丰富且不断更新（细节详见表2）。风土记之丘在对象选择上虽没有明文规定，但已建成的项目可见以下几个特点：遗址文化内涵丰富，学术意义重大，均为国指定史迹；多位于非城市建成区的郊外，自然环境相对较好；每县基本仅设立一处，全力打造为该地区集历史、考古和民俗等内容于一体的文化中心。在风土记之丘项目的开展过程中，逐渐形成资料馆建设、遗址公园化和民居移筑的展示模式，并达到遗址整备、环境改善和居民参与的保护效果，为日本考古遗址保护和利用模式的形成奠定了重要基础①。

表2　日本已经开展的风土记之丘项目

	项目名称	所在县市	整备时间	面积（公顷）	主要遗址	性质/年代	周边环境	主要展示馆	开馆时间	民居移筑
1	西都原风土记之丘	宫崎县西都市	1966 ↓ 1995 ↓ 1999 ↓ 2003 ↓ 2008 ↓ 2014	58	（特史）西都原古坟群（311座）	墓葬/古坟	一濑川右岸、西都原台地	宫崎县立博物馆分馆西都原资料馆 ↓ 宫崎县立综合博物馆分馆西都原资料馆 ↓ 宫崎县立综合博物馆分馆西都原古代生活体验馆 ↓ 宫崎县立西都原考古博物馆	1968 ↓ 1971 ↓ 1997 ↓ 2004	
2	埼玉风土记之丘	埼玉县行田市	1967	30	（史）埼玉古坟群（9座）	墓葬/古坟	忍川	埼玉县立埼玉资料馆 ↓ 埼玉县立史跡博物馆	1969 ↓ 2006	
3	近江风土记之丘	滋贺县安土町	1970	27	（特史）安土城址及（史）观音寺城址等	城址及墓葬/安土桃山	安土山	滋贺县立近江风土记之丘资料馆 ↓ 滋贺县立安土城考古博物馆	1970 ↓ 1992	有
4	纪伊风土记之丘	和歌山县和歌山市	1971	65	（特史）岩桥千塚古坟群（850余座）	墓葬/古坟	大日山	和歌山县立纪伊风土记之丘资料馆	1971	有
5	立山风土记之丘	富山县立山町	1972	25	立山信仰遗址		立山	立山风土记之丘资料馆 ↓ 富山县立山博物馆	1972 ↓ 1991	

① 文部科学省：「我が国の文教施策」（平成5年度）文化発信社会に向けて［EB/OL］.［2017－09－05］http：//www.mext.go.jp/b_menu/hakusho/html/hpad199301/

续表

	项目名称	所在县市	整备时间	面积（公顷）	主要遗址	性质/年代	周边环境	主要展示馆	开馆时间	民居移筑
6	八雲立つ风土记之丘	岛根县松江市	1972	39	（史）出云国府及寺庙建筑遗址，（史）冈田山古坟及安倍谷古坟	城址及墓葬/古坟—近世	朝日山、大船山、佛经山、茶臼山	岛根县立八雲立つ风土记之丘资料馆	1972	
7	房总风土记之丘	千叶县荣町	1975	31.5	（史）岩屋古坟，龙角寺古坟群（113座）等	墓葬/古坟	山和湖	千叶县立房总风土记之丘资料馆 ↓ 与千叶县立房总之村（1986年开放）合并	1976 ↓ 2004	有
8	吉备路风土记之丘	冈山县总社市·冈山市	1976	22.3	（史）造山·作山古坟，（史）备中国建筑遗址	墓葬及建筑遗址/古坟—近世	田园风景	冈山县吉备路乡土馆 ↓ 闭馆	1976 ↓ 2010	
9	みよし风土记之丘	广岛县三次市	1976	32.9	（史）七塚古坟群（60座），（史）净乐寺古坟群（116座）	墓葬/古坟	美波罗川	广岛县立历史民俗资料馆	1979	有
10	宇佐风土记之丘	大分县宇佐市	1981	19.2	（史）川部·高森古坟群	墓葬/古坟	驿馆川东岸	大分县立宇佐风土记之丘历史民俗资料馆 ↓ 大分县立历史博物馆	1981 ↓ 1998	
11	甲斐风土记之丘	山梨县甲府市	1986	40.4	（史）铫子塚古坟，（史）丸子塚古坟	墓葬/弥生-古坟	曾根丘陵	山梨县立考古博物馆	1982	
12	近つ飞鸟风土记之丘	大阪府河南町·太子町	1986	29	（史）一须贺古坟群（102座）	墓葬/古坟	竹内街道的沿线	大阪府立近つ飞鸟博物馆	1994	
13	菊池川流域风土记之丘 ↓ 肥后古代之森	熊本县山鹿市	1995	73	（史）岩原古坟群，（史）チブサン古坟，（史）江田船山古坟，（史）鞠智城遗址	墓葬及城址/古坟—平安	菊池川	熊本县立装饰古坟馆 （山鹿市立博物馆） （菊水町历史民俗资料馆） （历史公园鞠智城·温故创生馆）	1992 （1978） （1978） （2002）	

（资料来源：山本哲也．风土记之丘与博物馆［M］青木丰编．史迹整备与博物馆（史跡整備と博物館）．东京：雄山阁，2006：139，表一，本有修改）

在风土记之丘项目接近尾声之际，一系列短期整备项目接连不断地展开。首先，在1989年“史迹等活用特别事业（故乡历史广场事业）”大规模开展遗迹复原、模型展示和参观设施建设等，至1991年，日本共有24座遗址正在进行整备中，以发挥地方特色。接下来的1992—1996年，“地方核心史迹等整备特别事业”主要以代表地方政治和文化中心的国分寺和国府迹等遗址为对象，开展土地购买和整备工作，力图营造出供居民学习地方文化和日常休闲的场所。而1995年以来开始的“大规模遗迹等综合整备事业（古代传奇再生事业）”“地方据点史迹等综合整备事业（历史传奇再生事业）”和“史迹等综合整备活用推进事业（故乡文化体验广场事业）”则是对以往整备事业的进一步综合与完善，通过遗迹复原和学习设施的修建，为人们了解古代历史提供场所。最近一次整备项目是2013年开展的综合性整备活动“复活地域特点的史迹等综合活用支援推进事业”①。继风土记之丘以后开展的上述遗址保护项目，使得日本考古遗址的保护向更深入、更广泛的层面上发展，保护对象扩展到代表地方文化的遗迹，保护范围深入到全日本的各个都道府县，保护内容注重发挥地方特色，而保护效果中强调居民对历史文化的学习。

此外，日本还开展了以道路和运河为核心，对沿路/岸的史迹和环境进行整备的“历史之路”项目。自1979至1991年，宫城县陆奥上街道等四条路线的整备已经完成，长野县中山道等三条还在整备中。1993年，这一保护地域文化和环境的事业进一步深化为“走、看、体验的历史之路事业”（歩き・み・ふれる歴史の道事業），在全日本各地遴选100条古道，截至2009年，已有78条列入“历史之路百选”。上述线性遗址和环境的保护，使得更多边远地区的乡村成为遗址保护的一部分，从而使得更多居民有机会享受到遗址保护带来的文化和环境方面的影响，并有机会参与到遗址保护中。

从上述开展的一系列遗址保护项目可见，以遗址整备为主要形式的日本考古遗址保护已持续进行了50余年。在前20余年中，以保护大型遗址为重点，力求实现遗址的全面保存和展示功能；而在后20余年中，以发挥地方特色为重点，传承地方文化，满足公众、尤其是周边居民学习历史和日常休闲为主要目的。日本的考古遗址保护以贴近时代需求为目的持续展开，并已广泛逐渐深入到居民的日常生活中。

二、风土记之丘项目的内涵

风土记之丘项目的特点在于加强遗址、环境与人的和谐共生，具体包含以下六点内容：

1. 用地确保。强调遗址和周边环境的公有化土地面积至少在16.5公顷（5万坪），这是开展遗址整备和环境保护的基础②。

2. 遗址整备。风土记之丘均以大规模考古遗址的整备为核心，平均面积都在30—40公顷，面积

① 地域の特性を活かした史跡等総合活用支援推進事業［EB/OL］.［2017-09-05］http://www.mext.go.jp/component/a_menu/other/detail/_icsFiles/afieldfile/2014/06/23/1348649_3.pdf.

② 小笠原好彦．风土记之丘［K］文化财保护全国协议会编．遗迹保护辞典（遺跡保存の事典）．东京：平凡社，2006：105-106.

最小的宇佐风土记之丘有19.2公顷，面积最大的菊池川流域风土记之丘（肥后古代之森）有73公顷。遗址全部为古坟和城址，并指定为史迹，甚至是特别史迹。

3. 遗址周边环境的整体治理。风土记之丘均依托于周边自然环境的共同治理，其中大部分墓葬遗址和城址位于山顶和河流沿岸，因而森林植被的保护以及河道的疏浚被一同考虑；而遗址公园内的植被也通过植物考古的研究进行一定程度的古代环境复原，或根据《万叶集》等设计出有一定内涵的植被景观。因而考古遗址保护寓于环境保护的背景之下，同时使得利用方式多样化，兼顾到休闲、运动、动植物欣赏和摄影等。

4. 遗址资料馆或博物馆建设。风土记之丘均包含展示场馆建设，场馆规模和外形与遗址、遗物以及周围风景相互照应；展陈内容上均以考古发现、地方历史和民俗为主；且收藏、整理、展示、管理等职能部门齐全。1981年之前以资料馆、民俗资料馆和乡土馆为主，主要功能为保存和展示，兼具一定的研究功能；1986年以后均为博物馆，或为新建，或由原馆升级改造而成，注重教育和参与体验的功能。因而从场馆建设的发展可见考古遗址保护从单纯的保存到多样化利用的缓慢发展过程。

5. 民俗与地方史的展示。资料馆或博物馆中普遍具有地方史和地方民俗的展示，如“みよし风土记之丘”的广岛县立历史民俗资料馆展示有广岛县的通史，宇佐风土记之丘的大分县立历史民俗资料馆展示有大分县的历史文化。因而，风土记之丘项目不仅展示一处或一类遗址，也力求展示了遗址所在地全县历史与文化的风貌。

6. （必要的情况下）近世民居移筑。近世民居、学校等建筑的搬迁也多运用于风土记之丘的整备中，如纪伊风土记之丘的江户时期的旧谷村家、旧小早川家等民居移筑，房总风土记之丘的江户时期的旧御子神家住宅和旧平野家住宅，明治时期的旧学習院初等科正堂的搬迁等。这些展示使得风土记之丘的内涵得到了扩展与深化，同时拉近了遗址地居民和一般参观者与遗址之间的距离。

从上述六项基本内涵可见，风土记之丘项目在充分保证遗址保护和周边环境维护的前提下，还包含有丰富的历史、文化、民俗等因素，为公众参与提供基本的平台以及多样化的渠道。

三、风土记之丘项目的典型案例

下面介绍几例整备过程或整备内容上极具特点的风土记之丘项目。

（一）多轮整备：宫崎县西都原古坟群

西都原古坟群位于宫崎县西都市东南部，一濑川右岸的冲击平原及西都原台地上。遗址主体范围位于西都市大字三宅，指定面积约58万平方米，共有古坟311座以上，其中男狭穗塚和女狭穗塚规模最大，遗址时代为公元3世纪末—7世纪末（图1）。西都原古坟群作为九州地区发现的规模最大的古坟群，尢论是古坟群的编年和布局问题，还是地下式横穴墓的研究，一直是学术争论的焦点①。

① 北乡泰道．西都原古坟群（西都原古墳群）［R］．东京：同成社，2005：11－18.

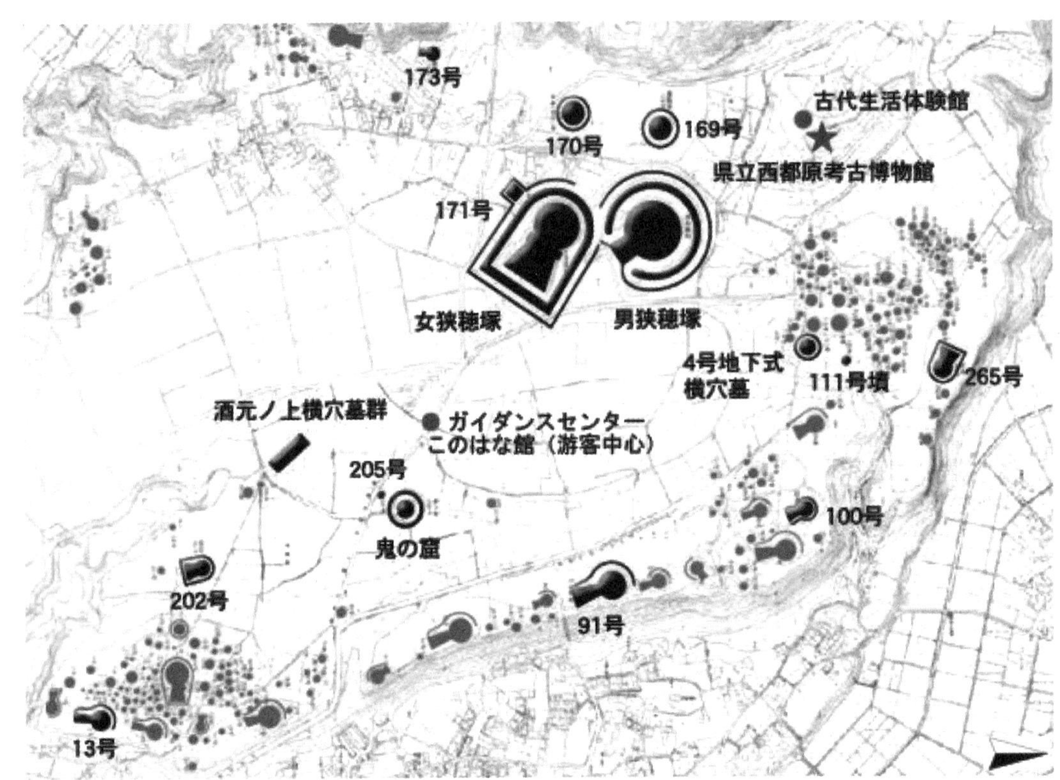

图 1　西都原古坟群平面图及西都原考古博物馆位置

（图片来源：西都原考古博物馆主页①）

西都原古坟群自大正时期开始便引起学者的广泛关注，京都帝国大学及东京帝国大学先后进行过发掘，实地测量工作也有所展开。但随着 1929—1930 年间持田古坟群盗掘事件的发生，西都原古坟群等宫崎县的古坟研究一度被冻结，直至 1960 年风土记之丘项目的开展。西都原古坟群自风土记之丘项目开始整备以来，至今进行多轮国家补助开展的大规模的整备项目，其中还有一次较为特殊的以县为主导的整备活动（见表 3）。

1. 第一轮整备

日本对于古坟遗址的保护历来最为重视，且古坟遗址与自然环境的相互依赖性突出，因而西都原古坟群基于其学术价值的重要性，被选作风土记之丘项目的第一号有着必然性②。西都原古坟群自 1965 年着手整备至 1968 年历时 4 年完成。整备并非对每个古坟单独进行，而是将遗址群划分为三个主题区域，森林中的古坟、草原中的古坟和游览步道边的古坟，从而营造出不同的景观；建成保存和展示考古与历史资料的西都原资料馆，隶属于县博物馆分馆，成为风土记之丘项目建成的第一座博物馆；另外园内进行了遗迹复原，设立标牌等。219 座古坟及其所分布的街区通过特别史迹、县立自然公园及县立都市公园的不同方式将遗址、自然风光和街区景观保留下来。但这一阶段着重遗址和环境的保护，利用相对较少。

2. 第二轮整备

风土记之丘项目整备后的 20 余年间，西都原古坟群基本呈搁置状态，树木恣意生长。而受 1986—

① 西都原考古博物馆主页［DB/OL］.［2017－09－05］http：//saito－muse. pref. miyazaki. jp/web/guidance. html，下同。

② 北乡泰道. 西都原古坟群（西都原古墳群）［R］. 东京：同成社，2005：23－24.

1989 年吉野里遗址整备的影响，对西都原古坟群再整备和深入利用的呼声高涨①。这一阶段，为进一步提升遗址的教育和社会意义，加强遗址的互动参与功能，“西都原古坟群保存整备活用基本计划”于 1995 年出台。同年该遗址与池上曾根遗迹作为文化厅补助项目“古代传奇再生事业”和“历史传奇再生事业”的第一号古坟开始整备。该计划的实施自 1995—2002 年，历时 8 年时间完成，在继续开展古坟调查、发掘和整备的同时，还着手建设体验古代生活的学习设施——西都原古代生活体验馆，使之成为宫崎县内学习和体验考古的综合设施。体验馆内可体验生火，制作勾玉、乐器、弓箭等仿制品的活动。

3. 特殊的一轮

在第二轮整备进行后段，为更进一步加强遗址的活用，宫崎县企划调整部、土木部、教育委员会及西都市政府通过 1999—2003 年的 5 年规划，计划实施“西都原古坟群及周边地域整备项目事业”。该项目以建设县立西都原考古博物馆（暂名）为核心，同时建设游客参观指南中心，扩大停车场并改善周边道路情况等，从而将遗址保护充分与地方发展相结合。西都原考古博物馆内的展示不仅局限于古坟时代，而是展示南九州地区从新石器时代至近现代的考古发现；同时博物馆内的展示摒弃常设展的概念，发展为常新展示，不断推出最新的发现。游客参观指南中心则主要提供西都市观光的信息，贩卖地方特色产品，提供古代做法的食物，功参观者休憩等功能；地方名人展览，小型会议等均可在此举行；此外西都原古坟志愿者活动中心也驻扎于此，这里成为地方居民各类文化活动的中心。

4. 第三至五轮

在 1995 年制定的“西都原古坟群保存整备活用基本计划”的基础上，西都原古坟群每 4—5 年制定新一轮新的整备项目，由文化厅补助。至今已有三轮，内容为各小区域古坟的深入发掘，研究和整备活动。

表 3　　西都原古坟群整备事业详情②③④

整备事业轮次	场馆建设	古坟整备	其他
第一轮文化厅补助事业 “风土记之丘”（1965　1968）	西都原资料馆	5 号古坟等发现	土地公有化，公园基础设施建设
第二轮文化厅补助事业 “西都原古坟群保存整备活用基本计划”（1995—2002）	西都原古代生活体验馆	100、169、171 号古坟发掘并整备，砌石； 13 号古坟植被标识，模型设置，内部公开； 酒元之上覆屋展示； 鬼窟古坟（206 号）内部复原展示	土地公有化，环境继续整备（图 2）

① 北乡泰道．西都原古坟群（西都原古墳群）［R］．东京：同成社，2005：24－32.

② 宫崎县教育委员会．特别史迹西都原古坟群：发掘调查与保存整备报告书（特別史跡西都原古墳群：発掘調査・保存整備概要報告書）系列［R］．2000－2015.

③ 宫崎县教育委员会．西都原古坟群保存整备事业报告书：特别史迹西都原古坟群（西都原古墳群保存整備事業報告書：特別史跡西都原古墳群）［R］．2006.

④ 宫崎县教育委员会．特别史迹西都原古坟群活用促进地域整备事业报告书（特別史跡西都原古墳群活用促進ゾーン整備事業報告書）［R］．2014.

续表

整备事业轮次	场馆建设	古坟整备	其他
县主导整备事业 “西都原古坟群及周边地域整备项目事业”（1999—2003）	西都原考古博物馆 西都原游客参观指南中心		停车场建设，周边道路整备（图3，4）
第三轮文化厅补助事业 “西都原古坟群历史传奇再生空间形成事业”（2003—2007）		46号古坟发掘调查； 111号古坟整备	展示板设立
第四轮文化厅补助事业 “西都原古坟群活用促进地域整备事业”（2008—2013）		201、208、284、4、5、6、10、12、16号古坟发掘调查； 170号古坟周边整备； 46、47、202号古坟发掘并整备	展示板设立
第五轮文化厅补助事业 “西都原古坟群保存整备活用基本计划”基础上开展的新事业（2014至今）		265号古坟发掘调查； 100号古坟再整备，砌石并硬化	展示板设立

171号古坟铺石，摆放埴轮

鬼窟古坟（206号）外观

酒元之上古坟外观

酒元之上古坟内部展示

图2 西都原古坟群环境整备后

（图片来源：西都原考古博物馆主页）

西都原古坟群经过多轮的整备活动，遗址保护与利用的内容才能不断充实完善。例如：作为县立博物馆分馆的西都原资料馆升级成为西都原考古博物馆附属的古代生活体验馆，让参观者深入体验和学习古坟时代人们的生活；各时期、各样式的古坟逐渐发掘并通过多样的方式进行整备和再整备，让参观者在畅游大自然环境中，领略古坟群的整体面貌。同时由国家牵头进行的遗址保护项目按部就班地有序进行，地方也自主参与遗址保护与利用的活动中。在西都原古坟的保护和利用中，宫崎县一方面突出地方文化的特色，打造南九州地区的古坟文化和宫崎县考古的中心；另一方面搭建与地方经济和文化相结合的公共设施，切实将遗址保护纳入地区发展中。

图 3　西都原考古博物馆内部（摄影：王冬冬）

图 4　西都原游客参观指南中心（摄影：王冬冬）

（二）多元素融入：纪伊风土记之丘

纪伊风土记之丘的核心是岩桥千塚古坟群，位于和歌山县和歌山市东部，纪之川下游的南侧。该遗址由 850 余座古坟组成，分为花山地区、大谷山地区、大日山地区、岩桥前山地区、井辺前山地区、井辺地区、寺内地区等，其核心区域被指定为国史迹，遗址时代为 5—7 世纪前半叶（图 5）。岩桥千塚古坟群数量巨大，具有石棚和石梁的石室构造独具特色，大日山古坟及其出土的两面人物埴轮最为著名。①

岩桥千塚古坟群的调查自大正时期正式开展，主要发掘了已被盗掘的墓葬，学术价值逐渐彰显，于 1931 年被当时的内务省指定为史迹。然而，在二战期间部分古坟被利用为防空洞以及二战后由于燃料短缺古坟周边的植被遭到砍伐，使得遗址受到空前的破坏。与此同时，由于战后粮食的不足，日本多处古坟和寺院的土地计划被开垦为田地，例如平城宫遗址便在此时允许居民特别耕作。但是以田中敬忠、宫田启二为核心的当地居民提出反对开垦、保护岩桥千塚古坟群的倡议，并展开署名活动，这是日本大规模开展古坟保护运动的开端。随着粮食产量的好转，1950 年《文化财保护法》的制定，以及 1952 年国家特别史迹的指定，岩桥千塚古坟群得到了有效的保护。

然而 1961 年，指定地外的花山地区由于取土工程导致数座古坟遭遇破坏，土地所有者和工程单位

① 纪伊风土记之丘主页［DB/OL］．［2017－09－05］http：//www. kiifudoki. wakayama－c. ed. jp/

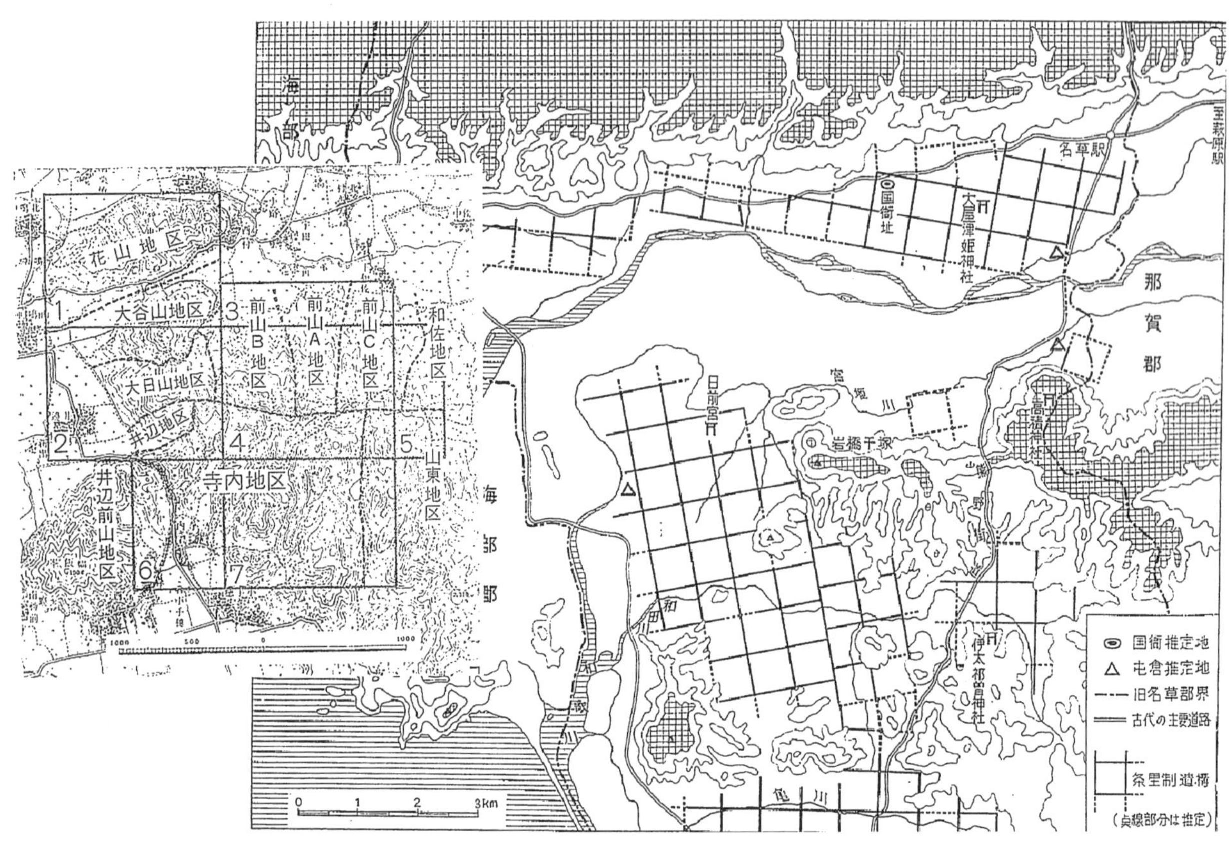

图5　岩桥千塚古坟群分布图

（图片来源：关西大学文学部考古学研究室编．岩桥千塚（岩橋千塚）［R］．1967：74，图15，16）

对于古坟破坏漠不关心。为全面了解古坟情况，保护指定区域外的古坟，和歌山市教育委员会与关西大学针对古坟群展开了持续的调查。发掘过程中，发掘者还公开展示发掘现场，向民众宣传作为文化财的古坟是公民共有的文化遗产。这次的持续发掘调查工作为随后纪伊风土记之丘整备计划的制定和实施提供了考古学的基础，也为民众参与遗址保护创造了广泛的社会基础。1971年纪伊风土记之丘开始运行使用①。

和歌山县立纪伊风土记之丘综合整备项目是风土记之丘项目的典范之一，具备了风土记之丘的三个基本要素：遗址整备（岩桥千塚古坟群的保护与展示）、环境整治（自然风光的保护及万叶植物园、花木园的修建）和资料馆建设（考古、民俗为主题，介绍和歌山县通史），同时还进行了民居的搬迁展示，达到了遗址保护、环境治理与人的和谐共生（图6）。

1. 遗址整备

纪伊风土记之丘园区总面积约65公顷，内有古坟约430座。其中前山A13、A46、A67号古坟和将军塚古坟（前山B53号）进行石室公开展示；大日山35号古坟周围复原摆放有埴轮；约12座古坟在原址进行了加固和植被标识；另有4座古坟进行按照推定形态进行重建。此外，资料馆附近还复建有竖穴式房屋一栋，紧邻有一片水田区域，营造了古坟时代生活体验的场所。

① 关西大学文学部考古学研究室．岩桥千塚（岩橋千塚）［R］．1967：1－18.

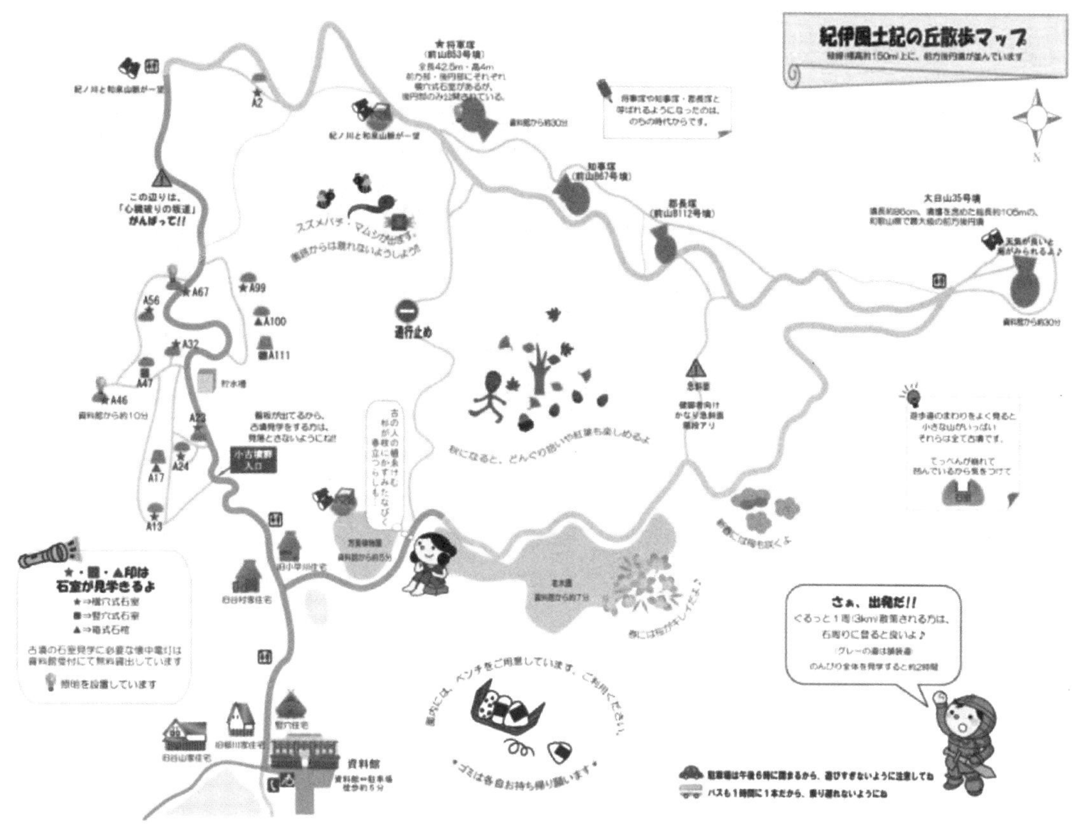

图6　纪伊风土记之丘各功能区分布图

（图片来源：纪伊风土记之丘主页①）

2. 环境整治

园区内的环境进行了有效的治理与保护，古坟群又重新掩映在青山之中，而在古坟遗址分布的空白地带，还根据《万叶集》中歌颂的植物建立了一座万叶植物园，同时开设一处花木园，使得遗址公园内四季花木繁盛。

3. 资料馆建设

资料馆收集并展示了和歌山县内的考古和民俗资料。考古资料方面，馆内陈列了岩桥千塚古坟群的主要考古发现，在展厅中央还搬迁展示了一处石室；同时也陈列了和歌山县发掘出土的旧石器时代至室町时代的考古资料，是以考古为视角了解和歌山县历史的重要展览（图7）。民俗资料方面，馆内陈列了和歌山县内各式各样的民俗资料，例如丰富多样的传统玩具，日常使用的家具和灯具，以及宗教和节庆活动中使用的器皿等，其中许多物品已逐渐退出现代生活，是了解近代生活的重要资料（图8）。

4. 民居移筑

园内共搬迁和歌山县内江户时代民居及其内部摆设4栋，船一艘，以展示近代居民的生产生活。以旧谷村家住宅为例，其原为有田郡清水町农家，距今约有250年历史，1970年移于此园区

① 纪伊风土记之丘主页［DB/OL］.［2017－09－05］http：//www.kiifudoki.wakayama－c.ed.jp/

图 7 纪伊风土记之丘资料馆的考古资料陈列（摄影：王冬冬）

图 8 纪伊风土记之丘资料馆的民俗资料陈列（摄影：王冬冬）

内。在其展示中，房屋本体结构和稻草屋顶被原封不动地移至遗址公园内，房屋内部的佛坛、神棚等摆设也同时被搬运过来，在这里，许多正在消逝的传统家具、厨具和农具被完整展示。而且展示中对民家情况的说明十分详细，民家移筑前的照片也被展示出来，便于了解整栋民居的历史（图 9）。

纪伊风土记之丘的整备兼具多种元素和多样性的功能，使得参观者、尤其是当地居民能够在园区内有所收获。遗址和环境的共同保护，使得参观者在享受自然环境的同时走进古代历史；而考古资料和民俗资料的展出，让参观者追溯着近现代的历史，走进千年以前的古坟时代。可以说纪伊风土记之丘的整备是以现代人为中心，通过自然、民俗等多样化的手段，建立起人与历史的关联，人与地域文化的联系。

（三）地方文化资源的整合：菊池川流域风土记之丘（肥后古代之森）

1992 年，熊本县立装饰古坟馆于山鹿市鹿央町建立，这是以装饰古坟为特色，综合利用菊池川流域文化资源为目的的风土记之丘项目。该博物馆以装饰有浮雕或色彩的石棺或石室古坟时代贵族墓葬的保护、活用和研究为核心，打造出真实再现古坟内部的展示，多样化参与体验的活动，以及予学于乐的场所（图 10、11）。随后在 1995 年，以山鹿市、鹿央町和菊水町三地为核心的菊池川流域风土记之丘（肥后古代之森）项目完成。该项目既包括新建装饰古坟馆，同时还纳入已建成的山鹿市立博物

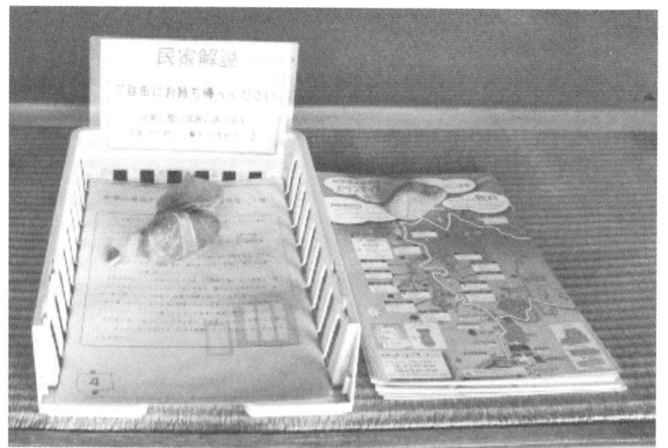

图 9　纪伊风土记之丘民家展示区，旧谷村家住宅（摄影：王冬冬）

馆（1978 年）和菊水町历史民俗资料馆（1978 年）[①]，以及这些博物馆周边的古坟，使得菊池川流域的文化资源得到整合（图 12、13）。

图 10　装饰古坟馆（摄影：王冬冬）

图 11　装饰古坟墓室内部（摄影：王冬冬）

2002 年，鞠智城整备开放（图 14）。该城建于 7 世纪后半叶，是大和朝廷为加强九州地区的防卫而建立的山城，面积约 55 公顷。城址内发现有建筑遗迹 72 栋，1994 年复原了其中 4 栋建筑（八角形鼓楼、米仓、兵舍、板仓）。同时开放的还有介绍该城构造和历史背景等信息的展示馆，名为温故创生馆。菊鹿地区的鞠智城和温故创生馆，以及菊池地区追加列入肥后古代之森（菊池川流域风土记之

① 现鹿央町归入山鹿市，菊水町改为和水町，菊水町历史民俗资料馆改为和水町历史民俗资料馆。

丘）项目，使得菊池川流域的文化资源增加至五个片区，从而使山鹿市和与菊池市的历史文化资源得到了更一步的综合性展示（图 15）。

图 12　山鹿市立博物馆（摄影：王冬冬）

图 13　和水町历史民俗资料馆（摄影：王冬冬）

图 14　鞠智城（摄影：王冬冬）

菊池川流域风土记之丘（肥后古代之森）让风土记之丘项目从遗址群扩展到片区，从性质较为单一的遗址和遗址博物馆升级为集博物馆、民俗馆、体验馆和城址于一体的立体化文化资源，让参观者既充实又具有选择性地参观该区域的文化资源。此外，该项目还与地方的温泉、民宿、寺庙、自然山水等旅游等资源相结合，是对地方文化资源整合利用和整体推广较为成功的一个典型案例。

（四）运营不畅的吉备路乡土馆

吉备路风土记之丘开始于 1976 年，是以保护代表古代吉备的古坟为核心。吉备路乡土馆开馆于同一年，馆内展示有考古实物和图片，比较重要的如千足古坟出土的直弧纹石门复制品等。

然而该馆运营 24 年后，于 2010 年 3 月闭馆，并于两年后转让给冈山县总社市，作为总社吉备路文化馆重新开馆。新馆的主要功能有三：一是展示当地著名书法家高木圣鹤的作品，以及策划各类书画展为主；二是收藏各类日本绘画，油画和工艺品等；三是作为吉备路风土记之丘的导览中心，简单设有照片展示并提供宣传册。

缺乏深入的整备和内容的创新，以及没有融入地方的发展，导致风土记之丘项目的困境，冈山县吉备路乡土馆的闭馆就是典型的一个案例。虽然该馆作为遗址综合展示的功能被撤销，但还还保留了最基本的导览功能。而市级政府积极利用，将该馆转变为适合现当代地方文化宣传与利用的场所，让其重新发挥宣传地方文化作用，这也是风土记之丘项目后续的延伸。

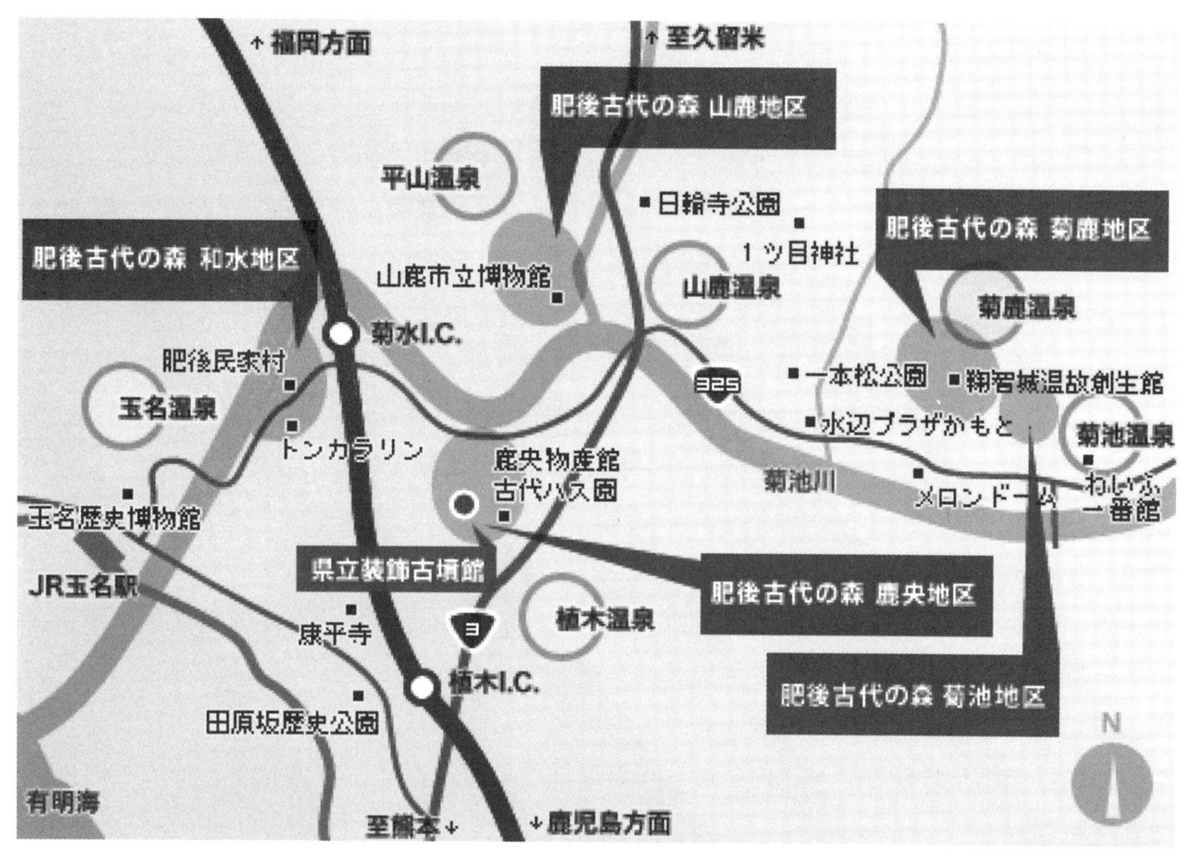

图 15 肥后古代之森分布图

（图片来源：装饰古坟馆主页①）

四、风土记之丘项目对日本地域文化构建的作用

风土记之丘项目开展以来，已在日本近 1/3 的县建立了风土记之丘。各项目包含丰富的内容，并以 20 至 30 年为一个节点不断升级与扩建，从而逐渐与地方文化建设相结合，成为地方文化的核心。归纳起来，其主要有以下三个特点。

最基本的特点是注重环境整备，拓展遗址内涵，增加参观趣味点，打造地域文化的核心。风土记之丘项目充分考虑遗址周边环境保护与古代自然环境复原，同时通过展板等展示手段将考古学者研究的过程以及规划人员复原的思路传达给公众。从而无论在居民休憩还是游客参观时，均能立体感受古代遗址在自然环境衬托下的魅力。同时遗址博物馆和遗址公园的展示内容涵盖该地区的历史、考古及民俗资料等多方面内容，尤其是民俗、地方史的收藏和展示方面尤为突出。这不仅可以有效地保存近现代文物和传统习俗，让当地居民尤其是青少年了解地方的风土民情，还

① 装饰古坟馆主页［DB/OL］．［2017-09-05］http：//www. kofunkan. pref. kumamoto. jp/area/forest. html。

可以拉近遗址和居民之间的距离，让居民对当地的历史有所感触。上述特点使风土记之丘自然而然成为地域文化的核心。

第二个特点是注重质量，循序渐进，不断更新，与地域文化的核心相称。风土记之丘项目虽然数量不多，但每一个项目在设计之初都缜密计划，包含有丰富的文化和自然内涵；随后按部就班的稳步推进，并在到达一定阶段后为应对新的挑战而不断升级改造。这些挑战有些是来自参观者对于遗址体验性的要求，有些是地方政府对于遗址周边交通情况的改善的要求。如果这些保护项目仅停留在原状的维持上，则很可能会面临冈山县吉备路乡土馆闭馆的情况。目前风土记之丘中已升级为县立考古博物馆的除了上述提及的宫崎县立考古博物馆外，还有山梨县（1982 年）、滋贺县（1992 年）、大分县（1998 年）、埼玉县（2006 年）等。这些考古博物馆普遍集遗迹遗物展示、历史民俗介绍、体验和休闲为一体，也就是地方最高级别的最全面介绍考古的综合博物馆。受其影响，日本考古主题博物馆普遍兴起，如：1991 年大阪府立弥生文化博物馆（池上曾根遗迹），1995 年下关市立考古博物馆（绫罗木乡遗迹）、2007 年兵库县立考古博物馆（大中遗址）等。考古博物馆作为地域文化的核心，统筹地区各类文化资源，发挥展示、利用和共享的职能。

第三个特点是地方文化资源的综合性整合，创造地域文化的新格局。大部分风土记之丘项目均囊括地方同类文化要素，并逐渐吸收其他类型或时段的文化要素，从而逐渐扩展到不以历史时段和遗址类型为壁垒的片区文化。最为典型的是菊池川流域风土记之丘（肥后古代之森）项目，该项目包含有菊池川流域古坟和古城遗址，博物馆和民俗馆，寺庙与神社，温泉与民宿等多种产业。而受风土记之丘的理念影响，许多遗址正以这样的思路进行大范围的整备，如奥松岛绳纹村历史资料馆等。

日本风土记之丘项目的实施最初是以国家支持为依托、遗址和环境保护为核心内容；而今则逐渐发展为营建和发扬地方文化特色，推动居民对地方文化的理解、利用与热爱，间接促进地方旅游业等发展的目的。风土记之丘以其亲民的名称、丰富的内涵和持续的影响力已经深入日本各地方居民的内心，成为地方文化的核心。

五、日本“风土记之丘”项目对中国大遗址保护的借鉴

中国大遗址保护项目与日本“风土记之丘”项目产生的背景、内涵和要求等方面相似。随着经济发展与城市化进程加剧，以及自然灾害的不断侵蚀，中国在 20 世纪 90 年代末正式提出大遗址的概念，并于 2005 年设立大遗址保护专项资金①，至今关于大遗址保护已相继出台多部“五年计划”，发布三批共计 150 余处大遗址及 36 座国家考古遗址公园。由于大遗址文化内涵丰富、占地范围广阔、与遗址地居民的生产生活密切相关等特点，使得大遗址保护项目不仅对遗址本体的保护和展示要求严格，同时对遗址所处环境的综合治理，以及遗址所在地的社会、文化和经济的协调发展方面也有一定需求。

① 《大遗址保护专项经费管理办法》（2005 年）：本办法所指的大遗址主要包括反映中国古代历史各个发展阶段涉及政治、宗教、军事、科技、工业、农业、建筑、交通、水利等方面历史文化信息，具有规模宏大、价值重大、影响深远特点的大型聚落、城址、宫室、陵寝墓葬等遗址、遗址群及文化景观。

长期缺少遗址保护规划制定标准使得遗址保护规划内容不尽完善，深度参差不齐，进而导致遗址保护工作的结果差强人意。而2016年出版实施的《大遗址保护规划规范》① 对于保护规划的制定和实施提供了科学、合理和有效的指导。但在进一步的具体实施过程中，如何达到遗址保护与环境的协调，如何在遗址保护中关注居民生产生活的和谐发展，以及如何通过遗址保护达到对地域文化的提升和遗址地居民自豪感的增强等问题仍需要在实践中不断探索。简而言之，就是如何确保大遗址保护在广度和深度上的发展，暨可持续性和地域性。

因而上述对于与中国大遗址保护相似案例的日本“风土记之丘”项目的研究，无论从项目包含的多样化内涵中，还是从项目不断深化的实施进程中，以及期间遇到的困难和挑战，都将有助于推动这一问题的探讨，并为中国的遗址保护项目提供经验。例如：（1）中国的考古遗址公园建设应普遍考虑古代植被和环境的情况，同时要将考古学者研究的过程以及规划人员复原思路传达给公众；（2）中国的考古遗址博物馆的收藏和展示内容应涵盖到该地域的历史、考古及民俗资料，尤其是民俗、地方史的收藏和展示需要强化；（3）中国大遗址保护进展初级阶段在追求数量的同时，也应在设计理念、设计内容上做到考虑全面和精益求精；而当保护项目进行到一定阶段，必然也要应对新的挑战不断升级改造，如果仅停留在遗址本身的介绍与宣传，可能面临岡山县吉備路乡土馆闭馆的可能性。（4）中国多数大遗址保护项目还处于保护单独遗址或遗址群的阶段，但未来也应承担起发扬地方文化的责任，经过20至30年的积淀与发展，向建设省级、市级综合考古博物馆的方向迈进；（5）虽然中国大遗址保护片区的概念早已提出，但是以遗址保护为核心，自觉发掘和吸收地方各类文化资源，形成地方文化特色的实践与研究还不够深入。

中国大遗址保护可以深度揣摩日本“风土记之丘”项目从遗址保护到地方文化建设的发展过程，并从中汲取有益的部分。但同时也要注意辩证的看待该项目，如“风土记之丘”项目局限于远离民居密集地区的遗址，是否一定要将近代民居等建筑的移筑与遗址保护相结合，是否有必要进行大量的复原展示等问题，都应在借鉴过程中应慎重考虑。

说明：本文前四部分已发表在《中国文化遗产》2018年第5期，王冬冬：《以遗址保护为核心的地域文化构建——浅析日本“风土记之丘”项目》。

① 中华人民共和国国家文物局．中华人民共和国文物保护标准化指导性技术文件——大遗址保护规划规范，2015年11月26日发布，2016年1月1日实施。

全球化浪潮下实践文化自信的国际经验和启示

——以日本“100名城”保护实践为例

彭　雪　许　凡

（中国文化遗产研究院）

摘　要：全球化是把双刃剑，各国都在探索保留民族记忆的有效方法，日本在1966年成立了城郭协会，在其成立40周年之际发布了“日本100名城”名录，并开展了一系列活动，取得了热烈的社会反响。日本城郭协会通过整合资源、整体策划、协调发展，探索出一条适应于本国发展的文化遗产保护之路，其成果经验也对我国在文物保护利用、文化遗产保护传承，建立文化自信等方面具有借鉴意义。

关键词：文化自信；日本城郭协会；“日本100名城”；文化遗产保护与利用

全球化是把双刃剑，在促进国家、地区间文化交流的同时亦造成了文化冲击，因此，各国都在探索保留民族记忆的有效途径。作为亚洲文化遗产保护的先行者，日本开展了大量的实践活动。在操作层面，日本注重多元主体的联合，吸纳政府部门、专业机构、专家学者、周边社区居民及其他相关社会力量，在整合文化遗产资源、整体策划、协调发展的同时，将文化遗产保护与公众宣传、文化旅游相结合，探索出了一条适应于本国发展的文化遗产保护之路。

一、从城郭修复运动到“日本100名城”

日本建城起始于弥生时代，全盛时期在战国时代的关原之战以后[①]，是一种合理利用地形、发挥防御功能的建筑群。其中城堡式的“城郭”主要是在战国时代末期建造，最鼎盛时期，全国各地林立的城郭达3000余座。德川幕府执政后，为加强封建专制，在元和元年（1615年）颁布了一国一城令，至明治六年（1873年）颁布废城令，全国已有三分之二的城郭被毁坏。二战期间，城郭及其标志物天守更是成为攻击的目标，导致城郭基本无存，目前，日本全国现存的天守阁仅12座，其中4座[②]列为国宝，8座[③]指定为重要文化财产。“国宝四城”中的姬路城于1993年列入世界遗产名录。

关于城郭标志物天守的保护利用工程一直受到社会的关注。1931年，在大阪市政府的倡议下启动

---

① 日本战国时代指室町幕府到安土桃山时代，主要认为是1467至1615年。

② “国宝四城”指兵库县姬路城、长野县松本市松本城、爱知县犬山市犬山城与滋贺县彦根市彦根城。

③ 青森县弘前城福井县丸冈城、冈山县备中松山城、岛根县松江城、香川县丸龟城、爱媛县伊予松山城、爱媛县宇和岛城、高知县高知城。

了大阪城天守阁的重建工作，复原后的天守深受公众喜爱。20 世纪 50 年代后期，日本各地陆续开展城郭修复运动。在此浪潮下，日本城郭协会①于 1966 年成立，旨在对日本各地的城郭开展调查研究，2006 年，为纪念城郭协会成立 40 周年，协会发布“日本 100 名城”名录，被冠名的城郭皆是优秀的文化遗产，具备时代和地域的代表性，涵盖了世界遗产姬路城，以及各市町的文化遗产。2017 年，协会又公布了第二批“日本 100 名城”名录，扩展其影响范围。

二、“日本 100 名城”保护与活化利用

20 世纪 90 年代，日本政府确立了“建立文化发达国家”的战略构想。2003 年，日本政府通过了《观光立国行动计划》，力图通过发展旅游业带动国家的整体发展。《观光立国行动计划》中主要内容包括加强对内宣传，确立国家和地方的魅力，转变国民价值观；通过对外的宣传，塑造国家形象，加速日本与国际接轨。2006 年，日本城郭协会发布“日本 100 名城”名录，继而推出了一系列活动，正是对此文件的积极响应。

日本大学教授、“日本 100 名城”专家委员会专家之一的新谷洋二教授这样评论“日本 100 名城”：“这是第一次从考古学、建筑历史以及工程技术角度评选出的，反映最新保护修缮理念和学术成就的名城，它们反映了地区的历史特征，评选的目的是希望公众去参观，并对当地的历史文化产生兴趣。”在对日本各地的古城展开保护和研究的同时，倡导发掘日本的地域文化特色。

日本城郭协会通过媒体宣传，发行出版物、举办讲座、座谈会，开展与文化节事相关活动，吸引公众参与，呼唤公众对城郭这一类特定文化遗产的认知。这一创新举措在挖掘地方特色，服务文化旅游；传播文化知识，引导文化旅游；开拓宣传思路，吸引公众参与等方面发挥了切实作用。

1. 挖掘地方特色，服务文化旅游

近半个世纪，日本开展了大量保护实践活动。被认定为国家指定史迹的日本三大名城——名古屋城和大阪城、熊本城也相继完成了展示利用工程。城郭天守的展示工程通过呈现完整的传统风貌，力图将天守作为各市町地标建筑，并成为地方文化宣传的窗口。

对城郭及其天守展示的方式分为原貌、复建、仿建、模拟、标识 5 大类。日本城郭中现存的“十二天守”采取原貌展示。对于城郭中单体不存的重建工程，按照材料、工艺、设计及位置分为复建、仿建、模拟展示。其中复建展示工程是在史料依据充分的基础上按照原貌，采用原材料、原工艺，在原址建立；仿建工程以历史风貌呈现，但其结构等为现代材料，采用当代技术实施；模拟展示工程是在史料依据不足的情况下，从现代审美视角出发，按照传统风貌建设。标识展示工程包括标记遗址位置或以建立地区文化符号为目标开展的建设活动。

建成后的各市町天守，也被赋予丰富的功能。原貌展示的姬路城，作为武家文化最直接的空间载体，现作为文化设施对外开放，宣传日本武士文化；复建的白河小峰城，现作为白河市的象征，成为重要的

① 日本城郭协会，全称为财团法人日本城郭协会，官方主页：http：//jokaku. jp/。1966 年 12 月设立，总部位于东京都衫并区，由日本文部科学省生涯学习政策局社会教育课管辖，属于公益法人。

市民活动场所；仿建的熊本城和名古屋城作为博物馆对外开放。模拟展示的大阪城已成为日本关西地区最重要文化遗产场所、著名地标之一，1997 年辟为城市公园后，承担了更多文化节事场所功能。

表 1　　展示方式列表

展示方式	展示状态	案例
原貌	历史原貌	姬路城、丸冈城在内的“十二现存天守”
复建	原材料、原工艺，在原址建立，呈现原状	白河小峰城
仿建	在当代工艺技术下，呈现历史风貌	熊本城天守阁
模拟	在现代工艺技术下，呈现传统风貌，但局部根据审美需求进行调整	大阪城天守阁、金泽城
标识	标记遗址位置或以建立地区文化符号为目标	福冈城的内城遗址

图 1　原貌展示的丸冈城

图片来源：彭雪摄。

图 2　模拟展示的金泽城

图 3　标识展示的福冈城内城遗址

2. 传播文化知识，引导文化旅游

日本城郭协会自成立以来，在开展各项活动的同时，积极推动出版物的发行工作。出版物分为宣传类的官方游览指南、图册、知识传播类的讲解图册；考试类的专用书，以及收藏类的纪念册，同时配合发行邮票，并不定期推出限定版出版物。目前已发行的出版物多达十余册。

另一方面，为使日本文化遗产传播跨越语言障碍，城郭协会推出集印章活动，将文化传播与商业活动有机结合。城郭协会通过在官网公布印章收集者姓名的方式，提升公众消费体验感。

图 4　官方指南

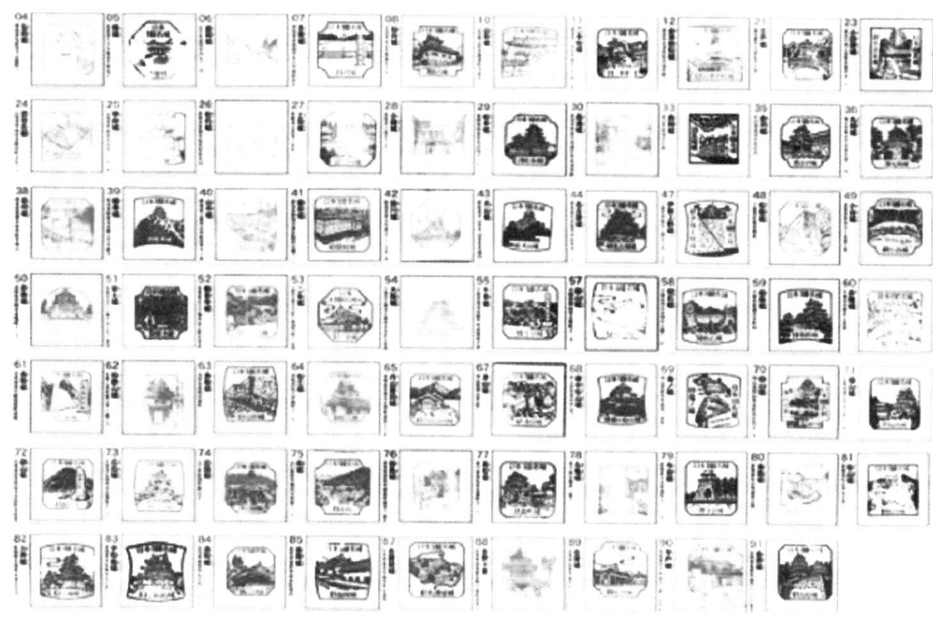

图 5 部分城郭印章

（来源：网络）

2008 年，随着日本境外游人数的增加，日本城郭协会推出“欧洲 100 城堡”名录，通过宣传，影响日本公众对旅游目的地的选择，引导公众文化旅游行为，提升公众对文化遗产的认知与认同。

3. 开拓宣传思路，吸引公众参与

日本城郭协会开展的各项活动中，继每年举办中、小学生夏令营活动、亲子游、研学，协会开展的一项吸引各年龄段全民参与的活动是城郭知识竞赛，此竞赛已开展十二届，公布的获奖人员共计 1931 名，并全部在网站公示。

2007 - 2009 年报名人数较少，同时仅有 98 人通过考试，2017 年报名人数多达 2300 余人，远超出主办方预期，最终有 593 人通过考试，以后竞赛周期由几年一次增加到一年两次。从历年知识竞赛通过人数来看，不仅是参与热情的提升，更说明公众对城郭遗址这类文化遗产已经有一定知识储备（图 6）。

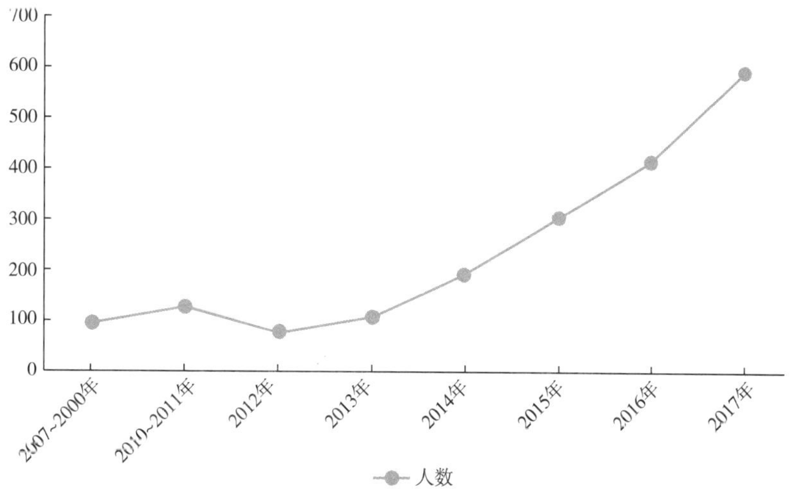

图 6 城廓知识竞赛历年获奖人数统计

（数据来源：根据日本城郭协会网站数据绘制）

三、我国实践经验

我国对城址类文化遗产也开展了深入的理论研究与丰富的实践活动。在理论研究方面。1983 年成立中国古都学会，推动了理论层面的深入研究。在实践方面，对于功能延续、具备重大价值的城市，提出“历史文化名城”的概念，自 1982 年至今国务院公批了四批共 134 座国家历史文化名城。丽江作为第二批列入的中国历史文化名城，具备突出普遍价值，又以“保存浓郁的地方民族特色，并与自然完美结合，在历经 1996 年大地震仍保持总体格局不变，核心建筑依存”的整体评价列入世界文化遗产名录，使丽江古城的保护管理、展示利用与文化旅游工作得到进一步推动。对于遗址类文化遗产，2009 年，国家文物局提出“国家考古遗址公园”概念，目前公布了 3 批共计 36 处，挂牌的皆为全国重点文物保护单位。国家考古遗址公园以重要考古遗址及其背景环境为主体，探讨了一种保护利用的新方法充分发挥文化遗产科研、教育、游憩等功能。

四、对我国文化自信战略实践的启示

日本城郭协会开展的一系列保护利用活动，尤其是在吸纳多元社会力量参与，协同合作方面，促进了各利益相关方达成“文化共识”；在理论指导实践方面，取得了一定成效；在展示地区文化特色、引导公众旅游消费行为、充分发挥文化遗产社会效益等方面进行了有益尝试。这对我国文物保护利用与文化遗产保护传承，建立文化自信等方面具备一定借鉴意义。

参考文献

[1] 米泽贵纪．日本名城解剖书［M］．史诗，译．北京：南海出版公司，2016：33。

[2] 淳于淼泠．日本“城郭”的今昔［J］．日语知识，2001（2）

[3] 王辉锴．从国宝四城看日本的文化遗产保护［D］．北京市：中央民族大学，2009。

[4] 朱士光．回顾与前瞻——纪念中国古都学会成立三十周年感言［C］．中国古都学会 2012 年年会暨南诏古都文化发展论坛．中国古都研究（总第二十五辑）。

[5] 陈曦．城址类考古遗址公园价值核心的阐释与展示设计手法［J］．中华建设，2012（12）。

英格兰考古管理政策初探

范佳翎　张　凌

（首都师范大学历史学院）（国家文物局）

摘　要： 考古工作是发现、研究、保护和利用考古遗产的重要学科和实践，考古管理政策的制定和实施是保障考古遗产得到有效保护和利用的基础。本文以英格兰为考察对象，从所有权、主要机构及从业人员情况、田野考古类型以及考古资料整理要求等方面，初步整理和分析英格兰考古工作管理政策和制度概况，为探索完善符合我国国情的考古管理政策提供借鉴。

关键词： 英格兰；考古管理；所有权；管理机构；发掘许可；资料整理

考古遗产是人类在上百万年历史的发展过程中遗留下来的宝贵遗存，是文化遗产的重要类型，而考古学和考古工作是发现、研究、保护和利用考古遗产的重要学科和实践，加强对考古工作的管理是保障考古遗产得到有效保护和利用的基础。随着现代考古学的诞生和发展，很多国家都通过制定法律法规、设立专门机构、发布技术标准等方式建立起本国的考古管理政策和制度体系，从而规范田野考古工作、提升考古从业人员水平、有效保护珍贵的考古遗产。特别是20世纪60、70年代以来，快速的城乡建设对埋藏地下的考古遗产造成了普遍的威胁，考古工作与城乡规划、土地利用的协调和对接成为很多国家考古管理政策的重要内容。

我国考古工作自新中国成立以来已经取得了举世瞩目的成绩，从中央到地方也建立起考古管理的政策和制度体系。但随着经济和社会发展，考古工作也面临新的问题，包括考古遗产保护与土地利用关系、考古资料整理和文物移交等等，需要进一步完善考古管理政策和制度。“他山之石可以攻玉”，广泛了解和理性借鉴他国考古管理的相关规定和具体实践，有利于再思我国考古管理中存在的争议，有助于探索完善符合我国国情的考古管理政策。英国是现代考古学起源和发展的重要国家，经过百余年的发展，英国形成了具有特色的考古管理政策和制度体系。本文以英格兰①为对象，考察其考古管理政策和制度，以资参考。

一、所有权和相关政策

英国是典型的土地私有制国家，虽然从法学理论上讲，英国所有土地都属于英王（国家）所有，

① 虽然都属于大不列颠及北爱尔兰联合王国（UK），但英格兰、苏格兰、威尔士、爱尔兰分别有自己的管理体系，考古工作相关的一些法律和政策也不尽相同，本文选择英格兰作为研究对象。

但实际上英国90%的土地为私人所有，土地所有者对土地享有永久业权。由于这种土地所有制形式，英国考古遗产的所有权并非全都属于国家所有，可移动和不可移动对象的情况也不尽相同，而考古遗产所有权的差异又决定了考古工作管理形式的不同。

古遗址、古墓葬等不可移动的考古遗产由于其位于一定面积土地上并具有不可移动的属性，跟土地一起归属于不同的土地所有者。政府是最主要的土地及重要考古遗产的所有者，中央和地方政府分别占有一些土地及所包含的考古遗产，主要通过其代理机构管理和运营，比如英格兰的国家遗产就由政府的代理机构——英格兰遗产（English Heritage）负责管理运营。另外，一些非政府机构也是重要的土地和遗产所有者。19 世纪晚期以来，英国一些有识之士开始关注历史遗产的保护，建立保护机构，并陆续以购买、获赠等方式，拥有了包括考古遗址在内的大面积土地，形成了一些拥有数量较大、价值突出历史遗产的非政府公共机构，其中最有代表性和影响力的是国家信托（National Trust）。此外，英国还有很多私人土地所有者，有些只拥有很小面积的土地，但在该土地上却存在价值非常重要的考古遗址，这些私人土地所有者也是不可移动考古遗产的主要所有者。比如世界遗产巨石阵，其遗产范围内的土地和分布在这些土地上的遗存分别归属于国家信托、英格兰遗产（代表英国文化、媒体和体育部）、国防部、私人地主等，这种复杂的所有权情况也决定了考古遗产的发掘、保护必须要征询所有这些利益相关者。(见图 1)

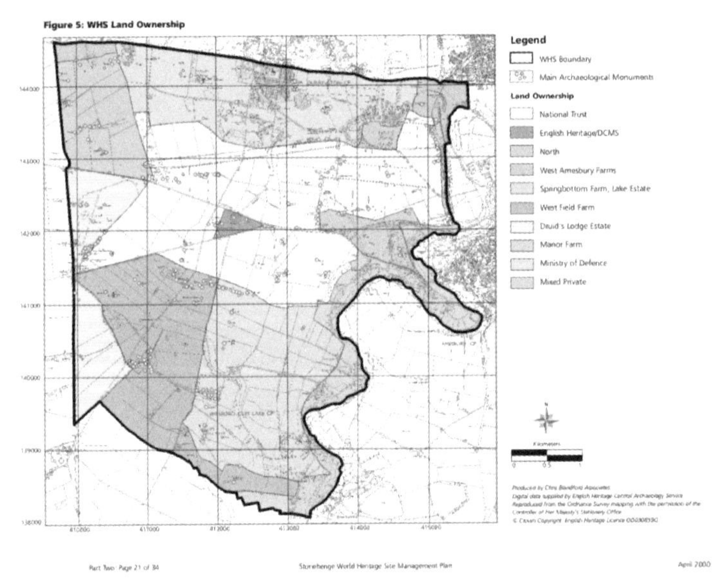

图 1　世界遗产巨石阵的土地所有情况

（图片引自世界遗产巨石阵保护管理规划）

对英国可移动考古遗产影响最大的是 1996 年颁布的《珍宝法》（Treasure Act 1996）①。根据该法，任何人从地下发现的贵金属类遗物属于珍宝（treasure）② 必须上交女王，其他各类出土物则归土地所有者（地主）所有③。因此英格兰有很多金属探测者（metal detector）热衷于“寻宝”。而在“寻宝”

① 该法仅在英格兰和威尔士适用，苏格兰和北爱尔兰有各自的规定。

② 关于什么东西属于珍宝有非常详细的说明，主要为金属物，具体可查看法律条文。

③ 一般情况下，遗物发现者与土地所有者协商如何分配不属于“珍宝”的出土物。

过程中大量的出土物并非“珍宝”，不必上交女王，成为私人财产，且一般情况下不会被专业机构收藏甚至记录，其包含的历史信息（有时可能是非常重要的历史信息）也就无法被记录和了解，无法转化为学术成果和公共知识，这些未被记录或未被了解的考古遗存对英格兰和威尔士的考古学来说是一种巨大的损失。因此自 1997 年开始，政府实施了“可移动文物计划”（Portable Antiquities Scheme），鼓励人们在发现考古遗存时及时向专业机构报备，发掘记录、档案等也必须提交文物主管或者指定的部门存档、收藏。①

当文物发现者向有关机构报告发现后，当地的发现联络员（Finds Liaison Officer）将与发现者联系，讨论如何以及在哪里发现该文物，联络员会写一份关于这个发现的报告，还将举行一个问讯，文物发现者以及文物所在地的土地所有者可能会被邀请参加调查。如果博物馆想要购藏该文物，珍宝估价委员会（The Treasure Valuation Committee）将决定该文物的价值，以及有资格分享该发现的人分别能拿到多少报酬，如发现者对评估结果不满意，可以向文化、媒体和体育部（DCMS）提出申诉。

一般情况下，以下人员可以获得奖励份额：②

- 发现者（需要获得进入该地的许可）
- 完全拥有该地地权的人或组织（土地所有者/地主）
- 作为土地所有者的租客，目前占用土地的人

如果发现的文物不算珍宝或没有博物馆想购藏，这些物品将被退回给发现者，并告知土地所有者和占用者，由他们协商如何分配。

目前，“可移动文物计划”由大英博物馆代表各个博物馆、图书馆和档案理事会运作，并通过 33 个主要合作伙伴开展工作，在英格兰和威尔士各地的博物馆和郡县议会中共有 39 位发现联络员（Finds Liaison Officer）、6 位国家发现顾问（National Finds Adviser）以及由 4 名成员组成的大英博物馆工作团队，该计划收集的考古数据都会及时发布在在线数据库上。

二、主要机构和从业人员情况

（一）数字、文化、媒体和体育部

英国负责包括考古遗产在内的文化遗产保护以及旅游发展的国家机构是数字、文化、媒体和体育部（The Department for Digital，Culture，Media & Sport，缩写为 DCMS）。作为政府部门，DCMS 主要负责政策制定、国家经费的划拨等，很多具体的工作由隶属于 DCMS 的 46 个代理机构（agencies）和公共机构（public bodies）负责，包括大英博物馆、大英图书馆、英格兰艺术委员会等，其中主要涉及英格兰考古遗产管理的是非政府部门的执行公共机构（Executive non - departmental public body）英格兰遗产委员会。

① 邵军. 英国最大的公众考古项目——可移动文物计划概述，中国文物报. 2007，p. 007.

② 考古学家无权参与任何奖励的分配。

（二）英格兰遗产委员会

1983年，《国家遗产法》（National Heritage Act 1983）颁布，根据该法成立了历史建筑和古迹委员会（the Historic Buildings and Monuments Commission），后更名为英格兰遗产委员会（English Heritage），该机构作为国家在遗产保护领域的专业咨询机构，处理遗产登录、规划以及管理经费等，并代表政府具体管理运营一些由国家所有的遗产地。2015年4月1日，英格兰遗产委员会重组成为两个不同的机构，一个保留 English Heritage 的名称，但仅作为一个慈善机构，负责管理、运营国家所有的遗产地，另一个是 Historic England①，承担起包括遗产登录、规划、经费划拨等遗产保护管理的职能。② 目前改组后的英格兰遗产（English Heritage）管理、运营几百处国家拥有的宫殿、房屋、城堡、修道院、工业用地、罗马城堡、中世纪村庄等多种类型的遗产地。③ 改组后的英格兰遗产委员会（Historic England）则继续承担政府在历史环境方面的法定顾问的责任，支持历史古迹的保护。

（三）国家信托

一些非政府机构在考古遗产保护领域具有很大的影响力，最重要的就是国家信托（National Trust）。1894年，根据《公司法案》国家信托（National Trust）作为一家非营利机构成立。最初由3位热衷于古迹保护的人创立，经过百余年的发展，国家信托通过购买等方式，成为拥有位于英格兰、威尔士和北爱尔兰的大量景观地区和遗产地的慈善机构，他们拥有、管理和运营的对象包括海岸线、森林、海滩、农田、荒地、岛屿、考古遗迹、自然保护区、村庄、历史建筑、花园、工厂、酒吧以及世界上最大的艺术品收藏等等，具体包括：

- 775英里的海岸线
- 超过248，000公顷的土地
- 超过500座历史建筑，城堡，古迹园林和公园以及自然保护区
- 接近一百万件物品和艺术品④

哈德良长城、巨石阵和埃夫伯里等世界遗产地的部分土地及包含的考古遗址、遗迹都归国家信托所有。国家信托一直致力于通过成功的管理和运营，让公众能够理解、欣赏和享用这些遗产，在英国的遗产保护领域扮演了重要的角色。

（四）特许考古学家学会

特许考古学家学会（The Chartered Institute for Archaeologists，CIfA）成立于1982年，是由考古学家和考古从业者组成的专业机构，它代表考古学和考古学者的利益，是英国最有影响力的考古行业协

① 鉴于机构性质的变更，English Heritage 的中文不应再使用英格兰遗产委员会，改为英格兰遗产更合适，而 Historic England 则应翻译为英格兰遗产委员会。

② http：//www. english－heritage. org. uk/about－us/our－history/

③ http：//www. english－heritage. org. uk/about－us/our－places/

④ https：//www. nationaltrust. org. uk/features/about－the－national－trust

会。成立之初名为田野考古学家学会（Institute for Field Archaeologists），2006 年更名为考古学家学会（Institute for Archaeologists），2014 年荣获皇家特许状（Royal Charter）。[①] 通过制定对所有成员和注册机构都具有约束力的规章、标准和准则以及组织培训等方式，约束成员遵守职业道德和专业标准，提高考古从业者的职业水平，支持拓展其就业前景，为考古人员开展各个环节的考古工作提供了参考和指南。

CIfA 制定推行的主要指导性文件如下：

- 历史环境机构关于考古建议的标准和指导（Standard and guidance for archaeological advice by historic environment services）
- 关于建立、编辑、传递和归档考古档案的标准和指导（Standard and guidance for the creation, compilation, transfer and deposition of archaeological archives）
- 关于建筑或建筑结构考古调查和记录的标准和指导（Standard and guidance for the archaeological investigation and recording of standing buildings or structures）
- 关于收集、建档、保护和研究考古资料的标准和指导（Standard and guidance for the collection, documentation, conservation and research of archaeological materials）
- 关于就考古和历史环境开展工作或提供咨询建议的标准和指导（Standard and guidance for commissioning work on, or providing consultancy advice on, archaeology and the historic environment）
- 关于案头评估的标准和指导（Standard and guidance for desk – based assessment）
- 关于考古发掘的标准和指导（Standard and guidance for archaeological excavation）
- 关于考古田野评估的标准和指导（Standard and guidance for archaeological field evaluation）
- 适用于法医考古学家的标准和指导（Standard and guidance for forensic archaeologists）
- 关于地球物理调查的标准和指导（Standard and guidance for geophysical survey）
- 关于海洋考古记录和重建的标准和指导（Standard and guidance for nautical archaeological recording and reconstruction）
- 关于历史环境管理的标准和指导（Standard and guidance for stewardship for the historic environment）
- 关于考古观察摘要的标准和指导（Standard and guidance for an archaeological watching brief）[②]
- 标准的附录（Appendices to standards）

（五）地方政府考古官员协会[③]

由于考古管理纳入了地方规划体系中，各地方政府机构中一般都有考古人员负责开发项目的环境影响评估、考古发掘质量监督等方面工作，这些在地方政府任职的考古人员也建立了自己的协会组织。

---

① http://www.archaeologists.net/about

② 根据该文件的定义，考古观察摘要（archaeological watching brief）是一个针对由于非考古学原因而开展的任何作业期间所开展的正式的观察项目，无论在哪，只要考古遗存有可能受到威胁或破坏都要进行这样的考古观察摘要并完成观察摘要。

③ www.algao.org.uk

1996 年，郡考古官员协会（Association of County Archaeological Officers）和地区考古官员协会（Council of District Archaeological Officers）合并，成立了地方政府考古官员协会（ALGAO，其成员主要集中在英格兰和威尔士）。ALGAO 的成员都是地方政府雇用的资深专业考古学家，为各地方考古保护和管理的政策制定、方案审批等提供建议。2006 年 6 月，ALGAO（英格兰和威尔士）与苏格兰的地方政府考古人员组织——区域和岛屿考古学家协会（Association of Regional and Island Archaeologists，ARIA）正式合并，成为覆盖整个英国的机构——ALGAO：UK。该协会的成员目前包括英格兰、威尔士、苏格兰以及北爱尔兰和马恩岛的各地方政府、国家公园、历史城市、历史城镇和行政区政府考古雇员代表。

该协会有四个关键目标：

- 为地方政府的历史环境服务提供支持，并在地方政府内推广这些服务，以加强和发挥地方政府在地方、区域和国家政策中的作用；
- 确保当地政府的历史环境服务纳入国家、地区和地方的文化和教育政策；
- 确保政府政策旨在改善历史环境的可持续管理；
- 促进历史环境行业高标准的发展。

（六）从业人员情况

为了解欧盟范围内考古行业的从业情况，欧洲理事会曾开展两次“欧洲考古学家调查”项目（Discovering the Archaeologists of Europe）。根据调查数据，1998 年英国有 4425 人从事考古工作，2003 年增长为 5772 人，2008 年的数据增长到 6865 人，但 2014 年调查时却仅有 4792 人从事考古工作，比 2008 年减少了 2073 人，减少了 30%。2008 年的调查显示，6865 名从事考古工作的人员中，有 667 人（10%）为中央政府的相关机构工作（national government agencies），1151 人（17%）在地方政府（local government）工作，1014 人（15%）在大学工作，3497 人（51%）在私营领域（the private sector）工作，535 人（8%）为其他类型的组织（other types of organization）工作。[①] 反映了英国考古人员从业的主要模式，包括独立顾问和专家、中央和地方政府官员、大学考古院系和研究所研究人员、商业机构雇员等。反映出英国考古行业及从业者的多元。英格兰法律规定，因开发建设而开展的考古工作，其经费由开发者承担，由于基本建设和地方规划和开发的繁荣，合同考古成为英国主要的考古形式，英国 58% 的考古工作职位都是由建设发展或规划项目资金支持的。[②]

英格兰没有类似我国“考古发掘项目负责人”、“考古发掘资质单位”这样由政府审批、颁发的资格认证，一般情况下参加考古工作的人员具有考古学或相关学科的本科学历，作为项目负责人则一般具有研究生以上学历。不过英国有非常完善的职业资格体系，作为社会职业的一种，考古工作也纳入了职业资格体系中。国家职业资格（National Vocational Qualification，NVQ）是英国的国家职业资格证书制度，是以国家职业标准为导向，以实际工作表现为考评依据的一种新型的职业资格证书制度。在

① Aitchison，K. and R. Edwards（2008）. Archaeology Labour Market Intelligence：Profiling the Profession 2007 – 08. Reading，UK，the Institute of Field Archaeologists.

② Aitchison，K. and R. Edwards（2008）. Archaeology Labour Market Intelligence：Profiling the Profession 2007 – 08. Reading，UK，the Institute of Field Archaeologists. p. 12.

英国，整个 NVQ 体系共涵盖了 11 个职业领域，大约 1000 个职业，每个 NVQ 分为 5 个难度等级标准。NVQ 证书在英联邦国家的职业体系中是一块金字招牌，拥有英国国家职业资格证书（NVQ），可作为法律公证的有效文件，获得英联邦国家以及世界 80 多个国家的工作机会。

2009 年，在特许考古学家学会（Chartered Institute for Archaeologists，CIfA）的努力下，CIFA 建立了一个专门的评估中心，为英国考古从业者提供考古行业国家职业资格证书（NVQ in Archaeological Practice）的评估，并计划建立起覆盖全英的考古行业评估员网络。任何从事考古工作的人，无论是有偿工作还是无偿志愿工作，以及任何想要进入考古领域从事考古工作的人都可以获得这一资格，条件是申请人能够提交足够的能力证明。

三、田野考古的类型和相关政策

在英格兰，田野考古发掘主要可以分为以下几种类型：

- 出于研究目的的考古发掘 research purposes
- 出于古迹保护目的的考古发掘 carrying out conservation repairs to a monument
- 土地开发前的抢救性发掘 rescuing archaeological objects prior to land development
- 考古评估工作，这一工作是发展规划申请的一部分（undertaking archaeological assessments as part of a planning proposal）

大量的考古工作是在地方规划体系中开展的。20 世纪 60 年代，由于英国地方政府规划部门（local planning authorities）忽视考古工作，在城市快速发展建设过程中给英国的考古遗产造成了较大损害。为了改变这种局面，自 20 世纪 70 年代地方政府规划部门开始设置地方政府考古学家（local government archaeologists）职位，雇用资深考古学者，把考古工作纳入地方规划程序中，通过城乡规划管理对历史环境实施有效保护和管理也成为英国历史保护的主要特色。① 这一时期在地方建立了“遗址和纪念物记录”（Site and Monuments Record，SMR）系统，负责汇集、整理和保管本地区的遗址、古迹档案。

20 世纪 90 年代出版的规划政策指导（PPGs）更加强了这一点，大幅增加了地方层面对考古问题的专业咨询需求，此后的一些法令和文件也强调在理解和管理历史建筑以及历史建成环境方面考古工作的重要作用。1990 年，英国副首相办公室（the Office of the Deputy Prime Minister）颁布的《规划政策指导：考古和规划》（Planning Policy Guidance 16：Archaeology and Planning，PPG16），规定了在城市和乡村规划中如何处理考古遗产。2010 年 3 月 23 日，政府发布了《规划政策声明 5：规划和历史环境》（Planning Policy Statement 5：Planning and the Historic Environment），取代 1990 年颁布的 PPG16 和 1994 年颁布的 PPG15，为在地方规划体系中保护包括考古遗产在内的历史环境提供了法律依据。

目前，在英格兰范围内对任何一个开发申请的环境影响评估都必须包括考古方面的内容。在地方规划过程中，需要规划考古学家（planning archaeologists）为提交开发申请的区域进行评估（apprais-

---

① Torre，M. d. l.，*Heritage Values in Site Management*：*Four Case Studies*. 2005，Los Angeles：Getty Conservation Institute. p. 181. 张松，陈鹏，英国城乡规划体系中的保护区评估与管理，《城市建筑》2015 年第 10 期，

al)，以便在规划过程中充分考虑考古遗存保护的问题。地方政府可以要求关于考古遗存的进一步信息，以保证制定合理的规划决策，这些信息一般通过案头评估（desk - based assessment）和/或田野评估（field evaluation）获得。基于以上评估，规划考古学家可能根据评估结果要求进一步的考古工作。

而地方政府的考古服务有四项关键职能，以鼓励对考古遗址和古迹进行识别、记录、保护、管理、阐释和推广：

• 发展和维护全面的公共信息资源，即地方的“历史环境记录”（Historic Environment Records）或者“遗址和纪念物记录”（Sites and Monuments Records），以便公众了解和享用历史环境。

• 确保所有开发和其他形式的土地利用都充分考虑到妥善保护考古遗产的需要。

• 通过改善管理来保护历史环境，例如通过农业环境计划来保护考古遗址免受耕作的破坏性影响。

• 通过教育和宣传计划促进公众对历史环境的认识、理解和享用。①

整体上来看，英格兰考古发掘是相对自由的，并非只有拥有资质的单位和个人才能参与考古发掘工作，很多时候也不需要经过主管部门批准。但根据1979年颁布的《古迹和考古地区法》（the Ancient Monuments and Archaeological Areas Act），在“在册古迹”（scheduled monuments）保护范围内不允许擅自开展考古调查、发掘的活动，必须要向英格兰遗产委员会申报。

除此之外无论哪一类型的考古项目，必须在工作开始之前制定书面调查计划（Written Scheme of Investigation，WSI），并经所有相关方面同意，才能开展考古发掘工作，所有工作必须符合商定的书面调查计划WSI，如有任何变化必须由所有相关方书面同意。② 书面调查计划（WSI）是针对一个遗址考古工作的方法说明或项目设计，一般是委托人（client）、指定考古学家、承包商和相关利益相关者之间的协议，详述考古学家将如何开展项目，列出详细的考古方法，以减轻对发展地区内所有已知和潜在考古对象的影响。③

根据要求，一个考古项目的书面调查计划通常包括以下内容：

a）项目团队的技术和研究能力声明，包括相关专业人员认证

b）非技术性摘要

c）遗址地点和描述，包括地图

d）项目背景

e）地质和地形背景

f）考古和历史背景

g）一般性和具体的项目目标

h）方法

i）人工品（artefacts）、生态证据（ecofacts）以及所有纸质、电子资料的收集和处理策略

j）出土文物现场保护的安排

① https：//www. algao. org. uk/localgov

② CIFA，2014. Standard and guidance for archaeological excavation，p. 6. https：//www. archaeologists. net/codes/cifa

③ http：//www. maritimearchaeologytrust. org/written - scheme - of - investigation k）田野工作之后的评估和项目数据的分析

l）报告准备（方法）

m）出版和传播建议，要有如何满足不同读者需求的详细内容

n）版权

o）档案保存

p）时间安排

q）人员安排

r）关于项目内培训的声明（如果适用）

s）遵守相关职业道德和技术标准（包括数据标准）的声明

t）适于本项目的公众参与安排

u）结果的研究价值的声明

v）对委托人的公共利益声明，如果是开发商主导的调查，则需要遗产部门给出对计划的附加价值声明

w）应该考虑在项目中形成的潜在的对委托机构有利的公共关系和/或社会责任

x）健康和安全考虑

y）环保考虑

z）监督程序

{）应急安排（如适用）

|）许可资格/要求（如有需要）①

四、考古资料整理要求

英格兰对考古资料整理有严格的管理要求。按照规定，完成田野工作六个月内要编制一份遗址摘要或数据报告，提交给历史环境记录（Historic Environment Record，HER）、国家考古记录（National Archaeological Record）以及中央政府的保护机构或其代理机构。这份摘要或报告应该包含足够的细节以便未来使用这些资料的人能够查找和使用项目档案。② 历史环境记录（Historic Environment Records，HERs）由地方政府的规划部门或其代表机构保管，比如约克市（City of York）的历史环境记录（HER）就由约克市议会（City of York Council）掌管，记录包括约克市所有的考古发现、历史建筑和古迹等的资料，档案类型包括考古报告、历史地图、历史照片等等。③

各地方也会有自己的政策和要求，比如任何在大伦敦地区开展田野考古工作的机构都必须向伦敦博物馆考古档案部（The Museum of London Archaeological Archive）④ 提交相关信息。为了方便各考古项

① CIFA，2014. Standard and guidance for archaeological excavation，p. 9 - 10. 该文件可在 CIFA 网页上免费下载：https：//www. archaeologists. net/codes/cifa

② CIFA，2014. Standard and Guidance for Archaeological Excavation，p. 10.

③ 约克历史环境记录网页：https：//www. york. gov. uk/info/20216/archaeology/1288/historical_environment_record

④ 伦敦博物馆网页：https：//www. museumoflondon. org. uk/collections/other - collection - databases - and - libraries/museum - london - archaeological - archive/archaeological - research - resources

目负责人提交，伦敦博物馆制定了一些规范性和指导性文件，以便统一档案格式和内容，这些文件在其官网上提供下载。每年所有田野考古的简报都要发表在《伦敦考古学家》杂志（London Archaeologist）① 上，并同时发布在伦敦博物馆考古档案部的在线目录（online catalogue）②。目前，伦敦考古档案和研究中心（The London Archaeological Archive and Research Centre，LAARC）拥有过去一百多年来在大伦敦地区范围内的7500余处考古遗址或项目的摘要信息，以及3000余处遗址和项目的完整档案，这些资料都可以在该机构的网络上查询。（见图2）

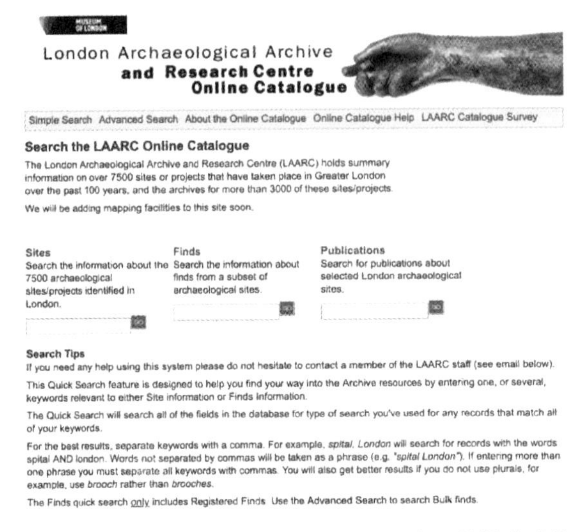

图2 伦敦考古档案和研究中心在线档案及其搜索功能

发掘完成后，还要编写并提交发掘后评估报告（post - excavation assessment report），并作为项目档案的一部分。该报告应包括对遗址档案中数据的数量和质量的陈述，对数据解决项目研究目标的潜力的陈述，并提供关于分析和数据存储和管理要求的建议。以评估进一步分析和公布的可能性，涉及对遗址档案中考古发现的评估，并要比照最初项目设计的情况，该评估可能发掘后项目设计。③

五、结语

本文对英格兰考古管理涉及的几个主要方面情况进行了概要的梳理和分析，首先应该认识到，每个国家的管理政策和制度都是与本国的历史、政治、经济和社会背景密不可分的，对他国政策的参考必须将其作为一个整体去考量，避免断章取义。比如英格兰的可移动文物计划，不少英国考古学者对《珍宝法》的规定以及由此不得不开展可移动文物计划有异议，认为这样的法律规定和措施一定程度上鼓励了金属探测者的非专业“寻宝”行为，虽然通过可移动文物计划的实施能够获得很多信息，但也出现由于寻宝人操作不当对考古遗存造成破坏的情况。因此，一些学者希望议会能够出台新的法律，取代《珍宝法》，但目前实现的难度比较大。我们在借鉴他国管理经验时要整体把握其历史背景及

① http：//www. londonarchaeologist. org. uk/issues. html

② http：//archive. museumoflondon. org. uk/laarc/catalogue/？ _ga = 2. 103959616. 1327858919. 1517191618 - 1865828866. 1517191618

③ ALAGO，2015. ADVICE NOTE for POST - EXCAVATION ASSESSMENT.

影响。

第二，随着城乡建设的大规模开展，英格兰在过去几十年建立起一套地方规划体系中的考古管理政策和制度。不是由考古或文物部门制定推行，而是在规划部门就建立起开发前包括考古资源在内的环境评估制度，在地方政府的规划部门中设立考古咨询专家职位，为地方政府的规划和建设提供专业考古咨询。我国也面临同样的问题，并做了相应的政策引导，1997 年国务院颁布《关于加强和改善文物工作的通知》（国发〔1997〕13 号），明确提出“各地方、各有关部门应把文物保护纳入当地经济和社会发展计划，纳入城乡建设规划，纳入财政预算，纳入体制改革，纳入各级领导责任制。”在当前形势下，如何有效协调规划建设和文物考古部门的协同协作，如何在城乡发展过程中更科学地开展考古工作，更有效地保护考古遗产，英格兰的相关政策值得参考。

第三，英格兰中央政府、地方政府、非政府机构、行业协会、从业者个人等多元力量共同参与考古遗产保护和考古工作，建立起有效监督机制这一点值得我们参考。其中特别应该关注的是行业协会在整个管理体系中起到的作用。特许考古学家学会、地方政府考古官员协会等行业协会通过制定详细的行业标准和指导，对考古工作和管理中的重要内容都提供技术指导和规范，维护考古行业的良性发展。对比之下，我国以政府自上而下的管理模式为主，主要靠政府颁布法规文件对相关事业进行规定。中国考古学会等机构应该发挥更多的作用，在现有的《田野考古规程》基础之上逐步制定公布更多、更细致的行业准则，同时开展相应的专业培训等工作提升考古从业者的水平。

第四，考古发掘之后的考古资料汇总和整理是非常重要的工作，英格兰在这方面已经建立成熟的制度和配套机构、设施。考古资源作为社会环境资源的一部分，在各个地方都有完善的档案系统。参考英格兰的情况，我国应在考古报告的整理和出版要求之外，建立国家 - 地方 - 考古机构联网的考古资料数据库，所有考古发掘的档案和资料应该在发掘结束后的有限时间内提交，并逐步向学界和社会开放，既避免考古资料和档案的散佚，也能够充分发挥考古资料的价值，促进学术研究和公共知识普及。

文化遗产法人治理的机制与路径

——以英国伯明翰博物馆联盟为例①

钱 珊　肖 波

（武汉大学国家文化发展研究院）

摘　要：在文化事业单位推行信托基金制度，建立理事会，是实现法人化管理、增强文化遗产保护单位自我造血能力的有效途径。英国作为世界博物馆事业最先进的国家之一，在博物馆信托基金制度方面拥有着丰富的经验。伯明翰博物馆基金会是英国目前规模最大的慈善信托基金，在基金会管理下，伯明翰市的9家文化遗产机构不仅通过理事会制度吸纳了更多社会力量的参与，丰富了资金来源，支持了自身发展，还通过基金会的运营吸引了更多不同层次、背景的观众，加强了伯明翰市博物馆、文物单位的社会影响力，使文化遗产更加融入社会生活。伯明翰博物馆基金会在基金会运营、理事会制度方面的经验，对我国当前在文化遗产机构推行基金理事会制度具有一定的借鉴意义。

关键词：信托基金；博物馆；理事会；伯明翰

随着我国博物馆事业的快速发展，创新博物馆管理制度、探索建立健全法人治理结构提上议事日程。2005年颁布的《事业单位登记管理暂行条例实施细则》首次提出“法人治理结构”的概念，随后进行了一系列的政策探索，并在党的十八大以后将之写入系列重要文件。2017年3月1日正式实施的《公共文化服务保障法》第二十四条规定：“国家推动公共图书馆、博物馆、文化馆等公共文化设施管理单位根据其功能定位建立健全法人治理结构，吸收有关方面代表、专业人士和公众参与管理。”在文物博物馆行业，基金理事会制度是实现法人治理结构的重要方式。博物馆基金会是现代非营利公益事业广泛采用的资金管理制度，通过募集资金、管理与投资资金来资助博物馆发展。② 近年来，我国大力推行博物馆理事基金会制度，但在实践中存在如权力责任不明、执行能力较差等问题，成效尚不明显。

如何有效推进文物博物馆单位的法人治理结构？如何通过现代治理激发文博单位的内生动力和发展活力？如何更好地促进文化遗产事业与经济社会发展融合？这是进一步让文物活起来、探索符合国情的文物保护利用之路的关键问题。除了大英博物馆、卢浮宫、大都会等世界顶级博物馆之外，大中

---

① 基金项目：本文为武汉大学自主科研项目（人文社会科学）研究成果，得到“中央高校基本科研业务费专项资金”资助，项目号2018QN016。

② 朱琰，吴文卓：国外文化遗产基金制度及其借鉴［J］. 东南文化，2016（4）：17－22。

城市的博物馆如何生存发展？什么样的模式具有更广泛的学习借鉴价值？这是笔者特别关注的问题。英国在文化遗产保护利用领域积累了较多的经验，本文以伯明翰博物馆基金会为例，探讨其对于我国博物馆法人治理结构的借鉴意义。

在文化遗产事业走在世界前沿的英国，中央政府负责制定政策及非全额财政拨款，博物馆管理的具体事务多由非政府公共文化机构负责执行，以慈善信托形式存在的民间社团组织在英国文化遗产事业中起着重要作用。根据英国的相关规定，博物馆必须挂靠在一个公共慈善机构下，所以英国的博物馆几乎都是由慈善机构和基金会负责管理运营。伯明翰博物馆基金会是目前英国规模最大的博物馆慈善信托基金，负责管理经营伯明翰市内的9家文物单位。该基金会于2012年在伯明翰市政议会的支持下正式成立，作为一个独立的慈善机构，其主要资金来源于伯明翰市政议会和英格兰艺术委员会。虽然成立时间不长，但基金会已在运营方面取得明显成效。基金会盘活了伯明翰市不同类型的9处文化遗产，培育了一批热爱文化的会员，建立了多元的经费来源渠道，实现了文化遗产群的良性持续发展。目前，其年收入的60%来自多元运营，包括门票、会员费、捐赠、租赁、赞助及商业活动等。① 理事基金会制度不仅增强了博物馆文物单位自身造血能力，更重要的是通过该制度的运作，加强了文化遗产的社会教育功能和影响力，使文化遗产更加深入社会生活。因此，伯明翰博物馆基金会的经验对于我国文博事业单位理事会制度的建立与完善具有一定借鉴意义。

一、组织架构：法人治理的公益性与专业性

理事会制度将博物馆的管理权与所有权分离，是事业单位法人治理结构的重要组成部分和有效实现方式。法人治理结构的概念最早源于公司治理，其前提是公司所有权与控股权的分离，核心是“委托—代理”形式，目的是通过一系列制度设计和组织规范形成利益的分配与制衡。由于事业单位投资人的“虚化”，使事业单位法人必须采用代理人协商制度，法人治理结构中的理事会制度显然是合适的。② 企业法人和事业法人的不同之处在于是否以资本利益为纽带，是否以营利为基本目标。在公司治理中，强调所有者权益的实现，股东参与利益分红，获取利润是其终极目的。但事业法人由公共财政支持，公共利益是其基本立足点，这就决定了文化事业单位不是依靠利益驱动，而是责任驱动，既要履行政府要求文化事业单位承担的职责，又要致力于满足公众的基本文化需求。因此，文化事业单位法人治理结构是建立在服务原则和公共利益基础上的一种新型治理模式。③ 如何实现事业单位法人治理结构？在实践探索的过程中，理事会制度被认为是行之有效的方式。

我国近年来在试点的基础上大力推行理事会制度：2011年，国家文物局发文：“公共博物馆纪念馆要逐步实行理事会决策、馆长负责的管理运行机制”；2013年，党的十八届三中全会提出：“推动公共图书馆、博物馆、文化馆、科技馆等组建理事会，吸纳有关方面代表、专业人士、各界群众参与管理。”④

---

① 伯明翰博物馆基金会网站［EB-OL］.［2018－5－11］http：//www.birminghammuseums.org.uk/about/our-organisation.

② 王千华，王军．公共服务提供机构的改革——中国的任务和英国的经验［M］．北京：北京大学出版社，2010：39.

③ 李媛媛．新时代深化文化事业单位法人治理结构改革的政策难点与对策建议［J］．国家行政学院学报．2017（6）：125－130.

④ 中共中央关于全面深化改革若干重大问题的决定［EB－OL］.https：//www.fmprc.gov.cn/ce/cejm/chn/zggk/t1101725.htm.（2018－7－11）.

2015 年 3 月，《博物馆条例》正式实施，各大国有博物馆如云南省博物馆、广东省博物馆、河南博物院、湖南省博物馆等，相继成立理事会。① 2017 年中宣部文化部等 7 部门联合印发《关于深入推进公共文化机构法人治理结构改革的实施方案》，倡导吸纳有关方面代表、专业人士、各界群众参与管理，落实法人自主权，推动博物馆等公共文化机构以理事会形式实现法人治理。② 目前试点工作初步取得成效，但还没有形成普遍可行的成熟模式。

博物馆的理事会成员包括博物馆工作人员及社会人士，主要职责是确保博物馆社会公益属性，制定并监督博物馆章程的实施，广泛吸引社会力量参与公益事业。理事会的主要任务是决策与监督，主持制定并审议批准博物馆章程及博物馆主要业务活动原则，制定并批准博物馆规划，听取博物馆管理层对年度工作计划的执行情况，决定博物馆主要人员的聘用，决定博物馆工作人员的薪酬和激励方法等。③ 由于我国博物馆实行事业单位管理体制，尚未实现独立的法人治理，理事会功能、职责与博物馆管理层重叠，各自职权责任没有明确划分，理事会并没有发挥其真正作用。

英国是最早实行博物馆理事会制度的国家，其经验值得借鉴。1963 年，英国国会通过了《大英博物馆法》，规定“大英博物馆理事会”为大英博物馆的法人团体，拥有管理权，这是博物馆理事会制度最早的案例。大英博物馆理事会由 25 人组成，其中女王任命 1 人，首相任命 15 人，英国皇家学会、皇家研究院、英国科学院和伦敦文物学会各提名 1 人，另外 5 人由博物馆理事会任命。理事会承担无报酬工作，成员都是社会名流，任期为 5 年。理事会定期开会指导和控制博物馆事务，主要任务有六项：一是选择聘用博物馆馆长，并报请首相批准；二是对于博物馆财政收支情况给出全面年度公报；三是制定博物馆主要工作的政策和策略；四是制定博物馆短期和长期发展规划；五是审查和批准博物馆馆长执行理事会所提出的计划；六是检查博物馆馆长执行计划情况。④ 这一制度设计既体现了博物馆的公益性与决策的专业性，又保持了其经营管理的相对独立性和灵活性。

大英博物馆是世界上首屈一指的博物馆，在很大程度上具有独一性。相比之下，伯明翰博物馆的管理运营更体现普遍性。伯明翰位于英国中部，是仅次于伦敦的英国第二大城市，有 110 万居民。伯明翰曾是工业革命的重镇，文化遗产资源比较丰富。2012 年，在伯明翰市议会的支持下，在对伯明翰博物馆和美术馆及伯明翰科技馆慈善信托基金进行合并后，伯明翰博物馆基金会正式成立，其目标是带领伯明翰走向世界，将丰富多彩的世界文化艺术引入伯明翰。基金会负责管理运营伯明翰市议会所拥有的 9 家博物馆及文化遗产机构，包括伯明翰市博物馆和美术馆、伯明翰市科技馆、阿斯顿大厅、布莱斯利大厅、珠宝博物馆、萨霍尔磨房、苏荷馆、韦利城堡、伯明翰博物馆收藏中心。

---

① 博物馆条例（中华人民共和国国务院令第 659 号）[EB－OL]. http：//www.sach.gov.cn/col/col1805/index.html.（2018－6－18）.

② 关于深入推进公共文化机构法人治理结构改革的实施方案 [EB－OL]. http：//www.gov.cn/xinwen/2017－09/09/content_5223816.htm.（2018－10－10）.

③ 王宏钧. 中国博物馆学基础 [M]. 上海：上海古籍出版社，2001 年.

④ 境外博物馆理事会是如何运行的？[EB－OL]. http：//www.sohu.com/a/195787226_488370.（2018－06－30）.

表 1　伯明翰博物馆基金会机构组成

名称	类型	主要特点
伯明翰博物馆和美术馆（Birmingham Museum and Art Gallery）	美术博物馆	建立于 1885 年，拥有藏品 50 万件，包括古代至中世纪的美术、陶器、珠宝、手工艺品等
阿斯顿庄园（Aston Hall）	古建筑及博物馆	建于 17 世纪初期的英式庄园，厅内收藏并展出家具、油画等
伯明翰市科技馆（Thinktank，Birmingham Science Museum）	科技博物馆	收藏并展示伯明翰作为英国最重要的工业城市的发展历史
布莱斯利庄园（Blakesley Hall）	古建筑及博物馆	由伯明翰商人 Richard Smalbroke 建立于 16 世纪末的木质结构房屋，英国都铎王朝和斯图亚特时期富商风格建筑
珠宝博物馆（Museum of Jewellery Quarter）	古建筑及专题博物馆	馆址为 1981 年关闭的 Smith Pepper 珠宝厂，收藏并展示英国手工珠宝。同时也是 UCE 珠宝学校和 100 多家珠宝商铺所在地
萨雷霍尔磨房（Sarehole Mill）	古建筑	最早的水磨坊可以追溯到 15 世纪，目前保存的建筑为 18、19 世纪建成，曾激发《魔戒》、《霍比特人》作者 RR Tolkien 的创作灵感
苏荷馆（Soho House）	古建筑及专题博物馆	著名商人、工业家 Matthew Boulton 故居，收藏并展示其工业发明，以及他与瓦特共同发明蒸汽机的地方
韦利城堡（Weoley Castle）	古建筑古遗址	有 750 年历史的城堡废墟，曾为 Dudly 领主的防御性城堡，列入英国国家重要古代建筑名录
伯明翰博物馆收藏中心（Birmingham Museum Collection Centre）	文物收藏单位	收藏保管伯明翰市 80% 的文物

数据来源：伯明翰博物馆基金会网站：http：//www. birminghammuseums. org. uk/about/our-organisation/policies-plans-and-reports.

这 9 家机构，既有博物馆、美术馆、科技馆，也有古建筑古遗址，还有文物收藏单位，几乎涵盖了文化遗产的各种类型。理事会把伯明翰有代表性的文化遗产有效地组织起来，打破了以前的分隔状态，以灵活的方式统筹协调本区域文化遗产的保护和利用。

伯明翰博物馆信托基金会的决策由 12 名理事组成的理事会负责。理事会成员有大学教授、博物馆高管、艺术家、咨询专家、政府官员和商界精英，都具有较高的社会声望和丰富的实践经验，是在文化遗产保护利用和管理运营方面各有所长的社会名流。

表 2　伯明翰博物馆基金会决策层

文化名流	理事会主席 Ivan Grosvenor，伯明翰大学城市教育史教授和负责文化事务的副校长，他还担任伯明翰档案馆和遗产之友主席，并且是英国皇家历史学会会员，西米德兰兹遗产彩票基金委员会成员。
	理事 Calire Williamson，伦敦交通博物馆（LTM）营销发展部助理总监，通过场地租赁、数字化、餐饮等方式为该博物馆拓展了资金来源和参观群体。
	理事 Jonnie Turpie，不列颠帝国勋章获得者，艺术家、影视制作人，在数字媒体及纪录片方面拥有的出色的作品和经验。同时担任伯明翰奥米斯顿学院（Ormiston Academy）英格兰创意城市及空间理事会负责人。
	理事 Mohammed Ali，不列颠帝国勋章获得者，著名艺术家、策展人、制片人。伯明翰独立艺术团体 Soul City Arts 创始人，曾在吉隆坡、墨尔本、纽约等城市展开丰富多彩的艺术活动。

续表

咨询专家	理事 Luke Southall，英国知名咨询机构 Oaks Consultancy 董事总经理，创立并担任伯明翰市体育教育基金会主席，对伯明翰博物馆基金会的商业发展起着重要作用。
	理事 John Diviney，国际文化传播咨询公司 Brunswick Arts 董事，曾为包括大英博物馆、卢浮宫阿布扎比分馆和佳士得拍卖行在内的知名博物馆及艺术机构、企业提供咨询。
政府官员	理事 Muhammad Afzal，伯明翰市议会议员，在伯明翰市议会担任多项重要职务。
	理事 Randal Brew，会计师，曾在 1987 年至 1995 年担任伯明翰市 Longbridge 区议员，2004 年担任 Northfield 区议员，并在 2007 年至 2008 年担任伯明翰市市长。
商业精英	理事 Eanmon Mooney，国际保险律师事务所 Kennedys 合伙人，负责伯明翰地区的保险业务，在伯明翰商业享有良好声誉，对伯明翰市博物馆和文物机构的发展及宣传做出了重要贡献。
	理事 Mohammed Rahman，KPMG 企业风险咨询公司合伙人，英国风险咨询公司 ENR（能源和国家资源）负责人，会计师，在欧洲和美国企业风险咨询方面具有丰富的经验。
	理事 Tracy Stephenson，经营高级公寓的 Staying Cool 公司总经理，在慈善基金筹款方面有着丰富的经验，曾任职于索尔福德大学艺术部门，负责制定城市旅游战略规划和筹款。
	理事 Chrissie Twigg，从事政治、金融、出版领域工作，曾在伦敦从事投资分析师工作。在定居伯明翰后，创立治疗肥胖症的 Heathier Weight Ltd 公司，并担任伯明翰艺术协会荣誉秘书及难民行动的英语志愿者。

资料来源：伯明翰博物馆官方网站，［EB－OL］. http：//www. birminghammuseums. org. uk/about/our-organisation/trustees.（2018－10－11）.

伯明翰博物馆信托基金会的日常管理和运营由专业团队负责，包括一名主席和四名总监（分司藏品、发展、商务、客户）负责，都是专业人士。主席 Ellen McAdam，于 2013 年 10 月正式上任，曾在英美及伊拉克从事考古学习和研究，曾在包括牛津大学、伦敦博物馆、格拉斯博物馆在内的许多文化遗产机构从事藏品管理工作。藏品总监 Toby Watley，负责伯明翰博物馆基金会旗下所有博物馆的展览、策展、藏品研究、管理及征集工作。发展总监 Rachel Cockett，负责领导博物馆开发团队，通过各种筹款为博物馆募集更多资金来源，确保政府拨款、信托基金和赞助等的确实收入。商务总监 Alexander Nicholson-Evans，负责包括咖啡厅、文创商店等在内的博物馆及文物单位的商业经营。客户总监 Janine Eason，负责通过市场营销、数字化、社区、社团等方式，为博物馆吸引更多更广泛的参观者，兼任伯明翰博物馆和美术馆馆长，Noyce Leadership 学院院士。在加入伯明翰博物馆基金会前，曾担任伯明翰科技馆信托基金会主席，为该馆筹集 5000 万英镑资金。① 综观基金会的高层管理团队，成员都是有丰富工作经验和突出业绩的专业人士，分工比较明确，除藏品外，注重发展、商务、客户等与社会沟通的综合事务。

伯明翰基金会自成立以来，每年接待超过 100 万人次参观者。伯明翰博物馆基金会成立一年之后，即实现了总计价值 1.5 亿英镑的各种项目，为博物馆吸引了更多不同层次背景的观众。同时，通过与伯明翰市的学校、家庭、社区建立联系，开展各种学习计划和交流活动，使伯明翰文化遗产更加深入市民生活，促进了城市文化旅游经济的发展。基金会制定的租借计划使基金会下属博物馆的藏品流动到了英国各地的 14 家博物馆进行展览，并且加入了 13 个国际展览，不仅加强了国内、国际合作关系，

① 伯明翰博物馆基金会网站［EB－OL］. http：//www. birminghammuseums. org. uk/about/our-organisation/directors.（2018－5－11）.

更重要的是扩大了伯明翰文化遗产的影响力。① 不同背景社会名流构成的理事会，专业人士组成的管理阶层，为伯明翰文化遗产的持续健康发展提供了组织保障。

二、经营管理：公益机构的多元性与进取性

博物馆作为文化遗产事业的重要组成部分，承担着文物收藏、展示、保护、修复、研究和社会教育等功能。随着经济高速发展，人们对文化、艺术的需求越来越凸显，博物馆与社会发展的联系越来越密切，社会力量的参与对文化遗产事业发展的影响越来越重要。博物馆基金是依托于博物馆机构，服务于博物馆发展的基金会。通过募集资金、管理与投资基金、资助文化遗产保护与发展的模式，达到传承人类文化艺术遗产的目的。国外博物馆基金资金来源主要分为三类：会员会费收入、捐赠收入（捐赠和遗产赠与）和运营收入（投资收入、贸易活动收入、募捐晚宴收入及其他活动收入）。② 社会力量的参与和社会资金的吸收为国外博物馆运营做出了重要贡献。在我国博物馆实施免费开放后，博物馆的参观人数逐渐上升，随之而来的是高额的接待、运营成本。我国目前的4873家博物馆中，国有博物馆数量占85%，国有博物馆的主要资金来源是国家财政拨款，普遍缺乏自身造血能力。信托基金会与博物馆一样属于非营利性机构，不以营利为目的，但是基金会通过运营和投资维持自身运转，可以创造更大价值，为文化遗产的保护做出更多贡献。

在英国，大多数博物馆的收入除了来自政府拨款外，还包括捐赠、慈善捐赠、赞助和筹款等。这种多元的经费来源往往由基金会来统筹实现。1994年，大英博物馆成立了发展信托基金（The British Museum Development Trust），负责接受捐助；还通过兴办博物馆之友吸收社会资金和利用社会资金增加馆藏，例如通过大英博物馆之友（The British Museum Friends），大英博物馆美国之友（The America Friends of the British Museum），大英博物馆加拿大之友（The Society of Canadian Friends of the British Museum），吸收社会资金。在英国，由于政府向博物馆拨款的起伏比较大，受各种不确定因素的影响，资金来源不稳定，因此基金会的支持对博物馆格外重要，特别是在首都伦敦以外的城市。博物馆为了稳定持续的发展，需要从多种渠道筹集经费。

信托基金会制度有利于吸引更多社会资本进入博物馆。一方面，信托基金理事会成员多为社会名流，可以通过各种方式帮助博物馆申请更多的政府拨款和艺术基金资助，还会为多渠道获取资金提供信息和出谋划策。伯明翰博物馆和美术馆的Welcome All扩建计划得到了DCMS/Wolfson博物馆改善基金会的资助；2016年，伯明翰博物馆基金会当选为英国国家艺术委员会合作伙伴，为基金委带来60万英镑的资助。另一方面，基金会的专业管理团队通过富有活力的经营来提高自身造血能力。基金会募集的资金来源主要有几类：门票收入、会员会费收入、运营收入（投资收入、贸易活动收入、募捐晚宴收入及其他活动收入）和捐赠收入（捐赠和遗产赠与）。

作为伯明翰市议会举办的公立文化遗产机构，伯明翰博物馆联盟从政府获得相关经费，主要

---

① BMT Annual Report 2013/14 [EB-OL]. http://www.birminghammuseums.org.uk/about/our-organisation/policies-plans-and-reports. (2018-6-23).

② 朱琰，吴文卓．国外文化遗产基金制度及其借鉴［J］．东南文化，2016，(4)：17-22.

包括两部分：一是直接经费，来自伯明翰市议会，二是间接经费，来自英国艺术委员会等政府委托的社会组织。这两项合称补助拨款，是博物馆收入的主要构成部分，约占总收入的60% - 70%。近四年来，伯明翰博物馆基金会获得的补助拨款呈下降趋势，2017年比2014年减少了206.4万英镑，比高峰期的2015年减少了248.2万英镑。政府投入逐年递减，博物馆需要发掘自身潜力，拓宽收入渠道。

门票和相关收入成为重要的收入来源之一。伯明翰博物馆基金会管理的9家文物单位既有部分免费开放，也有部分收取门票。近四年来，门票和相关收入逐年小幅上升，从2014年的188万英镑增长到2017年的206.9万英镑，增长10%，占总收入的比重从14.50%增加到18.98%。

商业活动是博物馆自营收入的另一支柱。伯明翰博物馆基金会不仅在其官方网站上进行线上博物馆文创产品的销售，还通过与亚马逊及Great Western Arcade网站进行合作，线上进行销售；与伯明翰当地艺术家合作，推出定制珠宝及艺术品服务；基金会食品与饮料开发团队获得英国旅游局颁发的优质食品和饮料奖，为基金会带来大量收入。[①] 近四年来，伯明翰博物馆通过各种商业活动获得的收入每年在200万英镑左右，在总收入中所占的比重与门票和相关收入大致相当。

租赁收入虽然不多，但呈逐年增长的趋势。通过对外租赁博物馆大厅和旗下的文化遗产单位，近四年获得的收入从1.3万英镑增加到3.1万英镑，增长了138.46%，占总收入的比重从0.1%增加到0.28%。此外，每年有0.2万英镑左右的利息收入，有的年份还能争取到捐款和遗赠收入。

表3　　伯明翰博物馆基金会2014—2017年收入来源统计（单位：万英镑）

年度/来源	补助拨款		租赁		利息		门票和相关		捐款/遗赠		商业活动		总计
2016/2017	682.5	62.57%	3.1	0.28%	0.2	0.02%	206.9	18.98%	0	0	197.3	18.1%	1090
2015/2016	781.7	60.70%	2.7	0.20%	0.2	0.02%	205	15.90%	89.8	7%	208.3	16.20%	1287.5
2014/2015	930.7	70.30%	2.3	0.10%	0.1	0.01%	195	14.70%	0	0	196.1	14.80%	1324
2013/2014	898.9	69.60%	1.3	0.10%	0.2	0.02%	188	14.50%	0	0	203.9	15.80%	1291.8

数据来源：伯明翰博物馆基金会年报，[EB-OL].[2018-5-11] http://www.birminghammuseums.org.uk/about/our-organisation/policies-plans-and-reports.

从伯明翰博物馆基金会收入来源构成可以看出，除补助拨款以外，商业活动和门票占比最大。尽管补助和拨款总体上在减少，伯明翰博物馆基金会在努力拓展收入渠道，商业活动能获得较稳定的收入，门票收入、租赁收入实现了逐年增长，捐款和遗赠收入时有突破。基金会不能完全指望政府资金，所以大力发挥自身能动性，广开渠道，多元创收，尽量减少对政府的依赖，通过专业经营和市场表现来提高自身的造血能力，从而推动博物馆健康持续发展。

在我国，以基金会为代表的非营利机构的发展离不开政府的参与和政策支持。因此需要政府制定并出台和完善相关法规政策，激励社会力量参与，引入社会资本，使博物馆基金会顺利有效并可持续地运营，促进博物馆事业的发展。目前我国已经陆续制定和出台了《公益事业捐赠法》、《社会团体登

① BMT Annual Report 2016/17 [EB-OL].[2018-5-11] http://www.birminghammuseums.org.uk/about/our-organisation/policies-plans-and-reports.

记管理条例》、《基金会管理条例》以及《关于进一步支持文化事业发展的若干经济政策》等涉及社会慈善公益捐赠事业以及相关的税收等方面的法律和条例。一方面这些法规政策促进了社会力量对博物馆事业的参与，另一方面，在这些政策的具体实施方面许多程序和细节还有待加强和完善。[①] 应该说，我国公益事业有一定的发展基础，但与文物博物馆行业的深度融合还有待时日，富有成效的实践案例非常少见，所以需要广泛吸收成熟的经验，进一步推广完善并在实践检验中不断改进提高。

三、公众沟通：社会组织的公共性与服务性

公共性是博物馆的本质属性之一。随着公众参与的提升，博物馆的公共性越来越被强调，理事会的组建和运作正是博物馆公共性的体现。吸纳社会各阶层人士组成的理事会，不仅能够更加高效的运营博物馆，更重要的是，博物馆通过理事会与社会建立了沟通的平台，有助于扩大公众对博物馆的参与，有益于博物馆决策的民主化、科学化，有利于博物馆对社会需求的积极回应。理事会在很大程度上已成为博物馆公共性的生动体现和组织保障。[②] 博物馆的经营行为是在不改变其公益性的前提下，建立在公众对博物馆的信任和支持的基础之上。与公众进行有效的沟通与互动，让公众增强对文化遗产的尊重和喜爱，是博物馆多元经营与持续发展的关键。近年来，我国博物馆事业虽然发展迅速，但是在提供公共服务和教育方面还普遍存在着数量不足、质量不高的现象，对此，2011 年 10 月中共中央发布《关于深化文化体制改革　推动社会主义文化大发展大繁荣若干重大问题的决定》；2015 年 1 月，中共中央办公厅、国务院办公厅印发了《关于加快构建现代公共文化服务体系的意见》；2015 年 2 月 9 日国务院发布《博物馆条例》，又于 2015 年 5 月发布《中华人民共和国公共文化服务保障法（草案）》。这些文件都对博物馆深化文化体制改革、提升经营绩效和增强公共服务能力提出了明确要求。[③] 如何加强与公众沟通，提高服务水平和提升教育能力，是我国博物馆事业面对的重要问题。伯明翰博物馆基金会在公众沟通方面锐意创新，做出了卓有成效的探索。

其一，以丰富多彩的内涵建设吸引更多观众。随着博物馆事业的发展，博物馆的社会教育功能越来越被强调，如何为多元化的观众揼供多样化的服务是当代博物馆事业发展中的重要课题。通过数字化建设、丰富的展览、多种多样的活动等形式，伯明翰博物馆基金会吸引了更多观众，拓展了市场。目前，基金会每年观众人数均超过 100 万人次，比成立前上涨了 12%，55% 的观众是首次参观者，基金会网站浏览量也超过 100 万次，伯明翰博物馆和美术馆在 2017 年全球最受欢迎的博物馆中排名 88 位，超过 1000 所学校参与了基金会教育活动，参观者年龄趋向年轻化，背景更加丰富。伯明翰物馆基金会还非常注重媒体运营。2017 年，基金会发布了 1400 篇新闻，实现了高达 350 万英镑的媒体价值，使更多读者认知了解了伯明翰文化遗产。[④] 社会对博物馆的了解增多、参观人次的稳定增长、年轻观众的参与和喜欢，让文化遗产的受众持续增加，这是博物馆发展的“群众基础”。

---

① 刘兹恒，朱荀．美国图书馆基金会资助图书馆发展的经验及对我国的借鉴［J］．中国图书馆学报，2010，(05)：102 - 108.

② 宋新潮．理事会制度：博物馆公共性的组织体现［N］．人民日报，2014 年 11 月 2 日（011）.

③ 陆建松．增强博物馆的公共服务能力：理念、路径与措施［J］．东南文化，2017，(3)：101 - 106.

④ BMT Annual Report 2016/17 [EB - OL]. [2018 - 5 - 11] http://www.birminghammuseums.org.uk/about/our-organisation/policies-plans-and-reports.

其二，以深入人心的社会教育增进公众参与。随着博物馆社会教育功能越来越被认知，提升观众体验感，吸引更多不同层次背景的观众成为博物馆管理运营的重要目标。这要求博物馆不仅要不断推陈出新，丰富展览内容，提供高品质的展览，更要注重与观众之间的互动，通过提升观众的享受体验使文化遗产的影响更加深入人心。博物馆基金理事会制度，通过增强社会力量的参与，加深公众参与度，能够为博物馆吸引更多的捐赠和帮助。伯明翰博物馆基金会一直把社会教育功能作为其运营核心。基金会大力发展建立于伯明翰市学校、家庭、社区之间的联系，每年都有超过 10 万名青少年儿童到基金会博物馆参观。基金会与伯明翰城市大学、纽曼大学、伯明翰大学等高校建立了合作关系，共同研究博物馆对儿童和青少年教育的影响。基金会邀请了伯明翰市 6 所学校的老师在基金会管理的 8 家博物馆中现场进行讲学，并且积极探索针对存在心理或生理缺陷儿童的特殊课程开发，不断扩大观众的范围。每年都有来自几十个社区组织的上千名志愿者加入基金会在社区举行的各种活动，通过关注精神健康、食品健康等社区活动，为博物馆吸引了上万名观众。基金会还非常重视与伯明翰市其他文艺单位的合作。例如与伯明翰皇家芭蕾舞团合作，邀请60 名青年表演艺术家到基金会管理的阿斯顿大厅进行舞蹈表演；与 Abbeyfields's Golden 画廊联合办展。[①] 公众与文化遗产的深度互动，延伸了博物馆的社会触角；打通文化遗产的界限，与社会相关文化单位的合作，则盘活了社会力量，为博物馆的持续发展提供了不竭动力。

其三，以灵活贴切的会员制度培养中坚力量。会员不仅是博物馆重要的群众基础，也是重要的经费来源。伯明翰博物馆基金会采取分级会员制度，会员共分五级：初级会员、高级会员、铜级赞助人、银级赞助人、黄金赞助人。会员可以免费参观伯明翰 9 家博物馆和文化遗产，以及商店折扣，并根据级别而分别享有不同的权益，级别越高，权益越丰富，比如更深入的参观体验、更多的观众邀请名额、更贴心的私人定制等。

表 4　　伯明翰博物馆基金会会员制度

类别	会员费标准（每年）		会员特权
初级会员	成人	£ 25（£ 350 终身）	·免费参观伯明翰博物馆与艺术馆展览 ·免费游览其他历史遗迹地点 ·享有所有场馆咖啡厅及商店 10% 的折扣优惠 ·提前预知活动信息和日常新闻 ·会员专属活动 ·在伯明翰博物馆和艺术馆享有免费专业导览 ·家庭会员可免费参加周天艺术俱乐部和手工课 ·享有 15% 的购书折扣
	儿童	£ 18	
	特殊优惠（全日制学生、老人、残障等）	£ 18	
	家庭（2 成人 +3 儿童）	£ 54	
	组合（2 成人）	£ 42（£ 500 终身）	
	组合（2 儿童）	£ 28	

① BMT Annual Report 2016/17 [EB－OL]. [2018－5－11] http://www.birminghammuseums.org.uk/about/our-organisation/policies-plans-and-reports.

续表

<table>
<tr><th>类别</th><th colspan="2">会员费标准（每年）</th><th>会员特权</th></tr>
<tr><td rowspan="7">高级会员</td><td>成人</td><td>￡38（￡500终身）</td><td rowspan="7">在享有初级会员所有特权的基础上，还增加免费进入科学博物馆，每次到访可免费观看天文馆演出</td></tr>
<tr><td>儿童</td><td>￡28</td></tr>
<tr><td>特殊优惠
（全日制学生、老人、残障等）</td><td>￡28</td></tr>
<tr><td>家庭（2成人+3儿童）</td><td>￡85</td></tr>
<tr><td>组合（2成人）</td><td>￡64（￡750终身）</td></tr>
<tr><td>组合（2儿童）</td><td>￡42</td></tr>
<tr></tr>
<tr><td>铜级赞助人</td><td colspan="2">￡250起</td><td>·2位预展参观邀请名额
·赞助人专属活动，包括幕后工作巡游
·2位参加赞助人年度宴会的邀请名额
·携1位客人无限次免费参观伯明翰博物馆基金会管理的博物馆和历史遗迹
·所有场馆咖啡厅及商店10%的折扣优惠
·官网致谢</td></tr>
<tr><td>银级赞助人</td><td colspan="2">￡750起</td><td>在享有铜级会员服务的基础上增加以下特权：
·另增加2位预展邀请名额
·附赠主要的馆藏目录手册和相关出版物
·受邀参观博物馆幕后工作
·另增加3位历史遗迹免费参观名额</td></tr>
<tr><td>黄金赞助人</td><td colspan="2">￡1500起</td><td>在享有银级会员服务的基础上增加以下特权：
·一场为您和10名客人私人定制的参观体验
·另增加2位历史遗迹免费参观名额</td></tr>
</table>

资料来源：伯明翰博物馆基金会官方网站，［EB-OL］．［2018-5-11］http：//www.birminghammuseums.org.uk/about/our-organisation/policies-plans-and-reports.

灵活多样的会员制度是伯明翰博物馆基金会市场营销的重要组成部分。通过现场办理、电话或网络申请，即可成为会员，从而享受博物馆的一系列优惠活动。不同的会费标准满足不同层次、背景的参观者的需求，从而吸引更多观众加入。基金会向会员不间断发送博物馆最新活动信息，不仅加强了会员与基金会之间的联系，还能够促进会员重复参观博物馆。会员制不仅吸引了更广泛的社会群体，吸纳了更多社会资金，还吸引了许多企业和其他社会组织的参与。会员制度一方面使公众能够更多地参与到博物馆事务中，通过享受优待和参与特别活动等形式，与博物馆建立密切的联系。另一方面，会员的捐助为博物馆提供更充足的经费，使博物馆能够提供更高质量的服务，提同时提升了会员自身的体验感和认同感。

四、结语

英国伯明翰市作为非首都的工业城市，在大中城市中具有一定的普遍性和代表性，其在文化遗产管理运营方面的经验值得借鉴。伯明翰博物馆基金会通过理事会专业管理、专业管理团队有效运营，打通了各文化遗产单体之间的壁垒，把多处遗产组织成一个综合体系，既保证了文化遗产单位非营利性的本质，又使其实现了多源收入与良性运营。通过区域统筹、社会经营、多元活化、融入公众，不仅吸引了更多观众，拓展了市场，还为伯明翰文化遗产的可持续发展提供了资源，使文化遗产的影响力更深更广。在我国，以信托基金制度为基础的法人治理结构在文化遗产领域仍处于摸索阶段，需尽快建立健全法规制度，努力实现文化事业单位法人化治理，为文化遗产事业的健康持续发展建立良好的政策框架。

文化遗产机构运用慕课（MOOC）向全球观众讲故事

——以英国历史皇家宫殿（HRP）为例

张　莉

（重庆中国三峡博物馆）

摘　要：慕课是一种新型的强调交互教学理念的学习模式，受到国际化追捧，近年也被美英文化遗产部门和博物馆界引入到教育学习活动当中，方兴未艾。英国历史皇家宫殿（Historic Royal Palaces）作为一个非营利性的文化遗产保护管理机构，尝试在本土慕课平台 FutureLearn 上运行在线课程，向全球观众讲故事。透过 HRP 运用慕课平台讲故事的做法和经验，国内文化遗产保护机构尤其是博物馆，在思考如何借助慕课平台创新社会教育方式以吸引更加广泛的新观众积极参与时，将会有所启发。

关键词：慕课；文化遗产机构；讲故事；英国历史皇家宫殿

21 世纪，互联网技术的快速发展深刻影响并不断改变着我们的生活、学习、工作等各个方面，互联网代表的信息技术也早已辐射并渗透到包含文物博物馆领域在内的各个领域。在信息化条件下，随着人们对社会化教育、社会化学习、网络化学习的开放教育学理念的深入认知，大规模开放式在线课程——“慕课”（MOOC）在全球如火如荼地发展起来。慕课是一种新型的强调交互教学理念的学习模式，它作为一种国际教育的趋势和新的教育手段，受到国际化追捧的同时，也引起了美国、英国博物馆界的关注而被引入到博物馆教育学习领域当中，呈现出方兴未艾的趋势。本文以英国历史皇家宫殿组织（Historic Royal Palaces，以下简称 HRP）为例，向国内同行介绍该文化遗产保护管理机构与英国本土的慕课平台 FutureLearn 合作，运行在线课程，向全球观众讲故事的实践经验，希冀对我国文化遗产保护与传承机构尤其是博物馆，在创新社会教育学习方式、利用慕课平台吸引更加广泛的国内国际目标观众积极参与方面的探索带来一些启发和思考。

一、什么是慕课[①]

慕课源于 20 世纪 90 年代末的美国。当时一些大学已经开始在互联网上提供部分课程，麻省理工学院要求教授们在网上公布其课程大纲。早期的慕课先行者受到连接主义理论的启发。2008 年，加拿

① Wikipedia：Massive open online course［DB/OL］. https：//en. wikipedia. org/wiki/Massive_open_online_course.

大教育学者S. 唐斯（Stephen Downes）和G. 西蒙斯（George Siemens）提出了慕课这个概念。同年9月，二人应用这个概念开设了第一门真正的慕课课程：《连接主义与连接知识在线课程》（*Connectivism and Connective Knowledge Online Course*，又称作*CCK08*）。该课程支持学习者以多种形式参与学习，比如YouTube、博客、Twitter及其他社交软件。

慕课，是英文“MOOC”的音译词，是Massive Open Online Courses（大规模开放式在线课程）的首字母缩写简称，又称“MOOCs”。慕课作为一种新型的在线教育模式，给互联网产业及在线学习、高等教育带来巨大影响，近年来受到国际教育界的高度关注。慕课概念创始人之一S. 唐斯认为：慕课是一种参与者和课程资源都分散在网络上的课程，只有在课程是开放的、参与者达到一定规模的情况下，这种学习形式才会更有效。2012年9月16日，维基百科上对MOOC的定义是：“一种参与者分布在各地，而课程材料也分布于网络之中的课程”，并且“这种课程是开放的，规模越大，它的运行效果会越好”。2012年9月20日，该定义演变为：“MOOC是一种以开放访问和大规模参与为目的的在线课程”。[①] 概言之，慕课就是一种网络课程，是一种新型的强调交互教学理念的教育方式和学习模式，其显著特征是面向所有人开放，任何人在任何时间任何地点通过网络就可以接触并使用它，具有开放性、大规模、自组织和社会性等特点。尽管慕课的设计与传统课程有类似之处，但是其典型特征在于它不提供学分。不过为了相关认证，它也可以对学习进行评估。

2011年，慕课引起人们的广泛关注，被誉为“印刷术发明以来教育最大的革新”，对当前高等教育模式产生了巨大的影响和冲击。2012年，慕课广为传播，被《纽约时报》称为“慕课元年”，慕课开始在全球如火如荼地发展起来，多家慕课平台粉墨登场，纷纷竞争。世界一流大学如美国的斯坦福大学创办的Udacity以及Coursera，麻省理工学院与哈佛大学合作组建的edX平台等，呈现了不同形式的慕课并开始受到大众追捧。其他国家的MOOC平台也不断推出，如英国的FutureLearn，欧洲的OpenupEd，德国的OpenCourseWorld和Iversity，西班牙的Miriada X，爱尔兰的Alison，澳大利亚的Open2Study。此外，日本、印度等国家也相继研发了MOOC平台。我国也有比较有影响力的自主研发MOOC平台，如EduSohu、EduWind等。MOOC是一种完全开放和自主的学习模式，平台是学习者进行在线学习的载体，是学习者与教师、学习资源进行交互的中介。学习者的知识学习、活动参与以及学习数据的记录等都是依托平台进行的。

慕课既是“互联网+”与远程教育领域新的融合发展，也是开放教育资源所推崇的开放教育学理念的新发展。它的产生，打破了传统知识学习的时空边界，模糊了传统校园、传统课堂的概念，使知识的学习变得极具可及性、自主性和社交性，这为博物馆非正式学习领域提供了巨大的机会。

二、个案研究：英国文化遗产机构HRP运用慕课向全球观众讲故事

（一）HRP与本土慕课平台FutureLearn合作推出在线课程《皇家美食盛宴的历史》

美国博物馆一直是在线学习模式的倡导者，例如美国纽约现代艺术博物馆与美国的MOOC运营机

① Wikipedia：Massive open online course［DB/OL］. https：//en. wikipedia. org/wiki/Massive_open_online_course.

构 Coursera 合作开课，表现不同凡响。英国在这方面也后起直追，比如大英图书馆在本土的慕课平台 FutureLearn 上运行了诸多课程，泰特美术馆和卡恩学院、莱斯特大学进行合作，引入了“博物馆研究”在线课程。2016 年，HRP 为了更好地认识慕课这种免费的在线课程能否为其提供一个平台以吸引新观众参与到他们想要展示和传播的故事当中来，便着手与 FutureLearn 合作，开发并运行在线课程向全球范围的观众讲故事。

HRP 是一个独立的非营利性文化遗产保护与管理组织，成立于 1989 年，负责保护和管理英国王室未使用并向公众开放的伦敦塔、汉普顿皇宫、国宴厅、肯辛顿宫、基佑宫和希尔斯伯勒城堡等六处皇家宫殿。该组织紧紧围绕赋予这些宫殿和过去一样具有珍贵价值的未来而开展工作，其目标是在最伟大宏伟的宫殿里，帮助所有人探究英国的君主和人民是如何发展社会的历史故事。①

HRP 的合作伙伴 FutureLearn，是英国开放大学 2012 年 12 月创立的第一个英国教育领域的慕课平台，于 2013 年 9 月 18 日开始运行第一批公开且免费的课程。该平台的一大特色是除了与数十家国内外顶尖大学建立起真正意义上的合作伙伴关系以外，还与许多知名的组织，例如大英博物馆、英国文化协会、大英图书馆、国家影视学院等展开合作。FutureLearn 注重讲故事的形式，用故事去教学，让学习者觉得学习是非常有趣而精彩的体验。这一点也正是 HRP 所看重的。

2016 年 6 月，HRP 在 Futurelearn 上正式推出了第一门课程——《皇家美食盛宴的历史》(A History of Royal Food and Feasting)。这门课程是由该机构的学习与参与团队联合雷丁大学、以及 HRP 旗下各宫殿遗址的工作人员一起开发制作的，课程直观呈现了英国都铎王朝至维多利亚时期（1485—1901）500 余年间皇家饮食的演变史。全部课程分为 5 个阶段，涉及 5 个主题，运行 5 周，第一周：亨利八世与汉普顿宫；第二周：伊莉莎白一世与伦敦塔；第三周：乔治一世在汉普顿宫；第四周：乔治三世在基佑宫；第五周：维多利亚女王与肯辛顿宫。每一阶段课时长 3 小时，学员可以在一周内学完一个阶段（允许学员免费学习不超过 7 周）。②

（二）HRP 运作在线课程《皇家美食盛宴的历史》的经验与收获

HRP 的主要目标是想利用这门课程发展此前未曾参观过皇宫的全球受众。课程上线后，报名注册用户近 13000 人，其中有 57% 的注册用户转化为学员③。这些学习者来自 153 个不同的国家（其中英国本土的参与者只占 31%），年龄跨度大，的的确确代表了 HRP 的新受众：35% 的学习者说他们从未参观过 HRP 管理下的任何一座皇宫，25% 的学习者对 HRP 这一组织更是闻所未闻。

真正令 HRP 组织吃惊的是为此等规模的国际学员运行一门课程所带来的其他收获。对于文化遗产部门来说，慕课最令人激动的一大好处是它们所提供的可访问性或知识可达性（accessibility），也就是说任何人通过网络都可以接触到它们。慕课本身的性质决定了慕课平台是向所有人开放的（通常也是免费的）；其所谓的“大规模”，意味着没有参与人数限制。世界任何角落的人，只要想参与，就可以进来学习。FutureLearn 的指导原则与这种社会思潮相契合；他们拥抱并支持这种大规模的受众面成为

---

① https：//www. hrp. org. uk/about - us/who - we - are/#gs. LqxkOMI

② https：//www. futurelearn. com/courses/royal - food

③ 此处所说的学员指的是至少完成了一个阶段的课程的注册用户，而一门 FutureLearn 课程的平均转化率是 50%。

一种有裨益、激动人心的社会学习方式。他们的学员处于其准则的核心，一如《皇家美食盛宴的历史》这门课程首次运行期间，在从头到尾的五周行课时间里都有学员不断发帖、跟帖，HRP 组织很快就收集到了 35366 条学员评论。

在线课程模式不是简单复制现场体验，而是为学习者提供了一种截然不同的个人参与方式。来自全世界的参与者在 FutureLearn 上分享个人故事、趣闻轶事，以及对课程的想法，无不为 HRP 提供了在各处宫殿场所根本无法得知的观众对宫殿遗产的理解和诠释。一名课程参与者这样反馈道：我真喜欢这门课程，尤其是非英国学习者们把他们本土的烹饪及历史写成文字贴在这里和大家分享。所有人的个人回忆都那么美好，我认为听一听爷爷奶奶和亲人们以前所经历的故事真的很重要，在听故事的同时我们仿佛依然能穿越时光再历过往！由衷感谢贴文的学员！①

然而，这种模式的难点是需要按这种社会化的学习方式“量身定制”课程。为了使课程具有广泛的吸引力，并让那些可能认为历史不是为他们而书写的人关注课程，HRP 将课程定位在社会历史与“生活方式规划”的交集上。课程由一系列活动步骤构成，包括影像资料、动画片、小测验、阅读文章和讨论等学习单元，这些内容对积极主动的参与者而言可谓是种类丰富，机会良多。

HRP 在制作课程的过程中，得到了雷丁大学专家的专业技能指导，他们鼓励课程的开发创作人员在每个步骤都要考虑能为学习者提供哪些参与机会，并且考虑如何通过变化内容来保持课程的趣味性。因此，HRP 创设了一些讨论环节，制作了可供学习者在家尝试烹饪的古方食谱、HRP 和雷丁大学专家们的讲课视频、揭示食物从何而来的动画片，还在宫殿里拍摄了身着古装戏服、再现历史故事情境的人物角色。此外，HRP 还开设了学员和课程专家互动的问答会，以便在开课期间积极回应学员的提问和反馈意见。并且设置了连通外部网站的“学员共享”链接。学员之间对等的知识分享是在线课程的关键部分，HRP 在试图识别这种对等的知识分享的同时，也想为新学员提供更多的学习资源。

HRP 有很多跨部门工作不易于在现场展示出来，而数字化的课程就使之变得易于展示。例如，HRP 将展现基佑宫大厨房保护情况的影片、藏品研究员波莉·帕特南关于巧克力的新研究，以及收藏一系列英国乔治王时代的讽刺版画等内容都列入了课程之中。HRP 将课程重点放在旗下四处宫殿上，以吸引受众关注他们规模较小的宫殿遗址，比如基佑宫和肯辛顿宫。

运行这门课程的第二大成果就是促进学习者学习既有的在线内容。课后调查结果显示，59% 的学习者希望通过 HRP 的网站和 YouTube 视频网站渠道了解更多关于历史皇家宫殿的信息；课程中嵌入的网站链接亦是一大特色，在行课期间起到了积极的助推作用。

一名课程参与者是这样反馈的：HRP 的网站真棒！那里有好多东西。我从课程跳转到链接内容，观看了关于国王的弄臣和亨利八世的疾病、信仰及其政策的影像资料，也聆听了各种很棒的播客音频材料。非常感谢有这个链接。② 不过，对 HRP 而言存在一个未知情况，那就是在线学习者能否变成来

① Biggs K. MOOCs and Heritage：Storytelling for a Global Audience［DB/OL］. http：//www. museum－id. com/idea－detail. asp? id＝1563

② Biggs K. MOOCs and Heritage：Storytelling for a Global Audience［DB/OL］. http：//www. museum－id. com/idea－detail. asp? id＝1563

宫殿参观的现场观众，抑或这门课程是否打消了在线学习者的参观动机。HRP的课程创作团队在设计课程的时候就心系于此，同时也想到参与者可能就是各宫殿场所的既有观众，因此课程提供的内容须是现场展示内容的补充，而不是简单复制现场内容。就此疑问，学习者的反馈意见是肯定的：课程结束时接受调查的学习者当中，有46%的人说他们打算参观一处宫殿，85%的人说他们受到鼓舞有意参观其中一处宫殿，学习者发表的评论也印证了这些统计数据。

确实很难估量这门课程是否使那些原本想来实地参观宫殿的观众打消了念头，但从课程的定性和定量反馈来看，都支持这样一个推论：这门课程更有可能驱动人们来参观宫殿，而不是打消他们的参观动机。正如一名课程参与者反馈说：我们已决定延长9月份伦敦之行的原定参观期限，以便将汉普顿皇宫纳进参观行程。[①] 英国艺术委员会的报告《认识实况影院的影响》也支持这一推论，其结论是像这类大规模的数字网络项目能够将网民转变为现场观众。

有理由相信，来HRP各处宫殿作实地参观的所有课程参与者，其主人翁感都会得到增强，甚至会对宫殿产生更多的个人关系。例如，他们在历史皇家宫殿的厨房里可以依照传统烹饪法亲手做美食，他们还可以了解到汉普顿皇宫折叠餐巾背后的故事，他们的各种疑问也一一得到了HRP专家们的详细解答。

通过运行《皇家美食盛宴的历史》这门课程，HRP获知了大量信息，该机构相信在下次行课期间将还会获得更多有价值、有意义的观众信息。

三、启示与结语

综上所述，透过英国HRP在慕课平台FutureLearn上运行在线课程的做法，可以总结出以下（不限于以下）几点启示：

1. 慕课这种免费的在线课程具有开放性、大规模的特点，能够为文化遗产部门提供一个在国际上广泛吸引新观众关注文化遗产保护并参与文物故事的平台；

2. 在线课程模式为学习者提供了一种截然不同的个人参与方式，需要遵循慕课的自主性、社会化学习方式“量身定制”在线课程；

3. 通过慕课平台运行在线课程，能够通过多种解读方式有效地向全球观众讲好关于文化遗产的故事；

4. 在线课程有利于展示通常不易于在现场展示的文化遗产保护管理机构的幕后工作，比如可移动文物和不可移动文物的修复维修工作、研究工作等；

5. 在线课程可以推动来自不同国籍的学习者学习既有的在线内容，同时增强文化遗产的国际知名度；

6. 在线课程能够鼓励并驱动在线学习者转变为来文化遗址或博物馆参观的现场观众；

---

① Biggs K. MOOCs and Heritage：Storytelling for a Global Audience［DB/OL］. http：//www. museum - id. com/idea - detail. asp? id = 1563

7. 对博物馆而言，通过在线课程可以收集到大量参与者的反馈意见，从而为博物馆提供了一个更好地了解观众需求和兴趣的渠道，有利于形成进一步加强观众研究与评估的大数据。

当今时代是一个不断创造机会的时代，对于文化遗产部门尤其是博物馆来说，慕课为文化遗产知识的广泛传播和大规模的参与度提供了一种诱人的选择，运用慕课在线课程具有巨大的发展机会，不仅仅是为了研究，而且可以藉此讲述无法在文化遗址或博物馆场域讲述的那些不同寻常或不好言说的故事。国内博物馆应当学习借鉴英美博物馆的实践经验，考虑将慕课这种新型在线教育方式和学习模式应用到博物馆教育领域中来，尝试与国内诸如“爱课程”网等比较知名的 MOOC 平台合作，开发并运行具有自身特色的在线课程，使博物馆教育资源惠及更加广泛的国内国际受众。

MOOC and Heritage Storytelling for a Global Audience
——A Case Study of Historic Royal Palaces in England

Abstract: The phenomenon of MOOC and online courses, and the ways in which the heritage sector can tap into their potential, is not going away any time soon. MOOC-Massive Open Online Courses-provide a tempting option for mass engagement. Historic Royal Palaces (HRP) wanted to better understand whether this free online course model could provide a platform to engage a new audience with their stories, and then worked with FutureLearn running course for a global audience.

Key words: MOOC; heritage; storytelling; Historic Royal Palaces

由加拿大遗产步道建设引发的思考

——以奥克维尔为例

谢友宁[①]

（河海大学图书馆）

文　摘：加拿大有着世界上最长的步道。去户外，运动身体，探索或分享共同的文化遗产，已经成为加拿大步道延伸出来的一种精神。奥克维尔有近60公里的遗产步道（Heritage Trails），为公众提供了城镇发展史及历史的解读，并已经形成为该城镇遗产保护的一个亮点。步道系统连接东部和西部奥克维尔，包括反映该地区的自然，人类和建筑遗产的信息节点。依据亲身体验奥克维尔遗产步道现状，本文分别从概念、遗产步道、功能与作用、遗产价值延伸等几方面内容探讨，最后，提出几点思考或受到的启示。漫步遗产步道，再一次让人感受到西方遗产保护“空间审美”的观念引入，用透视法、多层法、360旋转，活现遗产价值。

关键词：步道；遗产步道；遗产保护；加拿大

加拿大有着世界上最长的步道，被称之为The Great Trail（www. thegreattrail. ca）。步道约24000多公里，通过城市、乡村、荒野、林荫大道、水路和公路，贯穿整个加拿大。步道（或称小径）充分体现了加拿大国家广阔的地形和多样性特点。据悉，这条跨加步道，于20世纪90年代开始建设，目前已经取得了很大的成就。又获悉，加拿大政府还计划将在未来四年投资3000万美元用于步道开发。去户外，运动我们的身体，探索或分享共同的文化遗产，已经成为加拿大步道延伸出来，令人关注的一种精神。

笔者曾亲身体验了加拿大奥克维尔（Oakville，以下简称：奥村或OAK）步道文化，尤其是“遗产步道”（Heritage Trail），并以为，以文化遗产步道建设突破口，拓展遗产保护新路径，进一步推动国内的遗产信息收集、整理、挖掘与揭示，将遗产保护与游客、居民生活有机结合，实现遗产保护常态化，有着十分重要的现实意义。以下，简单地谈谈所见所闻所思，及由此得到的几点启示，以飨读者。

一、遗产步道的概念

遗产步道（Heritage Trail）简单地说是遗产碎片的梳理与整合，主要是指在以城市为基础的前提

---

① 谢友宁，男，1957年8月生，河海大学图书馆（信息所）研究馆员、硕导。研究方向：文化遗产保护与利用；出版与文化；信息安全等。Email：ynxie@ hhu. edu. cn

下，城市化进程中被迫为新环境所分离、呈零星物片状分布的历史环境与文化遗产，将通过步道一种特殊的方式重新连接或耦合。耦合关系是事物间存在的一种相互作用关系，这里主要指城市中自然的或人文的，物质或非物质维度，建筑的或植物的等空间要素和时间之间的连接关系。遗产步道早在20世纪中叶，欧美国家历史街区保护与旅游开发的创新方法中就提出，当时称之为“文化散步道”。

遗产步道，国外最早的实践，可追溯至1958年美国波士顿建立的“自由之路”。自由之路最初是当地记者威廉·斯科菲尔德（William Schofield）的设想，自1951年起他便提议用一条步行道来连接这些地标。波士顿市长约翰·海因斯决定采纳斯科菲尔德的建议。为纪念美国的独立战争，其政府通过红砖铺装的特殊步行道路将16个历史遗迹点串联起来，使城市的文化与记忆得以积淀，是将城市步道系统与历史文化遗产展示相结合起来的成功案例①。之后，美国纽约州也陆续指定130个历史遗址，发展了四条遗产旅游步道，即：“美国独立战争之路”“地下铁路运动之路”“妇女之路”和“罗斯福之路”。德国鲁尔区的工业遗产，主要采用工业博物馆、景观公园、商品集散地和工业遗产旅游之路等模式。其中“工业遗产旅游之路”于1998年制定，隶属于欧洲的“工业遗产之路”项目。它将鲁尔区内主要的工业遗产旅游景点整合为总长约400km的参观线路。我国香港地区也为方便游人沿途游览中西区文物古迹，了解该区的发展及演变，将区内的历史建筑及旧址连接起来设立“中西区文物径”②。大陆地区也有一些专题遗产步道实践，如南京的中山陵步道、玄武湖围湖步道等。

二、奥克维尔的遗产步道

加拿大安大略省的奥克维尔（Oakville）位于大多伦多地区，人口193，830（2016数据），有1590公顷的公园，220公里的休闲步道（或称小径），200多公里的公路和越野自行车道。其中，有近60公里的遗产步道（Heritage Trails），为公众提供了城镇发展史及历史的解读，并已经形成为该城镇遗产保护的一个亮点（图1）。这些步道可供步行者，慢跑者和骑自行车者使用，其中挖掘揭示了有关该土地上曾经发生过的八十多个故事的信息节点，其时间跨度之大，令人吃惊，具体可以追溯到公元前9000年至公元2000年。

2000年，奥克维尔与奥克社区基金会合作，设计并建设了遗产步道。步道系统连接东部和西部奥克维尔，包括反映该地区的自然，人类和建筑遗产的信息亭。据笔者亲身体验，奥克维尔遗产步道建设，简单地说有几个特点，即：首先它是一张巨大的网络，铺开并连接社区的所有涉及遗产的区域，比较全面地反映了该地区的自然，人文和建筑遗产。这从一个侧面，表明该地区遗产信息工作的基础性扎实。二是这里的遗产信息，不仅仅停留在现存的遗迹、物质遗产层面，还包括已经或刚刚消失的，但是，人们记忆中仍然还保存的部分信息，以一种特有的记忆方式承载下来。曾有人说过，旅游也改变着自己的特点。它的魅力不再和从前一样存在于发现未知之地，而是更多的在于，试图把游览时的所见闻留存到记忆中。这里的步道真得可以给你实现愿望。三是遗产步道设计与建设，完全是依势而建，毫无过渡的修饰，是生态的，低

① 张羽佳，郭璇．碎片与耦合——对大都市文化遗产游步道建设及历史环境整合的探索［J］．现代城市研究，2016（02）：105－113.

② 邹涵，石刘睿恬．基于遗产旅游步道的历史地段保护与更新方法研究［J］．华中建筑，2014，32（03）：154－157

成本的，融历史传承与现实生活于一体，确实为当地居民提高了生活的舒适性，也为旅行者提供方便。四是遗产步道凸显该城镇文化优势，将遗产转化成为一种新的能量，提升了区域竞争力。

图1 步道一入口

图2 遗产步道信息亭

据悉，奥克维生尔的遗产步道网络有六个步道系统，即：Bronte Creek Trail（6.5 公里），Joshua's Creek Trail（6 公里），Crosstown Trail（12 公里），Waterfront Trail（13 公里）和 Sixteen Mile Creek Trail（8.5 公里）。另外，还有一个奥克维尔与密西沙加市交界的 Moccasin Trail，记录着土著人曾生活的历史信息①。每个系统都有一至若干个信息站（图2），诠释该步道系统内包含内容和意义（见表1）。

表1　　奥克维尔遗产步道一览

序号	步道名称	信息站数量	信息站名称
1	BRONTE CREEK TRAIL	1	Energy Information Station
2	CROSSTOWN TRAIL	2	Sixth Line Information Station; Town and Township Information
3	JOSHUA'S CREEK TRAIL	1	Joshua's Creek Information Station
4	SIXTEEN MILE CREEK TRAIL	8	First Nations Information Station; Kerosene Castle Information Station; Neyagawa Information Station; Oakville/St. Mary's Cemetery Information Station; Pioneer Industry Information Station; Sunningdale Information station; Sixteen Mile Creek Information Station; West Oak Trails Information Station.
5	WATERFRONT TRAIL	5	Bronte Cemetery Information Session; Bronte Harbour Information Station; Early Village Information Station; Harbour Heritage Information Station; Old Oakville Information Station;

① https：//www.oakville.ca/culturerec/heritage-trails.html.［210018－10－22］

续表

序号	步道名称	信息站数量	信息站名称
6	MOCCASIN TRAIL	3	Indigenous Footprints; First Peoples; First Villages; Indigenous Worldviews; Indigenous Ecologies; Mississauga Experiences;

(信息来源：https：//www. oakville. ca/culturerec/heritage-trails. html)

三、遗产步道的功能与作用

记得曾有人说过，每个人不是寻找逝去的时间，就是在寻找未来的时间。这实际描述的是人的行为两种模式，在某种意义上说，遗产步道就是在满足人的这两种行为模式。遗产步道通过连接、场景或者说故事等多种方式来满足或实现人的愿望。

“连接”就是步道的四通八达，预先设计的遗产节点、路径，实现沿线文化遗产，包括地上地下的历史的一网打尽。“场景”就是路径步道，多维的视角，曾经这里发生了什么？泥土的历史及故事，灌木丛林及植物环境的变化等实在性。鲍勃·亨德森（BOB. HENDERSON）著《Every Trail Has Story：Heritage Travel in Canada》，讲述了步道遗产旅行的故事。JAMES RAFFAN 在序言中写道：鲍勃·亨德森自 20 世纪 70 年代开始，和学生做一些有趣的实验，来实践户外教育。强调，你想了解任何东西，都需要沉浸其中，需要充分体验你的主题，需要广泛的阅读和倾听，最好是在自己的土地上……①。一手拿着书本，一脚踩在土地上，才有可能真正了解和记忆。YouTube 分享视频里也可以找到 CANADA TRAIL 步道的故事。试想，我们散步在这一步道上，脚踩土地，聆听着历史的传说，闻着丛林深处散发出来的幽幽的树木香味，那是怎样的一种心境和感受呢？“……这片地区的历史可以从植物的种类和数量上看出个究竟。沼泽和泥泞覆盖了岩浆层，然后是染料木，然后是梨果仙人掌，最后是开心果和杏树。经过一段坡路后，我们到达了类似月球表面的地方……”这是我手头正翻阅的一本旅行日记，约阿希姆·费斯特著《在逆光中：意大利文化散步》一段文字，描述了意大利文化之旅的散步所见。我以为，游客或居民脚踩这里的步道也会发出同样的感受及体会，从而散落一些优美的文字……。

据信息站（Old Oakville Information Station）介绍，奥克维尔的第一次城镇调查于 1833 年完成，围绕西部布罗克街（Brock Street），北边是丽贝卡（Rebecca）和兰德尔街（Randall Streets），东面是艾伦街（Allan Street）。道路限额以平行且垂直于安大略湖岸边的标准网格图案布局。每个 11/2 英亩的区块被细分为六个批次，从 A 到 F 按字母顺序排列。第一次公开出售的地段发生在 1833 年 5 月，提供 50 个最有价值的“城镇”和“水”地段。销售条件要求在 18 个月内建造一个不少于 24×18 英尺的结构，并且结构有由石头，砖或框架结构制成。销售条件确保了不断发展的村庄的有序出现。到 1851

① Bob. Henderson. Every Trail Has a Story [M]. Toronto. : Natural Heritage Books. 2005.

年，奥克维尔的人口为916。“Oakville”这个名字被选为新的定居点，以纪念该地区丰富的橡树，并纪念创始人 William Chisholm，他的绰号是“白橡树”。至今，我注意到奥克村仍然保存着一幢称之为 HALTON 最老的房子 Cork House（1816 年建），屋内企业专做以橡树为生产源料的软木商品，可谓是“靠山吃山”，如今百年历史，仍在运营，令人称赞。

今天，最初的定居计划的一部分被指定为该镇作为遗产保护区，以保护奥克维尔的起点建筑。应当说，这就是奥克维尔镇的发展简史。当我们漫步小径（Trail），有意无意就踩着镇上流淌的历史河水呀，我也曾在自己的微信公众号里中写道：

> 首先值得一提的是一座奥村的博物馆，说是博物馆，我看展品确实不多，仅仅是那个时代，一些生活用品，当然，其中一些可能与这个房子主人有关。这是 19 世纪三四十年代留下来的遗产，一座别墅，分别有几个独立的小楼组成，廊道勾联，且融为一体，规模较大，博物馆仅占一部分。我绕了一圈，仔细观看了建筑的样式，阳台、拱门和窗户是那么地漂亮，典型的西式风格。试想，一百多年前，这样的住宅，什么人可以居住？这可是创始人家族的居所，William Chisholm 上校是一位富有进取精神的商人和造船商，他创建了该镇并建造了这幢 Erchless 建筑，这里可以俯瞰着他的新港口和安大略湖。之后，我又注意到朝南、临湖的一扇门，旁边仍然挂着一个牌子：“Custom House and Bank Toronto, 1856”，哦，原来还是一家多伦多银行客户的办公室，住宅加办公，难怪那么大呀。
>
> 之后，我们沿湖边散步，发现一些老建筑都挂有建筑年代的标牌，也算是第二处遗迹。其中在湖边的有两座简易的老房子却引起我的注意，即：一幢是 1835－1856 的邮局的办公室；另一幢是 1829 Merrick Thoms village planner 的家。朝湖一面，特别竖了一个牌匾，指明 1829 年 THOMS HOUSE，看来，这个规划师对于奥村的影响是大的。从保护性标牌说明角度看，这样的指示性没有特别的背景说明。国内的老建筑，逐步规范说明，要求写上背景资料，以便游客知晓，看来，国内的保护性宣传水平不低呀……（详见：闲人斋 youyou）

遗产步道的功能与一般步道功能毫无差异，提供的是跑步、骑车、或散步。但是，遗产步道的发现或贡献在于遗产的关联，构建一种新的文化场景。所以，它的主要功能或作用在于户外教育、审美和传承，提供一个现实的场景环境的教育。我注意到奥克维尔地区，常常有相约步道的活动，具体是以主题活动的方式，把大家拉到户外（outdoor），拥抱自然，这也是西方人的喜爱。同样，也是一种生态的教育，一种社区的“联欢”。居民们从各路小径，汇集游走步道，与自然对话，与历史对话，如此，遗产也激活了，成为了社区的财富，一种粘合剂，增加了居民的黏性。

审美教育，尤其是空间审美是一个非常有意思的话题。有人说，西方人的空间意识比较强，我从这里的步道空间建设得到一次验证。美学家白宗华在 20 世纪 30 年代里，从绘画角度，对于中西方所表现的空间意识，有过一段论述。他说：“中西绘画里一个顶触目的差别，就是画面上的空间表现”。接着说：“视觉的艺术如西洋油画，给与我们一种光影构成的明暗闪动茫昧深远的空间（伦勃朗的画是典范），雕刻艺术给与我们一种圆浑立体可以摩挲的坚实的空间感觉”①。阅读巫鸿的《“空间”的美

① 白宗华著译．西洋景［M］．北京：北京大学出版社，2013.1.P3701；3719

术史》（上海人民出版社，2017）也获得许多丰富的信息。其实，这里的“空间”之美不仅仅来自于历史和艺术的角度，还有经济的、社会的等方面的。那么，我们会追问为什么是这样的？我想，从步道的空间建设，到户外进行地赏美教育，那些自然光线随时间变化，折射出来的不同光的色彩观察，可以说是一种理由。骑行者或徒步者于步道的行走，体力的较量或身心疲惫的感悟与自然的交互，所获得的外界的特别的理解与美的享受，也是一种理由。所以，我通过今天的体验、参与有了一点点理解。如此，印象派产生于西方，莫奈生产出来的光影世界的作品也就不奇怪了。

四、步道让遗产价值延伸

遗产步道的存在不仅仅是步道，还是有路牌、指示、进出口、信息站及周围的建筑、公园、运动场及停车场等，连成一体，形成加拿大步道、遗产步道及环境特色。漫步遗产步道，再一次让人感受到西方遗产保护“空间审美”的观念引入，用透视法、多层法、360旋转，活现遗产价值。西方的空间概念是从里向外，开放式的；而东方则是从外向里的，最后走向内心。正是由于这一点的不同，决定了步道的建设方向的不同（国内的步道一般是围绕一个中心点进行的）。另外，我还认为这样开放式性遗产步道，积极的策略推动了遗产价值的延伸。

首先，步道建设关注周围的景观特色，也纳入遗产保护的范围（实际也是保护）。关键的景观特色是街道树木，人行道和林荫大道，以及私人园艺中的园艺多样性前院的风景（图3）。其中，有相当多的房产有观赏围栏，树篱或灌木边界衬托房屋财产。在加拿大地方的有关保护方案中，充分肯定这些景观元素具有重要意义及对行人环境的影响，达成共识，肯定了它们的贡献是不可估量的。

图3 HALTON最老的房子Cork House

其次是广场或公园关联，如特拉法加路（Trafalgar Road）遗产保护区范围内，有一个乔治广场（Georges Square）。这个可以追溯到1835年，奥克维尔计划（Oakville）显示为保留供公众使用的区域，直到1873年，它被移交给城镇用作免费公园。之后，公园被围起来，种植，草皮，并在一年内建造适当

图4 周围民居庭院风景

的步道。乔治广场继续进行草皮的改善切割，种植树木，安装井、泵和周围公园四面都有一个栅栏，以排除动物。在20世纪初，公园里有高大的白松树与其他松树混合在一起高大的落叶树。大型演奏台用于音乐会，和长凳，野餐桌和饮用水泵位于公园。公园内有一条通向东南和西北的步道进出口。

关于公园管理，也遵循着国际及本国的一些指导标准，一项研究表明，影响因素大致有以下几个方面，值得借鉴：a）在可以追踪决策的地方传达清晰的信息，并在必要时进行解释；b）明确传达价值判断；c）理解利益相关者的看法；d）提供公共贡献的机会；e）为部分计划设定优先权；f）指导和控制受保护区域的管理；g）满足相关的立法要求；h）提供可以实施的文件①。安大略省省立公园的立法还特别提出：为每个公园创建管理方向，单独或在与一个或多个省级公园或保护区相结合储备。管理计划考虑提供20年度发展方案。在此期间需要他们创建，修订和修改过程有多个利益相关者协商的机会。之后，还会随后由自然资源部每10年审查一次的周期等等，十分详尽。另外，加拿大的社区管理模式，每个社区都有不同规模大小公园（Park），从距离上保障了居民的方便性，部分公园紧邻还有一至两个大大的足球场，绿草茵茵（图4），十分美丽。公园作为步道的节点，在加拿大有着特别重要的意义。

图5 社区小公园和运动场

① Paul F. J. Eagles，Julia Coburn，Bobbie Swartman. Plan quality and plan detail of visitor and tourism policies in Ontario Provincial Park management plans［J］. Journal of Outdoor Recreation and Tourism 7 - 8（2014）. P：44 - 54.

再者，遗产步道关联经济发展。与奥克维尔相联的汉密尔顿，一项湖滨步道（waterfront trail）研究表明，工业湖滨因满足游客及周围居民的生活要求，与各方面合作，彻底解决污染问题，为西方国家消除湖滨工业做出经验。其主要是：政府已经察觉到了滨水步道的发展社会正义问题，具有平均水平公民与大企业的愿望形成鲜明对比。发现了居民和游客希望湖滨成为一个诱人的自然景观绿洲，他们可以休息或享受散步，划船，钓鱼，甚至游泳。步行者，自行车运动员，直排轮滑运动员等等。从此，增加公众对水的接触一直是规划的核心，1996 年至 2005 年的规划文件越来越多体现这一核心原则①。当然，我漫步奥克维尔湖边，一边被湛蓝的湖水倾倒，另一边也被沿湖的一幢幢遗留下来的历史建筑所迷住，这里真正是自然与人文的汇合。湖滨步道不仅仅贡献本区域内，且还与相邻市区直接互动。一次偶然机会，从奥克村往东，进入老多伦多地区的 Liberty Village，我发现该区域的保护与改造也与湖滨步道有关联，一个老的传统工业区，自 20 世纪中叶衰退之，自 21 世纪初进行逐步进行功能性改造，在保护工业遗产的责任前提之下，我们看到，目前已经是商业、艺术、创意产业突出新兴产业地带，带来了一个新繁荣景象。

五、思考与启示

加拿大确实存在着地域大、人口少等特点，不过一个仅相当于国内的县级市的城镇，在步道建设的基础之上，重点打造遗产步道，其认识、规划、操作等许多地方引人思考，值得借鉴。以下，简单归纳几点：

1. 加拿大人对于“遗产”的理解是宽泛的，灵活的。遗产既讲科学、艺术、历史的价值，也讲历史的演变，城市发展的轨迹。遗产步道明确说明连接图书馆、历史学会机构、城市化进程中的建筑演变路径。我以为，图书馆或学会机构的连接，其意义不是在于具体物体，而在于精神层面，如图书馆的历史文献、古籍版本，学会机构的研究成果等，都囊括在遗产的范围里。

2. 遗产数据的全面把握。步道建设之前需要非常坚实的遗产信息的梳理和挖掘，这个基础很重要，并把数据用活，服务大众。

3. 现代互联网思维，融合遗产数据。网络化布局，一个开放性的系统，节点多，实践了遗产信息量与节点数成正比的关系。社会发展，城市化进程，不断地集聚与打破，不断地统一与分离，今天将碎片化的一网打尽，形成一个整体，正是步道的积极作用和深远意义。

4. 遗产步道结构模式是组合拳。步道的提醒、指示、标牌及开放性接口的扩容组成一个完整体系，构成又一新的公共的空间，让居民安全，受教育，有了新的娱乐场所。步道实际的社会学意义是促进社区互动、邻里和谐，提升了居民的幸福指数。

5. 遗产步道催生新的生产力。步道也促进了新的经济活力，利用临湖优势，解决了湖滨工业的困境，满足游客或居民亲水的诉求。

---

① Sarah Wakefield. Great expectations：Waterfront redevelopment and the Hamilton Harbour Waterfront Trail［J］. Cities，Vol. 24，No. 4，p. 298 - 310，2007.

6. 生态工程。奥克维尔的遗产步道建设简洁、生态性、低成本的经验，非常值得学习。一般的土沙石路，灌木自然，修剪成墙，无需太大的投入。

7. 社会资金。奥克维尔步道建设的资金来源，主要是奥克维尔的基金会组织，如此的融资方式，也是值得探究的。

Thinking from the construction of Canadian heritage trails

——Take Oakville as an example

Hohai University Xie Youning（210098）

Abstract：Canada has the longest trail in the world. Going outdoors，exercising our bodies，exploring or sharing a common cultural heritage has become a spirit that extends from the Canadian trail. Oakville has nearly 60 kilometers of Heritage Trails，providing the public with an interpretation of the history and history of the town and has become a highlight of the town's heritage preservation. The trail system connects the Oakville from eastern to western，including information nodes that reflect the natural，human and architectural heritage of the area. Based on the experience of the Oakville Heritage Trail，this article explores aspects such as concepts，heritage trails，functions and effections，and extension of heritage values. Finally，some thoughts or revelations are proposed. Walking through the heritage trails，once again，people can feel the concept of "space aesthetics" in the protection of Western heritage，and use perspective，multi-layer，360 rotation to realize the value of heritage.

Key Words：trails；heritage trails；heritage protection；Canada

韩国国家名胜遗产的概念及管理方式

柳济宪[①]，崔珊珊[②]

（韩国传统文化学校）（延边大学地理系）

摘　要：在韩国名胜是受文化财保护法保护的国家文化财，名胜是人类与环境相互作用关系的产物，是投射了人们对于美的价值取向的自然环境。韩国现在管理名胜（包括名胜的保护、利用等）的主要主体有国家、地方自治团体（地方政府、议会）和地区居民，其中地方自治团体（地方政府、议会）和地区居民这种地方主体对名胜周边的状况最为了解，在名胜的管理过程中起到了重要作用。韩国现在对于名胜的管理仍停留在对名胜的发掘、调查、指定等最低限度的基础行政管理状态，本文基于韩国名胜管理的现状，将探讨未来名胜的管理体系，为该体系提供一个框架以有效地保护名胜并使其得到最大限度的利用。

关键词：韩国文化财；名胜遗产；管理体系；保护；利用

一、韩国国家遗产名胜的概念和性格

“名胜”从字典的意义上是指“著名的风景”（noted scenery）或“有著名风景的地域”。所谓“著名”这一形容词并不是说名胜是与人类相独立的自然环境本身，而是“从某一个人的角度来说具有美丽特质”的自然环境。名胜是人类与环境相互作用关系的产物，是投射了人们对于美的价值取向的自然环境。名胜并不是无色彩的“景观空间”（spectacle space），可以说是包含了某个社会团体的主观意义世界的一种场所（place）。由于对于美的价值是具有时间、空间上的特殊性，因此我们可以通过名胜来了解享有名胜的人所具有的自然观和象征体系。

名胜既是自然景观又是文化景观。传统上我们的祖先们寻找自然景观秀丽的地方，以此为背景吟诗作画，留下了许多诗文和实景山水画，在地理志当中也分地域记录了主要的名胜。有时也会把名胜资源作为余生隐遁的场所，并将那里作为与同窗一起切磋学问、培养后学的空间。从传统上意义上讲名胜是自然与人文的复合体，是生态保存性价值突出的自然景观，同时在审美上是美丽的美学景观又是渗透了现代的文化和历史的文化景观。

---

① 柳济宪，男，韩国传统文化学校（Korea National University of Cultural Heritage）名誉教授、韩国名胜学会会长、韩国文化财厅委员。

② 崔珊珊，女，延边大学地理系讲师。（吉林延吉 133000）

事实上，名胜这种文化财是日本在引入西欧文化财制度的过程中结合自身情况而创立的一个独特种类。像德国这种西欧国家在很早以前就将自然风景秀丽的地域作为国家遗产来保护，并为了传递给子孙后代设立了“国家公园”这一国家遗产名目。日本在引入西欧国家这种遗产管理制度的过程中，将日本全境内传承的庭院编入为名胜这一种类，从此名胜成为日本固有的文化财种类。日本在引入名胜初期，将其命名为“名胜”的原因是因为无论是自然的还是人为的风景秀丽的地域，一直都是通过古代的诗文和绘画被人们赞美和欣赏。而这种名胜的传统最初是发源于中国而后传播给临近的日本和韩国。现在使用“名胜”这一用语作为国家指定文化财的一个种类的国家除日本以外还有韩国和朝鲜。朝鲜为了确保名胜作为文化财的地位和价值，分别颁布了《文化遗物保护法（문화유물보호법）》和《名胜地、天然纪念物保护法（명승지 천연기념물보호법）》。虽然对于名胜的政策上韩国与朝鲜存在差别，但是在今后南北文化的交流以及与周边各国的交流中名胜都将起到很大的媒介作用。

韩国文化财厅①依据 UNESCO 的分类标准将国家遗产分为文化财和自然遗产，其中自然遗产包括天然纪念物（如地质、植物、动物）和名胜。同时《韩国文化财保护法》（2007）中规定：“名胜是景色优美且具有较高艺术价值、景观独特的地方”。文化财保护法所定义的名胜并不单纯是“景色优美的地方”，而是由专家鉴定下具有“较高艺术价值、景观独特”的地方。而这里所说的“艺术性价值”主要是指视觉上的“审美价值”，而“景观”则可从人类意识到的“景色”或者“地域”的意义上来理解。

名胜虽然被划归为自然遗产，但与天然纪念物不同，名胜所包含的象征人类历史与文化的文化财要素最多。按照世界遗产分类标准名胜是以人与自然环境间相互作用关系为基准来判断其遗产价值的文化景观。从历史角度来看能够被指定为名胜并具有价值的场所大多是自然环境中蕴藏着祖先传统文化的名所，同时又是国民可以亲身接触，为了使生活更丰富而最为享用的场所。

二、韩国国家遗产名胜指定趋势及分布

名胜是韩国国家指定文化财中数量增长最快的国家遗产。2003 年以前指定的名胜只有 7 处，从 2003 年开始作为韩国国家文化财迅速发展起来。截止到 2013 年 3 月，不过十年的时间里，已指定名胜数量超过了 100 处（名胜 100 号雪岳山蔚山岩（설악산울산바위），2014 年 8 月，已指定名胜共有 109 处。名胜指定趋势从年度上来看，2003 年 3 处、2004 年 2 处、2005 年 3 处、2006 年 4 处、2007 年 11 处、2008 年 21 处、2009 年 16 处、2010 年 5 处、2011 年 10 处、2012 年 7 处、2013 年 17 处、2014 年 3 处。2014 年止仅仅 11 年期间增长了 15 倍以上（图 1）。

2003 年名胜指定基准更改后，名胜的概念变得更宽泛使得能够被指定的对象变得更多。这段期间每年都进行名胜资源的发掘调查，且从 2006 年开始古庭院遗迹从史迹类别中划出，作为名胜来指定，同时将原有的“史迹与名胜”类型重新以“史迹”和“名胜”这种独立的类型进行指定。从名胜的地域分布来看并不是平均分布在韩国全域内的，而是倾向于分布在一定的区域内以及自然地域内。如图

① 韩国文化财厅（Cultural Heritage Administration of Korea）CHA 是韩国政府负责维护和促进文化财的机构，总部位于大田政府综合大楼，其前身为 1961 年 10 月年成立的韩国文化财产管理（http：//chn. cha. go. kr）。

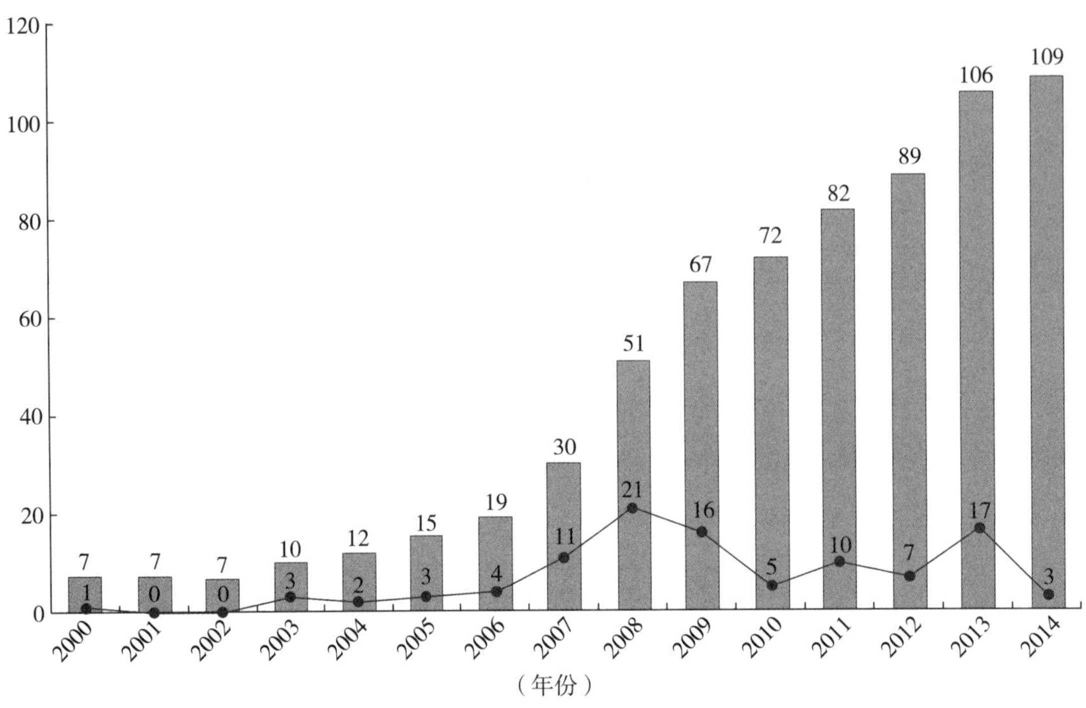

图 1　韩国国家遗产名胜的指定趋势

2 所示，从地域分布的数量如下：江原道（25）、全罗南道（18）、庆尚北道（15）、庆尚南道（12）、忠清北道（10），济州岛（9）、京畿道（4）、首尔地区（3）、忠清南道（3）、釜山广域市（2）、仁川广域市（1）、光州广域市（1）。从自然地域分布来看，名胜主要集中分布于韩国南海岸、东海岸以及白头大干及其周边等区域。

三、依据名胜利用实情的类型分类

目前在韩国对名胜利用进行规划和实现的主体大部分是被委任为管理者的地方自治团体（地方政府、议会）。大多数的地方自治团体（地方政府、议会）在名胜的利用上倾向于把名胜用于树立地方形象、构建地方认同感（identity）以及作为观光地来开发。这种通过观光产业发展地区经济的名胜利用案例从 2000 年前后韩国实行地方自治政策开始日益增多。地方自治团体（地方政府、议会）具有名胜的管理权，相比名胜的所有者或是当地的居民来说，在决策名胜利用的发展方向上具有主导作用。因此根据名胜利用的实际状况对名胜进行分类，应从以下问题来考虑。即：管理名胜的主体、指定为名胜之前的利用形态（作为观光地的形态）、名胜和地区开发的连贯性、地方自治团体（地方政府、议会）对于名胜利用发展的计划和实行、名胜保护和管理计划的实行过程中名胜所有者和当地居民的参与度。

（一）以管理者和所有者为标准的类型分类

从管理名胜的主体来看，到现在为止已指定的名胜大多是由韩国各市、郡、区等地方自治团体（地方政府、议会）作为管理者来指定的。这些名胜的土地所有权大部分都是地方自治团体（地方政

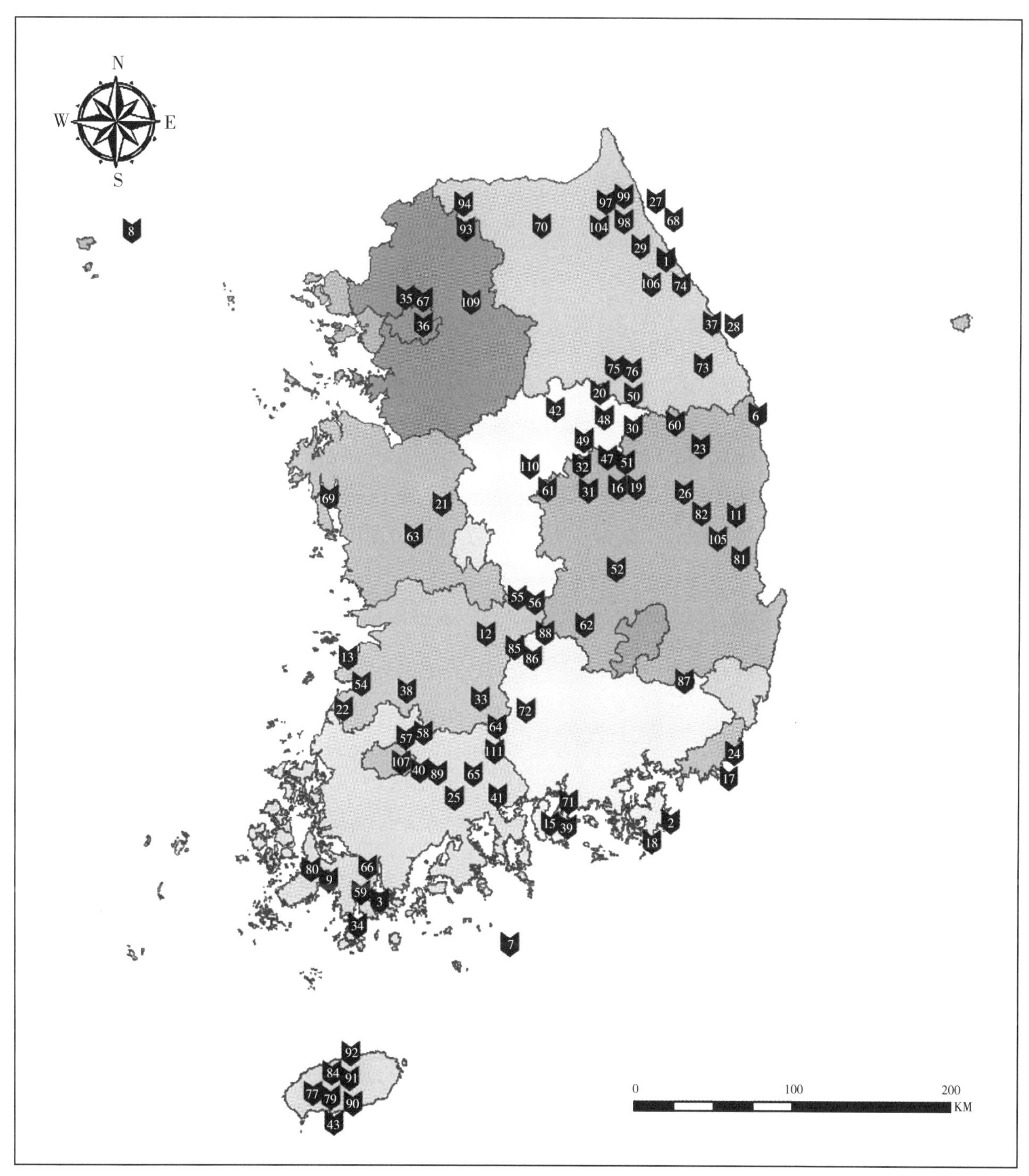

图 2　韩国国家遗产名胜的地域分布

府、议会）所有，由于名胜的管理者和所有者是一致的，因此在执行名胜保护和管理计划时相对容易一些。属于这种情况的名胜大部分是自然形成的地形或植物等自然名胜，其大部分为山岳、溪谷、瀑布、河川、湖水、海岸、岛屿等或像动植物的栖息地这种相对人迹稀少的地方。

但在这种自然名胜中，由于有一些是祖先世代作为游览或观赏的对象从很久以前开始就被利用为旅游胜地，在其所指定的名胜保护区域内也有包括私有土地的情况。另外，一些自然名胜特别是具有历史文化价值的，自古以来被称为臺、淵、壁、屏、洞天、九曲等，这些名胜中由地方自治团体（地方政府、议会）所管理的名胜保护区域内也包括了很大部分的私有地。

与上述情况相反，名胜管理者与所有者完全不一致的情况下则以名胜管理者是否为地方自治团体（地方政府、议会）来分类。虽然名胜的管理者是地方自治团体（地方政府、议会），但是在名胜保护区域内存在私有土地的情况下，地方自治团体（地方政府、议会）仍然要对名胜的管理和利用负责任，并且想要一贯地执行计划有一定的难度。因此名胜地完全属于私有土地的情况下，也有可能由名胜的所有者来担任管理者。属于这种情况的名胜大部分都是其构成要素中具有很多人为要素的历史文化名胜，如亭子、楼阁等眺望地点或是庭园、园林、莲花池、贮水池、耕地等。像一些有寺庙的名胜，虽然其管理者是地方自治团体（地方政府、议会），其所有者除国家以外大部分情况是寺庙或寺庙所属的宗教团体。

（二）以目前利用方式为标准的类型分类

现在作为名胜被指定的地方大多是自古以来就广为人知，并且也是现今人们经常观光游玩的地方。这些名胜中有一部分由地方自治团体（地方政府、议会）为主导被开发成了观光地，并利用其树立和宣传地区形象、建构区域认同感。其中也包括了在2000年地方自治团体（地方政府、议会）开始发展地方经济以前就已经作为全国性的观光地而闻名的名胜地。2000年以后，由于韩国地方自治团体（地方政府、议会）为了发展地方经济积极引入外部投资、大力开发利用名胜，使得名胜的开发规模较2000年以前相比更大。2000年以前已有名气的观光地，有一部分在2000年后也开始被地方自治团体或其所有者进一步开发，将名胜用作构建地方形象和认同感、团结当地居民和对外宣传的情况也日益增多。

（三）以居民参与度为标准的类型分类

一直以来名胜的指定是由韩国文化财厅来主导的，并将管理权委任给地方自治团体（地方政府、议会）。那么对于名胜，居民最大的不满之一就是一直以来在名胜的开发过程中，财政上的支援对象仅局限于地方自治团体（地方政府、议会）。因此，以保护和开发相协调的名胜管理方案之一就是提高居民们对名胜价值的理解以及在名胜保护和管理中的参与度。目前为止居民们还不能正确地理解名胜的价值，更不会出于爱护的心态积极地参与到名胜的保护和利用中。而让居民们自发地组织以名胜为主题的庆典活动，相对而言会让居民们更容易形成对名胜的热爱之心，感受到名胜的珍贵从而去珍惜名胜。上述所说的由居民自主来组织的庆典活动仅占一小部分，大部分情况仍是由地方自制团体（地方政府、议会）以振兴观光产业为目的演出和各种庆典活动。居民能积极参与的名胜保护和利用的情况大部分都是所有者为个人或是家族的历史文化名胜。

四、韩国名胜管理的体制和过程

（一）居民参与的名胜的利用

目前为止，韩国关于名胜的开发与利用相关的国家层面上的积极方案还没有开展，仅停留在由地区居民和地方自治团体所开展的以维持名胜现状为目的被动性的管理状态。因此，在向后的名胜管理过程中文化财厅应积极引导地方自治团体和其他的管理者要综合地拟定关于名胜的保存、维护以及开发与利用等名胜管理方案。

到2001年为止，名胜的指定仍主要是从“自然风景”的侧面，并同天然纪念物一样按照生物、地质、地形上的景观的侧面来保全和管理。如果不考虑现在居住的居民其生活文化状况将会加重以物理性保存为主的名胜管理规定所引起的不便。一直以来，韩国名胜的管理是根据文化财保护法通过强力的法规以国家单方面强制性来进行保护为主，而没有从国家政策上给与居民直接利益。但是现在如果没有居民和地方自治团体的允许指定名胜几乎是不可能实现的。韩国现在对于名胜的指定和管理与世界遗产文化景观的情况一样，需要地区居民和地方团体的积极参与。

同时，由于韩国名胜的指定一直是以文化财厅为主导，管理权限以委任相应的地方自治团体来进行的，因此在名胜的管理过程中对于居民的参与度要特别加以重视。对于名胜，居民们最大的不满之一就是对名胜所在地进行开发过程中财政支援的对象只有地方自治团体。至今为止，且不说居民们能正确理解大多数已指定名胜的价值，事实上对于名胜的保护、开发和利用居民们也没有积极地参与到其中。以保护与利用相结合为主的名胜管理方案之一是提高居民对名胜价值的认知度和对名胜保护和管理的参与度。而想要有效地实施方案则需要在法律保障下制定能够提给与居民财政支援的相关规定和政策。

提高居民对于名胜的开发、利用在内的名胜管理的参与度，其中一个方案是要建构使地区居民能够积极参与和相互配合的管理机构或组织。居民持有的受损意识是阻碍国家和地方团体实施业务的主导因素。为了名胜的管理需要通过设立地区居民共同参与的机构来逐步提升其自身对于名胜的管制机能。同时，居民与国家要持续地探索管控与补偿相结合的方案，通过这样的努力提高名胜指定和管理过程中地区居民的参与度。

（二）保护与利用相协调的名胜管理计划

名胜作为国家文化财被指定后，要拟定保护与开发利用相协调的名胜管理计划。树立以这种基本管理计划为依托的保存和开发利用方向，使要保存的名胜能够积极地被保存，能够被开发利用之处得到最大效率的利用。现在已经被指定的名胜和将来要被指定的名胜的相关保护和管理过程中，要制定相关政策使其可开发利用的可能性发挥到最大。国家层面需要在以增加居民所得为前提的名胜景观各要素开发利用相关方案的拟定上，以及积极听取居民意见方面做出努力。名胜的指定和后期管理中，要探索相关方案以引导包括地区居民在内的利益相关者积极参与和协议，来减少与地区居民间的冲突。

由于名胜的种类多样，比起以单纯的保护为主来制定名胜管理计划，应以具有名胜地价值的区域范围为基础来设定其指定区域。在名胜指定地区的地域经济方面，文化财厅要与地方自治团体及相关机构共同合作开展各种项目来促进名胜的开发和与利用，进而发挥其经济效益。

与其他文化财不同，名胜的价值体现在其特有的景观价值上，是可利用性非常高的文化财，因此为了维持景观原型需要集中进行保全和管理。名胜的保护和管理不能只强调历史价值和学术价值。实际上对于观光者来说，名胜所代表的品牌价值日益增大。名胜带给国民的印象不仅是国家遗产同时也是观光资源。从国家的角度来看，名胜具有景观的、文化的、历史等内在价值，而从地区角度来说名胜具有经济价值，一些带有乡土象征性的自然遗产和文化财也是地区社会经济的源泉。例如，传统名胜九曲和洞天是追求理想的空间，美丽的山水是游览和修养身心的场所。农村的丛林、耕作地是人为建造作为居民生活空间而使用的场所，它不是固定不变的而是持续变化的资源。现今被指定为名胜的山、溪谷、海边等大部分作为代表韩国的观光地而被利用。因此在拟定名胜保护和管理的实施计划时，依据名胜的价值来探索和制定名胜利用方案并进行实践是非常重要的。

（三）名胜保护区域和现象变更标准的个别化

目前为止文化财是留给子孙后代的重要国家遗产，但也会存在限制名胜地居民的私有财产权的负面影响。与任何一种文化财相比，名胜是通过有效利用来转变国民对文化财负面影响的最有效的国家遗产。例如天然纪念物，从性质上来说首先要以保护为主，和名胜一样以利用为前提进行管理的方式是不适合的。名胜比起其他文化财其占据面积较大，在实施名胜管理计划时不仅要考虑城市规划还要考虑观光、教育、环境、地区经济等综合问题。在土地利用多样化的现代社会，土地利用的变化极大影响了名胜的保护和管理。因此要分析土地利用变化的频度和增加趋势，个别化地制定名胜土地的变更标准。

韩国现行的“文化财保护法”中将文化财的保护权归属其所有者，并支持对他的维持行为。但是名胜中除了园林以外一般情况下其所有者都是多数人，由于不同所有者其生活和所处立场不同，希望每个人都对名胜进行一贯的保护和管理，这是很难实现的。特别像庭院和公园一类的名胜地，指定其管理机构的过程也各不相同。另外，如果自然名胜所占的面积过于庞大，想要划分一个确切的区域来进行保护也是不太可能的。自然名胜占有较大的面积，其中不仅包括自然环境，还会有造林地、农田、住宅、建筑物、道路、河川、港湾等多样的土地利用类型和地貌混合在一起，也会有同自然公园、国有森林相重合的可能。因此很难指定管理团体对单一的名胜保护区域进行持续的保护和管理。对于具有人为的艺术作品性质的历史文化名胜来说，怎样对其进行保护、修理以及日常的维持管理是很重要的。而自然名胜的管理和保护过程中保护其自然性景观则是一个重要的课题。

韩国的文化财保护区域一般分为“文化财（指定）区域”和“历史文化环境保护区域”。文化财保护区域有时会根据需要在“文化财（指定）区域”和“历史文化环境保存区域”中来设定。对于文化财（指定）区域内部，文化财保护厅厅长可以为了文化财的保护和管理下达土地买入、征用、使用或设施装备等一系列行政命令。在“文化财（指定）区域”外廊界限500米以内的历史文化环境保存区域内，限制一切对景观有妨害的设施物的建设和增设行为。对于历史文化环境保存区域内部的管理，文化财厅厅长则不具有像“文化财（指定）区域”一样的管理权限。对于此区域，文化财厅厅长是不能下达土地买入、收用、使用和设施设置等行政命令。只有在文化财的自然环境和景观有可能发生重大危害时才可下达行政命令。

韩国的文化财包括历史遗迹、名胜、天然纪念物、国宝、宝物等多种类型，应根据不同类型分别设置文化财保护领域。但目前为止大部分文化财领域的划分仍是按照“文化财（指定）区域”和“历史文化环境保存区域”两类来划定。根据“文化财保护法”第90条规定，国家指定的文化财区域外廊界限500米以内，地方自治团体（地方政府、议会）对国家指定文化财景观的影响进行判断后决定是否变更现状。

五、结论

上述对于韩国国家遗产名胜的概念、名胜指定现状进行了分析，并以此为基础对现在韩国名胜管理制度的不足以及今后以利用为前提的名胜管理方案进行了探索。为了更加有效的、合理的管理名胜，拟定名胜保护和管理的实施计划时，依据名胜的价值来探索和制定名胜利用方案并进行实践是非常重要的，同时对于现今世界遗产文化景观管理的发展也有很大的帮助。

首先，在名胜的利用和管理过程中要提高居民对于名胜的开发、利用在内的名胜管理的参与度，要建构使地区居民积极参与和相互配合的管理机构或组织，以此来提升自身对于名胜的管制机能。同时，要持续地探索管控与补偿相结合的方案，通过这样的努力提高名胜指定和管理过程中地区居民的参与度。

其次，名胜作为国家文化财被指定后，要拟定保存与开发利用相协调的名胜管理计划，使要保护的名胜能够积极地被保存，能够被开发利用之处得到最大效率的利用。国家层面需要在以增加居民所得为前提的进行名胜景观各要素的开发利用并积极听取居民意见。名胜的指定和后期管理中，要探索相关方案以引导包括地区居民在内的利益相关者积极参与和协议，来减少与地区居民间的冲突。同时，文化财厅要与地方自治团体及相关机构共同合作开展各种项目来促进名胜的开发和与利用，进而发挥其经济效益。

最后，名胜与其他文化财相比其占有面积大，并以地区为单位来指定和管理。名胜管理过程中要综合考虑城市规划、观光、教育、环境以及地区经济等问题。土地利用多样化的现代社会，现象变更对名胜保护和管理造成多种影响，所以要分析现象变更的频度、增加趋势和个别化标准。与历史遗迹和纪念物一样，名胜与土地或土地状态有着密切关系，因此为了保护名胜，管理机构及所有者应详细地了解土地利用状况维持并管理文化财。

Abstract: In Korea, what is called as *myeongseung*（名勝：명승）is a type of landscape that is designated as a category of national heritage to be protected under the national law, “Cultural Property Protection Law.” The standards by which to determine the cultural value of *myeongseung* are the perspective and aesthetics on the nature and landscape that had been traditionally cherished by those who enjoyed it in the past. In Korea, national and local governments as well as local residents, take the responsibility for the management of *myeongseung* as a national heritage landscape. Local government usually plays the most important role in the management because it understands very well the situation surrounding a particular *myeongseung*. In this paper, the aim is to discuss the management system in Korea that would provide a framework to protect *myeongseung* most efficiently at the same time with the maximum utilization.

Key words: Korea cultural property; myeongseung; management system; protect; utilization

参考文献

[1] 김계식, 2009,"명승 지정현황과 정책방향," 국제학술 심포지엄 명승의 현황과 전망, pp. 446-457.

[2] 김창규, 2013, "문화재법상의 '명승' 개념의 재조명," 법과 정책연구 13(3), pp. 1211-1246.

[3] 김학범, 2009,"한국 명승의 현주소와 과제,"국제학술 심포지엄 명승의 현황과 전망, 문화재청•국립문화재연구소, pp. 354-364.

[4] 김학범, 2012, "명승지정 활성화에 따른 자연유산분야의 발전방향 - 국가지정명승 100 개소 시대의 진입에 즈음하여 -," 자연유산 발전방안 심포지움, 문화재청•(사) 자연유산보존협회, pp. 191- 213.

[5] 류제헌, 2012, "국가유산 명승의 관리체제와 관리과정," 명승 학제간 연구(1 차): 기본방향 설정을 위한 연구, 국립문화재연구소, pp. 131-166.

[6] 류제헌, 2013, "경관의 보호와 관리를 위한 법제화 과정 : 국제적 선례를 중심으로," 대한지리학회지, 제 48 권 제 4 호, pp. 575-588.

[7] 유영석•전종한•류제헌, 2013, "전통 명승의 현재적 재구성에 관한 연구 : 화천 곡운구곡을 중심으로," 문화역사지리학회지 25(1), pp. 99-113.

[8] 이영배•류제헌, 2012, "진정성과 완결성에 기초한 명승 보호구역의 타당성 검토," 문화재 46(3), pp. 32-47.

[9] 이원호, 2011, "명승 보존과 활용을 위한 국제조약 지침적용과 자원조사방법," 韓.中.日 명승 보존과 활용방안 자료집, 국립문화재연구소, pp. 237-259.

[10] 이위수, 2009,"한국 명승의 현황 및 전망,"국제학술 심포지엄 명승의 현황과 전망, 문화재청•국립문화재연구소, pp. 308-320.

[11] 이인규, 2009, "격려사," 국제학술 심포지엄 명승의 현황과 전망, 문화재청•국립문화재연구소, pp. 4-5.

[12] 전종한, 2013, "세계유산적 관점에서 본 국가 유산의 가치 평가와 범주화 연구 : 문화재청 지정 국가 '명승'을 중심으로," 대한지리학회지 48(6), pp. 929-943.

[13] 조아라, 2011, "일본 전통경관의 생산과 변화 : 제도적 변천을 중심으로," 문화역사지리 23(1), pp. 1-25.

[14] 히라사와 츠요시, 2009, "일본의 문화유산인 풍치경관의 보호와 보전 : 특히 그 역사와 '명승'의 보호에 대하여," 국제학술 심포지엄 명승의 현황과 전망, 문화재청•국립문화재연구소, pp. 210-268.

[15] 문화재청 천연기념물과, 문화재대관 천연기념물•명승 Ⅲ : 지형•지질, 명승【M】, 문화재청 : 대전, 2009.

[16] 국립문화재연구소 천연기념물센터, 한국의 명승【M】, 국립문화재연구소 천연기념물센터 : 대전, 2010.

[17] 립문화재연구소 자연문화재연구실, 명승 경관자원 조사연구 DB 구축 : 3 차. 국립문화재연구소 : 대전 ,2010.

[18] 국립문화재연구소 자연문화재연구실, 명승 경관자원 조사연구 & DB 구축 : 4 차【M】, 국립문화재연구소 : 대전 ,2011.

[19] 국립문화재연구소 자연문화재연구실, 명승 경관자원 조사연구 & DB 구축 : 5 차【M】, 국립문화재연구소 : 대전, 2012.

[20] 국립문화재연구소 자연문화재연구실, 명승 경관자원 조사연구 및 DB 구축 : 6 차【M】, 국립문화재연구소 : 대전, 2013,.

［21］ Graham，Brian *et. al.*，*A Geography of Heritage*：*Power*，*Culture and Economy*［M］. London：Arnold，2000.

［22］ Holdway，Edward & Gerald Smart，*Landscapes at Risk?*：*A Future for Areas of Outstanding Natural Beauty*［M］. London：Spon Press，2001.

［23］ Longstreth，Richard（ed.），*Cultural Landscapes*：*Balancing Nature and Heritage in Preservation Practice*［M］，University of Minnesota Press：Minneapolis，2008.

［24］ Mitchell，N.，*World Heritage Cultural Landscapes*：*A Handbook for Conservation and Management*，World Heritage Paper 26［M］，UNESCO World Heritage Convention：Paris，2009.

［25］ Taylor，Ken & Jane L. Lennon（eds.），*Managing Cultural Landscapes*［M］，Routledge：New York，2012.

基于国际文化遗产保护理念的日本文化遗产保护利用及其启示

李艳梅

（故宫博物院）

摘　要：本文从宏观角度对国际文化遗产保护理念下的当代日本的文化遗产保护利用进行考察，并针对日本古迹遗址等文化遗产的保护和利用展开具体案例的分析。在此基础上，探讨其对我国文化遗产保护利用发展路径的启示。本研究旨在为新时期我国的文物保护事业“走出一条符合国情的文物保护利用之路”提供可借鉴的参考。

关键字：文化遗产；保护；利用；借鉴；启示

一、研究缘起

文化遗产是人类文明的物质载体，在人类发展史中，文化遗产的保护与古物收藏活动密切相关，从这个层面来讲，古物收藏可说是人类文化遗产继承和保护的发端。作为文明古国的中国，无论是战国的帛画，还是唐代张彦远的《历代名画记》、明代周嘉胄的《装潢志》，从遗产实物到遗产保护的理论著述都是中国传统的文化遗产保护的最好例证。从数千年连续不断的文明史中，中国形成了具有自己文化特质和价值观的遗产保护理念与体系。1985 年中国加入《世界遗产公约》，标志着中国的文化遗产保护体系与国际保护体系的接轨。对于中国文化遗产的保护而言，三十多年的不懈努力取得成果的同时，也让我们更加清晰地认识到面临的挑战。正如吕舟在《面对挑战的中国文化遗产保护》一文中阐述的那样：“对于中国的文化遗产保护而言，如何看待保护与发展的关系，如何在社会、经济快速发展过程中强调对遗产的保护，使遗产保护更有力地支撑社会、经济的发展，则始终是中国文化遗产保护面临的最根本的挑战。”① 在保护和发展的关系中，文化遗产的保护和利用的矛盾问题，既是当下中国面临的重要课题，也是世界文化遗产保护事业的重要课题。

尽管《保护非物质文化遗产公约》《保护世界文化和自然遗产公约》等一系列国际公约、文件的出台，为文化遗产的保护和利用提供了重要依据，并已融入当今中国的文化遗产保护制度中。“但这些文件里的原则更像是一条条没有给出证明过程的干巴巴公式”②，因此在文化遗产保护利用的实践工作

① 吕舟．面对挑战的中国文化遗产保护［J］．世界建筑，2014（12）．

② ［意］切萨雷・布兰迪著．修复理论［M］．陆地编译．上海：同济大学出版社，2016．

中难免产生误差、不解甚至导致失败。中国在文化遗产的保护和利用方面起步较晚，为了减少遗产保护利用实践中对文化遗产的不利影响，我们还需要向发展较早、较成熟的国家和地区借鉴经验，以“他山之石”来探索和解决面临的课题。

世界各国的文化遗产保护与利用方式因不同的社会背景、遗产类型而各异。日本自古受中国传统文化的影响，作为汉字文化圈的一部分，在文化遗产保护利用领域无论是思维方式还是保护实践，都能为我们提供更直接的经验。而且，日本自明治维新以来百余年的探索经验，使得日本走在了世界文化遗产保护事业的前列，这亦可为我国的文化遗产保护事业的发展带来许多有益的启示。本文尝试从宏观角度对国际文化遗产保护理念下的当代日本的文化遗产保护利用进行考察，旨在为新时期我国的文物保护事业“走出一条符合国情的文物保护利用之路”提供可借鉴的参考。

二、国际文化遗产保护利用的理念

伴随着文化遗产概念的登场，关于文化遗产的保护与利用的探讨就一直是国际社会关注的重要课题。随着社会发展的多样化和矛盾的复杂化，文化遗产保护利用逐渐成为制定国际文化遗产法规的基调。为了理解国际文化遗产保护利用的理念，有必要对国际权威机构出台的国际法规中的相关内容进行梳理。

1931 年在雅典会议上通过的《雅典宪章》作为第一部关于文化遗产保护的国际法规在第七条提出，“保护纪念物和艺术品最可靠的保证是人民大众对它们的珍重和爱惜；公共当局通过恰当的举措可以在很大程度上提升这一感情”。[①] 在文件中虽然没有明确出现利用的问题，但“恰当的举措”表明了国际社会在文化遗产保护事业的初期就已经认识到文化遗产利用的必要性。

1964 年通过的《威尼斯宪章》是二战后，在社会发展日趋复杂的背景下，在《雅典宪章》的基础上进一步完善的又一部文化遗产保护的纲领性文件。宪章第三条提出“保护与修复古迹的目的旨在把它们既作为历史见证，又作为艺术品予以保护”；第四条提出“古迹保护至关重要的一点在于使之永久地保存下去”；第五条提出“而为社会公用之目的的利用古迹永远有利于古迹的保护。因此，这种使用是合乎需要的，但绝不能改变该建筑的布局或装饰。只有在此程度内可考虑或允许因功能改变而需做的改动”[②]。在《威尼斯宪章》的条文中明确把文化遗产利用的程度和范围进行了界定。尽管宪章文件没有涉及如何利用的方面，但宪章首次把文化遗产的保护和利用写入法规中的，明确指出了文化遗产为社会公用的必要性，彰显出对文化遗产利用的肯定态度。

真正关注文化遗产利用的法规，体现在 1981 年通过的《佛罗伦萨宪章》中。《佛罗伦萨宪章》是在《威尼斯宪章》基础上的进一步完善。宪章从第十八条到二十二条将文化遗产利用作为重要部分进行了具体阐述。比如，在二十条，“虽然历史园林适合于一些娴静的日常游戏，但也应该毗连历史园林划出适合于生动活泼的游戏和运动的单独地区，以便可以满足民众在这方面的需要，又不损害园林和

① 陈占祥．雅典宪章与马丘比丘宪章述评［J］．国际城市规划，2009（S1）．

② 徐震，顾大治．“历史纪念物”与“原真性”——从《威尼斯宪章》的两个关键词看城市建筑遗产保护的发展［J］．规划师，2010（04）．

风景的保护。”在这一条文中，非常明确的提出历史园林的保护与民众利用的关系上的处理准则。在二十二条提出“根据季节而确定实践的维护和保护工作，以及为了恢复该园林真实性的主要工作应优先于民众利用的需要。对参观历史园林的所有安排必须加以规定，以确保该地区的精神能得以保护。”①

伴随着文化遗产保护事业的发展，关于文化遗产利用的概念内容、范畴不断拓展和深化。比如，文化遗产的展示、阐释等作为利用手段被写入法规文件。1972 年实施的《保护世界文化和自然遗产公约》（简称“世界遗产公约”）的第四条指出“各缔约国领土内的文化遗产保护、保存和展示是国家的责任”，在第五条要求“各缔约国尽量采取积极有效的措施建立文化遗产的保护、保存和展示的机构，配备适当的工作人员和为履行其职能所需的手段；伪保护、保存和展示采取这类遗产所需的适当的法律、科学、技术、行政和财政措施；促进建立或发展有关保护、保存和展示文化遗产的国家或地区培训中心，并鼓励这方面的研究”②。1990 年颁布的《考古遗产保护与管理宪章》中第七条提出“展示和资料信息应被看作是对当前知识状况的通俗解释，因此，必须经常予以修改。它应考虑到了解过去的其他多种方法。”③ 1999 年的《国际文化旅游宪章》中，“向游客或东道主社区解释并展示东道主社区历史遗址、物品、收藏或活动有形和无形的价值和特点，包括研究工作”。《关于文化遗产地的阐释与展示宪章》则更详细的对文化遗产利用中“阐释”进行解释，“指一切有潜力提高文化遗产地的公众意识与理解的活动，阐释进程的本身也是阐释内容的一部分”④。对“阐释”的界定与解释，实际上是对文化遗产利用的进一步深化与扩展。

不仅如此，在完善和发展的过程中，还提出了公众参与的理念。1987 年通过的《华盛顿宪章》中首次提出了“居民的参与对保护计划的成功起着重大的作用，应加以鼓励；历史城镇和城区的保护首先关系到他们周围的居民”。在宪章第十五条提出“为了鼓励全体居民参与保护，应为他们制订一项普通信息计划，从学龄儿童开始”⑤。由此，社区参与的理念导入遗产保护制度中，并肯定了其在遗产利用中的重要性。1999 年颁布的《巴拉宪章》，在第十二条提出“应该提供给人们参与一个地方的保护、阐释和管理的机会。这个地方对于他们具有特殊的关联，而他们对这个地方也具有社会的、精神的或其他文化的责任。”⑥《巴拉宪章》是在《威尼斯宪章》基础上，结合澳大利亚本国的遗产保护实际对文化遗产的利用做出了较为具体的界定。针对文化遗产保护与利用的问题，在宪章第三条中提出“保护建立在尊重现存构造、利用、关联和意义的基础上，它要求一种最为必要，但是尽可能少的做出改变的谨慎方法”，又在稍后的第二十三条，“对一项重大的利用进行延续、修改或恢复原位可能是合适的，甚至可以称为更受欢迎的保护形式”。《巴拉宪章》中提出保护和利用的关系是，“保护建立在尊重利用的基础上，谨慎的利用可以成为一种保护。”⑦ 这一理念不仅为其本国的文化遗产保护提供了具体有效的指导，同时也为 ICOMOS 各国家委员会为针对本国具体情况制定文件提供了借鉴与参考。

---

① 傅岩，石佳．历史园林："活"的古迹——《佛罗伦萨宪章》解读［J］．中国园林，2002（03）．
② 郭玉军，唐海清．文化遗产国际法保护的历史回顾与展望［J］．武大国际法评论，2010（S1）．
③ 郭玉军，唐海清．文化遗产国际法保护的历史回顾与展望［J］．武大国际法评论，2010（S1）．
④ 郭玉军，唐海清．文化遗产国际法保护的历史回顾与展望［J］．武大国际法评论，2010（S1）．
⑤ 郭玉军，唐海清．文化遗产国际法保护的历史回顾与展望［J］．武大国际法评论，2010（S1）．
⑥ 王世任．保护文物古迹的新视角——简评澳大利亚《巴拉宪章》［J］．世界建筑，1999（05）．
⑦ 王世任．保护文物古迹的新视角——简评澳大利亚《巴拉宪章》［J］．世界建筑，1999（05）．

旅游作为文化遗产利用的重要途径，旅游最早在1962年《关于保护景观和遗址的风貌和特征的建议》文件中提到。在第四十条建议“校外公共教育应是新闻界、保护景观和遗址或保护自然的私人组织、有关旅游机构以及青年或大众教育组织的任务。”[①] 1968年通过的《关于保护受公共或私人工程危害的文化财产的建议》第三十条中提出“教育机构、历史和文化协会、与旅游业有关的公共团体以及公共教育学会应制订计划，宣传因为目光短浅的公共或私人工程对文化财产所带来的危险，并强调这样一个事实，即保护文化遗产的项目有助于国际相互了解。”[②] 文化遗产保护事业发展到20世纪中期，旅游与保护的问题已经被国际组织和机构广泛关注，成为促进文化遗产保护与发展的重要课题。

由此可见，文化遗产保护与利用的问题始终伴随着文化遗产保护事业的发展，影响和制约着各种国际法规文件的出台。从这些国际法规条文的阐述的变化中看到文化遗产保护与利用的关系以及国际社会在遗产利用方面秉承的理念。对于文化遗产的利用，由“适当的举措”到民众积极参与的动态演变，利用方式由单一逐渐扩展到展示、阐释、旅游等多元化，对利用的态度变得越来越积极。可以说，文化遗产保护与利用的矛盾关系越来越被看作是密切关联的互惠共生关系，尤其是，面对保护中资金财政等现实，文化遗产保护与利用的关联性越来越紧密。

三、日本的文化遗产保护利用

1. 日本文化遗产保护利用的概述

日本在明治维新以来一百多年间，文化遗产保护制度从无到有，并逐渐形成了较为完善的法律体系。在明治初期受明治维新、文明开化、神佛分离令的影响，废佛运动以及当时因社会动荡造成的经济困境，给保存有历史古物和建筑的寺庙带来了严峻考验。在这一背景下，1871年，颁布《古器旧物保存法》、1880年颁布了《古社寺保存内规》，1888年设立了“临时全国宝物取调局”。在这些法律的基础上，1889年颁布了《古社寺保存法》。按照《古社寺保存法》对寺庙的限定，当时受到法律保护的仅有44栋。但在这样的法律引导下，保护意识逐渐增强，到1929年颁布的《国宝保存法》将保护对象扩大到城郭、住宅，作为国宝建筑物的数量增加到845件1081栋。作为日本文化遗产保护事业的萌芽期，从制度上体现了文化遗产保护已经由单一开始向多元过渡。[③]

二战后，日本文化遗产保护进入发展的重要时期。1950年颁布《文化财保护法》，是日本文化遗产保护领域第一个全面的国家法律，它涵盖了国宝保护法、重要美术品等的保护法规，以及历史古迹、天然纪念物的保存法，还进一步增加了保护的对象范围。尤其1965年的民居调查、1975年的近代寺庙调查、1988年的近代化遗产调查、近代和风建筑调查，为建筑遗产的不断扩充、日本文化遗产保护制度的修订奠定了基础。那些具有地方特色的、具有现代风格的建筑遗产也开始被关注。1996年，日本还将欧美的文化遗产登录制度引入《文化财保护法》中，并根据文化遗产保护的实际进一步修改和完

① 郭玉军，唐海清．文化遗产国际法保护的历史回顾与展望［J］．武大国际法评论，2010（S1）．

② 郭玉军，唐海清．文化遗产国际法保护的历史回顾与展望［J］．武大国际法评论，2010（S1）．

③ ［EB/OL］http：//www. bunka. go. jp.

善了法律条文。2004 年，再次修改的《文化财保护法》导入文化景观、民间技术的相关保护制度，并对登录制度进行了扩充。日益完善的《文化财保护法》涉及到文化遗产保护事业的方方面面，对文化遗产的保护利用也根据遗产类别进行了明确具体的界定。

根据《文化财保护法》中对其文化遗产的分类，日本的文化遗产种类有六大类①，分别是有形文化遗产（物质文化遗产）、无形文化遗产（非物质文化遗产）、民俗文化遗产、纪念物、文化景观、传统的建筑物群，另外，文化遗产保护技术、埋藏文化遗产也被列入法律。1996 年“登录制度”的导入，为文化遗产保护利用的多样化、灵活发展提供了重要依据。登录制度与指定制度相互参照，相互补充，更有利于日本文化遗产利用领域多元化、多样化发展。

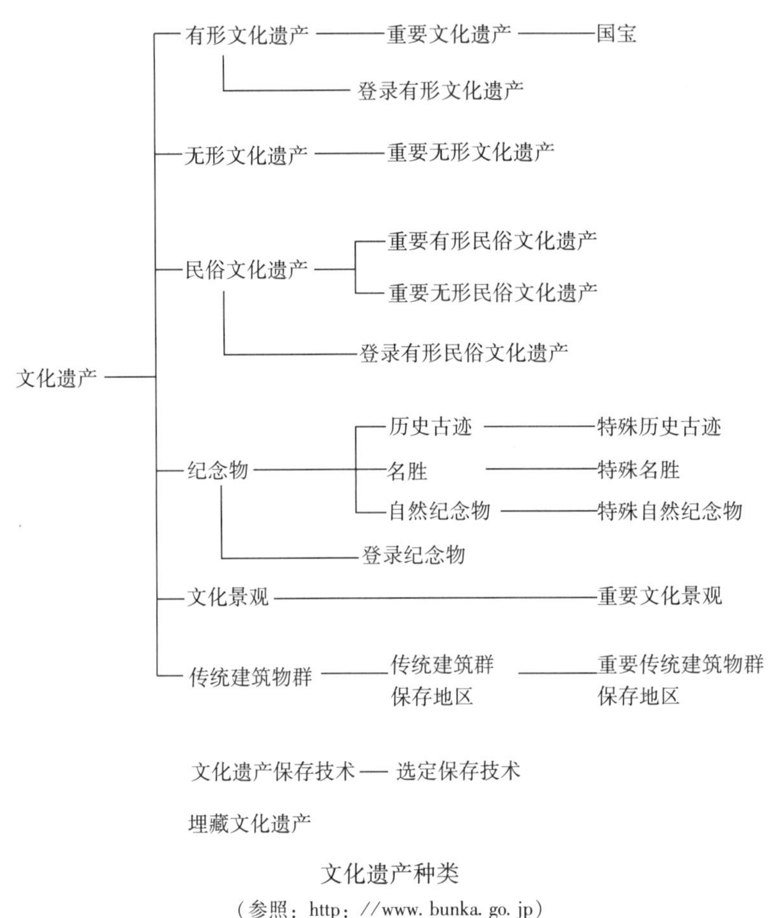

文化遗产种类
（参照：http：//www. bunka. go. jp）

2. 各类型文化遗产保护利用的考察

有形文化遗产涉及的门类很多，受限于篇幅，本文以建筑物为对象进行重点考察。针对国宝、重文的建筑遗产的利用，其原则是通过维持遗产本来的功能、用途加深对文化遗产的理解，同时，附加新的功能和用途为感受文化遗产的魅力提供更多可能。提高保护意识、持续地维护管理是遗产利用持续发展的前提。在这样的保护利用理念和原则的指导下，根据各自不同建筑遗产的特征、条件、问题等实际情况，制定具体详细的利用方案。比如，东京都内高岛屋东京店，作为重文建筑遗产，实际利

① ［EB/OL］http：//www. bunka. go. jp.

用中保留并延续了其作为百货店的功能，同时考虑到现代生活需求，在其他地方另建停车场、事务所等配套设施，在追求风格样式统一的同时，还对建筑进行了抗震改修。同样是重文遗产的福冈"旧福冈县公会堂贵宾馆"是1910年举办第13届九州冲绳八县联合共进会时接待来宾用的宾馆，是一座法国文艺复兴风格的木结构建筑。如今建筑遗产作为城市公园的一部分在市民日常休闲生活中被持续利用，建筑经过整修，内部复原了明治风格旧貌，同时还增设了游戏室和餐饮区以方便现代市民。登录有形文化遗产的种类涵盖住宅、店铺、工场、桥、隧道、大坝、烟囱等非常广泛的建筑类型，并且以每年数百件的速度不断增多。对于如此多样化的登录建筑遗产的利用，各地区职能部门和社会力量以及公众的参与，让遗产资源在地区活动、事业发展和观光旅游等多领域得到有效利用。比如，1922年在冈山建的日本银行冈山支行，作为日本大正时期优秀的历史建筑，经过整修保留了原来的银行营业厅的空间格局和氛围，又从功能上将其拓展为多功能大厅，每年以多种形式接待上万人。

相对于有形文化遗产，包括无形文化遗产在内的其他遗产类型，在保护和利用上更为灵活，保护利用的关系更密切。从这些遗产写入法律的历史背景、遗产资格认定标准来具体分析就会发现，遗产价值的认定起到了关键作用。比如在1975年，《文化财保护法》导入了传统建筑物群的保护制度。当时的日本，在战后土地过度开发，再加上高速经济增长中城市开发的无序现状，很多传统民居开始锐减，历史感的街道和乡村景观正在逐渐走向消失。在这种背景下，各地市民开始呼吁对民居等传统建筑进行保护。经过调查，按照日本文化价值标准对这些传统建筑进行价值评估和认定后，原本是普通的民居等传统建筑，在当时特定的社会发展阶段需求认定为文化遗产，并在修订的《文化财保护法》中，对传统建筑物群的认定、管理、保护、利用都做了详细的规定。在这一理念和原则指导下，各地区、各所有者以及社区民众依法参与到当地文化遗产的保护和利用中，文化遗产保护事业从国家职责逐渐转变成了全民运动，遗产保护的意识成了日常习惯。

3. 文化遗产保护利用的新趋势

在文化遗产利用方式上，除了旅游、媒体宣传等传统模式外，近几年产业化、信息化的趋势更加明显。众所周知日本是文化产业强国，但文化遗产的产业化发展不同于文化产业的是文化遗产的开发利用前提是保护。这一时期的保护，不仅仅指对遗产的修复和管理，在数字时代，产业化的开发利用还扩展到对文化遗产信息、数据的保护。这与旅游带来的矛盾问题类似，并随着数字技术的飞速发展矛盾问题日趋严峻。根据笔者的实地调查，以有形文化遗产中的美术作品为例，利用目的的不同采取的原则和措施是有明显差别的。比如，同样作为国宝的美术品，以学术研究为目的的利用，在遗产保护条件允许的情况下，首先根据利用者研究的价值和利用方式来判定是否可以给予利用许可。在得到许可的前提下，考虑到遗产的保护，会对利用的时间、环境、计划、参与人员等具体细节展开讨论，制定具体的利用实施方案。相对而言，以学术研究为目的的利用是比较容易得到支持的。而以经济商业为目的的利用，得到利用许可就比较困难。即便在博物馆等机构的商店里可以看到高仿的印刷品，但对高仿品的尺寸等要素还是有严格的限定的。而数据信息方面，对原大1∶1的信息数据的管理也非常严格。由此可见，面对不同目的的利用申请，保护是根本原则，在这一原则下谨慎地采取不同措施是较为普遍的做法。但这并不意味着日本在文化遗产数字化发展中是滞后的，相反，从20世纪90年代开始，日本就已着手开展文化遗产数据化的工作。近年来，借助数字科技的创新研发也备受世界各国关注。比如，被认为是日本漫画鼻祖的国宝《鸟兽人物戏画》，这是一幅白描作品，其图案曾在1977年、1990年两度被制作成邮票。2016年参照《鸟兽人物戏画》制作的热播动漫短剧《战国鸟兽戏画》一度成为日本年轻人的热门话题。今年2月，一组以《鸟兽人物戏画》里的动物为原型的立体创意产品推出，并以低于5千日圆的价格发售。当下，大数据思维下，二维的绘画遗产的利用方式已经突破原有平面化单一的模式，趋向多维、立体的发展，这一新趋势给文化遗产保护利用开启了科技化、数据化的新路径。

四、“他山之石”的启示与思考

中日两国的文化遗产的相似点很多，有不少具体案例值得借鉴和参考。同时，为了探索一条符合中国国情和文化遗产民族特征的保护利用之路，还需结合我国的实际情况在具体层面上展开深入研究。现阶段，围绕我国社会、经济发展中面临的根本挑战，从宏观视角分析和借鉴经验对于当前中国文化遗产保护利用更具现实意义。

1. 国际保护框架下日本文化遗产制度对我国文化遗产保护利用的启示

中国是文化遗产大国，文化遗产种类丰富、数量众多。在经济高速发展的当下，面对发展与保护、保护与开发、利用等众多尖锐地矛盾问题时，制度的滞后性成为阻碍文化遗产事业的重要因素之一。日本的文化遗产指定和登录并存的遗产保护制度给我们带了重要的启示。

登录制度作为一项文化遗产保护制度，在世界许多国家广泛采用，联合国教科文组织对“世界文化和自然遗产”也是采用此制度。通过对日本文化遗产登录制度的考察可以看出，它与指定制度相比，优势体现在登录制度可以对大量的、多样化的文化遗产进行登记注册，并以法律手段来约束对其管理、保护、修复、开发、利用、重建等行为。尤其是公众身边存在的文化遗产的登录，能极大地激发公众的保护意识，而且登录文化遗产价值的专业化认定还有利于提升公众审美，自觉参与到文化遗产的保护利用工作中。从实际效果来分析，对于登录的遗产来说，能有效地起到保护、监督、利用的作用。文化遗产登录后，无论是整修或者拆除都必须向有关部门申报，国家或地方政府就可以采取相应的保护措施避免破坏。鉴于此，针对我国现阶段制度滞后性的现实问题，在进一步完善法律法规的同时，有必要适时引入登录制度，针对我国文物保护的需求制定相应的多样化保护制度，采取多种保护制度并行的措施，这将会成为构建中国特色的文化遗产指定、登录保护制度的必经之路。

2. 从文化遗产保护与利用的关系本身思考文化遗产保护利用的启示

“真实性”是文化遗产保护的一项基本内容，最早是18、19世纪在欧洲被提出，并影响了欧洲文化遗产保护理念的形成。在《威尼斯宪章》中明确提出了文化遗产的真实性保护理念，但在国际学术界始终存在争议。论证的原因之一在于文化价值标准的多样性和不统一性。日本在1994年提出《奈良真实性文件》，在文件中明确指出真实性并不是遗产的价值，从世界文化和文化遗产的多样性分析，固定而统一的真实性评价是不可能存在的。这也就更容易理解，1996 年日本导入登录制度、采取多样化的保护制度的做法。在这样的保护理念和保护制度下，文化遗产保护与利用的关系趋向灵活多样化、民族特色化的良性循环发展，同时，文化遗产的价值得到重视，有效地调和了文化遗产保护利用的矛盾问题。

日本在上世纪 90 年代的尝试和举措给我国的文化遗产保护事业的发展带来一些参考和启示。尽管一系列的国际公约和文件的出台为文化遗产的保护与利用提供了重要依据，但世界各国的文化遗产保护与利用方式因不同的社会背景、遗产类型、文化特征而不同，因此，在我国文化遗产保护利用的实际工作中，生搬硬套国际法或他国经验是不可行的。现阶段，对我国的文化遗产保护而言，面临的最根本的挑战是如何看待保护与发展的关系问题、是社会经济快速发展与遗产保护利用如何良性循环发展的问题。针对这一矛盾问题，只有立足本民族的文化遗产保护现状，充分认识到文化遗产的价值所在，才能从根本上解决文化遗产保护与利用的矛盾问题。

另外，国际文化遗产保护框架下，日本灵活多样的保护利用方法，尤其是近年来呈现的新趋势，给大数据时代的中国提供了重要的参考。文化保护与利用是动态发展的共生关系，国际法规中对利用的界定和认知不断演变，今后的遗产保护中，不能单一地认为两者关系的矛盾性，尤其是随着文化遗产增多、资金不足等现实问题的出现，文化遗产的保护对利用的依存程度将会不断提高。因此未来文化遗产保护不能简单地否认利用的价值和作用，而应该在深度和广度上探讨利用的方式、方法、准则，根据实际情况谨慎应对。

3. 国际文化遗产保护框架下的“中式”文化遗产保护利用的思考

近年来随着中国国力的增强和国际地位的提升，在文化遗产保护中发挥的作用也越来越明显。比如，2014 年以来，中国在丝绸之路申报世界遗产过程中发挥的促进作用，体现了中国在文化遗产保护中跨国界、跨民族的大国意识和理念，以实际行动告诉世界，文化遗产的保护事业是人类共同的事业。同时，中国提出了“一带一路”的战略发展构想，让丝绸之路遗产的保护成为地区发展战略的一部分。作为世界文化遗产的丝绸之路已不再仅是由遗迹和古建筑组成的文化遗产，已被赋予更多社会可持续发展的涵义。

文化遗产的保护利用体现着怎么看待历史和未来的观念问题，已远远超越遗产保护自身的范畴渗入到社会、经济发展中，怎样发挥文化遗产保护的作用，保护和挖掘文化遗产的价值，用于造福人类文明，是中国文化遗产保护进一步发展不得不思考的问题。作为当今世界文化遗产保护发展最迅速和活跃的国家，中国在探索和解决自己面临的课题的同时，让国际文化遗产保护的理念、法规中有中国的声音。文化遗产的保护利用绝不能教条得套用国际法规、他国法规来指导中国的文化遗产保护与利用。

日本百余年的发展过程中，不仅积极导入欧美的制度；还根据本国遗产保护实际对国际保护理念、法规提出了日本思维下的解释；对文化遗产的价值的重视和评价彰显了日式文化价值的标准和立场等，这些都值得学习并引发更多地思考。

Japanese Cultural Heritage Protection and Utilization and its Enlightenment: based on the concept of international cultural heritage protection

Abstract From a macroscopic perspective, this paper investigates the protection and utilization of contemporary Japanese cultural heritage under the concept of international cultural heritage protection, and gives analysis with some specific cases. On this basis, this paper discusses its enlightenment to the development of China's cultural heritage protection and utilization. The purpose of this study is to provide a reference for China's cultural relics protection in the new era.

重塑工业时代的身份与记忆

——国际工业遗产保护更新理念与实践探索

王　晶

（中国文化遗产研究院）

摘　要：国际工业遗产保护委员会（TICCIH）成立于1978年，长期致力于推动工业遗产的保护与研究，通过搭建世界范围内工业遗产保护平台，不断强化社会对工业遗产价值的认知，推广保护理念、提升保护实践，从而达成工业遗产保护的国际共识。TICCIH通过编制工业遗产保护的纲领性文件、出版工业遗产学术期刊以及召开国际工业遗产会议等措施，深刻影响了国际工业遗产保护理念的发展。此外，TICCIH还与世界遗产的相关机构合作进行了一系列工业遗产突出普遍价值的专项研究，增加了工业遗产价值的认可度，扩大了工业遗产的影响力，并在工业遗产项目列入世界文化遗产的实践过程中发挥了重要作用。

关键词：国际工业遗产保护委员会TICCIH；工业遗产；保护；利用

一、国际工业遗产保护理念发展

1978年国际工业遗产保护委员会（The International Committee for the Conservation of the Industrial Heritage，以下简称TICCIH）的成立，标志着工业遗产的保护迈上了全球化合作的道路。工业遗产保护的对象开始由工业纪念物扩展到工业遗产，保护工作也从各国的自发状态逐渐成为国际上的共识。

以工业遗产为对象的研究与保护活动开始于英国的“工业考古”研究。“工业考古一说最初是由迈克尔・里克斯（Michael・Rix）在20世纪50年代提出……”① 1955年，英国伯明翰大学的迈克尔・里克斯发表名为《工业考古学》② 的文章，呼吁应保存英国工业革命时期的机械与纪念物。文章指出，英国作为工业革命的发祥地，很多工业用地都是串联重要历史事件的遗迹，但是除了一些博物馆中保存的片段外，大批工业遗迹被毁掉而没有留下任何记录。“工业考古学”强调对工业革命与工业大发展时期的工业遗迹和遗物加以记录和保存，这一学科使人们萌发了保护工业遗产的意识。之后，美国学者D・B・斯塔曼1952年所撰写的《布鲁克林桥的重建》一文，正式提出“工业遗产”的保护。

---

① Stuart B. Smith. Industrial Archaeology and TICCIH, Growth//Decline and Recovery, Edited by Gyorgyi Nemeth, Komarom Press, Komarom Hungary: 43 – 44.

② Michael Rix, Industrial Archaeology, 1967, Historical Association.

TICCIH 以工业考古学为理论基础，长期开展工业遗产保护理论政策研究及全方位的实践探索。编制了《下塔吉尔宪章》、《都柏林宪章》等一系列国际工业遗产保护的纲领性文件，建立工业遗产保护讨论阵地 - TICCIH 公告、成立了分管运河、铁路、纺织业、煤矿和有色金属矿场等工业遗产分委会。TICCIH 先后召开了十七届工业遗产保护三年会议及若干中间会议、以及开展钢铁、纺织类工业遗产等多项专题研究并出版工业遗产保护利用专著等，TICCIH 不断深化国际社会对工业遗产价值的认知，传播推广工业遗产保护的原则及方法，探索工业遗产与当代社会可持续发展融合的道路。

1.1 工业遗产保护纲领性文件 - 《下塔吉尔宪章》

2003 年 7 月，TICCIH 在俄罗斯下塔吉尔市通过了用于保护工业遗产的国际准则——《关于工业遗产的下塔吉尔宪章》①，该宪章得到 ICOMOS 的认可，并由联合国教科文组织最终批准。宪章中指出“为工业活动而建造的建筑物、所运用的技术方法和工具，建筑物所处的城镇背景，以及其他各种有形和无形的现象，都非常重要。它们应该被研究，它们的历史应该被传授，它们的含义和意义应该被探究并使公众清楚，最具有意义和代表性的实例应该遵照《威尼斯宪章》的原则被认定、保护和维修，使其在当代和未来得到利用，并有助于可持续发展。”

《下塔吉尔宪章》作为 21 世纪初制定的一份有关工业遗产保护的纲领性文件，系统、深刻地阐释了工业遗产保护的意义与基本方法，是对开展工业遗产保护工作影响深远的一份文件。《下塔吉尔宪章》涉及的工业遗产保护内容十分广泛，它既是国际上有关工业遗产形成共识的重要标志，同时也可以成为新世纪有关工业遗产研究与保护的一份行动纲领。宪章阐述了工业遗产的定义、价值，以及认定、记录和研究工业遗产的重要性，并就立法保护、维修保护、教育培训、宣传展示等方面提出了原则、规范和方法的指导性意见。宪章中的这些内容将为未来的工业遗产研究与保护工作指明方向。

1.2 国际工业遗产期刊

梳理近年来国际上涉及工业遗产保护和更新的研究文献，我们可以看出当前的工业遗产保护和更新的研究总体越来越趋向综合。工业遗产的研究经历了由重视工业建筑单体到重视工业生产整体环境，由重视物质实体到重视工业遗产与社会经济文化等相关因素的互动机理，由单学科研究到多学科综合研究的转变。

TICCIH 的研究对这种变化趋势起到了重要的影响。TICCIH 主要的研究阵地是其每年 4 期的期刊《国际工业遗产委员会通讯》(TICCIH Bulletin)，提供给世界各地的工业遗产相关学者或机构进行最新的信息沟通和成果交流。自 1998 年创刊开始，截至 2018 年 8 月，《国际工业遗产委员会通讯》已发表了 80 期。该期刊发表了国际工业遗产委员会各个成员国的工业考古、工业遗产保护、宣传、教育等相关研究人员的最新研究成果，包括“视角观点”“各地新闻”“报告”“国际视野”“会议报道”“相关事件”以及“出版信息”等板块，是掌握国际工业遗产保护研究信息的重要出版物，也是 TICCIH 在国际工业遗产概念理论探讨与实践经验交流方面最重要的阵地。

---

① The Nizhny Tagil Charter for the Industrial Heritage, July, 2003, http://www.mnactec.cat/ticcih/.

1.3 国际工业遗产研讨会

TICCIH 的成员来自世界各地，他们开展了大量本国家或地区的有关工业遗产调查和研究活动，推动了全球范围内工业遗产的保护工作，促进了工业遗产保护理念的迅速普及。自成立起，TICCIH 确保三年举办一次工业遗产保护大会，为这些致力于工业遗产保护工作的成员提供了互相熟悉和交流的平台。目前该会议已在法国、比利时、西班牙、美国、加拿大、希腊、奥地利、英国、俄罗斯、芬兰等多个国家召开，随着这一系列会议的举办并形成一定规律，各国成员广泛交流了工业遗产保护更新的最新研究成果，同时 TICCIH 也借助这样的机会逐渐发展壮大，为工业遗产的保护提供国际化的参考和指导。

在每次大会间隔期间，TICCIH 还会召开一系列的中间级会议和专题会议，强化这一会议的研究功能并介绍最新的国际研究趋势。为了更全面地把握近年来国际学界对于工业遗产保护更新研究的趋势，笔者分别选取了在匈牙利和芬兰召开的两次国际工业遗产研讨会，对于会议情况以及其中所体现出的工业遗产研究特点加以介绍。其中，匈牙利会议聚焦重工业遗产，以“转变中的经济结构——挑战中的工业遗产”为主题探讨了特定遗产类型与区域的发展；而 2010 年的芬兰“工业遗产再利用”则代表了工业遗产保护利用与城市发展关系日益密切的趋势。

1.3.1 匈牙利重工业遗产主题会议

1999 年 9 月，TICCIH 在匈牙利召开国际会议，会议主题是“转变中的经济结构——挑战中的工业遗产”。该会议主要关注中东欧地区的重工业（冶金、煤矿业）遗产。以遗产类型的拓展带动地区工业遗产的发展。同时，此次会议也是欧洲将工业遗产保护拓展到中东欧地区国家的一次尝试。

由于政治体制的突变和经济结构的调整，低迷的经济形势和大规模私有化的冲击，中东欧地区的采矿和冶铁遗产，尤其是 20 世纪的遗产，并没有被上升至文化遗产的高度。在这样的社会背景下，匈牙利工业遗产国际会议成为重申工业遗产在欧洲整体文化遗产中重要地位的一次重大事件。会议倡导：无论是在法国还是匈牙利，在俄罗斯还是美国，工业文明在整个人类文化中所占的比重和价值仍然需要得到体现和捍卫。为了这一目标而努力宣传的人同样需要获得认可与支持。

目前，我们仍处于经济结构经历深刻调整时期，对于工业特别是重工业遗产的价值认识在很多地区仍然存在偏差，我国的很多重工业遗产仍然面临很多的威胁，对于重工业遗产的保护与展示水平也亟待提高。虽然匈牙利的工业遗产保护仍有一些不尽如人意的地方，但 1999 年的匈牙利工业遗产会议对于加强 TICCIH 与匈牙利工业遗产国家委员会之间的关系，提高匈牙利工业遗产在世界范围内的影响以及工业遗产保护在中东欧地区的关注度起到了直接的推动作用，这也正是总结一次 20 世纪末的工业遗产会议的意义所在。

1.3.2 芬兰坦佩雷工业遗产保护国际会议

2010 年 8 月 TICCIH 联合国际技术史委员会（ICOHTEC）[①] 与国际联合劳动博物馆协会

① The International Committee for the History of Technology History.

(WORKLAB)① 在芬兰城市坦佩雷联合主办题为“工业遗产再利用（Reusing the Industrial Past）”的国际工业遗产联合会议。

此次会议确定的主题非常广泛，包括正在运转的工业遗产、工业遗产面临的挑战、工业遗产的社会历史、工业遗产的技术发展、工业化和去工业化的环境发展以及工业博物馆和工业记忆等。可以说会议主题尽可能涵盖了工业遗产保护及更新的各种方式方法，同时还鼓励与会者从不同学科、不同角度对工业遗产进行研究和解读，如社会文化、区域和环境问题等。会议代表了当前国际工业遗产前沿研究理论，同时对于工业遗产在世界遗产语境下的价值框架以及世界范围内的工业遗产专项研究提出了建议。

会议主要以分时段、分专题的方式组织交流讨论，来自欧洲、美洲、亚洲等的近 40 个国家和地区的 300 余位代表进行了充分交流和讨论。讨论地点主要集中在芬兰坦佩雷大学和旧工业厂房改建而成的芬雷森劳动博物馆②。会议涉及社会学、历史学、建筑学、环境学等十余个学科专业，在已确定的七个会议主要议题的框架下，延伸出 83 个讨论专题，在 7 天的讨论时间中每天进行 10 组平行讨论，最终形成了近 250 个主题演讲和近 30 幅展示海报。

此次联合会议的主题“工业遗产再利用”是一个宽泛的概念，从适应性的再利用到整体翻新修复，都可以成为工业遗产再利用的方式。与国内目前比较关注保护已废弃的老工业核心区，并着重赋予其新的功能相比，国际上的工业遗产保护领域已经在此基础上延伸出了很多更加广泛的主题和内容。与会代表普遍认为，工业遗产的保护和再利用并不只限于物质实体和空间的保护利用，而展示老工业和手工业技术、流程以及各种产品、揭示过去的工业社会历史可能更为重要。同时，出于对能源和环境的保护而在工业生产的历史中寻找新能源的再利用和替代技术也成为对工业遗产再利用的目的和意义之一。

其中，日本作为亚洲工业遗产研究开展较早的国家在此次会议上展示了多项研究内容。日本的工业遗产研究从不同的学科视角、内容分类等方面都进行了专门的研究，例如在科技史方面对于日本早期金、银矿技术发展历史的关注，这与日本世界遗产项目“石见银山文化景观”的列入有密切的关系。还有关于日本福冈丝绸业发展的专项研究，包括日本福冈丝绸工业遗产与日本工业化转变的关系、丝绸工厂建筑研究以及福冈丝绸工厂的阐释等案例。

此次联合会议采取了会场讨论和实地参观的方式，与会代表们除了在会场内部交流各国工业遗产保护研究状况外，会议还组织各国代表们参观了大量的芬兰工业遗产，并进入一些正在生产或对外开放的厂区进行亲身体验。

二、国际工业遗产保护实践探索

TICCIH 以开放、融合和探索的态度在国际工业遗产保护理念的发展方面起到了极大的推动作用。而这种理念的不断进步和影响力的不断扩大，在国际工业遗产保护的实践方面最突出的体现就是工业遗产项目的价值认知在世界遗产语境下不断得到深化，世界遗产中的工业遗产逐渐成为一项专门的遗

① The International Association of Labour Museums.

② The Finnish Labour Museum Wertas.

产类型，它的申报和保护也日趋成熟。1999 年，担任 TICCIH 常务秘书长的 Stuart B. Smith 先生在介绍工业考古与该委员会的情况时指出，“每次大会都会完成《转变及国家报告》。……TICCIH 与 ICOMOS 形成了必要的联系，并向 ICOMOS 建议具有工业特性的潜在世界遗产提名。

2.1 世界遗产中的工业遗产

1994 年，世界遗产委员会提出《均衡的、具有代表性的与可信的世界遗产名录全球战略》，工业遗产是其中特别强调的遗产类型之一，还委托 ICOMOS 进行了几项专项调查和研究，包括 1996 年的“国际运河遗产名录”“世界遗产桥梁”1999 年的“作为世界遗产地的铁路（Railways as World Heritage Sites）”2002 年的“国际煤矿研究（The International Collieries Study）”等。2005 年，世界遗产委员会根据世界遗产名录上存在的地理和主题的不平衡问题，制定了“全球战略——盖普报告”①，工业遗产便是目前欠缺的遗产领域之一，其他欠缺的领域还有文化景观和 20 世纪的遗产。“由于公约早期存在着偏向欧洲的现象，而之前也有观点认为‘世界文化遗产的普遍性价值标准似乎与人类文化的多样性不相容’。……因此，现在这种更全面的新态度如果得以保留和延续，世界遗产名录将吸收人类成果的所有精华，逐渐形成合适的文化和地理维度。”② “盖普报告”确定了世界遗产名录在未来将要进行扩展的三个内容框架，即拥有不同文化遗产类别的类型学框架、拥有以时间和空间范围内的世界文化遗产为目标的编年－地区框架以及拥有不同的遗产主题框架。

“盖普报告”的类型框架明确指出了“农业、工业和技术遗产”这一文化遗产类型，并确定了此类遗产的具体内容，即在此框架下的“文物”包括工厂、桥梁、水利管理系统（堤坝、灌溉系统等），“建筑群”包括工业和农业聚居地，“遗址”则包括工业和农业景观、矿厂及矿冶景观、运河、铁路等等。可以说，工业遗产的大部分遗产构成均包括在“盖普报告”的扩展内容中。“世界遗产委员认为过去的 200 年工业技术扩张在全球有着非凡的意义，并有强烈的意愿提高全人类对此意义的认识。‘文化’不仅是美学欣赏，现在人们开始意识到文化需要向人类各方面的成果敞开怀抱，这其中工业发展是绝对的主角。”

世界遗产委员会对工业遗产认识的变化以及“盖普报告”对工业遗产入选《世界遗产名录》的影响能够从历年入选《名录》的工业遗产数量上体现出来。截止至 2011 年，《世界遗产名录》中收录的遗产总数为 936 项，其中 183 项为自然遗产，725 项为文化遗产，28 项为混合遗产③。根据世界遗产中心的报告，列入世界遗产名录中的工业、技术文化遗产共有 54 项④。

图 1 统计分析了 1978 年—2011 年每年工业遗产入选世界遗产名录的数量，从中可见 1978 年（第一批世界遗产名录公布时间）至 1991 年的十四年，进入名单的文化遗产中只有 9 处与工业有关。且 1979 年、1981 年、1983－84 年、1989－1991 年都没有类似的工业遗产入选；1992 年后，几乎每一年

① Filling the gap－an Action Plan for the Future，02/2004“世界遗产名录，填补空缺 —未来行动计划”报告。

② Henry Cleere. The industrial heritage in the World Heritage Convention ，Decline and Recovery，edited by Gyorgyi Nemeth，Komarom Press，Komarom，Hungary：35－41.

③ http：//whc. unesco. org/.

④ 根据 http：//whc. unesco. org/，2011_Industrial and Technical Heritage _26－08_complete［1］文件整理。

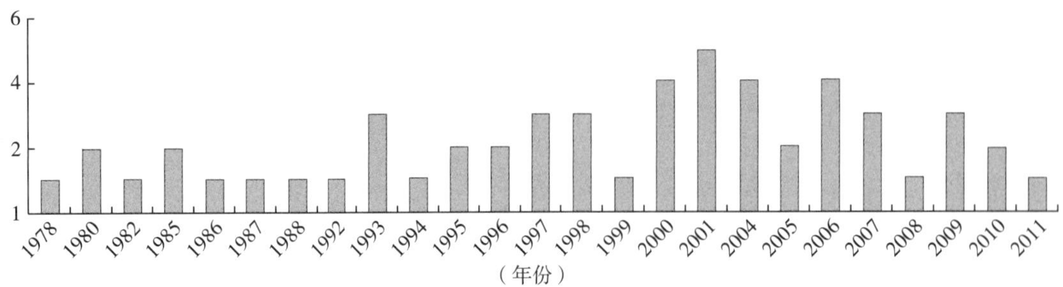

图1 1978年—2011年每年工业遗产入选世界遗产名录数量统计

均有与工业、技术相关的遗产入选。特别是在1995年世界遗产委员会实施推动旨在平衡遗产名录的全球战略后，工业遗产的数量较之前总体有较大增加。

从54项入选《世界遗产名录》的工业遗产地区分布来看，其中有38项遗产位于欧洲国家，占遗产总数的70%，超过了其他地区数量的总和。这与世界遗产委员会希望构建一个平衡、可信的《世界遗产名录》的目标不甚一致。

在这54项工业遗产的入选《名录》原因及使用标准分析中，使用包含标准ii（重大影响）、标准iv（建筑或技术范例）的已入选工业遗产共28项，其中单独使用标准ii（重大影响）或标准iv（建筑或技术范例）入选《名录》的工业遗产共12项。这一点显示出世界遗产委员会对工业遗产在建筑、技术、城镇规划或景观设计方面突出成就的认可，但认定标准的雷同也使得入选的工业遗产可能存在着类型趋同的倾向。

2.2 工业遗产专题研究

从2005年开始，TICCIH成为世界遗产委员会指定的咨询机构之一，与ICOMOS共同承担对世界工业遗产项目的鉴定、评审任务，现在已成为世界遗产委员会选择、鉴定世界工业遗产项目的国际工业遗产保护权威机构。

TICCIH针对煤矿工业、老铁路、纺织业和“工业城镇”等专项研究作为背景资料辅助ICOMOS评估和世界遗产委员会决策。可以说，目前，TICCIH这些专项研究的成果已经为世界遗产委员会认可，并逐渐体现在世界遗产名录中。

上文对于世界遗产名录中工业遗产的工业类型分析显示，目前矿冶类相关遗产、水利水运（含运河）遗产以及交通设施类遗产数量较多，所占比例较大。这一现象与TICCIH针对不同类型的工业遗产进行的专项研究有密切的联系。

为了准确的寻找和评价全球范围内具有突出普遍价值的工业遗产，ICOMOS寻求与TICCIH合作，后者为前者提供在工业遗产研究和评价方面的专业咨询。“目前，针对煤矿工业、运河遗产、古桥梁、老铁路和‘工业城’的研究现已完成。其他的同类主题研究正在进行中，研究对象包括因特拉迪亚有色金属矿场、发电、纺织和食品生产。”[①] 这些专项研究的功能是作为背景资料辅助ICOMOS评估和世

① Henry Cleere. The industrial heritage in the World Heritage Convention , Decline and Recovery, edited by Gyorgyi Nemeth, Komarom Press, Komarom, Hungary: 35 -41.

界遗产委员会决策。专项研究会指出某一遗产的大致分类，为世界遗产名录的提名提供参考。TICCIH 矿业部显示，1999 年制定的“国际煤矿研究”① 分别促成了 2000 年威尔士布莱纳文煤矿区和 2001 年德国关税同盟煤矿工业群列入世界遗产名录，并由此终止了煤矿业在工业遗产名录中始终未得到充分认可的现象。可以说，目前，TICCIH 这些专项研究的成果已经为世界遗产委员会认可，并逐渐体现在世界遗产名录中。

由此可以看出，针对工业遗产不同类型开展专题研究可以成为寻求工业遗产类型平衡、增加工业遗产入选世界遗产名录的一项重要手段。按照 TICCIH 规定，工业遗产中的工业部门分类主要可以划分为能源动力、矿冶、纺织、钢铁、机械工程、制造工业（含食品、玻璃、皮革、纸张、木材）、化学、铁路、运河、海上运输、通信、水力以及其他等主要类别。对于我国来说，无论从与国际研究发展趋势衔接的角度，还是出于我国自身的工业遗产资源分类需要，按照工业行业划分领域，进行工业遗产分类资源调查、研究都是工业遗产保护的基础工作。在此之上的分类评估、制定相应对策才能真正做到有的放矢，逐步增加工业遗产在我国世界文化遗产中的比重，平衡工业遗产的类型，构建更为平衡、可信的世界遗产名录。

三、工业遗产与当代社会的可持续发展融合之路

工业遗产作为工业社会鲜明的身份印记与时代特征，是一个区域工业文明最直观的物质载体和独特的资源禀赋。通过对工业遗产的保护和活化利用可以引起当代社会对工业文化价值的觉知和工业社会亲历者的身份认同。TICCIH 致力于推介各国工业遗产保护和活化利用的优秀案例，并为各成员国的工业遗产保护政策和经验交流搭建平台。同时，TICCIH 通过合作进行专项研究、制定近期行动计划，不断加强与 ICOMOS 的密切合作以扩大工业遗产的影响力和宣传范围，并建议成立 ICOMOS 下属的工业遗产科学委员会。

工业遗产的保护和活化利用是工业文化身份与记忆的重塑过程，是工业遗产与当代社会可持续发展的融合的过程，同时也是探索符合中国国情的文物保护发展之路的过程。

① Stephen Hughes, The International Collieries Study, A Joint publication with TICCIH.

外国文物进出境管理特色及对我国的启示[①]

彭　蕾
（中国文化遗产研究院）

摘　要：我国的文物进出境管理制度和法规体系已基本建成，但是在机制、机构、人才等方面的仍存在一些问题。文物资源在促进市场繁荣、旅游、对外文化交流甚至国家外交中均起到重要作用、已经成为世界公认的战略性资源，世界上许多国家，不论是通常意义上的文物出口国还是文物进口国，为了保护本国文物资源，保障本国文化安全，防止本国文物的流失，同时为解决文物在国际间非法流转所带来的种种法律的、经济的、社会的、乃至道德的问题，都纷纷通过建章立制力图对文物进出境进行科学管理，逐渐形成了自己的管理特色，各国也同时存在一些共通之处，比如管理事权在中央。我国文物进出境审核机构是国家文物局指定在各口岸实施进出境审核管理的单位，具有较强的专业性和独立性，可借鉴上述国家文物进出境许可集中管理模式，结合中国国情和工作实践，探索实施垂直管理体制改革，以期优化文物进出境管理体制，走出一条具有中国特色的文物进出境管理之路。

关键词：文物进出境；审核机构；垂直管理

一、我国文物进出境法规制度建设

2002 年《文物保护法》修订，成为新时期我国文物工作的基本依据，该法专设“文物出境进境”章节，确立了现行文物进出境管理的基本原则和制度，加强了文物进出境审核机构的组织建设和专业人员的培养、考核、资质管理。2003 年《文物保护法实施条例》出台，对文物进出境审核机构、责任鉴定员、审核程序等做了详细规定，包括文物进出境审核机构的职能、人员构成和审核程序，文物出境展览的审批时限、限制和禁止性规定，以及对文物进出境标识的保护性规定等。

2007 年文化部公布《文物进出境审核管理办法》，是根据 2002 年《文物保护法》及其《实施条例》制定的部门规章，对我国文物进出境审核管理做出了全面规定。一方面将文物进出境审核机构定位为文物行政执法机构，依法独立行使职权。对其工作人员的任职资格、任职限制和岗位职责做出了详细规定。另一方面，对文物进出境审核管理范围进行了调整，与 1989 年的《文物出境鉴定管理办法》相比较，增加了 1949 年以后的内容，同时加大了对近现代文物和民族民俗文物的保护力度。值得一提的是，该办法还特别规定了在“文物进出境审核机构审核文物过程中，发现涉嫌非法持有文物或

---

① 本文系国家文物局“文物进出境法规建设及管理制度研究”项目部分成果。

文物流失问题的，应立即向公安机关和国家文物局报告”（第 15 条）。这反映出进出境审核工作在打击文物犯罪、防止文物流失、流失文物调查追索方面的积极作用，同时也体现了文物部门和公安部门在文物保护工作中的联动性。

2007 年国家文物局颁布《文物出境审核标准》，将此前国家文物局陆续颁发的一系列关于古生物化石、古籍图书、古建筑构件、建国后已故著名书画家作品限制出境等方面的规定一并收纳其中。该标准规定以 1949 年为主要标准线，还有 1911 年、1966 年两个年限标准。

国家文物局于 2005 年 5 月公布《文物出境展览管理规定》，对国家及省级文物行政部门、国家文物局指定的从事文物出境展览的单位、境内各文物收藏单位在境外举办各类文物展览作出规范，涉及国家及省级文物行政部门的相关职责、文物出境展览的审批和结项、出境展览文物的出境及复进境、文物出境展览的展品安全、文物出境展览人员的派出，以及罚则。

国际法方面，1989 年 9 月 25 日，国务院批复接受《关于禁止和防止非法进出口文化财产和非法转让其所有权的方法的公约》（简称“1970 年公约”）；1997 年，国务院批准加入《国际统一私法协会关于被盗或者非法出口文物的公约》（简称“1995 年公约”）；1999 年 10 月 31 日，第九届全国人民代表大会常务委员会第十二次会议决定我国加入《1954 年海牙公约》及其《议定书》。并且在“1970 年公约”的框架下，我国积极与美国、瑞士、意大利、印度、秘鲁等 20 个国家签署了“防止盗窃、盗掘和非法进出境文化财产”的政府间双边协定。这些加入的国际公约和签署的双边协定，都已经成为中国特色的文物进出境管理法规体系的重要组成部分。体现了中国防止文物非法国际转移的一贯思想。在保护本国文物，防止非法出口的同时，也关注他国文物的非法进口，担起一个文物大国应有的国际责任。

此外，其他一些部门法也对文物进出境问题作出了相应规定。比如《中华人民共和国海关法》（2014）中第 40 条明确规定“国家对进出境货物、物品有禁止性或者限制性规定的，海关依据法律、行政法规、国务院的规定或者国务院有关部门依据法律、行政法规的授权作出的规定实施监管。”

据此，海关应对对于禁止或限制进出境的文物实施依法监管。海关总署第 43 号令发布的《中华人民共和国禁止、限制进出境物品表》已于 1993 年 3 月 1 日起施行，其中将“珍贵文物及其它禁止出境的文体”列入禁止出境物品，将“一般文物”列入限制出境物品。

二、我国文物进出境管理现状及存在问题

（一）管理现状

国家文物进出境审核工作由国家文物局负责，指定文物进出境审核机构承担文物进出境审核工作。根据《文物进出境审核管理办法》，文物进出境审核机构由国家文物局和省级人民政府联合组建，属行政执法机构。目前，我国共有 21 个国家文物进出境审核管理处，分别位于内蒙、辽宁、北京、天津、河北、河南、山东、山西、陕西、上海、江苏、浙江、安徽、湖北、福建、广东、云南、四川、西藏、海南和重庆。①

① 2017 年设立国家文物进出境审核海南、重庆管理处，2018 年上半年国家文物局开始指导两个管理处正式开展文物进出境审核工作，但因工作刚刚启动，此处暂不做具体分析。

根据调查，文物进出境审核管理机构的性质主要有以下三种：

1. 拥有独立法人地位的事业单位。北京、广东、浙江、福建、安徽、河南、山西、四川、西藏等9家管理处为所在省级文物（文化）行政部门的直属处级事业单位，有独立的编制和财权。

2. 挂靠省级文物（文化）行政部门下属事业单位。天津、上海、陕西、辽宁、河北、江苏、云南、山东、内蒙古等9家管理处挂靠于所在省级文物（文化）行政部门下属的省文保中心、省博物馆、鉴定中心，与所挂靠事业单位合署办公，没有独立法人地位、编制和财权。

3. 挂靠省级文物（文化）行政部门。湖北管理处由湖北省文物局的安全鉴定处兼任，没有独立法人地位、编制和财权，工作人员编制身份为公务员。

文物进出境审核机构的人员配置参差不齐，70%以上的机构为5－10人，少部分分别为5人以下或10人以上。鉴定人员主要是专职人员，其中9家审核机构的鉴定人员还存在兼职人员。各地文物进出境审核机构的责任鉴定员人数为2－11人不等。

国家文物进出境审核机构除了承担文物进出境审核工作，90%以上还同时承担国有馆藏文物鉴定、定级、征集和涉案文物鉴定、拍卖标的审核等相关工作。各单位每年开展的进出境审核工作量随地域不同显示出较大差异，大致可分为四个梯度：第一梯度为90－100次，如上海、广东管理处；第二梯度为30－50次，如天津、江苏等管理处；第三梯度为10－30次，如辽宁、浙江、福建、河南、陕西管理处；第四梯度为0－10次，如内蒙、河北、四川、西藏、云南管理处。

（二）存在的问题

1. 主体地位不明确

文物出境许可被设定为国家文物局的行政许可事项之一，文物进出境审核机构作为文物出境许可的实施主体，其法定地位究竟是“法定的行政机关”、“被授权的具有管理公共事务职能的组织”还是“被委托的行政机关”（《行政许可法》规定三类许可实施主体）一直未得到明确。主体地位不明确使得各审核机构的工作实际上处于名不正言不顺的尴尬境地，随着依法行政要求的不断提高，此问题还将会引发更多的管理问题。

2. 工作职责不清

按照相关法律规定，文物进出境审核机构的主要工作职责是对进出境文物进行审核，但由于各审核机构主要依托省属文博机构组建，因此还承担所在省的博物馆文物藏品定级管理、涉案文物司法鉴定、文物拍卖标的审核、民间收藏文物鉴定服务等多项工作，繁多的工作头绪一定程度上影响了文物进出境审核工作的严谨高效。

3. 人员编制紧张

按照《文物进出境审核管理办法》的规定，每项文物进出境审核工作至少要有三名专职鉴定人员参加，而我国文物通常分为有书画、青铜器、玉器、陶瓷器、杂项五个大类别，因此每个审核机构至少有15名专业人员才能较好地开展业务工作，而目前独立审核机构的编制普遍短缺，挂靠事业单位的审核机构编制多被挤占。

4. 经费保障不足

虽然各文物进出境审核机构都是财政全额拨款，但这种拨款一般仅限于人员基本经费，地方财政多数不设立专项工作经费，而中央财政的业务补助经费也非常有限，这就直接造成了审核机构业务经费紧张，多数机构在工作用车、鉴定设备、办公设备、审核数据处理设备等设备配置方面条件很差，人才培养和科研经费也明显不足。

5. 人才流失严重

由于文物进出境管理体制不顺，审核机构地位不明。国家文物局只对各审核机构进行业务管理和指导，无法直接开展人事和财务管理，而各省文物行政主管部门认为各审核机构主要承担的是国家文物局职能，对审核机构的工作重视不够，造成文物进出境审核机构对专业人才的吸引力不大，专业人才流失严重。

通过统计发现，多数文物进出境审核管理机构存在责任鉴定员人数不足现象。在所有进出境审核管理处中，有5名以上责任鉴定员的审核管理处仅为13家，有9处的责任鉴定员专业方向不齐全，分别为辽宁、北京、河北、河南、山西、江苏、福建、陕西、西藏管理处。所有管理处都面临着人才短缺现象，无法做到每个专业方向同时有2名责任鉴定员的工作要求，存在一定法律风险。为了满足工作的开展，还需聘请兼职人员、临时人员参与鉴定工作。对于个别人才资源较为短缺的省份来说，人员不足的问题尤为突出。

三、他国文物进出境管理制度概览

（一）英国

1. 英国文物进出境管理相关机构

（1）文化、媒体及体育部（Department for Culture, Media and Sport）

英国政府部门之一，主管国家文化、媒体及体育事业发展工作，工作目标是保护英国文化和艺术遗产，通过投资创新帮助文化、媒体及体育领域相关企业成长，使英国在全球文化、经济竞争中获得独特优势。下设43个办事处和公共机构，其中负责文物进出境管理工作的机构为英格兰艺术理事会（Arts Council England）以及艺术品和文物出境审议委员会（Reviewing Committee on the Export of Works of Art and Objects of Cultural Interest）

（2）英格兰艺术理事会（Arts Council England）

英格兰艺术理事会由文化、媒体及体育部资金和国家福利基金扶持，致力于发展国家文化、艺术事业。其主要工作是使艺术、博物馆和图书馆文化成为日常公共生活的重要组成部分；根据国家音乐教育计划和文化教育计划建议，定制一系列针对性节目，提高音乐和文化教育的标准、覆盖面和可持续性；保护文化财产，协助进行文化财产出境管控，提供资金和可行方案将重要文化财产留存于英国境内，供公众欣赏，并根据实际需要发布文物进出境管理工作指导性文件。英格兰艺术理事会下设的出境许可处（Export Licensing Unit）代表英国国务大臣负责发放文物艺术品出境许可证。

（3）文物艺术品出境审议委员会（Reviewing Committee on the Export of Works of Art and Objects of Cultural Interest）

文物艺术品出境审议委员会于1952年在威弗利委员会的基础上成立，是非政府部门咨询机构，主要职责是依据2002年《出境管理法》，为文化、媒体及体育部就文物艺术品出境提供政策建议，就防止重要文物艺术品流失出境的特殊财政支出为财政部提供建议。委员会拥有8名常任委员，由文化、媒体及体育部大臣直接任命，均为相关领域专家。

2. 英国文物出境管理制度

（1）文物出境许可证

根据英国法律规定，任何文物从英国出境到欧盟其他成员国或非欧盟地区，无论临时还是永久出境，都需要申请对应的出境许可证，经过一系列审核后，文化、媒体及体育部大臣会根据文物艺术品出境审议委员会建议决定是否准许出境，若准许出境则由出境许可处（Export Licensing Unit）发放由文化、媒体及体育部大臣签发的出境许可证，文物方能出境。目前英国的出境许可证分为开放许可证（Open Licence）和特定出境许可证（Individual Export Licence）。

如果低于特定年限及价格的文物（某些特殊藏品及特殊价值物品除外）出境，可直接申请开放许可证。超过特定年限和价格的文物，无论临时出境还是永久出境，都必须申请特定出境许可证。临时出境的还要提供有效担保，保证出境期满后文物能完好返还，临时出境许可证最长时限为3年，期满可申请延期，最长延期3年。对于某些特殊的珍贵文物，临时出境许可证只针对因外出展览出境文物发放，最长时限为3年且不可延期，并且在期满返回英国后在英国境内停留满3年才能再次申请临时出境。

（2）文物出境许可证签发期限

如出境申请人能提供申请出境文物在过去50年内合法入境证明，且该文物未超过特定年限和价格，出境许可证通常可在5个工作日内发放。否则，出境许可处会在收到申请后的5个工作日将出境申请转交专家顾问（Expert Adviser）审查该文物是否具有国家重要性，并要求专家顾问在15个工作日内给予回复。专家顾问认为可以出境的，文物出境申请人将在28个工作日内获得出境许可证。如果专家顾问认为文物具有国家重要性，出境许可处会暂停发放文物出境许可证，并将文物出境申请提交文物艺术品出境审议委员会，进一步审理。委员会通过威弗利标准（Waverley Criteria）判断文物是否为国宝，标准包括该物品是否与历史和国家生活息息相关；是否具有杰出的美学价值；是否对特殊类别的艺术和学习以及特殊时期历史的研究具有显著意义，只要满足其中一条，便认为是国宝，审议结果呈送文化、媒体及体育部，由该部大臣最终决定是否立即发放出境许可证。

（3）对国宝文物出境的限制措施

如果文化、媒体及体育部大臣根据文物艺术品审议委员会建议作出延迟出境决定，则该文物出境申请进入延迟期（deferral period）。国内公共机构及个人买家在延迟期内享有该文物的优先购买权，以期文物能留在国内。为保障文物所有人利益，文化、媒体及体育部大臣会首先根据审议委员会建议为被延迟出境文物制定“公平市场价格（fair Market Price）”，若所有人接受，则估价与文物信息一并公布，在延迟期内等待收购；若估价不被所有人接受，则出境申请即被拒绝。延迟期限由审议委员会根据物品价值、募集资金难度等方面因素决定，通常为3至6个月，个别会延长至12个月。

在延迟期内，若收到来自国内公共机构或个人买家的明确购买意向，出境申请将被拒绝并等待收购。文物所有人可自主选择买家，如果选择公共机构，政府会考虑免除其文物交易所得税，同时相应降低收购价，减轻公共机构压力；如选择个人买家，没有免税特权，并且个人买家要向文化、媒体及体育部大臣承诺保护文物及每年不少于100天的公共展出。

若无购买意向，该文物将再进入2至6个月不等的分期延迟期（'Split deferral' period）继续等待收购，如最终仍无人收购，出境许可处必须发放出境许可证。

（4）海关目的地证明查询权

根据2003年的《文物出境（管理）命令》，海关享有目的地证明查询权，即如果认为必要，任何携带文物出境的人都应该在海关税务司规定时间内提供货物运送目的地证明，如无法提供将被控有罪，缴纳一定罚款。

3. 英国文物进境管理制度

（1）进境许可与税收

在英国，文物艺术品进境不需要申请进境许可证，且从欧盟成员国进境至英国可免除纳税，但从非欧盟成员国进境须缴纳文物总价值5%的增值税，如果携带入境者可提供有效文件证明该文物的历史距进境日期已超过100年，可以直接免除消费税。对于为展览等目的临时进境文物，持有英国海关税务总署发放的临时许可（Temporary Admission）可免税。

（2）文化机构购买及借展文物进境管理规范

英国博物馆、图书馆、档案馆和画廊等文化机构一致认为应详尽调查文物来源。对于已达成购买或借展意向的文物，首先应确定该文物来源地国，以及其何时以何种方式离开了来源地国或中转国。英国认定的合法来源文物共三类，一是1970年之前已入境英国的文物，且不存在非法从来源地国出境的可能性；二是1970年之前已从来源地国出境，其后合法入境英国的文物；三是1970年后仍在来源地国，其后合法出境的文物。

因在借用他国文物进境临时展览的情况下，存在文物所有权争议的可能，为避免被英国法院没收，除确定文物来源合法，未违反进出境限制外，还应确保文物来源于英国境外，为非英国居民所有，是因参加由文化、媒体及体育部批准的博物馆或美术馆临时展览而入境，且在展前根据规定将文物信息公开。

（3）特殊情况下文物进境管理

根据《文物交易犯罪法案》，通过认定“污点文物”并限制其进境，有效打击文物非法贸易，保障文物流失国权益。

2003年《伊拉克（联合国制裁）命令》（The Iraq（United Nations Sanctions）Order 2003）第8条规定禁止进境非法转移的伊拉克文化财产，其中非法转移文化财产特指自1990年8月6日起从伊拉克非法转移的历史、文化及考古学类文化财产；2014年《出口管制（叙利亚制裁）命令》（The Export Control（Syria Sanctions）（Amendment）Order 2014）第11c条规定执行与叙利亚文化财产相关物品的贸易制裁，对违约行为制定了新的罪行和处罚，禁止整个欧盟进境非法转移的叙利亚考古、历史、文化及宗教性质的文化财产，除非提供有效证据证明文化财产是在 2011 年 3 月 15 日之前从叙利亚合法出境。

（二）德国

1. 德国文物保护机构

各州通过法律或法规指定的负责文化财产保护与管理文化财产交易的主管部门。联邦文化和媒体最高管理局是负责欧盟成员国之间联系和协作的中央机构。

管理委员会，联邦和各州共同成立，由两名联邦文化和媒体最高管理局的代表和每个州各一名代表组成。其主要职责是协调各州管理，决定国家珍贵文化财产名录公布的基本原则，决定共同程序的基本原则，以及联邦与各州之间的协作。此外，管理委员会还为联邦文化和媒体最高管理局提供门户网站运营方面的咨询。

海关部门在其权限范围对文化财产的进出口进行监管，并将其在监管职责范围内所收集信息提交给主管部门。

2. 德国文物出境管理制度

如果德国的《文化财产保护法》或其他法规，尤其是欧盟法律文件中没有禁止或限制的，文化财产可自由出境及流通。

（1）禁止出境文化财产

下列情况下禁止出口文化财产：已启动国家珍贵文化财产登录程序但尚未做出最终决定的文化财产；非法进口的文化财产；做了保证的文化财产；因非法进出境被扣留的文化财产。

（2）国家文化财产暂时性出境许可

国家文化财产暂时性出境的（即出境时间少于 5 年），所有人或其委托的第三人必须向文化财产所在地的最高州立机关申请授予出境许可。申请人为拥有多个地址的法人，则其位于德国境内的主要地址为受理地。申请人能保证出口的文化财产将完好无损且在限期内返回德国境内的才会被授予许可。通过胁迫、贿赂或舞弊手段，或通过错误或不完整的信息骗取的许可无效。

文化财产暂时性出境的，管辖的最高州立机关可在文化财产保管单位提出申请的情况下授予其有时间限定的一般许可，并可附加条款，这种许可被称为一般性公开许可。一般性公开许可的有效期不得超过五年。授予前提是该机构定期将其部分藏品进行临时性公开展出、修复或研究。申请人还必须提供保证，出口的文化财产将完好无损且在规定的期限内回国。

另外，文化财产定期暂时性出境的，管辖的最高州立机关可依所有者或法定直接占有人申请，授予其有时间限定的、针对特定文化财产的许可，就是特殊公开许可。特殊公开许可的有效期不得超过五年，授予的前提是该文化财产会在国外被反复利用或展出。并且申请人还要保证出口的文化财产将完好无损且在规定的期限内回国。

（3）国家文化财产长期性出境许可

国家文化财产长期性出境的（即出境时间大于 5 年），所有人或其委托的第三人必须向联邦文化和媒体最高管理局申请授予出境许可。在联邦文化和媒体最高管理局决定之前，须听取负责的最高州立机关和专家委员会的意见。通过胁迫、贿赂或舞弊手段，或通过错误或不完整的信息骗取的许可无效。如果在法律上或经相关当事人确认，属于1933年1月30日至1945年5月8日期间被纳粹从其原所有者手中夺走并且可能会出口到德国境外的文化财产，则将对其授予许可，以便能将其归还给在德国境外生活的在世原所有者或其继承者。登录的文化财产在出境之后由负责的最高州立机关将其从国家珍贵文化财产名录中撤销。

但是在个别情况下，如果认为长期性出境会对德国文化财产所有权益产生重大影响，禁止长期性出境。拒绝授予长期性出境许可的，联邦文化和媒体最高管理局通知所属的最高州立机关在州文化基金会的组织管理下，权衡各方利益，12个月内公布德国境内适合保存该文化财产的保管机构的条件。文化财产保管机构可向所有者发出购买报价。参与的联邦和州立机关将设法确保购置资金到位，所有者可在6个月内接受报价。若购买不成立，可在上一次出境申请提出五年后重新提交出境申请。

（4）其他文化财产出境

达到一定价格和年限的文化财产出境，必须依法申请许可。比如，德国文物经销商和文物收藏者如果要将历史超过50年，价格超过15万欧元的绘画作品出口至欧盟以外的国家，必须获得政府批准并获得相应许可证。经销商如果将历史超过75年，价格超过30万欧元的绘画作品出口到其他欧盟国家，也必须获得政府签发的许可证。最高州立机关在收到完整申请材料后的10个工作日内做出是否授予许可的决定。对于只是在德国境内留存两年以下的文化财产出境，如果不是非法进境的，可不必申请许可。

属于教会或宗教团体法人的国家文化财产临时出境的，由教会或宗教团体在管辖的最高州立机关同意的情况下授予许可。属于教会或宗教团体法人资产文化财产永久出境的，仅需听取相关教会或宗教团体法人的意见，无需听取管辖最高州立机关和国家委员会意见。

3. 德国文物进境管理制度

（1）禁止进境文化财产

根据德国《文化财产保护法》，禁止进口下列情况的文化财产：

a. 被欧盟成员国或缔约国（除德国外受联合国教科文组织公约约束的其他国家）归类或定义为国家文化财产，并在违反其国家文化财产保护法规的情况下被带出境的文化财产；

b. 违反欧盟已公布生效的关于限制和禁止文化财产跨境转移的法案而被带出境的文化财产，法案生效之前已合法留存在德国境内，并且没有违背欧盟相关法案规定的除外；

c. 违反海牙公约议定书第1节第1项规定在武装冲突时被带出境的文化财产。在武装冲突时为免受威胁而暂时寄存在德国境内保管的文化财产除外。

（2）非法进境文化财产

在违反联合国教科文组织公约、欧盟法规等文化财产保护法规的情况下将文化财产带出境的，违反《文化财保护法》禁止进境规定的，以及违反了德国其他相关法规的文化财产进境行为被认为非法进口。

如果文化财产的来源地属于现今的多个国家并且没有明确其归属，按照其中任何一个相关国家的法律属于无出口许可的情况下被出口，即视为非法出口。

（三）日本

1. 日本文物进出境管理相关机构

在国家层面，文化厅具体负责日本文化财保护工作，文化厅直属文部科学省，其职责、组织机构在《文部科学省设置法》《文部科学省组织指令》《文部科学省设置法实施规则》中有明确规定。文化厅设置文化部和文化财部两个部门。文化财部中设部长、文化财监查官各一人，下设传统文化科、美术学艺科和纪念物科和建筑物参事官。这三个科室和一个参事官共同承担文化财的保护职责。比如日本的古书画出口，向美术学艺科提出申请，该部门负责审核。在各科和参事官室又分别配备了负责专业领域的文化财调查官，从事由国家指定、选定文化财等工作，也负责向地方政府进行指导、建议等。

地方层面，1977 年（昭和五十二年），所有的都道府县都设置了文化艺术、文化财专管科，大部分市镇村设置了文化财专管负责人，部分设置专管科。

2. 日本文物出境管理制度

（1）国宝或重要文化财

在日本，重要文化财原则上禁止出口，除非文化厅厅长出于国际文化交流或其他特殊需要的考虑，认为确有必要，并发放出口许可书，才可以出口。

国宝或重要文化财出口的，出口许可申请者应向文化厅厅长提交许可申请书，申请书中应记载以下事项：国宝或重要文化财的名称及件数；指定日期及证书编号；有管理团体时，其名称、办公场所地址及代表者的姓名；重要文化财等出口许可申请者的姓名或名称及地址，或法人的法定代表人姓名；出口事由；出口的时期或期限；出口时的运送方法；出口后的展览会等的主办者、名称、会场及会期；对出口后的展览会等的管理方法；进行出口及展览会等时的相关保险事项；对出口后的展览会等的安防措施；其他可参考事项。国宝或重要文化财出口的许可申请书的附件应包含如下文件：国宝或重要文化财的照片；出口后的展览会等的概要及会场图纸；与出口后的展览会等主办者的协议；有资料可充分证明需要出口的理由时，附上该资料；重要文化财等出口许可申请者并非所有者时，附上所有者的承诺书；有管理团体时，如重要文化财等出口许可申请者并非管理团体，附上管理团体的承诺书；其他可参考资料。

未经文化厅厅长许可而将重要文化财出口的，将被处以五年以下有期徒刑或拘役、或者一百万日元以下罚金。

（2）重要有形民俗文化财

经文化厅厅长许可，取得出口许可书后，重要有形民俗文化财才能出口。重要有形民俗文化财出口的，出口许可申请者应向文化厅厅长提交许可申请书，申请书中应记载以下事项：重要有形民俗文化财的名称及件数；指定日期及证书编号；有管理团体时，其名称、办公场所地址及代表者的姓名；重要有形民俗文化财出口许可申请者的姓名或名称及地址，或法人的法定代表人姓名；需要出口的理由；出口的时期或期限；出口地及接收者的姓名或名称及住址，或法人的法定代表人姓名；出口后使用保管等情况的计划概要；其他可参考事项。重要有形民俗文化财许可申请书的附件应包含如下文件：重要有形民俗文化财的照片；有资料可充分证明出口理由的，附上该资料；重要有形民俗文化财出口许可申请者并非所有者时，附上所有者的承诺书；有管理团体时，如重要有形民俗文化财出口许可申请者并非管理团体，附上管理团体的承诺书；其他可参考资料。

如果未经文化厅厅长许可而将重要有形民俗文化财出口的，将被处以三年以下有期徒刑或拘役、或者五十万日元以下罚金。

（3）登录有形文化财

在将要出口登录有形文化财时，行为人应至少提前30天按文部科学省令向文化厅厅长提交申请。文化厅厅长从保护登录有形文化财的角度考虑认为确有必要的，可就该登录有形文化财的出口事宜，给予必要的指导、建议或劝告。

属于各省厅长官管理的重要文化财或重要有形民俗文化财、以及登录有形文化财或登录有形民俗文化财出境前，各省厅长官应事先通过文部科学省大臣征得文化厅厅长的同意。

3. 日本文物进境管理制度

根据《文化财非法进出口管控法》，当接到缔约国的博物馆、公共纪念馆或类似机构文化财产被盗的通知后，日本的文教科技部便会按相关规定将上述被盗文化财产指定为“特定外国文化财产”。任何人意图进口特定外国文化财产的，都应取得官方的进口证书，当然这种情况下，证书几乎不可能颁发。该法规定被盗的外国文化财产所有人自文化财产被盗之日起10年内可申请返还，突破了《日本民法典》中有关追索被盗财产2年的时效规定。但是，如果被盗的外国文化财产已经在进口日本后被指定为“特定外国文化财产”，上述的10年有效期便不得适用。如果该文化财产得以返还，原所有人应向善意购买人补偿购买价金。

（四）韩国

1. 韩国文物保护相关机构

（1）国家机构

1962年韩国在制定文化财保护法的同时设立文化财管理局，1990年文化财管理局改制并升格为文化财厅（相当于国家文物局），隶属于中央政府文化观光部。文化财厅分为预算法律制度检查局；政策局，下设政策科、无形文化财科、发掘科、安全科；保存局，下设保存政策科、古都保存科、有形文化财科、天然纪念物科、修理技术科；活用局，下设活用政策科、宫陵文化财科、国际协力科、近代文化财科、世界遗产科、文化遗产培训科。另外还有一个人事科，一位发言人。另外还设立了国立文化财研究所等6个研究所以及针对各个大型露天有形文化财，像宫殿、楼阁、陵墓等而设立的20多个管理所，韩国传统文化学校及韩国传统文化研修院等2所培训机构以及独立运营的中央故宫博物馆。

（2）文化财鉴定官室

韩国最初于1968年2月在金浦和釜山机场设立“文化财鉴定官室”（相当于中国各地的文物进出境审核管理处），以后逐渐在其它对外开放口岸如机场、港口和南北出入境事务所等地增设。文化财鉴定官室依法负责全国文物出境的鉴定审核工作，依据工作量配备数量不等的文化财鉴定官。2007年1月，各地文化财鉴定官室统归文化财厅，隶属文化财厅安全科直接领导，经费和物资由文化财厅统一拨付。

根据现行《文化财保护法》为防止非法输出文化财及向国外输出动产，文化财厅厅长可在《航空法》第2条第7号规定的机场、《航空设施法》第2条第3号规定的机场、《港湾法》第2条第2号规定的贸易港、《关税法》第256条第2项规定的通关邮局等地配置文化财鉴定官，针对以上情况执行鉴定工作。文化财鉴定官属于专业任期制国家公务员，根据工作业绩及安全科名额，合同最长为5年。文化财鉴定官的职责是对出境物品进行文物鉴定及确认；监视并防止文物非法出境；文物非法出境宣传；相关机关业务协助（比如搜查要领培训等）。此外，文化财鉴定官还会定期对海关人员和社会公众进行培训，培训计划会在年初公布。

文化财厅对鉴定委员的文化素养、专业水平要求很高。成为文化财鉴定官需要经过文化财厅严格的考核选拔，文化财鉴定官候选人需满足以下其中一项：

a. 获得与聘任职务领域相关的学士以上学位的人员；

b. 获得学士学位，并具有2年以上聘任职务领域经验的人员；

c. 具有5年以上聘任职务领域经验的人员；

d. 相当于8级以上或8级以上的公务员，并具有2年以上聘任职务领域经验的人员。

（3）海外所在文化财基金会

为综合、系统开展与国外所在文化财相关的各项工作，包括关于国外所在文化财的现况及外流原委等事项的调查、研究，国外所在文化财的收回、活用相关的各种战略、政策研究等，文化财厅设立下属机构海外所在文化财基金会（Oversea Korea Cultural Heritage Foundation）。基金会是财团法人，除《文化财保护法》规定内容外，适用《民法》中关于财团法人的规定。其设立及运营所需经费，可出自国家预算或由《文化财保护基金法》规定的文化财保护基金出资或提供补贴。

基金会为达成其设立目的，需开展以下各项工作：国外所在文化财现况、外流原委等的调查研究；国外所在文化财收回及保护、活用的相关研究；国外所在文化财的获得及保存、管理；关于收回及活用国外所在文化财团体的支援、交流及国际连带关系强化；关于国外所在文化财收回及活用的宣传、教育、出版及普及；外国博物馆韩国室运营支援；负责韩国业务的管理者派遣及教育培训；国外所在文化财的保存处理及宣传支援；为达成国外文化财财团的设立目的，若需开展营利性业务，应事前获得文化财厅厅长许可；其他为达成国外文化财财团设立目的而需开展的业务。基金会经文化财厅厅长同意，可要求相关行政机构、国外所在文化财追索和利用相关法人或团体负责人提供开展业务所需的材料。

2. 韩国文物出境管理制度

韩国的文化财厅专门设置文化财委员会，负责调查并审议关于文化财保护、管理及利用事项，委员由文化财厅厅长聘任。

国家指定文化财出境由文化财委员调查审议，原则上国宝、宝物、天然纪念物、重要民俗文化财禁止出境，但是因为展览或其他国际文化交流活动，并且2年内运回国内的，经文化财厅厅长许可的情况除外。此种例外情况下，应该在出境前5个月按照文化体育观光部令规定，向文化财厅厅长提交出境许可申请书。在国外的滞留期可向文化财厅厅长申请延长，延长期不得超过2年。具体审核标准由文化体育观光部令规定。另外，国家指定文化财提取或剥制天然纪念物标本，以及以在特定设备中进行研究或观看为目的增殖的天然纪念物，只要得到文化财厅厅长许可，便可出境。

根据《文化财保护法》未指定或未登记的文化财中属于动产的文化财，称为一般动产文化财，一般动产出境的由文化财鉴定官鉴定，参照国家指定文化财出境标准，具体程序由文化体育观光部令规定。

在市道知事管辖范围内、且未被指定为国家指定文化财的文化财，若市道知事判定其有保存价值，则可将其指定为市道指定文化财（第70条）。市道指定文化财出境参照国家指定文化财出境管理规定。

四、我国文物进出境管理制度的守望与突破

世界很多国家都对文物进出境做出较为完善的法律规定，也形成了本国特色的管理制度，为了解决我国在本领域管理中存在的问题，就要在立足本国国情，满足本国需要的前提下，借力国外相关制度带来的启示突破困顿，优化制度。

（一）探索垂直管理

世界各国普遍严格限制本国珍贵文物出境，许多国家都是以中央政府许可或者地方行政部门许可的方式建立起文物进出境许可制度，并且管理事权在中央，便于统一管理和法律执行。比如韩国负责文物进出境审核的是分布在各海关机场的文化财鉴定官室，文化财鉴定官室统归文化财厅，隶属文化财厅安全科直接领导，经费和物资由文化财厅统一拨付，人员由文化厅统一招考，公务员身份。英国的文物出境许可是由文化、媒体及体育部大臣根据文物艺术品出境审议委员会建议决定，并由部务大臣签发许可证。德国是由联邦文化和媒体最高管理局和最高州立机关决定是否许可文物出境。这些国家都采用了垂直管理体制。

垂直管理体制，是指中央部委或省直接管理地方职能部门，既管“事权”，又管“人、财、物”权，地方政府不再管理地方职能部门。专业性、技术性较强的部门，比如工商、税务、质检、药监等市场监管部门多采用垂直管理模式。依靠职能部门的对口管理，可能比作为综合机构的地方政府管理更为有效。另外，从政治文化上看，中国有着悠久的中央集权传统，中央政府的形象比地方政府好，容易得到群众的信任，因此，通过垂直管理将权力上收中央，符合当前的社会心理。文物进出境审核机构是国家文物局指定在各口岸实施进出境审核管理的单位，具有较强的专业性和独立性，可探索实施垂直管理，以期优化文物进出境管理体制。

（二）可行性分析

1. 进出境文物并无属地性质

进出境文物主要来自国有文物收藏单位对外文物交流，以及民间收藏者携带文物出境。第一次全国可移动文物普查中，国有文物收藏单位所藏文物均有详细的鉴定意见和备案信息。因此，该类文物进出境，文物进出境审核机构的主要工作是文件核查。民间收藏文物在不同地域、不同藏家手里流转后，文物的地域属性已经基本不存在，也往往不存在与当地经济发展和精神文明建设的必然联系，文

物进出境的属地管理在管理对象上并无必要性，在该领域实施垂直管理不会弱化地方政府职能。加之现有文物进出境文物审核机构并未覆盖全国各省份，也不具备属地管理的覆盖性。

2. 目前文物进出境管理模式已为垂直打下基础

首先文物进出境许可本身就是作为国务院文物行政主管部门——国家文物局工作的一项重要内容，是局机关工作的延伸；其次，局博物馆与社会文物司对这些机构直接进行业务指导，联系非常密切，基本不经过地方文物行政主管部门，办事效率较高；再次，行业发展比较规范，各种标准和流程齐全；再次，局里近几年在保持对各文物进出境审核机构进行专项财政支持、推进建立统一信息管理系统的同时，也加大了检查和培训的力度；最后，早已实行全国统一的责任鉴定员资格考试制度（现改成内部考核制度）和持证上岗制度。

3. 其他有关进出口监管的行业管理经验

在中华人民共和国濒危物种进出口管理领域，1980 年，国务院批准成立中华人民共和国濒危物种进出口管理办公室，核发野生动植物允许进出口证明书。当时，濒危办设在林业部，其职能由该部濒危物种进出口管理中心承担，作为部内设机构对待。2009 年 8 月开始，国家林业局颁布《关于湿地保护中心事业单位参照公务员法管理的通知》（林人发［2009］197 号），规定濒危物种进出口管理中心（含 22 个办事处）参照公务员法管理，参照公务员法管理的时间从 2007 年 10 月 11 日算起。濒危办目前在全国各地共设立北京、上海等 19 个办事处。各办事处属于国家林业局的派出机构，具有独立法人地位和行政执法资格。濒危办在林业局机关内设办公室、执法培训处、动物进出口管理处、植物进出口管理处等处室，负责各地办事处的党务人事、业务管理、财务管理、经费开支和人员培训等工作。

动植物检疫领域，根据 1992 年《进出境动植物检疫法》，各口岸动植物检疫在农业部主管下，由国家动植物检疫局统一管理，并就此制定了《中华人民共和国进出境动植物检疫法实施条例》（1996）、《出入境检验检疫风险预警及快速反应管理规定》、《进境动植物检疫审批管理办法》等，在出入境集中的地点设立了口岸动植物检疫机关。并在国际上与隶属于 WTO 多边货物贸易协议项下《实施卫生与动植物检疫措施协议》（Agreement on the Application of Sanitary and Phytosanitary Measures）接轨，形成了与国际相关体系、海关体系紧密协作的管理机制，建立全国统一的管理机构，并编写详细的工作操作手册。构建了防范外来有害生物传入体系。建立了从风险分析、检疫审批、境外预检、口岸查验、除害处理、后续监管等一系列管理制度。为文物进出境审核管理体制的设置提供了值得借鉴的经验。

（三）试行垂直管理的设想

若能适时调整文物进出境审核管理体制，则将会继续推动我国文物进出境审核事业的健康、可持续发展。具体设计为：

对各文物进出境审核管理机构进行垂直管理体制改革。各地审核机构作为国家文物局的派出机构，其设立、撤销及人员进出由国家文物局决定，经费、人员由国家文物局统一调配，国家文物局提供统一业务培训，制定工作实施手册，形成统一执法标准。

各审核机构编制性质为一类事业单位，其职能在“三定”方案中予以明确，除了文物进出境审核工作，还可以有司法鉴定、博物馆征集等方面的职能。人员为事业编制，编制问题由国家文物局与中编办商议。

文物进出境审核管理机构如能实行垂直管理，一方面，各文物进出境审核管理机构代表国家行使文物出境审核权，从而充分保证审核机构的独立性、权威性和公正性，更好开展文物鉴定人才的培养、选拔、提高。另一方面可以加强与海关相关部门的工作流程和机制的结合，加强文物进出境协同监管，建立出境审核、口岸查验、后续监管等一系列管理制度。配合现代科技监测手段，建立覆盖全国的文物进出境备案平台，利用信息化平台进行远程鉴定与现场鉴定结合，建立运行大数据平台，提高信息化水平和共享水平，加强各审核管理处的协同配合，实现文物临时进境复出境和文物临时进境复出境的异地委托办理机制。总之，将会更利于国家文物局推进文物领域“放管服”改革，实现文物行政审批事项在标准上规范、程序上简约、管理上精细、时限上明确。

传统方法与现代技术在秦俑修复中的应用

王东峰　申茂盛

（秦始皇帝陵博物院）

提　要：被誉为“世界第八大奇迹”的秦始皇兵马俑的修复工作，自开展以来不断受到各级领导、专家们的重视和社会的关注，也是秦始皇帝陵博物院工作的重中之重。从20世纪80年代起，秦始皇帝陵博物院就积极开展文物保护修复方面的工作，进行了大量的文物保护修复研究，探索并积累了宝贵的保护经验。本文旨在从秦俑修复工作四个不同的历史阶段；传统修复方法在秦俑修复工作中的应用及评价；现代理念及技术在秦俑修复中的应用；国际、国内合作及现代修复技术的推广等诸方面对秦俑修复工作进行介绍。希望秦俑修复和科学保护经验和技术路线对大家能有所帮助。通过大家的共同努力建立起科学的文物修复保护研究体系、增强文物保护修复的能力和提升文物保护修复水平，更好的为社会服务。

关键词：秦兵马俑；传统修复；现代修复；国际合作

秦始皇兵马俑，亦简称秦兵马俑或秦俑，为第一批全国重点文物保护单位，第一批中国世界遗产，并被誉为“世界第八大奇迹”。2015年2月，习近平总书记来陕西视察工作时指出：“黄帝陵、兵马俑……等是中华文明、中国革命、中华地理的精神标识和自然标识”，先后有200多位外国元首和政府首脑参观访问。秦始皇兵马俑的修复工作，自开展以来不断受到各级领导、专家们的重视和社会的关注，也是秦始皇帝陵博物院工作的重中之重。从上世纪八十年代起，秦始皇帝陵博物院就积极开展文物保护修复方面的工作，前后经历30余年，先后有三代人进行了大量的文物保护修复研究，探索并积累了宝贵的保护经验。分别于1997年和2004年获得了“国家科技进步二等奖”。本文旨在从秦俑修复工作四个不同的历史阶段；传统修复方法在秦俑修复工作中的应用及评价；现代理念及技术在秦俑修复中的应用；国际、国内合作及现代修复技术的推广等诸方面对秦俑修复工作进行介绍。希望秦俑修复和科学保护经验和技术路线对大家能有所帮助。通过大家的共同努力建立起科学的文物修复保护研究体系、增强文物保护修复的能力和提升文物保护修复水平，更好的为社会服务。

一、秦俑修复工作经历的四个不同阶段

秦兵马俑自1974年发现至今，文物保护修复工作一直没有停止。对这些大量陶俑陶马的修复工作

可以分为四个阶段：

第一阶段为1979年10月1日以前的修复工作，为博物馆开馆做准备。这个阶段主要集中修复完成了一号坑前五方的约520件陶俑、陶马。正如我们馆里的一位老专家所说的："我调入秦俑博物馆后做的第一件大事，是以师傅的身份领了百余个'工徒'（都是二十余岁的农村知识青年）修复当年被打坏的陶俑，以配合秦俑博物馆的对外开放，在修复过程中，对一部分有特点的陶俑、陶马做了记录，有绘图、照相，还有文字描述，包括使用了什么材料，每样材料用了多少，并且参与修复的人，是张三、是李四，均记录在案。这一傲人的成绩今天想起来仍然很自豪。"的确这一阶段的成绩是很大的。但实事求是的讲，第一阶段修复时期，由于当时所处的时期特殊，再加上缺乏科技人员，修复工作不太讲究技术工艺，更不太注重档案记录。修复工作更多的体现在数量上，对修复质量没有评价标准。主要体现在以下几个方面：第一，不太注重陶俑表面色彩的保护工作，彩绘能留则留，没有系统的清理和保护彩绘的尝试。第二，是在粘接剂的选择上，当时选择粘接性能较强的环氧树脂作为粘接材料，对于改性环氧树脂在秦俑上的应用没有科学的分析核试验。第三，档案记录方面资料非常少，我们现在很难查到以前修复完成的文物的考古及修复资料。

第二阶段为1979年10月1日开馆以后至1990年前后，这个阶段修复工作主要集中在一号坑后修复区，修复完成陶俑约200件。陶俑归位后，形成了一号兵马俑坑的格局。第二阶段修复工作开始速度放慢，大概每年修几十件，不足百件。而且逐渐规范修复流程和操作规范。有了一些纸质手写的修复档案，对文物的基本状况有了一些科研成果，在成果的支撑下进行了一些修复工作的改进和研究。

第三个阶段自1990年至2009年，这期间中德文物保护合作的开展，尤其是中国意大利文物修复培训项目的开展（当时，全国20名学员，秦俑博物馆去了3个），引进了西方先进的文物保护修复理念，科学化、规范化文物修复技术。购置了大量来自意大利、美国、德国等国家的仪器设备，建设了系统科学的文物保护修复实验室，培养了一批老中青相结合的文物保护修复技术骨干，组建了一支有着相当专业修复技能的修复队伍，这期间虽然修复文物数量不多，但这是秦俑博物馆修复工作的一个重要的成长期，使秦始皇兵马俑博物馆文物保护修复技术水平迅速提升。

第四个阶段自2009年秦俑一号坑第三次发掘开始至今，我们加强了与先进国家科研院所文物保护机构合作，尤其是国家文物局在秦始皇帝陵博物院设立了"陶质彩绘文物保护重点科研基地"，首次执行国家文物局行业标准规范，将课题、项目引入文物修复工作，积极推动科技创新、体制机制创新，坚持"立足平台、整合资源、技术创新、推广应用"的方针，加强秦俑修复技术的研究、运用、示范和推广工作，提升了保护修复的能力和水平。建成了科学的保护研究体系，极大地推动了秦始皇帝陵博物院的文物保护科技工作的蓬勃开展。同时，也以开放修复室的形式，面对面的与观众交流，打破了秦俑修复的神秘面纱，拉近了文物修复与普通观众之间的距离。

二、传统修复方法在秦俑修复工作中的应用及评价

中国的传统修复是一门历史悠久和技术精湛的手工业工艺，即便是在简陋的修复室里，传统修复师们仍能修复出精美绝伦的艺术品。他们在长期的工作实践中形成了对文物的造型、纹饰、色彩等外

观的了解，以及对文物内在的材料质地、制造工艺的认识，所以在对文物进行修复的过程中，能够内外结合，熟练的运用粘接、补配、修饰等工艺，使一件千疮百孔或者支离破碎的文物重新焕发青春，让人看不出破绽，达到以假乱真的目的。我国的传统修复师们运用这套技术，修补复原的不计其数的文物，使那些碎裂、朽烂的残块成为可供观赏、陈列的艺术品，其中很多还成为了国家级的珍贵文物。

传统修复工作主要有以下几个特点：

（一）传统修复更加注重恢复器物的完整性和外在的“形”的传承

不同的国家、不同的民族都有着不同的审美观，我国传统文化中对美的理解往往是对一种感官印象的解释，南齐谢赫说：“气韵，生动是也。”所谓“气韵”，实际上是作品中内在的一种精神、情趣和韵致的灵动的体现。我们从古代的艺术品中，常常能感悟到一种风格的沿袭、时代气象的传递。拿青铜器来说，对于青铜器内在的气韵，人们常归纳为纹饰精美、古老神秘和雄浑厚重。这种气韵之美，是通过物质的载体进行传承的。青铜文化诞生于距今的四千年间，国人对青铜器已经形成固定的认识，再加上对艺术品美感功用的要求，人们普遍期望：摆放在自家收藏室里的那件青铜器就如几千年前一般精美和雄浑。那些观赏者也似乎更期待看见的是一件或一组摆放在商周时代祭祀殿堂上的青铜礼器，而非一堆受到数千年泥土挤压和地下水浸泡而破烂不堪的青铜残块。因此，在这种思想和要求的支配下，传统修复只能以恢复器物的完整性和气韵之美为目的。所以，就产生了“修旧如旧，不改变文物原状”的修复原则。早期在秦俑修复中，这一传统修复理念得到很严格的落实，在修复的全过程中都忠实于原物的一切，不允许凭自己的主观臆造来改变文物的原貌。因为哪怕是微小的改变，都会使文物失去真实性。对于破损或缺失等客观现状，修复时大量用白色的石膏补配，待石膏固化后进行做旧，以保持文物出土时的真实面貌。

但“修旧如旧，不改变文物原状”，不能简单地理解为制造时的原始状态或发现时的现实状态，我们认为理解文物的原始状态本身就是对文物的再认识的过程，需要用发展的眼光看待。文物经过时间的洗礼，历尽沧桑，历史上的为作用和自然因素不断融入其中，这些历史作为岁月的见证，已成为文物不可分割的一部分，那些反映文物历史、艺术、科学价值的有益的文化信息，应该给以保留。所以，目前，我们对陶俑的补配有了新的理解，在不影响陶俑稳定性的前提下，能不补全就不补全，“残缺也是一种美”。不对它的粘接痕迹和破坏痕迹作过多的掩饰，最大化的展现它的原真性。

（二）努力保证文物的稳固

在传统的修复中，并没有可逆性或可再处理性的原则，所谓可逆性是指对文物进行的任何处理都能在日后在不对文物产生任何损伤及改变的前提下去除。但是随着对文物保护学研究的不断深入，人们逐渐意识到真正意义上的可逆几乎是不存在，尤其是当材料施加到文物上一段时间以后，许多原本可逆的处理方法或材料实际都很难达到完全的可逆。因此，修复界在可逆原则的基础上提出了可再处理原则，所谓可再处理就是指保护处理过的文物还能够毫无障碍地进行再次的保护处理的特性，也就是不影响后续保护处理的保护方法及材料。正是由于传统修复中没有这一原则，又缺少现代科学分析的支持，对修复材料的筛选及应用评价方面所做工作比较少或者说重视不够，再加上对文物修复的理解，希望能成为“一劳永逸”的事，而不是“延年益寿”，在可能的条件下，尽可能的延长文物的寿命。所以，就使用了一些对文物有一定的危害的材料和方法，在修复过程中，使用了一些相对比较强的粘接材料如环氧树脂，或焊接材料如锡、铅等，或使用布、钢筋、钉子等影响文物结构的加固材料，这些材料由于理化性能和陶差别太大，逐渐对文物造成一定的损害。同时，大量使用石膏进行补配，由于石膏具有硫酸根离子，对陶质文物也有一定的危害。虽然从目前来看，第一批修复好的陶俑距今已有四十余年，依然比较稳固未见较明显的老化现象。但从长期来看，陶俑粘接剂老化后的修复问题，必须要提早考虑。

（三）缺乏理论总结和门派限制制约了传统修复的升华和发展

中国的传统修复虽然技艺精湛，但是，中国的传统技艺多源于下层工匠的实践，他们受自身知识程度所限而很少能作出理论上的总结。作为文化层面上的上层知识分子缺乏对这类工艺技术的关注，造成许多成形的技术因为缺乏理论的知道而失去了升华的机会。其次，传统技术的传播途径狭窄，我国对技术的传承一直保持父子承传的习惯，即使带徒弟，也是有着严格的门派限制，禁止徒弟串学其他门派的技术，这就导致了传统技术总是难以超越前辈的技艺和难以互相交流。最后，传统技术在很大程度上是一种个人行为，因为传统技术保密性很强，致使一些工艺因一些老艺人的过世而失传。

所提到的这些现象，在秦俑早期的修复中都有所表示，如，缺乏理论指导，从事修复的工人大都是经过简单培训的临时工，很少有专业技术人员如大学生从事此工作。另外，经验丰富、技艺精湛的老技工实行技术保密，粘接剂量的大小、凝固时间的长短，石膏与水的比例等都不好好地向年轻人传授。再者，对文物修复工作的严谨性、科学性都认识不足，在修复实施的整个过程中，没有详细的修复档案记录。特别是（前、中、后三个阶段）最基本的记录（包括填写修复单、修复方案、绘图、总结等）。尤其失败的教训，是没有总结探寻出适合文物修复规律的科学的工作程序和方法。

三、现代理念及技术在秦俑修复中的应用

1963 年，以布兰迪撰写的《文物修复理论》一书为标志，现代文物修复理论得到了确认，并成为世界文物保护修复的经典和理论基础，并由此诞生了现代意义上的科学保护与修复理论。其理论的核心是：“修复是根据历史学、自然科学、美学、材料学的特征来认识艺术品、修复艺术品的方法学”。近年来，随着国际历史与艺术保护协会、国际博物馆协会、国际古迹遗址理事会的成立，尤其是联合国教育、科学、文化组织下设的世界文化遗产委员会、国际文物保护与修复研究中心的积极努力的工作，我们对文物科学保护的原则有了更清楚的认识。即在实际文物保护修复工作中，在“不改变文物原状”的前提下，应做到最小干预性、过程和材料可逆性（现升华为可再处理性）、与材料相兼容性、效果可辨识性等。

秦俑博物院接受现代修复理念和技术在国内来说，应该是比较早的，1996 年 9 月至 1998 年 9 月，中意首次合作在西安文物保护修复中心举办文物保护修复培训班，全国共 24 名学员，秦陵博物院就派了 3 名学员参加。2004 年 2 月至 2005 年 2 月，又选派了 4 名学员参加了由中意两国政府合作、国家文

物局主办、中国文物研究所承办的“中意合作文物保护修复高级培训班”的学习，其后又有多名同志参加了或长或短的各种培训班的学习。这些同志学成后成为单位文物保护修复的技术骨干。先后参加了青铜水禽、石铠甲、百戏俑、文官俑及兵马俑的考古发掘和文物保护修复工作，并在实践中形成了一套行之有效的技术路线和操作方法。

（一）考古领队负责制下的文物修复

秦陵博物院的文物修复，尤其是兵马俑的修复，在全国可能也是一个特例，因为兵马俑的考古工作就是一个边考古发掘、边展示参观的开放性考古工地。与之相配合的文物修复也是一个与考古同频率进行的现场修复，我们有一个开放的修复工厂。所以，就要求文物修复与考古发掘之间要有密切的配合。一号坑兵马俑修复项目组既受主管部门——文物保护部的管理，又受考古工地领队管理。考古进度的快慢很大程度上受文物修复速度的影响。如每年只能修 15 – 20 个陶俑的话，考古发掘的速度就不能太快，以免造成大量碎片出土后，不能及时修复，曝露在空气中，影响彩绘的保护，或受场地限制，杂乱的堆放在空地里，影响以后的拼对。同时，对于将要修复的陶俑，首先，由发掘人员对其出土位置给予准确的定位。然后，将能在现场拼对的陶片尽量拼对，并形成初步的拼对资料。最后，将拼对好的陶俑按个体连同发掘资料、拼对资料一同移交给修复组。修复组在按照自己的技术路线和方法将陶俑修复后，将陶俑及修复资料一并交给考古领队，考古领队在资料核实无误后，计入档案，并移交给藏品管理部。这样就可避免陶俑张冠李戴或位置错误等一些失误，所以，我们通过考古领队负责制，领队最后审核资料，有效地避免了这类错误，这也是针对我们考古工地的现实，所采取的一套比较科学的管理机制。

（二）完备、规范的操作流程及技术路线

多年以来，秦陵博物院的修复工作已形成了一套比较完备、规范的操作流程及技术路线。即：提取（移交考古资料）→现状描述（残断、残断、泥土附着物、彩绘脱落、起翘、龟裂、空鼓、裂纹、裂缝、酥粉、剥落、其它附着物、硬结物、结晶盐、变形、植物损害、微生物损害、变色和刻划等。）→科学分析（陶胎成分、烧成温度、体积密度、吸水率、抗压强度、彩绘颜料成分、粘接剂等）→加固（彩绘加固、陶胎体加固）→清洗→脱盐处理→预拼接→粘接→补全→支撑（如需要）→制作修复档案→移交→预防性保护。

对于这些操作流程及技术路线，大家可能都比较熟悉，我们就不多言了。这里想强调一下预防性保护的问题。现代修复理论，修复是一种被动的对文物实施干预的行为，不论采取如何先进的方法和材料，都会对文物的原貌造成或多或少的改变。科学的保护就是预防性的保护，将文物放在最佳的环境中，尽可能减少或终止因环境因素对文物造成的损害。保护文物不仅仅是针对文物本体，更重要的是文物所出的环境。当前文物保护的理念已经从被动性地清理文物病害发展到主动的干预文物所处的环境，这种环境包括文物的出土环境、保存环境和展示环境。从我们博物馆来说，一直重视文物的预防性保护问题，从博物馆外部的大环境来讲，通过我们的努力，制定了《秦始皇帝陵保护条例》和《秦始皇帝陵保护规划》，明确了保护范围和建设控制地带。和临潼区政府一起努力，制止了骊山开山

炸石，开展植树造林，恢复骊山植被。在外围建设停车场，禁止车辆进入馆区等。从博物馆内部环境来讲，从一开始就建设有保护大厅，并且不断升级，二、三号兵马俑坑保护大厅就比一号坑好很多，而且一号大厅的改造工程已列入计划。控制观众流量，避免因观众大量涌入造成温湿度变化。对于脆弱文物和彩绘保存状况较好的陶俑，营建条件更好的小环境，单独存放。

（三）积极参与文物保护修复标准规范地制定和申请保护修复的科研课题

在长期实践的基础上，参与制定国家文物局陶质彩绘文物保护修复标准规范，2008 年以来，承担国家标准《陶质彩绘文物保护技术要求》、行业标准《可移动文物病害评估规程规范 - 陶质文物》、《陶质彩绘文物病害与图示》等标准规范的编写工作，并将这些规范引入到秦俑保护修复当中，从材料筛选应用、修复流程标准化、相关行业标准推广等方面实现了文物修复的标准流程化。进一步规范秦俑修复的技术要求和流程。不仅对秦俑的修复具有指导性作用，而且，对全国的文物修复也有积极地借鉴意义。

积极申请实行有关文物保护修复的科研课题，主持承担的国家“973”计划项目《保护材料和工艺的系统评价方法及其应用示范》；国家文物局课题《博物馆藏陶质彩绘文物保护修复手册》编撰、和《陶质彩绘文物规范化保护预研究》等课题；承担国家文物局《秦俑一号坑新出土兵马俑的保护修复工程》等。进一步加强陶质彩绘文物保护修复的研究、运用、示范和推广工作，促进本领域科技保护水平的整体提高。

四、国际、国内合作及现代修复技术的推广

秦陵博物院非常重视国际、国内合作，请进来、走出去，使“墙内墙外皆开花，满园春色”早在上世纪 80 年代，为了进行陶俑彩绘保护，博物院就开始选派专业技术人员赴德国巴伐利亚州文物保护局进行技术培训和合作研究。到目前为止，已经有 30 多人赴德国学习，德国也多次选派学者到秦陵博物院进行交流。除此之外，秦陵博物院还与意大利、比利时进行文物保护修复合作。陶质彩绘保护国家文物局重点科研基地的成立后更加深了此类合作，通过合作不仅提升了保护修复的能力和水平，更是学习了先进的文物保护修复理念。引进了一些现代分析仪器，如 X 射线探伤、超景深显微镜、工业内窥镜、超声波检测等设备，为修复工作提供科学数据支持，使秦俑修复更加科学化。建成了科学的保护研究体系，以科研基地带动成果辐射，通过国际合作和创新联盟，巩固和提高研究能力，形成一支以科研基地研究团队和合作单位研究团队互相配合的研究力量，最终构建并完善可良性运转的科研基地研究平台，从而提升了秦俑文物保护修复领域科研水平。

秦陵博物院不仅重视与国际先进文物修复机构的合作，更注重向国内传播、推广现代修复技术，秦陵博物院受国家文物局委托先后举办两期面向全国的陶质彩绘文物保护修复培训班，从理论学习到实际操作各个阶段聘请专家、老师全程指导，共培养了来自全国 20 多个省市博物馆及考古所的保护修复及研究人员共 90 余人。有效地将陶质彩绘文物保护修复理念、新技术、新材料及相关行业标准推广至全国。同时，积极开展与国内兄弟单位的合作，先后承担山东、河南、湖北、安徽等地博物馆的修

复项目。通过保护修复项目的实施，培训合作单位多名修复人员；帮助青州市博物馆、榆林市文物保护研究所建立文物保护修复室，提高了基层单位业务能力，保护修复人员解决实际问题的能力得到大幅提升。建立青州工作站，带动了山东青州及其周边地区陶质彩绘文物保护工作的开展，有力的推动了当地陶质彩绘文物的保护修复能力。

以上就是40年以来，我们运用传统修复方法并不断引进新的科技手段，所进行的秦俑修复工作。既有成绩和荣誉，也有经验和不足。希望秦俑修复和科学保护经验和技术路线对大家能有所帮助。通过大家的共同努力建立起科学的文物修复保护研究体系、增强文物保护修复的能力和提升文物保护修复水平，更好地为社会服务。

附录：会议报告人和报告题目

（按照发言和论文提交顺序编排）

1. 吕舟（清华大学国家遗产保护研究中心主任、教授）：对世界遗产体系的认识和思考。

2. 陈淳（复旦大学文物与博物馆学系教授）：美国的文化资源管理与公共考古学。

3. 杜晓帆（复旦大学国土与文化资源研究中心主任、文博系教授）：文化遗产保护的亚洲实践及展望。

4. 唐际根（南方科技大学文化遗产实验室、讲席教授）：英、美、韩三国文化遗产保护实践之观察与点评。

5. Chapurukha M. Kusimba（美国艺术与科学院院士，美利坚大学人类学教授）：博物馆中展现的非洲。

6. 燕海鸣（中国文化遗产研究院副研究员/ICOMOS China 秘书处）：从 ICOMOS 谈国际遗产理念的演变。

7. 马庆凯（浙江大学外国语言文化与国际交流学院博士生）：从“以物为本”到“以人为本”的回归：国际遗产学界新趋势。

8. 金寿福（复旦大学历史学系教授）：文物的特定属性与其普世价值——以埃及与德国关于奈菲尔提提头像归属权的争端为例。

9. 滕磊（中国文物信息咨询中心，研究馆员）：文物影响评估（CHIA）的理论与方法。

10. 尹凯（山东大学文化遗产研究院助教）：成为“遗产”及其之后：遗产的过程路径及其相关议题。

11. 周孟圆（苏州大学艺术学院讲师，复旦大学文物与博物馆学系博士生）：文化遗产的价值判断与国际保护理念。

12. 詹长法（中国文化遗产研究院研究员，中国文物保护基金会副理事长兼秘书长）：50 年遗产保护理念与修复实践之反思——以意大利为例。

13. 邵甬（同济大学建筑与城市规划学院教授）：法国建成遗产的保护体系及对我国的启迪。

14. 王晶（中国文化遗产研究院高工）：重塑工业时代的身份与记忆——国际工业遗产保护更新理念与实践探索。

15. 李艳梅（北京故宫博物院中级研究员）：基于国际文化遗产保护理念下的日本文物保护利用及其启示。

16. 赵哲昊（国家文物局水下文化遗产保护中心）：海上丝绸之路港口城市文化遗产保护——以吉达为例。

17. 薛林平（北京交通大学副教授）、石玉（北京交通大学）：意大利建筑遗产保护体系研究。

18. 陈曦（苏州大学副教授）：建筑遗产“修复”理论的演变及本土化研究与实践。

19. 王东峰、申茂盛（秦始皇陵兵马俑博物馆研究员）：传统方法与现代技术在秦俑修复中的比较研究。

20. 范佳翎（首都师范大学讲师）：英格兰考古工作管理研究。

21. 彭蕾（中国文化遗产研究院副研究员）：他国文物进出境管理和文物追索案例研究。

22. 彭雪、许凡（中国文化遗产研究院副研究员）：全球化浪潮下实践文化自信的国际经验和启示——以日本“100 名城”保护实践为例。

23. 苏杨（国务院发展研究中心研究员）：美国地役权相关制度及其在中国文物工作中的应用方式。

24. 肖波（武汉大学国家文化发展研究院副教授）、钱珊（武汉大学）：文化遗产法人治理的机制与路径——以英国伯明翰博物馆联盟为例。

25. 刘甲（伦敦大学应用考古学中心研究员/项目经理）：英国文化遗产数字化诠释的内容设计及其对我国的启示。

26. 张莉（重庆中国三峡博物馆，副研究馆员）：文化遗产机构运用慕课（MOOCs）向全球观众讲故事——以英国历史皇室宫殿（HRP）为例。

27. 何流（中国文化遗产研究院副研究员）：国外文物登录制度的探析与思考。

28. 王冬冬（北京科技大学科技史与文化遗产研究院）：以遗址保护为核心的地域文化构建。

29. 刘卫红（西北大学文化遗产管理系主任、副教授）：符合国情的文化遗产护利用之路实现路径研究。